思想觀念的帶動者

文化現象的觀察者

本土經驗的整理者

生命故事的關懷者

Psychotherapy

探訪幽微的心靈，如同潛越曲折逶迤的河流
面對無法預期的彎道或風景，時而煙波浩渺，時而萬壑爭流
留下無數廓清、洗滌或抉擇的痕跡
只為尋獲真實自我的洞天福地

A ROADMAP FOR COUPLE THERAPY

伴侶治療指南

整合系統、精神動力、行爲療法的治療地圖

Integrating Systemic, Psychodynamic, and Behavioral Approaches

Arthur C. Nielsen

亞瑟·尼爾森——著

王譓茹、陳彥婷——譯

目錄

推薦序一

不僅是整合性模式的最佳典範，也是一本伴侶諮商的百科全書

孫頌賢（國立台北教育大學心理與教育學系教授、
諮商心理師、伴侶與家族治療師）

伴侶諮商很難，困難之一是要能將觀點轉移成「系統觀點」，能看見伴侶之間舞出的負向互動模式。然而只擁有系統觀點，並不足以應付伴侶諮商實務上的需要。我們面對的，是許多關於人性的需求與渴望等議題，像是伴侶間發生欺騙、背叛、被輕蔑、遺棄、被拒絕、失去控制感等複雜經驗，我們更需要知道這些人性議題是如何影響著他們的互動關係，以及又該如何處理。而「系統觀點」僅是辨識互動模式的方法與架構，但伴侶之間為什麼會發生衝突、為什麼會意見不合，背後隱藏了那些心理需求、甚至以何種元素為動力而發生衝撞，我們更需要對人性內在「結構」與「動力」有更豐富的理解，才能在實務工作的現場，更清楚知道，我們該做什麼？該帶著伴侶往哪去？

整合模式是伴侶諮商實務不可避免的發展方向

在台灣的伴侶諮商訓練中，往往透過單一學派的學習，來養

成其專業。而目前幾個重要的伴侶與家族治療學派中，雖然大多仍能以系統觀點為基礎，但對於人性內在的「結構」與「動力」的論述，卻較為缺乏。若要能處理多元且複雜的親密關係議題，就需要整合不同學派的觀點，讓我們更能瞭解伴侶之間究竟發生了什麼？對伴侶諮商師／伴侶治療師而言，形成發展屬於自己的整合模式，就變成一種必然的趨勢。但對助人者而言，就需要一個漫長且極具敏銳的反思能力，才能逐步發展出屬於自己的伴侶諮商「整合」模式。

而這本書的作者尼爾森醫師，透過豐富的實務經驗與對伴侶諮商的豐富知識，示範了一個如何成功整合的歷程，這是一個相當難能可貴的分享。在這本《伴侶治療指南：整合系統、精神動力、行為療法的治療地圖》中，尼爾森醫師在伴侶諮商實務中，成功的保有系統觀點，並且成功納入對人性結構與動力有豐富理解的「精神動力學派」，還把「行為與心理教育」觀點，成功轉換成如何促成伴侶改變的行動策略。這本書所發展出的諮商模式，不僅僅是讓伴侶之間經驗彼此接納與瞭解的感動歷程，也讓伴侶有機會發展出更適切的互動模式，更務實的解決伴侶問題。尼爾森醫師所發展出的伴侶諮商「整合模式」，足以成為我們伴侶諮商實務者的典範。

而該書內容更像是一本百科全書，尼爾森醫師集結了許多過去伴侶諮商的實務做法與觀點，並且詳述這些觀點背後的研究與發展歷史，做足了學術研究與資料引用的考證。就像其中一章節，討論如何協助伴侶發展「情緒調節」的心理教育策略，該章節還詳細導覽了過去心理治療對於情緒調節策略的觀點與實務做法，讓本書更像是一本伴侶諮商的百科全書。

從負向互動循環，到病理性循環

也因為這本書結合了精神動力學派的觀點，對伴侶之間更深層次的內在焦慮與渴望，提供了相當豐富的論述，像是對渴望、愛、關懷、感謝、親密的理解，以及對遺棄、恐懼等負向經驗的討論，都讓我們更清楚理解伴侶間究竟發生了什麼。過去採取系統觀點的伴侶諮商實務中，大多已能看見以「負向互動循環」做為主要的介入觀點，但本書提出更深層次的「病理性循環」的觀察，讓我們更能瞭解，即使看起來溝通順暢、彼此犧牲的伴侶，背後可能仍隱藏了許多害怕被遺棄的恐懼。雖然尼爾森醫師自稱「病理性循環」與「負向互動循環」是同一件事情，但書中關於病理性循環的論述，已經超越了目前我們對負向互動循環的認識，也提醒著實務工作者不能只是看「表面」，更要看背後隱藏的人性動力。

精神動力的論述，豐富對伴侶間「情緒」經驗的理解

近年來伴侶與家族治療的發展，越來越強調要能發展出辨識與解讀伴侶間彼此流動的「情緒經驗」。尤其剛離世的情緒取向（Emotionally Focused Therapy）創始人蘇·強森（Sue Johnson），其最大的貢獻，就是採取依戀理論的觀點，讓我們更豐富且深度的理解每種情緒經驗的意義與功能。而這本書也同樣重視對伴侶間情緒經驗的辨識與理解，其更採取精神動力的觀點，讓我們更能解讀伴侶間情緒經驗的意義與功能，尤其是對伴侶間發生「恐懼」的經

驗，更有著深度的論述。這些實務經驗的分享，更是對我們從事伴侶諮商實務，具有十足的啟發性。

在成為伴侶與家族治療的專業發展中，我們勢必需要朝向多元觀點的整合，來形成我們自己的實務工作模式。尼爾森醫師撰寫這本書時，自述從早期「伴侶諮商 1.0」，僅著重系統觀點的「彼此對談模式」（Talk-to-Each-Other Model），逐漸升級成整合多元觀點的伴侶諮商進階實務模式，他也成功展示了如何進行多元觀點整合的過程。而臺灣許多助人工作者，在伴侶與家族治療的專業養成歷程中，往往期望可以快快學會一套「有既定操作步驟與方法」的工作模式，或是像是組裝家具一樣，只要照著某個固定的組裝步驟，就可以處理所有伴侶議題。但這本書給我們最大的啟示是，在婚姻諮商實務中，採取單一學派、或是單一工作模式可能是不足的，我們也需要對人性的心理結構與動力，有著豐富的學習與理解。伴侶諮商很難，因為對人性議題的理解，是需要不斷的學習與成長的。

看完這本書，也許我們不一定會成為尼爾森醫師，也不一定能完全模仿這本書的工作模式。但更珍貴的是，我們更需要發展出屬於自己的整合模式，這也許是這本書，可以帶給我們最大的啟發。

推薦序二

讓伴侶治療不會迷路的地圖與指南

劉彥君（臺北市立大學心理與諮商學系副教授、
臨床心理師及伴侶與家族治療師）

作為一名伴侶治療的訓練者、實務工作者及對關係相關研究有興趣的研究者，非常樂見《伴侶治療指南：整合系統、精神動力、行為療法的治療地圖》在台灣出版了中文版。《伴侶諮商指南》在目前台灣關於伴侶治療的書籍中獨樹一幟之處，在於它並不是介紹不同伴侶治療理論「教科書式」的書，也不是介紹單一治療取向的專書，而是亞瑟·尼爾森醫師結合自身數十年的伴侶治療臨床經驗和對伴侶治療百科全書式的深入知識，所融合形成的伴侶治療整合模式。

伴侶治療不容易，涉及非常複雜且多變的互動關係和人性中深層的渴望、需求及情感狀態。現代夫妻和伴侶面臨的問題非常多元，每對關係互動也都有其獨特之處，因此僅僅依賴單一的理論或技術通常是不夠的。我十分認同整合不同理論取向與實務應用的思維，治療師如果可以整合多種策略和方法，能夠更好地幫助前來求助的伴侶，更有餘裕應對不同的情況及需求。台灣目前的伴侶治療訓練，多數主打單一學派取向的訓練，雖然各個學派取向在伴侶治療中都有其獨特見解與策略技巧，但在實務上還是有其限制，這也是伴侶治療師養成的難處。

尼爾森醫師在其引言中提到了治療取向名稱對治療方法的限制，因此他決定放下創建新的「品牌」的想法，希望讓專業工作者更容易加入其他有效的治療元素於他所提議的架構中，其謙遜及具包容性的態度令人敬佩與欣賞。他在書中不時會提到自己如何在伴侶治療實務中一路走來，在怎麼樣的治療困境中，透過實證基礎或實證知情的精神整理大量文獻與理論，找到更能幫助伴侶的治療概念及方法，逐漸形成他的整合性伴侶治療模式。這樣的經驗分享讓我在閱讀的過程中彷彿也重溫自己過去關於伴侶治療的訓練之路，我曾經學習了許多不同的伴侶治療理論，也在實務工作及督導中不斷嘗試，在與伴侶工作的挑戰及困境中整合不同的概念，磕磕絆絆地形成自己伴侶工作的思維與模式。因此，閱讀完這本書，讓我有深刻的認同感及溫故知新之感。每位伴侶治療師最終都需要發展出自己的概念化及工作模式，尼爾森醫師提供了一個很好的整合歷程示範，能夠超越固有的學派局限，尋求更為深入且廣泛的理解和應用。

對伴侶治療的學習者及訓練者來說，本書的亮點之一在於尼爾森醫師對不同理論專業術語的標記。通過識別和解釋各種相似概念在不同理論取向中所使用的專業術語，能夠擴展我們的專業知識庫，協助促進我們在理論之間的整合，進而形成綜合性的概念化框架，為治療師提供更廣闊的多元視角。

尼爾森醫師具有深厚的精神動力取向訓練，他從精神動力的觀點、溯源原生家庭的經驗更深刻地解析伴侶間的互相攻擊、憤怒情緒或是糾結到難以撼動的負向互動循環（甚至到病理性循環）底下的個人內在恐懼、焦慮及哀傷。這些洞見讓我們對關係中的情緒有更深層與豐富的理解，能讓伴侶治療師在混亂、高度衝突的伴侶互動中，敏銳地看見暗流下的情緒，提供貼近個案經驗的情緒同理。尼爾森醫師對於關係中的恐懼及報復性憤怒有著細膩的解析，對於協助治療師進行伴侶情緒的探索非常有幫助。

另外，第十章〈聚焦於接納與寬恕〉也是令人印象深刻的一章。伴侶的衝突經常「卡」在雙方都希望對方能依自己的心願改變，但是現實是關係中經常存在無解的難題，尼爾森醫師強調「接納」的重要性，這類似華人伴侶「忍」的相關研究中所提到的「包容」概念，對關係的維持具有正向作用。關係中的重大背叛是伴侶治療中棘手的議題，伴侶可能經驗到的羞恥、報復、羞愧與內疚、恐懼、道歉、原諒、寬恕等非常複雜的情緒與心理歷程，尼爾森醫師皆一一詳細拆解闡述，並提出實務上相對應的作法及對治療師的提醒，我在閱讀時深受觸動，是值得反覆閱讀消化的一章。

在伴侶治療工作中，只聚焦在增進伴侶對關係互動模式的洞察及情緒的理解，有時並不足以解決困境。行為改變策略可提供立即操作的步驟，教導溝通、情緒調節及問題解決技巧、鼓勵正向經驗，是伴侶實務工作中很實用的策略。書中提到「愛是主動性的動詞」，這不僅是對愛的一種表述，更是一種實踐指南：愛被視為一系列的行動和決策，這些行動和決策有助於加強關係的韌性，使伴侶能夠經受住時間和困難的考驗。行為取向的策略能夠協助伴侶培養及強化關係韌性，尼爾森醫師分享了他在實務上運用的具體執行步驟、運用時機、實施過程中可能遇到的困難與應對方法，也整理了許多經營和維持親密關係的研究成果，為親密關係教育提供了重要的內涵，這些對於伴侶治療師來說都是非常寶貴的資源。

最後尼爾森醫師提供的治療順序圖，是本書的精華所在。它為伴侶治療師提供了清晰的治療路徑指引，幫助治療師靈活地調整治療計劃，以符合個別伴侶的具體需求。它也啟發了身為伴侶治療師的創造性思考，結合過去所學習的不同治療元素，形成適合自己治療風格和特定案例的獨特治療路徑，發展出自己的整合治療模式。

《伴侶諮商指南》不僅是一本治療手冊，也是一本關於人性、愛與改變的著作，這本書中的觀點或方法都是穩立在豐富的臨床經驗和學術研究成果的基礎上，探討如何幫助伴侶面對每個人在試圖維持穩定而滿意的親密關係時不可避免地產生的脆弱及挑戰。不論是作為伴侶治療師或伴侶治療的訓練者，都可以透過作者精心整理的整合性治療地圖獲得寶貴的學習與反思機會。

推薦序三

給臨床工作的博雅教育

賴孟泉（多倫多成癮與精神健康中心精神科醫師、
多倫多大學精神醫學系及心理學系副教授）

心理與精神健康工作者在訓練及執業過程中，多半最熟稔的是協助個案本人，同時納入重要他人的狀況常被認為更「複雜」（例如伴侶治療）或「進階」（例如協助兒童青少年的家庭）。然而，如同溫尼考特曾指出：「我曾經說過：『沒有嬰兒這回事』，當然，意思是，只要有嬰兒，就有母親的照顧，沒有母親的照顧就沒有嬰兒。」延伸來看，幾乎任何人都無法獨立於身旁的系統而存在：家人、伴侶、重要他人、生命中出現過的人事物，都在一個人的實際生活與心智生活中留下痕跡。也就是說，治療師所面對的個案永遠不會是單獨一人。反過來說，若能直接納入個案身邊的人——在伴侶和家庭的脈絡下，「個案」既是其中一人，也是所有人——就更有機會促發改變。

因此我認為，協助伴侶與家庭，是臨床工作者博雅教育的一環。亞瑟・尼爾森（Arthur C. Nielsen）此書，正是我們亟需的博雅教育教材。尼爾森醫師在理論上統整系統取向、精神動力取向（涵蓋古典精神分析、客體關係、自體心理學與創傷知情）及行為取向（從溝通與談判技巧到辯證行為治療），以廣納百川之勢，有機地整合多種理論與概念，揀選臨床上實用且有實證經驗的介入技巧，提供治療師形成概念化（formulation）及介入的個別化地圖，堪稱是精準心理治療（precision psychotherapy）的試金石。

本書內容非常實際，對於特定概念與操作都以具體實用的方式呈現。例如在說明把「伴侶治療 1.0」的「彼此對談模式」作「系統升級」時指出：

「將重點從內容轉移到過程，是伴侶治療基本的『彼此對談模式』的第一道、也是最重要的升級。聚焦於病理性循環（pathological cycle）本身，通常就會改善互動過程。」（p. 109）

在解釋為何瞭解精神動力（尤其是投射性認同）可以進一步為伴侶治療升級時，畫龍點睛地說：

「為了幫助伴侶擺脫病理性之舞步，我們不僅必須聚焦在適應不良的過程本身……還應關注驅動這輛適應不良的失速列車，也就是伴侶們深藏的敏感、希望和恐懼的原因何在。」（p. 164）

「……將同理心的注意力更加集中在負向互動循環中，適應不良舞步背後的動機。我們正在設法揭開特定的潛藏希望和恐懼，之後適應不良的舞步就不再那麼神祕，而且對伴侶雙方而言都更加容易理解。」（p. 185）

「當伴侶雙方沒有受吸引或表現出同理心時，我們在治療上應該審視阻礙他們態度軟化的限制為何。」

（p. 198）

「治療師必須努力幫助伴侶雙方理解並涵容其痛苦的心理狀態。要做到這一點，治療師首先必須掌握且涵容被個案拒絕承認的事物。」（p. 248）

本書並清楚呈現為何訓練溝通與情緒調節技巧能促進系統與精神動力觀點治療，使得伴侶「當強烈的情緒湧上時，還能進行安全的對話。」（p. 311）在第十一至十三章尤其羅列了實用的說話與聆聽技巧、情緒調節技巧、問題解決技巧、以及增進正向伴侶經驗的方式，指出實際應用（例如協助聆聽方處理情緒）而非流於教條與宣示。本書也不畏於探索如何處理困難卻常見的伴侶困境，例如第十章關於接納、寬恕與和解的精彩提點。

作為臨床工作者、督導與終身學習者，我認為本書的「整合治療模式」是諸多教材中的珠玉。納瑟・根米（S. Nassir Ghaemi）曾在《精神醫學新思維：多元論的探索與辯證》（*The Concepts of Psychiatry: A Pluralistic Approach to the Mind and Mental Illness*，心靈工坊）一書提醒臨床工作者採用折衷主義（eclecticism）的危險：例如自助餐式的生物—心理—社會模式。多元論（pluralism）與整合論（integrationism）作為認識人類心智更合適的架構，其實用價值在尼爾森醫師此書中精彩地呈現（第十五章提供了具體的應用指引）。整合論的關鍵在於它並非自助餐式的隨意揀選，而是清楚呈現「為何」與「如何」整合，同時保持開放與彈性。本書從理論、概念到實作，對於「為何」與「如何」整合提供清楚的洞見與示範。

如同所有的翻譯書籍，本書內容與應用需要跨文化、本土化

（indigenized）以至於本土（indigenous）觀點的反思與調整。尼爾森醫師開誠布公地說明本書的觀點多半來自較高社經地位的（北美）白人異性戀伴侶（p. 47）。因此，在地觀點與文化社經脈絡的考量，以及在同性伴侶與其他伴侶的應用，會是台灣讀者學習時的「家庭作業」。可幸的是，「整合治療模式」作為一種架構，本身就預設了進一步整合其他動力與壓迫相關脈絡（例如台灣各種文化裡的家庭結構、性別社會化、與多元性別文化及處境）的空間，讓臨床工作者在發展自己的治療模式時有所依循，能協助更多的個人、伴侶與家庭。

推薦序四

伴侶治療與我

熊秉荃（國立臺灣大學社會工作學系教授、
國立臺灣大學臺灣韌性社會研究中心研究人員、
中華民國諮商心理師、亞洲家族治療學院會員及副理事長、
美國婚姻與家族治療學會臨床會員及認證督導）

一對夫妻在我面前熱吵，其中一位衝出治療室，我如被強光照射的動物，瞠目結舌的錯愕與不知所措，在雙面鏡[1]後面觀察我治療的同學焦急地吶喊：「秉荃，你快點做些什麼！」那是 1993 年開始在美國印第安納州普度大學婚姻與家族治療中心的伴侶治療初體驗。

自小，我父母親提供我回應夫妻衝突的模組，是其中一人的出走，姊姊帶著哥哥及我，一定可以在台中縣霧峰鄉台灣省議會的玫瑰花園找到愛花及喜歡讀小說的媽媽！爸爸則必然出走到台灣省政府教育廳的休息室小住，我印象中父母親的衝突就是這樣默默的

1　普度大學婚姻及家族治療中心使用雙面鏡於治療室與觀察室中間，兩個空間均有麥克風可擴音和收音，運用切換燈光的方式，家族治療師可向個案介紹觀察室中的觀察團隊，觀察團隊成員主要為教師及博士班學生；當進行反思團隊（reflecting team）時，個案可以充分聆聽觀察團隊分享其觀點與觀察其進行的對話討論，此反思團隊歷程（reflecting team process）或反思歷程（reflecting process）提供並開啟困境中的伴侶或家庭可參考的觀點及可斟酌的思考模式。

來來去去，我由原生家庭學到以「降低引爆點處理衝突」的生存之道，同時這典範完全沒有準備我面對伴侶調高聲量、直線對球的熱吵。1998 年獲得博士學位回到台北，每每隨著夫妻結束會談離開的身影，我總是懷著淡淡的忐忑，浮現於我腦海畫面是，隔天早上我會不會看到報紙，刊載該對夫妻家暴後殺人及自殺的社會版頭版頭條新聞？當時，參與我家族治療的夫妻 / 伴侶，來到治療室前多已是積累了如山高、如海深的挑戰。

如今，當我對伴侶其中的一方[2]說：「好、等一下、慢下來」時，我知道當事人的高聲量及肢體態勢啟動我內在的警報系統，同時我對當下熱吵的免疫力正強化中，我既安頓自己的內在生態，也同理當事人的困境與努力，我說：「我打斷你、並請你降低音量及調慢說話的速度，因為此刻十分關鍵而難能可貴，當然也十分困難的是，你能在衝突的過程中穩住，我絕非強你所難的要你淡化或忽略這些混亂」。我由治療過程見證當事人匍匐前進的成長，我在結束一次會談與下次會談之間和當事人以文字敘事交換觀點，我回饋給當事人：「你自己從迷霧當中逐步走出，也更為清晰自己的脆弱處、自己的需求與立足點，我猜你們（伴侶雙方）以不同的步調與方式走這治療旅程，學習容許彼此有各自的描述、記憶、體會與著重點，同時，相信你自己的版本，相信你體會到的『對方的認真』」；我邀請伴侶嘗試及練習照顧自己及滋養關係的溝通方式：「練習調整你的內在自我對話，將帶給你不同的感受[3]，面對及認

2　此處「伴侶其中的一方」可以是異性或是同志伴侶關係中的男性或女性，對方則是指相對的一方。

3　運用心理學家阿爾伯特・艾利斯（Albert Ellis）的情緒 ABC 理論，當事人練習覺察並調整自己對誘發事件 A（Activating event）的認知和評價的信念 B（Belief），則帶動

識自己在關係中覺知的「忍受」，將你的「忍受」經營成為你與自己相處的精心時刻及給自己的禮物（愛之語[4]），這也創造了對方需要的時間或空間，成為你給對方的禮物[5]，你們共同並繼續在平穩當中，將注意力著眼於生活中比較平和的時刻[6]，並增加相處愉快的比例。」我格外珍惜伴侶其中的一方繼續說：「謝謝老師，我其實沒有覺得很混亂了，只是我覺得我已經情感破產了，可能沒有很多禮物可以給對方了；我就把自己活得開心，把開心帶給家人；我只是想確定一下，要是以後再混亂一次，我也需要心理建設。因為回顧一下這一路走來，已經很多次（混亂）了，可能以前、可能內心某個角落，真的覺得我可以拯救對方，可是現在我覺得我沒辦法拯救對方，我也不應該拯救對方。」我既欣慰於伴侶其中的一方逐漸成長的自我覺知，我回應給當事人：「你掌握了關係中最關鍵及核心的 OS（Operating System，作業系統、內心小劇場），也就是：『我就把自己活得開心，把開心帶給家人』、『現在我覺得我沒辦法拯救她』，我這麼說，是因為給自己禮物就是給家人禮物。」我同時也參與箇中的點滴感慨，我寫給當事人：「唉……我心裡為你嘆息，在關係的艱困時刻，我們一起嘗試安頓自己，再找出路！」因為，我分享我的觀察是：「我們言語描述的常常是關係面面觀中非常片段與片面的，這樣的以偏概全既失準，也產生許多

適應性的情緒和行為結果 C（Consequence）。

4　Chapman, G. D.（1992），王雲良翻譯。愛之語：兩性溝通的雙贏策略。臺灣：中國主日學協會。愛的語言分為五種，1. 肯定的言詞、2. 接受禮物、3. 服務的行動、4. 精心的時刻、5. 身體的接觸。

5　愛之語的線上測驗，了解關係中自己和對方接收愛的方式，http://love.cssa.org.tw/

6　運用選擇性注意力（selective attention），在伴侶日常互動的眾多訊息中，淡化注意相處中的摩擦引發的雜音，而專心於相處中比較平和與愉快的時刻。

的誤解。生活的軌道繼續前行，累積未清除的溝通碎屑，不知不覺已成為阻隔彼此的山丘。」

即便當伴侶認為自己是在釐清是該繼續或是結束伴侶關係，然而這兩個看似對立的選擇，事實上是微妙的並存，伴侶各自在這繼續與結束連續線上的位置也是動態的浮動著。我邀請伴侶辨別慈悯自己[7]的「陽光、空氣與水」，自己負責任地確認每天讓自己有足夠陽光、空氣與水的供應，這便是給自己的「愛之語」；我鼓勵伴侶述說自己的脆弱性如何在互動中被牽動？而在經驗衝突的增溫與降溫連續線上，各自由原生家庭學到不經思索的第一時間反應是什麼？是落在暴衝與隱忍連續線上的何處？當各自學習覺察關係雙人舞蹈中自我的慣性反應，如何進一步創造出自己及對方於關係中選擇的空間？同時，練習不同於慣性反應的多樣新方式時，要更有耐心地對待自己及對方，因為練習與養成新的反應及互動習慣，總有感到不自在、生疏與卡卡的過程；我也肯定覺知兒時負面經驗[8]有助於理解當下挫敗的關係，我對伴侶其中的一方說：「你也在兒時及婚姻創傷中復原，我猜對方也在認真的釐清自己，也許對方成長過程中有些刻骨銘心的創傷，讓對方發展出減少感知和隔離情緒

7　自我慈悯 (self-compassion) 定義是，「個體面對自身受苦與挫敗時，以同理的態度面對自身的難處，並給予對應的滋養和照料。」請參考 https://self-compassion.org/

8　兒時負面經驗（Adverse Childhood Experiences，簡稱 ACE）與低自尊及不安全的依附模式相關，可能不利於受害者成年期的人際關係品質；而神經發展的研究發現，兒時遭受虐待的經驗可能帶來長遠的大腦結構及功能的改變，其影響遍及感覺系統、網絡結構（network architecture）、調節情緒、和偵查威脅等等面向；至於神經免疫學的研究則指出兒時負面經驗將增加成年期體內發炎細胞因子（inflammatory cytokine），使人體處於相對高張的發炎狀態裡，而實證研究顯示高張的發炎反應與許多重大疾病的發生有明顯的關聯性，例如心血管疾病和重度憂鬱症。請參考 https://www.depression.org.tw/communication/info.asp?/61.html

的機轉，讓對方能以任務及結果為導向的原則過生活，這些均需要時間覺知和整合。」鼓勵伴侶各自鼓起勇氣，從點滴成江河的挑戰關係中改變不健康的慣有模式，我好奇地想知道，伴侶如何在糾結的關係中澆灌「希望」及「可能性」的種子？如何爭取轉化衝突及關係的成長？我參與在伴侶估量各自很苦、窒息、槍林彈雨中之底線，我問道：「你認為混亂的振幅、強度、頻率有趨緩嗎？」並在治療過程的不同階段，請伴侶各自估量，在那些情況中，彼此的關係是更靠近或更疏離？各自多麼靠近結束伴侶關係的決策點？同時邀請伴侶在下一個決策點之前，回首及定睛在戀情時的激賞及相濡以沫的深情，珍惜並增進每天生活當中的平靜安穩及雀躍。

2018 年 9 月至 2019 年 6 月間[9]，我因為參加美國西北大學精神科每週論壇而認識尼爾森醫師，他很慷慨的邀請我到他私人執業的工作室每個月會面一次，我們討論心理治療及伴侶治療的相關議題。他有極為豐富的臨床經驗及學理依據，我們交流彼此的專業歷練及人生經驗。我深知伴侶治療是心理治療中相當挑戰的個案型態，心理治療師專業教育中普遍著重於相對單純操作的個別治療，對於來到治療室的伴侶，其關係已糾結且張力大，治療師需具備足夠的專業訓練（理論及實務）。若治療師缺乏進行治療的概念架構及調節自我情緒能力不足，將使伴侶治療成為治療師希望避免的夢魘，因而我推薦這本《伴侶治療指南》以促進治療師強化和伴侶工

9　我於 2018-2019 年獲得美國傅爾布萊特資深學者獎學金（Fulbright Senior Scholar, https://www.fulbright.org.tw/zh-hant/）赴 The Chicago Center for Family Health（https://www.ccfhchicago.org/）和創辦人夫婦 Dr. John Rolland 及 Dr. Froma Walsh 共同推動及實踐以韌力為基礎的系統性策略，以強化身處困境的家庭。相關的機構訪問包括美國西北大學精神科、美國西北大學兒童醫院、Ravenswood Family Medicine Center 等。

作的關鍵基本功，提供治療師具備並能勝任進行治療的概念架構。當治療師能熟稔伴侶治療專業的知能於心，將嘉惠助人專業學生、治療師及參與治療的伴侶。而當伴侶能夠有效溝通並善於處理衝突，將成為並奠定其家族系統穩定的基石，既促進親子關係，更帶動子女發展及代間關係的良性循環。華人重視家族關係，當伴侶在人生各發展階段中能夠成為子女的角色參考，對家庭成員均是極大的祝福及美好的傳承。感謝心靈工坊[10]黃心宜副總編輯、編輯群、翻譯王譓茹小姐及陳彥婷小姐貢獻於中文版的出版，尼爾森醫師也特別為中文版寫作者序，此外我實在很讚佩跟感謝孫頌賢老師、劉彥君老師、賴孟泉老師願意排除萬難的慷慨貢獻，在滿滿行程及工作中，安排時間為本書寫推薦序，這也凸顯這本《伴侶治療指南》的重要性及可貴之處。

這三十餘年來，伴侶提供我以治療師的角色加入盤點其關係的過程，我體會伴侶雙方描述衝突事件的角度常常是大異小同，各自描述事件的切點大不相同，常是以自己的主觀為主軸，而很慷慨地將衝突原因歸咎給對方，並以符合自己道理的方式鋪陳自己的受災。因此，對話的尖銳及對立性可能瞬間升高，扮演關係擺渡人的我在排山倒海的對峙中，感受句句話語的鋒利，我體會伴侶各自的心如刀割、彼此的距離拉開中，且其態勢是各自堅持的僵持不下。我想起元朝、明朝至清朝公案劇中，清正的官吏為受迫害的人洗雪

---

10 2018 年 12 月，我推薦 A Roadmap for Couple Therapy 此書給台灣的出版社，希望能由 Routledge 出版社獲得中文版權，未料，適值版稅調漲及要求增加第一刷的出版冊數，兩家出版社因成本及市場考量而婉拒，經心靈工坊文化公司多次與 Routledge 商議，終於得到雙方均可接受的協議。當我於 2020 年 6 月 29 日接獲心靈工坊王桂花前總編輯電郵告知已獲繁體中文授權，終於安放了我的心。

冤枉及伸雪冤屈的情節，我猜當伴侶認定其「關係的公平正義失衡」之際，伴侶期盼我扮演公正廉潔的清官。因此我既要顧及伴侶對正義的渴求與想望，同時我也選擇適當的時間及適當的情境，和伴侶分享伴侶關係中所謂的「受災的當事人」是眾多的，至少有伴侶的各自及關係這三方。依據伴侶由自己觀點出發描述事件的版本，各自均頗具正當性地認定自己的受災，卻也弱化了覺知互動的相對人（對方）也在天搖地動中；當我們把「伴侶關係」擬人化，將這份關係視為主體，那麼伴侶關係亦是多重受災當事人之一，受災當事人亦擴及親代、子代的人，及各組次系統的人與關係。我嘗試促進伴侶覺知及調控自身情緒時，發展內在觀察者的部分，以此容度理解各自的受傷、受誤解、委屈、努力調整或付出未被看見、挫折、洩氣、絕望等等，我既陪伴與同理伴侶，我也透過適當的情境，進一步挑戰雙方各自的內心劇本，因為，我們常站在自己的立場，反覆複習關係中的衝突或自己的受傷經驗，經營出堅實而牢不可破的自我敘事，認定對方需為自己負傷負主要的責任，這既是十分可理解的解讀，但這蒐證也為自己卸責，同時也不成比例的盤踞我們的思緒空間，消耗自己及關係中的陽光、空氣與水，犧牲了彈性及可轉圜的可能性，癱軟了給自己及對方禮物的動能，導向與自己、對方及關係對立；我鼓勵伴侶運用自己這份反覆複習的堅持與執著，運用這能力，搜尋關係中波瀾小及沒有衝突的經驗，並反覆複習這些平和及愉悅，梳理自己、對方及關係的記憶，形塑更持平而少偏頗的記錄，當伴侶各自承擔改變自己的責任，學習並發展優質的習慣！這便是送給自己、對方及關係的愛之語。

我同時釐清伴侶的各自對我這關係擺渡人的期待是傾聽、同理，還有什麼呢？我期待自己和雙方個人建立足夠好的專業關係，我爭取時間與機會支持、挑戰及拓展伴侶的各自及關係這三方，我傳遞並分享我的深信給伴侶，我認為每個人都是記憶的創造者、經營者與收藏者，我參與伴侶在為自己及關係洗雪冤屈及彌補遺憾的「洗冤補恨」旅程中，當我們善待自己，給自己機會堅守當下及今日的自我慈憫並改善關係，包括與自己和好，與人、家族、代間等改善關係，今日的我們就為明日創造了安適的記憶；當我們能夠覺察自己不經思索的第一時間慣性反應，並嘗試選擇及練習多樣的創意性反應，並「點滴成江河」建立、穩固與內化新習慣，我們正成為細加經營記憶者；當我們對自己、對方、關係多點耐心，並懷抱勇氣的決定選修「情緒管理與建立優質關係」這門實踐課，我們已開展收藏「精誠所至金石為開」的寶貴及經典記憶；我們創造「洗冤補恨」的生命與關係之旅，囊括了珍惜各自原生家庭帶來及累積的資產，並由這些傳家寶中去蕪存菁，選擇對自己及彼此關係安生立命的要素，進而開創成熟的情緒管理及溝通渠道，於改變與接受[11]的向上螺旋微調過程[12]中朝向同時保持彈性並繼續懷著感恩及雀躍的心向前邁進；縱使經過大大小小的決策點，而選擇結束同居或法律上的伴侶關係，關係仍能以平和與滋長的風貌進行在當事人心中及經驗中，這為自己、對方及關係創造、經營與收藏了愛的禮物與旅程。

---

11 接納與承諾治療（Acceptance and Commitment Therapy, ACT）的特色包括：1. 以接納（靜觀）和承諾（價值行動）為心理治療的基礎，並強調接納和改變之間的平衡；2. 心理僵化（psychological rigidity）為心理問題之源，包括思想糾結和逃避痛苦，而心理治療的目的是增強和培養心理靈活性（psychological flexibility）；3. 心理靈活性（心理健康）包括能夠覺察當下（Aware）、對經驗開放（Open）和追求價值導引的生活（Engaged）。

12 此處「向上螺旋微調過程（upward spiral fine-tuning process）」意指帶來積極的結果

參考資料

- 王瓊玲（2001）。洗冤補恨——清初公案劇之藝術特質與其文化意涵。熊秉真主編，讓證據說話：中國篇（21-104 頁），臺北：麥田出版社。
- 李惠綿（2006）。論「天人」關係在《竇娥冤》雜劇之演變及其涵義。臺大文史哲學報，64，73-102。https://doi.org/10.6258/bcla.2006.64.03
- 陳姵蓉（2020）。淺談兒時負面經驗。台灣憂鬱症防治協會通訊，19 (4), 11-13。https://www.depression.org.tw/communication/info.asp?/61.html
- 陳麗君（2009）。從跨領域的視角談公案文學研究的幾個問題。東海大學圖書館館訊，97，28-45。https://doi.org/10.7004/TULN.200910.0028
- 鄭來長（2016）。接受與承諾治療（ACT）：第三波的行為治療。輔導季刊，52 (2), 35-50。
- Chen, Y. J., & Chen, S. H. (2019). The Taiwanese version of the Self-Compassion Scale: Psychometric properties, implications for

---

或進步的一種連續改進或精煉的過程。「向上螺旋」指的是改善或進步引發進一步的改善或進步，形成了一種積極增長的良性循環。「微調」意味著進行小幅度的調整或精煉，以提高理解自己、理解彼此與理解關係。當伴侶於治療過程感到混亂，質疑關係的進展時，我以「向上螺旋微調過程」陪伴及支持伴侶，促進其了解，即便是感知混亂或退步，也並非退回治療初期的原點，而是在漸進的調整中緩降至前一階段的小憩，隨著時間的推移，此漸進的調整步步鋪陳及穩定化越來越積極的結果或發展。

psychological health and self-compassion across multiple generations. Chinese Journal of Psychology, 61(1), 51-71. https://doi.org/10.6129/CJP.201903_61(1).0003

- Fogg, B. J. (2021). Tiny habits: The small changes that change everything. 劉復苓譯。設計你的小習慣：史丹佛大學行為設計實驗室精研全球瘋 IG 背後的行為設計學家教你慣性動作養成的技術。台北市：天下雜誌。
- Perry, B. D. & Winfrey, O. (2021). What happened to you? Conversations on trauma, resilience, and healing. 康學慧譯（2022）。你發生過什麼事：關於創傷如何影響大腦與行為，以及我們能如何療癒自己。台北市：悅知文化。
- Rosenberg, J. I. (2019). 90 seconds to a life you love: How to master your difficult feelings to cultivate lasting confidence, resilience, and authenticity. 鄭百雅譯（2021）。黃金 90 秒情緒更新：頂尖心理學家教你面對情緒浪潮，化不愉快為真正的自由與力量。台北市：三采文化。

譯序

伴侶治療的整合路徑圖：跨文化視角下的專業反思

陳彥婷（英國心理諮商與心理治療協會註冊諮商師）

幾年前，當我剛從美國婚姻與家族治療研究所畢業並回到台灣時，才真正開始接觸並認識伴侶治療／諮商在這片土地上的發展與現況。遇到一些心理助人工作者時，我常被問到一個讓我無法立即回答的問題：「你是哪個取向或學派的？」當時的我總感覺，如果沒有給出一個特定的回答，似乎會顯得不夠專業。而在搜尋伴侶治療師時，情況也類似，幾乎所有治療師都取得了特定學派（如 EFT）的訓練認證，這對當時的我來說實在是一種「逆文化衝擊」。

回想起在美國的專業訓練過程，從一開始學習伴侶治療的理論時，就是百家爭鳴的狀態。老師們鼓勵我們在實習過程中，大膽且自由地嘗試各種不同的治療方法與介入措施。因此，當面對上述提問時，我會有一種整合了不同方法，看看哪些最適合伴侶們的感覺。因此，當我有幸收到翻譯這本書的邀請時，我感到格外的意義深遠與充滿期待，不僅是因為能有機會為台灣有限的伴侶治療書籍注入更多元的視角與治療方式，也因為我衷心認同作者亞瑟・尼爾森（Arthur Nielsen）教授在首章便開宗明義地說，他選擇不為這個特別的伴侶治療法取一個專有名稱。這些名稱在這個領域已經很常見，他放下創建新「品牌」的衝動，即便它是一個整合各種療法的品牌，因為他觀察到名稱常會對治療方法有所限制，他希望創建一個包容性的架構，讓其他人可以更容易地添加其他治療元素。這也是我認為這本書最獨特與珍貴之處。

在翻譯此書的過程中，對我而言也是一個豐富的學習歷程。我充分吸收了作者四十多年來的執業精華與心得，每每驚嘆於他精細且有序的系統排列，以及他毫不藏私地分享他「工具箱」中豐富的治療工具。作者不僅鉅細靡遺地闡述他如何實行整合式治療，甚至在實行這些方法時可能遇到的阻礙或挑戰都逐一點出並說明治療師可以如何應對。同時，我也大大受益於作者在後半部分提供的有關如何教導伴侶表達與傾聽、情緒調節、衝突解決與談判協調，以及增進伴侶正向互動、情感增溫等技巧。直到今日，當我和伴侶一起工作、遇到困難時，我經常會重新閱讀並查找特定內容。總而言之，此書真的是一本既見樹又見林，無論是新手治療師還是經驗豐富的治療師，都值得一讀再讀的治療工具書。

在台灣，心理諮商研究所的專業訓練主要聚焦於個體的諮商與師培的訓練，若要在社區中專門從事伴侶諮商，大多需要在取得心理師證照後，外出修課、取得某個學派的認證並累積相關實務經驗。這大概也是為什麼國內的伴侶治療師通常以某個特定取向為主。相比之下，美國不僅有為數眾多的伴侶及家族治療研究所，也有獨立的婚姻與家族治療師專業執照，其理論與實務訓練過程本身就聚焦於伴侶或家庭系統，也會在就學期間便大量接觸此類個案。本書亦是西北大學（Northwestern University）婚姻與家族治療研究所的課堂教科書。

遺憾的是，近年來因國內心理師考試規則的修改，限縮了國外學子回國考照的資格，伴侶治療或家族治療的訓練被認為是低於廣義心理諮商下的「次專業」。我無能為力地看著許多和我一樣在這個領域滿懷助人熱忱，又有嚴格與扎實訓練的同儕，面臨不被自己國家接受與承認的挫敗和困境。在接到這本書的翻譯機會時，正好也是我人生陷入專業困境、有志難伸的艱困時期，我無比感謝熊秉荃老師的邀請以及心靈工坊出版社的信任，讓我有這麼一個難得的機緣，能在「無法助人」的時期透過翻譯靠近我熱愛的伴侶治療工作。能藉由翻譯的連結，將這個嶄新且彈性地切合不同個案議題的整合式架構引介至台灣，進而造福更多在親密關係中受傷、受挫的伴侶，是我至心所願。

最後，儘管我是一名專業的心理師，但並非專業的翻譯人員，翻譯過程中難免有所不足或不盡完善之處，也敬請各位讀者不吝指教。

繁體中文版作者序
升級再升級

伴侶治療非常困難！治療師必需同時處理兩位經常對立的個案，這兩個人有不同的心理、過往經歷、想法，對治療也有不同程度的承諾，因此，情況往往很複雜。治療會引起強烈情緒，因此，治療師在情緒上需要極大的付出。治療的主題深具挑戰性，包括物質上的金錢、性、生養小孩，以及抽象的權力、承諾和愛。同時，我們有許多不同的治療方法，卻不清楚如何選擇最適合的方法，所以很困難。我有幸在這個領域工作了四十多年，可以說，正因為以上的原因，伴侶治療是最有意思、最有成就感、在臨床上最值得從事的專業。本書的繁體中譯本出版了，讓更多台灣讀者，以及世界上任何能夠閱讀繁體中文的讀者，都可以接觸到。我將與讀者分享我和其他專家學到的一切，讓你從事伴侶治療時更為有效，無論你是新手或是有經驗的臨床治療師。

在序文中，我將分享一些個人歷史——這些個人歷史讓我接觸到了許多有價值的想法——促使我寫了這本關於整合式伴侶治療的書，以及 2016 年首次出版本書英文版以後，我所做過的事情。

首先，我看到了不同角度與觀點的價值，以及用不同方法解決問題的價值，因此對「整合」非常感興趣。小時候的晚餐桌上，我經常看到父親（溫和派共和黨）和身為社會運動者的母親（激進派民主黨）爭辯歷史和政治。他們也經常反覆爭辯情緒與邏輯何者更優。難怪我的事業就是專門協助吵架的伴侶相處得更好了。

我很喜歡學校，也喜歡所有的科目。我的教育過程走遍了河畔之濱：我在哈佛（Harvard）主修社會研究，同時修習醫科預修課程；繼而到約翰霍普金斯（Johns Hopskins）讀醫學院；在耶魯（Yale）做了精神科實習（當時，生物心理社會模型正在開始流行）；然後去費城兒童輔導中心（Philadelphia Child Guidance）接受家庭治療訓練；最後到了芝加哥精神分析學院（Chicago Psychoanalytic Institute）接受精神分析訓練。

當我的臨床工作逐漸聚焦於伴侶治療之後，我也用到了行為介入，包括 PREP（Markman, Stanley, & Blumberg, 2001）以及專家協商（Fisher et al., 1981）。這些技巧也都放在了我為西北大學（Northwestern University）創造的大學部課程《婚姻 101》（*Marriage 101: Building Loving and Lasting Relationships*）（Nielsen et al., 2004）之中。

所有這一切，以及多年的臨床工作，促成我寫下第一本整合式伴侶治療的書，也就是各位手上的這本《伴侶治療指南：整合系統、精神動力、行為療法的治療地圖》（*A Roadmap for Couple Therapy: Integrating Systemic, Psychodynamic, and Behavioral Approaches*）。著名的伴侶治療專家約翰．高特曼（John Gottman）的研究深深影響了我，他曾說：「此書不但是一本非常棒的伴侶治療書籍，同時讀起來也非常愉快。」此書已經在全球賣出八千本，並成為許多研究所課程的標準教科書了。

我的整合式伴侶治療一開始稱為彼此對話模式（Talk-To-Each-Other Model）或是伴侶治療 1.0（Couple Therapy 1.0）：基本的雙人伴侶治療模式，兩位當事人和他們的治療師在一起談話，試圖找出並改善他們之間的問題。對所有伴侶治療，這個簡樸的基礎可能有許多優點，最重要的就是治療師可以觀察雙方吵架的時候發生了什麼，而不是在個人治療中，只聽到可能不正確、不是事實的單面之詞。許多伴侶會避免對話，尤其是特別困難的話題，雙人治療便可以試著讓他們對話，有點像每週固定時間一起去健身房，讓個人教練協助他們。研究顯示，這個的簡單模式並不足以解決個案帶來的大部分的問題（Gurman, 2008）。所以，通常需要做更多。

我不想一一指出我採用了什麼模式，我使用的是更有用的隱喻，來稱呼我所用到的各種有用的介入方法。我稱之為「升級」（upgrade）的隱喻，讓大家想到最早期的電腦操作系統，被技術升級到了目前的、一直在演化的系統。有一些基本形勢和目標沒有改變——新型電腦和舊的電腦仍然是同一類的物品——但是加入更複雜的功能，並有了更好的表現。同樣的，伴侶治療 1.0 受到系統化、精神動力和行為研究產生的概念與介入的影響。我們都知道，升級之後有時零件會彼此衝突或變得過於複雜，因此，我的書也會看情況討論各種介入的順序、時間點，以及優點。

自從 2016 年出版本書之後，我又有更多話想說。我的第二本書《行動中的整合式伴侶治療：處理一般關係中的問題與危機的實際指導》（*Integrative CoupleTherapy in Action: A Practical Guide to Handling Common Relationship Problems and Crises*），將整合式伴侶治療應用在伴侶帶來的、最常見的問題與危機上。大部分教科書和研究所課程沒有時間做這件事，但是我的書會描述細節，並用到所需要的各個領域專有的知識，無論伴侶的問題是關於性、金錢、孩子，或是因為工作和時間感到壓力——這是伴侶向外求援的最常見問題。我也會討論到危機處理——個案遇到外遇、考慮離婚、正在離婚、混合家庭等等情況而來尋求協助。

在第二本書《行動中的整合式伴侶治療》中，我清楚說明了任何特定的額外治療「升級」都來自於某些特定的關係問題的詳細研究，而不只是產生問題與治療改變的總體理論。當然，和特定問題工作時，我們仍會使用我在本書中討論到的所有一切——特別是改善適應不良的二元式過程——找出負向循環、發現底下隱藏的議題，以及教導最佳溝通和解決問題的規則。因為在大部分的個案中，伴侶之間的衝突會干擾討論，無論議題是關於花錢、做愛的頻率或管教孩子的規則。

當我們專注討論伴侶的衝突或脆弱循環時（Scheinkman & Fishbane. 2004），我們必須將議題維持在最首要的問題上。除非他們面對的衝突和問題，例如金錢、孩子、姻親、分工等等議題，得到解決，否則，大部分伴侶會無法感到滿足。處理「過程」往往是治療的基本條件，但不是伴侶治療的全部——我們可能錯誤地以為我們唯一的目標就是處理病理的互動，或是隱藏在底下的精神動力。實際上，伴侶治療的成功往往要靠著我們同時注意到人際互動過程、隱藏在底下的人性需求，以及實際的問題解決。

我無法在這裡詳盡說明第二本書裡討論的特定的、細節的，以及具以形成的建議，但是要記住的就是每一個議題都累積了許多智慧，有些基於正式研究，有些基於一輩子專注於某個特定問題的專家經驗。這種智慧驗證了「魔鬼藏在細節裡」的諺語，成功要仰賴「共同元素」之外的細節。以我個人而言，在我仔細研究了彼得．法蘭克爾（Peter Fraenkel, 2023）關於即將離婚的伴侶、傑．雷博（Jay Lebow, 2019）關於正在離婚的伴侶和派特．培培爾諾（Pat Papernow, 2018）關於重組家庭的文獻之後，我的伴侶治療結果就更為成功了。這些人還只是我書中討論到的許多專家中的幾位而已。我督導過的伴侶治療師之中，大部分也能從具體建議中獲益，包括如何在無性婚姻中再次活化性關係、不斷干擾孩子的家長、外遇後重建信任，以及離婚後如何在看不見的雷區繼續存活。在所有這些情況中，魔鬼真的藏在細節裡。所以，我的建議就是：如果你喜歡本書，就一定要去買第二本書。雖然可能需要等一陣子，才看得到中文翻譯的版本！

讀完我的書之後，如果你想進一步獲得伴侶治療的正式教育，你可以上網（www.I see.edu/coupletherapy）搜尋我創建並協同領導、長達九個月的國際線上學程：整合式精神分析伴侶治療（Integrative Psychoanalytic Couple Therapy）。

最後，當你從事深具挑戰性和成就感的伴侶治療，協助痛苦的伴侶們，重新活化他們的關係時，祝你好運，也希望你覺得這本書啟發了你。

亞瑟・尼爾森醫師

芝加哥，伊利諾州，美國

2024 年 4 月

致謝

非常感謝這個領域的許多同事和貢獻者與我分享了他們的想法、經驗和研究成果；感謝幫助我闡明思路的學生們；還要感謝由資深伴侶治療師組成的研究小組所提供的回饋意見，無論是成功或失敗的案例，包括遇到的困惑與難題，我向來都能盡情地和他們分享。同時也要特別感恩同事們認真閱讀我的初稿，並針對各章提出有用的建議，他們分別是詹姆斯．安德森（James Anderson），蒙娜．菲斯班（Mona Fishbane），查爾斯．賈菲（Charles Jaffe），傑．雷博（Jay Lebow），威廉．平索夫（William Pinsof）和雪莉爾．蘭佩吉（Cheryl Rampage）。

我尤其幸運能獲得我的內容策劃編輯夏瓦．卡斯柏（Chava Casper）的諸多關照。儘管她本身並非伴侶治療領域的專家，但她也將個人經營伴侶關係的智慧，以及其細膩的編輯見解帶入本書。

我也想趁此機會對我在盧特里奇出版社（Routledge）[1]的編輯瑪塔．摩德瓦（Marta Moldvai）和伊莉莎白．葛拉博（Elizabeth Graber）致意，感謝她們在本書付梓的艱鉅過程中持續給予鼓勵與協助。

對於我的許多個案（本書節錄的一些故事已經過化名與改寫處理），我想說的是：感謝你們容許我參與你們的生活、給予我最深

1　編註：英國跨國出版集團，迄今已成立逾一百八十年，主要出版學術書籍。

切的關注，並幫助我提升自己的才能與經驗，使我在強大使命的驅策下，得以將我們一起學到的真諦傳承給下一代的治療師。祝你們萬事順利！

最後要感謝我妻子希拉的支持。她對自身寫作的投入與熱誠，對我而言就像是一顆璀璨明星，而且也是她讓我明白婚姻生活中種種的喜悅。

第一部

聯合伴侶治療與婚姻的挑戰

第一章
引言

為什麼要讀本書？

首先，因為伴侶治療很困難。理由是：

- 心理治療師所要面對的，是兩位水火不容的個案，他們的心理狀況、成長歷程、需要探究的議題、以及對治療的投入程度都不相同。
- 治療還涉及對於伴侶雙方的幸福感至關重要的種種情緒，包括從憤怒到絕望之間參雜的各種情緒變化。
- 伴侶治療處理的主要議題通常很棘手，且深具挑戰：具體問題，比如金錢、性和子女的教養；抽象問題，比如愛、獨立和權力。
- 大部分的心理治療師在這方面的培訓並不夠，他們在個別心理治療（individual therapy）中所受的訓練，也不足以幫助他們進行伴侶治療。
- 對於如何做到最完善的伴侶治療，許多學派一直以來有很多想法，但對於如何從中選擇適合的伴侶治療，這方面的指導卻很少。

第二個原因是，正因為伴侶治療極其複雜，處理的都是生活中的重大難題，同時能讓我們幫助為此受苦的人，所以它不但會使人深感欣慰、對知識的增進感到有趣、又能讓自己從中獲得自信與成就感。我的目標是，在閱讀完本書之後，當你在實行這項極具挑戰的治療時，你的壓力和困惑會減少，而得到更多的成就感。

一份指南

本書為伴侶治療的操作提供了實用的指南，包含基礎與進階的知識與技術，對於資淺的心理治療師和經驗豐富的臨床工作者都極具價值。這套模型是基於我將近四十年來治療兩百五十多對伴侶的經驗、對臨床和研究文獻的廣泛回顧，以及與此領域其他專業人員的交流成果。書中詳細介紹了將伴侶間的痛苦和治療形成具體概念與理論的三種主要技術——系統性治療、精神動力治療和行為治療，並展現了如何將它們整合成一個靈活的治療模型，而且每種技術最出色的優點都在此模型中獲得充分活用。與其他書籍不同的是，本書並非由不同作者、分別在不同章節中介紹他們各自「品牌」特色的伴侶治療，而是一套完整的治療方法，讀者無需費心整合各種不同的想法與內容後，再創建自己一套迥異的新方法。此外，這套靈活、涵蓋全方位要點的模型，可以滿足各種不同需求的臨床治療狀況，而非一體適用的治療方法。有了這本簡明易懂的指南，當心理治療師治療那些痛苦的夫妻或伴侶時，將更容易避免由於過程中伴隨的複雜狀況與個案的激動情緒所引發的恐慌失措。我撰寫本書時非常努力地淬煉自己的想法，我深刻體會到我治療的成果獲得了改善，我相信你們也一樣可以辦到。

伴侶治療的重要性

以下的統計數據顯示出兩性間的危機所在。

- 大約有百分之八十的美國女性在四十歲左右第一次結婚（Copen, Daniels, Vespa, & Mosher, 2012）；大約有百分之九十的男性和女性最終都會結婚（Whitehead & Popenoe, 2002）。
- 儘管同居的伴侶和單親家庭增加，但大多數年輕人還是想結婚，因為婚姻已經「從一種『順從標誌』（a marker of conformity），也就是符合一般社會期待的行為，演變成『名望標誌』（a marker of prestige），亦即代表成功、具社會影響力的一種地位的象徵。」（Cherlin, 2004, p.855）。
- 在第一次的婚姻中，有五分之一比例的夫妻在頭五年內失敗，而有百分之四十到五十的第一次婚姻最終以離婚告終（Copen et al., 2012）。
- 無論婚齡多久，有百分之二十的夫妻表示深受婚姻的困擾或痛苦（Bradbury, Fincham, & Beach, 2000）。
- 在尋求「急性情緒困擾」（acute emotional distress）治療的個案中，最常被提及的原因是親密關係產生問題（Swindel, Heller, Pescosolido, & Kikuzawa, 2000）。
- 一般來說，經營成功的婚姻可以增進整體的幸福感、身體的健康和經濟上的寬裕（Doherty et al., 2002；Proulx, Helms, & Buchler, 2007; Waite & Gallagher, 2000）；而且親密關係的和諧，是人生整體幸福的最佳預測因子（Lee, Seccombe, &

Sheehan, 1991; Lyubomirsky, 2013）。

- 婚姻關係的衝突、不愉快和離婚，對生活層面（健康、財務、整體的幸福感等）形成不良影響，並造成下一代也產生類似問題（Booth & Amato, 2001; Cummings & Davies, 1994; Hetherington, 2003; Wallerstein, Lewis, & Blakeslee, 2000）。
- 痛苦的婚姻，廣義而言與焦慮、情緒、「物質使用疾患」（substance use disorder），以及所有狹義分類的特定障礙有關（Whisman & Uebelacker, 2006）。
- 在美國，有一半的心理治療師曾進行伴侶治療（Orlinsky & Ronnestad, 2005），儘管許多人認為它實在令人卻步，甚至對此感到恐懼（《*Psychotherapy Networker*》, Nov-Dec, 2011）。
- 從正面來看，在未經篩選的實驗組中，有三分之二比例的不快樂的夫妻檔，透過伴侶治療明顯改善婚姻的成功和幸福感（Gurman, 2011; Lebow, Chambers, Christensen, & Johnson, 2012），而且治療的有效性「大幅度地優於沒有接受治療的對照組」（Lebow et al., 2012, p. 145）。
- 伴侶治療還有很大的改進空間，因為接受治療的夫妻中，只有不到百分之五十的比例達到非臨床（non-clinical）夫妻對婚姻的滿意度（Baucom, Hahlweg, & Kuschel, 2003）；而且許多在治療時關係有所改善的夫妻，他們的婚姻問題後來再度復發（Jacobson & Addis, 1993）。
- 在眾多形式的伴侶治療中，究竟哪一種最有效益，迄今尚無定論（Gurman, 2008a）。總而言之，親密關係的成功至關重要，這通常需要雙方的妥協，並藉由伴侶治療來得到改善，而伴侶治療還有改善的空間。

整合的重要性

我對伴侶治療的整體方法是融合性的（synthetic），或稱「整合治療模式」（integrative）。也就是說，我借鑒了不同的知識來源，並展示它們如何協同運作，產生綜效（work synergistically）。這套治療模型有以下諸多優點：

詞彙整合：許多心理治療的方法採用不同的術語描述類似的現象，這導致了治療上的「巴別塔」（Tower of Babel）現象，亦即本該可以相互學習的從業者之間，因使用的術語不同，使得溝通與交流變得困難。

交叉採用，相得益彰：之所以使用截然不同詞彙，部分原因在於，心理治療從業者與研究者有各自支持或喜歡採用的方法，且彼此間缺乏溝通與交流。正如雷博（Lebow, 2014）指出的，目前專業、期刊和科學會議各自獨立，阻礙了資訊的共享。特別是精神分析的治療師，以及從行為或社會心理學角度的寫作者之間，鮮少相互交流。

肯定共同的要素：儘管不同的治療學派強調彼此的差異性，但他們認為有益的治療方法實際上有許多重疊之處（Sprenkle, Davis, & Lebow, 2009）。克里斯滕森（Christensen, 2010）已確定當前大多數伴侶治療形式共有的操作模式：（a）挑戰伴侶雙方對個別問題的定義，並用兩人互動（二者一體／成對）的概念（dyadic conceptualization）取代（即**系統性治療**，*systemic therapy*）；（b）誘導出迴避性的、私密的想法與感受，以使伴侶了解彼此的內在經歷（**精神動力取向心理治療**，*psychodynamic therapy*）；（c）

6

透過尋找應對情緒的建設性方法，來改變受情緒驅動的適應不良行為（精神動力取向與行為治療，psychodynamic and behavioral therapy）；以及（d）促進建設性的交流（**行為治療**，*behavioral therapy*）。

有更多方法供選擇：我們之所以要整合各種治療方法，最重要的原因是，個別的特定治療通常為了達到特定問題的治療成效，而採用不同的方式。正如法蘭克爾（Fraenkel, 2009）所言，當我們擁有更多選擇，就能讓我們更有效地治療各式各樣的問題和個案。而且，已有一些研究證實，提供多種方法可以達到更佳的治療成果，這些研究在傳統的行為治療中，加入精神動力治療的觀點，獲得了出色的成效（Dimidjian, Martell, & Christensen, 2008）。

太多選擇：需要整合各種治療的最終原因，是為了產生決策樹狀圖（decision tree），以便讓治療師在眾多可選擇的競爭治療中，做出適合的選擇。如果我們不知道如何抉擇，那麼擁有多重選項，反而可能引起混亂。伴侶治療本身就非常複雜，無需我們每次搬出四到五種不同學派的想法。面對太多選擇的治療師，可能終其一生只會堅持一種理論（即使發揮不了作用），也可能將一堆理論拋諸腦後，然後只是順其自然。這是維克斯、歐戴爾和麥瑟文（Weeks, Odell, & Methven, 2005）在研究伴侶治療師時，經常觀察到的兩種錯誤。有價值、意義的療法整合，應該同時能協助治療師選擇適合的介入措施（interventions），並確定不同治療的順序。

方法、個人歷程和精神疾患的治療方法

我在本書提出的建議，出自許多來源。某種程度上，它們是我從 1993 年（當我開始保留電腦記錄）到 2003 年（當時我被要求，

針對我作為一位伴侶治療師，做場總結所有經驗的演講）期間，看診過的六十七個伴侶治療案例的非正式回顧。與文獻內容一致，我大多數的個案在治療後都獲得改善，儘管後來有些人因情況復發返回接受更多治療，或選擇離婚。這些夫妻或伴侶，正如我後來診療過的大部分個案，以及研究文獻（Lebow et al., 2012）中的人物，多半（儘管不是全部）是白人，有的住在城市，有的在郊區，都是受過大學教育的專業人士，其年齡介於二十多歲到六十多歲。本書還借鑒了我更早以前和之後的伴侶治療工作中，個別個案提出的婚姻問題、其他精神健康專業人員治療並由我督導的案例（包括來自更加多樣化及弱勢的個案），以及臨床和研究文獻（see also Nielsen, 2003, 2005）。我治療的同性戀伴侶數量相對較少，其中大多數跟我的異性戀個案有相同的年紀、社會階層等特徵。他們基本上都呈現了相同的問題（參見 Kurdek，2004，結論相似），但有些人還面臨某些獨特的挑戰，包括因為內化與社會化恐同症（internalized and societal homophobia）而導致的問題。在我的臨床診療中，很少見到有嚴重暴力、毒品或酒精問題，以及少數民族和低收入家庭的夫妻或伴侶，而我所指導的學生所遇到的以上情況更少。顯然的，治療這類夫妻或伴侶的情況比較獨特、極具挑戰且相當複雜。話雖如此，我有許多個案都是在嚴重貧困及條件不利的環境下長大的，他們遭受了貧困、種族歧視、不被關懷和虐待等，現在受到隨之而來的創傷及精神疾患所困擾。

7

正如這個領域最受尊敬的兩位學者——顧爾曼[1]（2008b）和

1　編註：艾倫・顧爾曼（Alan S. Gurman 1945-2013）是美國精神病學家，為威斯康辛醫學院與公共衛生大學榮譽退休教授。

雷博[2]（2014）所論證的，正式研究既強化整合治療模型的認識論（epistemological），更證實整合治療模型各個組成部分的有效性。因此，在我這套更加全面性的治療模型中使用這些技術時，後續研究顯示，有關情緒取向治療（Emotionally Focused Therapy）與各種形式的技巧訓練等取得成功的研究報告，應該支持它們的價值（Lebow et al., 2012）。雖然理論上，這種混合型療法有可能會妨礙治療上的成功，但我的經驗從來不是這樣。這個領域整體上顯示出它持續朝著更具包容性的方向發展，以往各自迥異的種種治療模式，其實早已兼容並進，並受益於早期其他競爭模型的方法（Lebow, 2014; Gurman, 2013）。

雖然我才剛肯定了我從自身經驗中學習到知識的信心，但我也承認可能有其潛在風險。長期以來身為科學研究方法課程的教師，我知道人很容易誇大自己的知識和專長（精神分析家馬歇爾・艾德爾森[3]〔Marshal Edelson, 1983〕曾斷言，每當佛洛伊德〔Sigmund Freud〕寫道：「毫無疑問地，……」，這實際上代表佛洛伊德其實並不確定）。因此，我開誠佈公地承認，事情並非總是像我有時暗示的那樣順利進行。

從更正面的角度來看，我對不完美結果的自覺意識，驅策我持續尋找更好的治療方法。我將要介紹的聯合伴侶治療（conjoint couple sessions）「進階版」，讓我提供比以往更好的伴侶治療。就好比現在出現了一種新藥，可以治療以往無法治癒的疾病，也就是它可以有效治療，而不只是另一種替代療法，同樣的，當我增加一

2　編註：傑・雷博（Jay Lebow, 1948~）是著名美國家庭心理學家，任教於西北大學。

3　編註：馬歇爾・艾德爾森（Marshal Edelson, 1928-2005）美國著名精神病學家，任教於耶魯大學。

些新的介入措施後所呈現的進步療效，提高了我對其價值的信心。

有許多因素影響了本書的誕生，並鼓勵我研究出整合療法，我很幸運於一九七〇年代初期在耶魯大學開始精神科的訓練（psychiatric training），該處認可生物學、心理學和社會系統理論為造成異常行為和精神疾病的重要原因（Engel, 1980）；在那裡，理想的精神健康專業人員建議可能的治療方法之前，都會審慎評估各種促成該問題的可能因素。我的多元教育及經驗受惠於一些出色的機構，包括美國國家心理衛生研究院（The National Institute of Mental Health）、費城兒童輔導中心（The Philadelphia Child Guidance Clinic）、西北大學精神科和家族治療中心（The Department of Psychiatry and The Family Institute at Northwestern University），以及芝加哥精神分析研究院（The Chicago Institute for Psychoanalysis）。 8

另外還有兩次的經歷大大影響了我的思維。在塔維斯托克（Tavistock）[4]多次舉辦的團體關係會議（Group Relations Conferences; Bion, 1961; Colman & Bexton, 1975）上，我詳細地研究了團體歷程，了解了投射性認同的價值，並看到受過高等教育、良善成年人的退行——誠如本書提到的大多數夫妻和伴侶一樣，乃受團體歷程及其與他人當前互動的影響（Wachtel, 2014）。此外，從我為西北大學的大學生開發和講授「**婚姻 101**」（*Marriage 101*）課程的過程中（Nielsen, Pinsof, Rampage, Solomon, & Goldstein, 2004），我接觸到關於成功婚姻的重要研究，並學習和了解我臨床

4 譯註：位於英國，兼顧臨床、研究與教學訓練的知名心理治療機構，很多臨床心理師及精神科醫師都曾在該處進修。

工作中增加「親密關係教育」的價值與意義。

專業術語

我選擇使用「伴侶治療」（couple therapy），而非「婚姻諮商」（couples therapy）或其他可能的說法，以此類推，「個別心理治療」（individual therapy，從不稱為「個人的心理治療」，individual's therapy）也是如此。同時也因為這領域的主要文獻選集都使用該詞（Gurman, 2008a, 2010）。

基於我直率的文風，我有時會交互使用特定性更強的術語，如「婚姻」和「配偶」，以及更具包容性的術語，如「情人」和「伴侶」。大多數情況下，雙方是否正式登記結婚並沒有什麼區別[5]；我討論的都是對彼此忠誠、保持親密關係的人。

最後，我選擇不為我這種特別的伴侶治療法取一個專有名稱。此類名稱目前在這個領域已經很常見，包括：情緒取向伴侶治療（Emotion-Focused Couples Therapy）、精神動力取向伴侶治療（Psychodynamic Couple Therapy）、客體關係伴侶治療（Object Relations Couple Therapy）、敘事伴侶治療（Narrative Couple Therapy）、行為伴侶治療（Behavioral Couple Therapy）、認知行為伴侶治療（Cognitive-Behavioral Couple Therapy）、整合行為伴侶治療（Integrative Behavioral Couple Therapy），以及以問題為中心的整合後設架構治療（Integrative Problem-Centered Metaframeworks Therapy）。因為我看到名稱對治療方法的限制，我放下創建一個新「品牌」——即便是個整合療法品牌的衝動，其目的是讓其他人

5 譯註：例如同居。

可以更容易地添加其他治療元素到我在本書所提議的、具包容性的架構中。

本書大綱

第一部：聯合伴侶治療和婚姻的挑戰

這部分介紹了聯合伴侶治療的基本結構：由兩位個案和一位治療師組成的三人小組，嘗試透過談論他們彼此，揭示與改善他們之間的問題。這是所有伴侶治療的簡單基礎，我取的名稱是「彼此對談模式」（Talk-To-Each-Other Model）或「伴侶治療 1.0」。第三章（「為什麼婚姻充滿挑戰？」）描述夫妻面臨的許多挑戰，我會在本書的其餘部分詳加討論。

升級

接下來的章節中將描述的一些改善方案或「升級」，我發現它們對於獲得更佳的治療成效非常有助益，而且經常是必要的。我之所以使用「升級」的比喻，是為了呼籲思考及留意改善技術的重要，就像汽車的技術，是由原始的福特 T 型車持續改進到現代的汽車，以及電腦最早的操作系統，也是持續進步到當前不斷革新的版本。這兩個例子中，基本的形式和目標都沒有改變——較新的模型與前面幾代的舊款都屬於相同的類型，然而追加的複雜度和功能卻大大提高了其性能。

2016 年的伴侶治療師與 1960 年時的伴侶治療師很相似，因為他／她們一樣是與兩位對婚姻感到苦惱的個案共同會面，並試圖幫助他們彼此交談以解決問題。然而，就像汽車和電腦科技一樣，伴侶治療自 1960 年以來有相當顯著的進步，使得這項工作既複雜又更有成效。本書對該治療領域的專業人員現今可以運用的升級與改善之處，做了詳細的描述與分類。

第二部：升級系統

第一個至關重要的升級，是清楚、明確地關注伴侶兩人之間的人際互動歷程：他們彼此間適應不良的舞步。我所指的這種「負向互動循環」——在此情況下，伴侶們做出所有錯誤的應對方式，以致彼此的關係逐漸惡化，造成越來越多困擾並且無能為力加以處理——這點通常必須先解決，才能接著解決其他有關財務、孩子或性方面的特定問題。之所以關注於這些部分，是基於我們對於夫妻或伴侶問題進行系統性檢視：我們觀察到的功能障礙，是彼此間適應不良相互作用造成的負面結果，而且還大於他們各自的個人因素造成的結果總和。第一章針對這部分概略地討論到焦點的轉移，第二章我會詳細介紹一些常見的適應不良循環。

第三部：升級的精神動力治療

這個部分主要討論如何透過探索雙方潛藏的精神動力，解開與加深理解彼此適應不良的循環。在這裡，治療師可以幫助兩位伴侶從他們共有、但隱而未現的潛在問題、恐懼和渴望，以及不同的主觀經驗、移情及投射性認同等見解，審視他們互動功能失調的過程。這麼做的結果，會帶來一種新的說法和情感體驗，提供了希望和理解，增加了親密感，而且也是討論其他讓彼此不快樂和爭議問題的前提。對精神動力的理解，還可以帶來另一種提升：將重點轉移至接受與寬恕上。由此，伴侶可以繼續往前邁進，創造更愉快的未來，而不是因為不斷抱怨對方過去的罪行，或是因為不斷試圖（失敗地）改變彼此，而讓雙方持續陷在僵局中。

第四部：行為及教育的升級

這個部分涵蓋了教導雙方同理心的聆聽技巧、情緒調節、解決問題，以及其他溝通技巧等的介入措施。同時有一章專門鼓勵兩位伴侶培養積極、正向的體驗。這些介入措施已經由行為治療師、認知行為治療師，以及專注於「情緒調節」的治療師共同開發和推廣。當治療師們直接教導個案彼此之間該如何相處得最為融洽時，尤其每次在進行「困難的溝通」時，如果不這麼做，可能會變成「適應不良的舞步」。

10

第五部：介入措施的排序和結語

　　這部分結束後，本書便大功告成。本書第一章介紹了有關治療的首要態度，之後則討論如何針對先前介紹的介入措施安排施行順序。最後一章則是本書指南的總結，並提供一些補充說明。

11

第二章

伴侶治療 1.0

11 弗雷德和貝絲[1]因為長期婚姻不快樂而來諮詢，他們是由貝絲的精神科醫生轉介給我的。這兩位雙方都很有才智，穿著也有品味，先生穿得比太太休閒些。弗雷德是一名工業工程師，貝絲是建築師，兩人都三十五歲左右，有三個年幼的孩子，他們表示小孩一切都好。在十年的婚姻生活中，他們很多時候都不快樂，尤其是孩子出生以後。兩人斷斷續續發生很多次口角，吵到最後，只是讓雙方都對彼此、對自己，以及兩人的婚姻感到更糟。他們很少有愉快相處的時光時，而且在多年的親密關係中，性生活有著斷斷續續的問題，如今兩人之間幾乎沒有性愛。雙方都感到內疚、絕望、困惑和挫敗。貝絲一直在考慮離婚。

在他們第一次的諮商會談中，貝絲講述了弗雷德如何讓她覺得，自己對他來說無足輕重。她的情緒從憤怒、痛苦、自責，一路變成絕望，她說：「這些事就算看起來微不足道，我也必須說出來，真的很令我生氣。可是我不想總是一直批評、嘮叨，也許我就該接受自己的處境，不要抱怨。」貝絲討厭自己對弗雷德那種怒火一發不可收拾的情緒，因為那會使她回想起母親不斷對父親發牢騷

1 原註：我所描述的夫妻或伴侶都經過化名處理，而且有些是我治療過的伴侶的綜合版本。

的模樣。

弗雷德看上去有些窘迫、驚恐、壓抑和一臉無辜樣，他的肢體語言似乎在說：「我到底做了什麼事變成這樣?!」針對貝絲對兩人問題的描述，他沒有異議，但也從未真正嘗試解決她的擔憂。他試圖看起來鎮定和冷靜，但是當弗雷德指出貝絲的批評，使他感到貝絲並不愛他、並後悔跟他結婚時，弗雷德很明顯表現出難過和不安。

貝絲說，當他們在家時，弗雷德說她過度缺乏安全感、極需別人關懷，有時甚至還罵她是惡劣的女人。由於她也自認非常缺乏安全感，所以當弗雷德說她的批評完全是因為反應過度時，她就不再有回應了。這種「逃避」的反應，再加上弗雷德總是避免衝突，致使他們無法解決生活中重要的外部問題，例如如何花錢、分擔家務和教養子女。

12

貝絲和弗雷德是向我求助伴侶中的典型代表。在我們繼續本書內容的過程中，會回頭再談他們的治療。

「開始對話就對了！」

1975 年我在醫院的精神科擔任住院醫師時，開始進行伴侶治療。如果是那時看到弗雷德和貝絲的情況，我只會請他們來我的辦公室，讓他們彼此交談，我則在一旁進行調解。我接下來會將這個缺乏結構、「當下」（here-and-now）的方法稱為「彼此對談模式」，或「伴侶治療 1.0」。它是伴侶治療的基本模式，儘管它缺乏在後續章節中所討論到的重要改進，但仍為我的治療工作提供了一個架構概念。

這套治療模型要求伴侶雙方**共同**與治療師會面，因為他們雙方幾乎始終是伴侶問題維修結構中的一部分。就像精神分析和其他許多教學形式（例如鋼琴、舞蹈或網球課）一樣，這套模型也認為，單靠討論其中一人如何與他人交流或參與活動，設法揭露問題所在或對其進行改善，是不夠的。相反的，治療師、老師或專業人士必須觀察個案或學生實際的情況，仔細審視他們各自的優、缺點。從這樣的直接觀察，就能得知適合安排哪些介入措施，藉此也能讓所有人看到它們對「當下」治療行為的影響[2]。

在本章我將描述這套模型的關鍵要素，亦即治療師在開始進行伴侶治療之前所需要了解的知識。其中包括了如何指導個案彼此對談、掌控當下的情緒室溫（emotional room temperature），以及保持中立的態度。這對於具備個別心理治療經驗、但對伴侶治療尚不熟悉的治療師特別有幫助。在開始實質性內容的指導後，我將討論此模式在診斷和治療上的效用，並說明其侷限性。

「伴侶治療 1.0」的基本原理

讓伴侶選擇有問題的主題，並嘗試解決。在大多數的療程中，我都會先請前來諮商的伴侶選擇討論的主題，這樣更能揭露出對他們具有情感上的意義，同時也跟個案滿意度有關的話題（Bowman & Fine, 2000）。一旦開始這項任務，伴侶雙方不但很快透露出困

2　原註：關於「當下」的治療方式，瓦赫特爾（Wachtel）指出，傳統的行為治療可以被視為「體驗式的」（experiential），因為在這個體驗中，它迫使（伴侶雙方）「暴露於」恐懼的環境，並提供機會消除影響適應不良行為的恐懼（2014, p. 89）。與此相似的，精神動力取向個別心理治療和精神分析類似於完形治療（Gestalt Therapy）的「實驗」，因為它們鼓勵個案與治療師進行親密關係的「實驗」（Nielsen, 1980）。更明顯的是，聯合伴侶治療為幾乎已是彼此憎恨／懼怕的兩個人，提供了親密關係和解決衝突的「實驗」機會。

擾他們的問題有哪些，還包括他們在討論這些議題時，彼此適應不良的態度和舉止。

我在**聯合診斷療程**（diagnostic sessions）中也是這樣做。請每位個案描述他們各自的擔憂後，我會花點時間觀察這對伴侶討論問題的情況，而且盡可能不參與其中。

13

觀察並詳細詢問沉默的伴侶。聯合形式（conjoint format）可以使治療師聽到、並觀察配偶一方對於另一半言談內容的反應。這意味著，我們要密切注意安靜的那位伴侶的肢體語言，那正是在對說話那方提出當下的評論。此時治療師投入其中加以輔助，誘導聆聽的一方以口頭答覆，也包括針對對方所述內容的情緒反應。

協助不想互相交談的個案。使用這種「彼此對談」（TTEO，即 Talk To Each Other）模型時，治療師會遇到的第一個問題是，大多數個案更願意告訴**你**他們的問題，而非跟配偶直接交談。他們想向治療師傳達自己對事情的看法，以及為什麼他們的配偶是錯的、惡劣的，或是有精神疾患。他們之所以偏愛這樣做，也有其道理，因為不可否認的是，如果他們之間能夠順利交談，就不會來這裡！

有個相關的問題是，我們治療師在潛意識中會想要掌控整個流程，所以有可能會默許個案只跟我們討論他們該如何彼此交談。正如接下來我們所見，有時這種掌控方式也有其正當必要。儘管如此，治療師應該牢記「彼此對談」模式在觀察和治療上的優勢，且更常持續鼓勵伴侶彼此互動。

為了化解前來治療的伴侶只想跟治療師交談的情況，你必須告訴他們根本的原因，並加以解釋：「就像上音樂、網球或舞蹈課一樣，我需要先觀察您的做法，才有辦法幫您調整改善。我的目標是讓自己盡快退場。」這個「盡快退場」也有助於鞏固你和個案的同盟立場關係，尤其是對很不情願來治療，或是對治療費用很敏感的個案。

管理情緒室溫。理想的諮商會談是讓伴侶能彼此談論重要的情感議題，並以互相尊重的方式進行。就這一點來說，揭露感受是必要的，但結果有可能只有破壞。想一想金髮姑娘葛蒂洛和燕麥粥的故事[3]：一場諮商會談既不應該太熱，也不應該太冷。在伴侶治療的早期歷史中，維琴尼亞．薩提爾（Virginia Satir, 1967）[4]代表了這兩個極端，她在幫助治療的個案建立親密關係的同時，也鼓勵他們公開說出自己的真實感受。然而，傑．海利（Jay Haley, 1976）[5]和早期一些行為取向伴侶治療的治療師，對此則有不同的主張（see Baucom, Epstein, Taillade, & Kirby, 2008）。他們指導說，強烈的感受經常會干擾伴侶的合作。兩派的觀點都正確：我們既需要使事情升溫、也需要使事情降溫的介入措施。治療必須安全，但又不能太安全。

有些伴侶會自己找到適合他們的情緒室溫。不過，在我的經驗中，這樣的伴侶很少，更常見的情況是，在交流過程中聲音越來越大、爭辯越演越烈，但不會更有成效。如果不採取介入措施，這些衝突就會變得越來越難以控制，反而加劇了伴侶雙方原本希望減輕的痛苦。可以理解的是，其他有些擔心這類情況的伴侶則過於謹

3 譯註：在童話故事《金髮姑娘與三隻小熊》中，金髮姑娘無意間發現小熊的家，看到桌上有三碗燕麥粥就大剌剌地吃了起來，結果第一碗嚐了一口覺得太燙就不吃了，第二碗太冷也不吃了，第三碗的溫度才剛剛好。

4 譯註：維琴尼亞．薩提爾（Virginia Satir, 1916-1988），是世界知名的美國心理治療師，也是家族治療的先驅。

5 譯註：傑．海利（Jay Haley, 1923-2007），是策略學派家族治療的代表人物。

慎。前面我引用為例子的夫妻弗雷德和貝絲，同時有這兩種情況。貝絲經常會大發雷霆，讓弗雷德感到有罪惡感，進而沉默以對、悶悶不樂的屈服；其他時候，諮商療程皆一無所獲，因為雙方都不想冒險闖禍。

有幾種介入措施對於調整情緒室溫尤其有用。我在這裡先介紹基礎知識，本書稍後會提供更多技巧。

14

透過將自己置中，讓事情平靜。根據《心理治療網絡》（*The Psychotherapy Networker*）雜誌最近一期[6]主題文章〈誰對伴侶治療感到恐懼？擴展自己的舒適圈〉（Who's Afraid of Couples Therapy?: Stretching Your Comfort Zone, Jan-Feb, 2011）的報導，治療師認為，在伴侶情緒飆高時，讓他們平靜下來是工作中最大的挑戰。要是你希望此時只有一位個案待在諮商室，那表示當下情況對個體心理治療師已有如噩夢。那麼，當事態變得過於激烈，兩位伴侶的交談演變成極端的辱罵時，我們該怎麼做？

首先，**你必須先調整好自己：你必須自在地突然介入他們正在進行的討論（或抨擊性的長篇大論，或一場對彼此大吼的比賽），並且自在地開始採取行動，即使你還不是很確定要說什麼。**

由於個案通常更喜歡與治療師交談，因此，使事情降溫特別有效的方法，自然就是這麼做：**當局面迅速惡化到一發不可收拾，而且諮商室內的情緒溫度太高時，治療師必須走到兩位個案之間，同時回到個別心理治療的模式，使個案單獨跟具有同理心的治療師交談；或者只是聆聽這位具同理心的治療師說話，這更容易安撫個案、使他們平靜下來。**

6　譯註：這是出自 2011 年的報導，但在作者著作本書當時，則是最新一期的文章。

有時，為了打斷這段病理過程，我必須伸出雙手做出 T 形手勢請他們暫停。在嚴重情況下，我會藉由站起身來，並移動身體介入他們之間加以「強調」。我較常做的是，僅用話語來打斷這個過程。此時，我打斷他們並以同理心介入，可以提供這對伴侶沒有給予彼此的緩衝空間，並幫助他們冷靜下來。

在惡化的情況平息後，**我發現，與他們分別單獨交談，會比跟他們兩位一起談論我所看到的更有效果**。當然，兩個人都會聽見我所說的話，但是輪流對他們說話仍更有力道。至於談話的內容，有兩種選擇。其中一種是，**我先與其中一位談論他／她的痛苦**，然後努力肯認其痛苦，並傳達我的同理心。這幾乎與我在個別心理治療中提供個案同理心的方式相同。但是當我這麼做時，另一位伴侶其實正在旁「監聽」，並會以較少的憤怒和更多的洞察力聆聽我所述說的問題。在為一方進行完這項工作之後，我再對另一方進行相同的步驟。

另一種選擇是，**我直接與一位配偶交談，並向他／她解釋我所解讀出的另一方的訊息或痛苦**。正如我將在後面詳細討論的，丹．懷爾（Dan Wile, 2002）[7]在他的「雙重」技巧（“doubling” technique）中，就是以此方式為主軸，但是大部份富有經驗的伴侶治療師似乎都已經學會這套方法。另一位治療大師蘇珊．強森（Susan Johnson, 2008）[8]將它稱為「透過治療師對談」（talking

7　編註：丹．懷爾（Dan Wile）是美國資深伴侶治療師與作家，已執業長達四十年以上。

8　編註：蘇珊．強森（Susan Johnson）是著名臨床心理學家與作家，代表作包括《抱緊我，扭轉夫妻關係的七種對話》（Hold Me Tight: Seven Conversations for a Lifetime of Love），張老師文化出版。

through the therapist, p. 79）。當我使用這套方式時，我是在做一個示範，成為另一方伴侶（他／她能感受到我的同理心）的代言人，不但能更清晰地表達，也較不會在言語上造成刺激，目的是希望眼前的這位配偶會因為我充滿尊重地跟他／她談話，而讓他／她能更加細心聆聽。然後，我就會聽到任何可能的辯駁或苦惱，再將它們往回傳達給第一個伴侶——就像口譯員在翻譯雙方可能無法理解的內容那樣。與此同時，對於他們各自闡述的困擾及痛苦，我也示範出一種不過度反應、較為分化的態度。

15

抽離中立的立場，使事情加溫。另一種會發生的極端狀況是「粥太涼了」，也就是個案情緒溫度太低、防衛意識太強。發生這種情況時，採用精神動力取向的個別心理治療中的介入措施，有助於應對焦慮和抵抗（自我保護）。這些措施旨在提高安全，讓伴侶雙方願意冒更多風險、顯露更多真實的情緒。個案多半擔心一旦流露更多真性情、變得樂於交流，也許會造成災難性的後果，所以這些介入措施包含了詢問他們的擔憂，並給予溫柔的鼓勵。一旦個案開始敞開心胸，治療師就必須防止令他們恐懼的結果變為現實。

幾乎所有處於婚姻不幸福和衝突困境中的個案，都害怕敞開心懷只會使糟糕的情況變得更慘，而且他們大多數人都有過切身之痛！個案會週期性地放慢腳步，並撤退到自己打造的防壁後躲起來。

正如大衛．夏皮羅（David Shapiro）[9] 在其精采的著作《神經質的風格》（*Neurotic Styles*, 1965）中提到的，治療師應針對每位個案的個人防禦風格制定一套應對方法。根據夏皮羅的說法，容易自

9　編註：大衛．夏皮羅（David Shapiro）是美國心理學家，也是法醫學心理學的獨立實踐者，曾著有許多關於法庭心理學領域問題的文章和書籍。

我受限、較拘謹的個案，應被鼓勵確認自己的**感受**，而容易情緒化、反應誇大的個案，則應被鼓勵表達自己的**想法**。對於這兩種類型的個案，這麼做通常都非常費力，但是它往往會推動治療的進展，畢竟，治療就是需要感受和思維這兩者健康的組合。

大多數伴侶們都會設法避免對方互動時的強度，希望治療師代勞。因此，除了使用精神分析的方法來處理這類抗拒外，伴侶治療師還可以退出中間人的角色，指導伴侶間進行更直接的互動，而且**必須頻繁且持續地重複指示他們「彼此對談」。對於個別心理治療師來說，開始進行伴侶治療工作時最重要的技能之一，就是學習如何用手（正如字面所示）指著對方**，實際上就是在迫使他們目光交流和彼此交談，而不是使用第三人稱來指稱對方。

治療師必須學習如何大力鼓勵個案面對「此時此地」不愉快的衝突，這對「彼此對談模式」至關重要。「**您能對您的伴侶說／重複剛剛那些話嗎？」是我最常使用、最強效有力的介入措施之一**。當個案對另一半說的話，與他們對治療師說的話一致時，他們就有很大的機會直接產生重要的情緒交鋒。許多配偶總擔心對方根本不會聆聽他／她說的話，而一旦發現結果並非想像中的那樣時，他們幾乎都立刻鬆了一口氣。相反的，如果他們斷然拒絕彼此對話，這個「此時此地」對談模式的練習就要一直持續。

治療師需要根據經驗來判斷何時適合，以及要用多大力氣，才能迫使特定的某些伴侶直接交談。他／她必須持續監控，並促進一種可行的、介於過分安全和過分危險之間的情緒氛圍。

16 **一般來說，設法保持中立**。在基本的「彼此對談模式」中，另一個重要的角色要求是，治療師不該被認為持續偏袒其中一位伴侶，否則會造成不好的結果（Lebow, Chambers, Christensen, &

Johnson, 2012）。矛盾的是，個案既**擔憂**治療師會選邊站，但同時又希望治療師會站在**他們**那邊！在結束成功的治療之後，每當被問及其中的成功祕訣時，我的個案群（與大規模研究的對象一致符合）（Sparks, 2015）幾乎普遍都會提到我向來保持中立的能力。

早期對治療師立場不公的擔憂，通常與移情假設（transference assumptions）有關，這應該直接針對解決。有時候我發現，身為妻子的個案深信，我以一個同為男性的角色，會選擇站在她的丈夫那邊；或者，身為丈夫的個案可能會因為我從事的是處理親密關係的工作，而他的妻子抱怨他不肯跟她有更深入的交流，因此認為我會站在他的妻子那邊。有些個案認為我可能會站在他／她的配偶那邊，只因為我們擁有相似的專業學位，或來自同一家鄉，或是因為某些關於轉診方式上的細節等。治療師也可能會因為外貌或是條件特徵，而受到懷疑，而且需要熟悉各種可能發生的狀況。儘管原因的細節會有所不同，但對於治療師可能有偏見的焦慮是共通的，必須清楚、明確且儘早提出跟解決……通常之後也一樣。這類憂慮並不會一次就徹底解決，因為它們的真正來源，是每位伴侶內心那種該對錯誤負責的罪惡感，或是自卑、欠缺自信的匱乏感。他們擔心這些特質會在對他們而言有如婚姻法庭般的心理治療噩夢中，被治療師察覺而定罪。

在個別心理治療中，治療師很容易就可以向個案傳達同理心及目標的共有感，**然而，伴侶治療是一項持續的挑戰，治療師必須傳達的是，自己正在極盡所能地為伴侶雙方的利益與幸福而努力**。在個別心理治療中，當治療師要求個案審視自己一些不太令人讚賞的特質時，個案可能會認為治療師不是在幫忙，而是批評。而在伴侶治療中，這樣的審視還會出現另一個風險，亦即加劇該個案的羞恥感或內疚感，因為此舉無疑是在支持另一方的指控。如果此時另一方誇張地表示贊同治療師（例如對伴侶說：「你看吧，這就是我這些年來一直告訴你的，你這個混蛋！」），情況可能會變得更糟。

伴侶治療獨有的另一項困難是，如果治療師花費過多時間，並且連續多次的諮商療程都聚焦在其中一位配偶的症狀或防禦態度時，對方可能會感到（這可以理解）這個治療太過於針對自己。在這種情況下，治療師可能不得不犧牲主題的連續性，以維持中立的立場和治療的同盟關係。

必要時選邊站。保持中立的意思，並不是指治療師不去挑戰個案的觀點，或是立場上時而站在這一方、時而站在另一方。我之所以逐漸領會到並開始重視偶爾選邊站及轉移同盟立場關係的做法，亦即所謂「不平衡」（unbalancing）的力量（Minuchin & Fishman, 1981），一部分是透過在費城兒童輔導中心（Philadelphia Child Guidance Clinic）接受的訓練，那裡就是使用這個專業術語。17 因此，我經常會挑戰個案、質疑他們，或詮釋他們伴侶在乎及擔憂的事以讓他們了解。所有這些舉動，都偏離了一個從體系外、非參與其中的「中立」人士「客觀」評論的形象。出乎意料的是，那些難以捍衛自己權利的伴侶，在治療師明確講出他們一直不願意說的話時，即使明白他們實際上可以要求比想像中還要多的親密關係，有時也會變得焦慮不安。

採取選邊站的立場時，如果你可以明確指出為什麼這麼做，對治療進程是有益的，因為這會將這種情況標記為是為了彌合伴侶之間差距的一種例外手段。治療師可能會說：「我現在要站在保羅的立場，原因只是想看看我是否可以說服您相信，他可能比您想像中的還要更重視您的感受。」（Wile, 1981）。

首先站在較不討喜那方。保持全面中立的原則，有幾個重要的例外。我所稱的「首先站在較不討喜那方之規則」就是其中之一。在操作伴侶之間的心理空間（psychological space）時，我們有時會認為其中一位顯然心理上曾受過傷，或是受委屈的一方，我們傾向說是有精神病徵（psychopathology）伴侶的犧牲品。有時候，治療師應該著眼於比較棘手的配偶明顯的精神病兆，無論是吸毒、酗酒、肢體暴力，或是其他明顯的疾患。

但是，這些年來，我已經學會了抵抗我本能的反移情作用（reflexive countertransference），並努力幫助看似最令人反感的個案。這個策略部分源於系統性思考：抱怨的、沮喪的，或措詞強硬、咄咄逼人的防禦性配偶，是手上持牌最少、權力最小，因此顯現出最多症狀的配偶。在伴侶治療中那吱吱作響的輪子，通常是得不到滋潤而需要精神分析的那一位伴侶。

撇開系統性思考不談，首先站在較不討喜那方的最重要的根本理由，其實很實際：這通常是獲得治療效益的最快途徑。一般來說，這位如果不是會帶來更多傷害，就是自我防衛更加強烈，無論哪一種，他／她更有可能需要被鼓勵。通常來說，儘管並非總是如此，這位伴侶隨時會想離開諮詢，治療師需鼓勵他／她多回來持續療程。

用同理心對待這類個案雖然有其意義，但並不容易，尤其當你親眼目睹他／她在你面前虐待或傷害其伴侶時。因此，採取這種立場的最後一個理由是，它會阻止你顯露出（有時是不自覺，或是透過肢體語言）負面的反移情感受的本能傾向，進而失去治療中立的重要立場。

「彼此對談模式」提供什麼？

「彼此對談模式」提供了定期論壇；安全、管控和希望；以及一些調解、翻譯和指導。

18

安排對談時機。幾乎所有我所見過伴侶，都一直避免認真討論他們的問題，這要不是因為他們厭惡被激起的情緒反應，就是因為先前的嘗試製造出了比他們想解決的問題還要更多的問題。大多數苦惱的伴侶們認為，他們根本沒有適當的聊天時機：當他們暫時處於一個不錯的狀態，不交談是因為害怕闖禍；而如果情緒失控，更沒有人願意冒險說話，讓事情變得更糟。換個角度來看，彼此能夠舒服地交談、願意花更多時間交談，以及不存在任何「禁忌」的話題，這些都跟婚姻的成功息息相關（Pines, 1996）；因此，為他們安排對談的時機（即使沒有特定話題），也可能對他們有所幫助。

在最基本的層面上，伴侶每星期見面來治療，就像是與一位私人教練每星期一起參加安排好的健身課程一樣——有時候，運動本身，比起教練提供運動器材或練習等特別的專業知識，來得更為重要。在這套模型中，如果伴侶終於同意治療，並共同討論他們一直迴避的事情，那他們有可能可以成功。如果他們無法迅速這樣做，那麼所有人都會贊同他們需要專業協助。

安全、管控和希望。除了代表預定的任務外，我還象徵了一種「涵容者」（container）的角色，因為個案將我視為經驗豐富、理想化的專業人士，致力於在安全可靠的討論中完善地解決問題。在這裡，我代為執行他們的希望，在談論尚未解決的問題時，表現得成熟、安全。有時，這樣的涵容性便足以讓人們在進行這項苦差事時，可以克制、冷靜一些。然而，只有公平對待和解決問題的象徵性承諾，往往不夠，我還必須積極努力保持安全的氛圍，包括採用上述提過的介入措施。

就像情緒嚴重低落的個案永遠覺得前途一片漆黑，只有自殺才是唯一的出路一樣，陷入困境的伴侶也經常會感到絕望，並將離婚視為唯一的解脫。**由於治療通常是段緩慢的過程，因此當希望渺茫時，我會提供明確的保證**，例如向他們指出迄今為止達到的實際進展，以及我在類似情況的治療經驗。這類的介入措施有大量的文獻可以印證，這些文獻將「提供希望」視為成功的心理治療中，一項重要的共同變因（common mutative factor, Frank, 1961; Alarcón & Frank, 2011）。

調解、翻譯和輔導。在這個精簡的「彼此對談模式」中，治療師有時必須將雙方講的話翻譯成另一方可以理解與合作的語言。通常，伴侶間會因為情緒激動而無法理解對方，因此不得不尋求幫助。如果有更深層的擔憂時，就需要一定程度的「重構」後再表達出來，以便他們可以理解彼此「真正在爭論」的內容。在幫助他們為自己發聲，並開誠佈公地表達自己的需求時，治療師還可以阻止他們兩位同時發言。此外，透過詢問他們：「如果您告訴另一半，當她／他遠離（或是憤怒、防禦等）時，您有多寂寞（受傷、悲傷等），將會是什麼感覺？」，治療師得以鼓勵他們放鬆戒備。

19

一些簡單的指導也是這個模型的一部分，因為治療師有時會建議個案其他接近配偶的替代方法、鼓勵他們嘗試新的方法來表達恐懼和渴望，並提供如何處理一些生活問題的資訊。

「彼此對談模式」的治療潛力

「彼此對談模式」的診斷療效非常明顯：當個案向我們說明

他們的問題正獲得解決，以及紛爭告一段落時，我們能乘機直接觀察他們。同樣的，該模型的治療潛力在於，當他們試圖在「此時此地」解決自身問題時，我們正和他們一起努力。許多精神分析文獻都強調，僅僅讓個案談論他們的問題並不夠，他們必須有機會經常在諮商室與治療師**體驗**它們（通常是激烈地），這樣才能獲得「矯正性情緒經驗」（corrective emotional experiences）。當我們回想起很多學習其實都與情境相關時，得出了類似的結論：伴侶必須付出比談論**關於**他們問題還要更多的努力，如此一來，當他們難過、生氣時，就會不得不嘗試其他可能的辦法（Greenberg & Johnson, 1988）。

對於伴侶治療師來說，似乎大多數個案只是想要抱怨，或是找第三方來做有利於自己的裁決——只要他們不打算逃出諮詢室的話。但以上恰恰是他們會出現在我們辦公室的理由，也因此我們只要透過協助他們避免這類自然傾向，就能幫助他們。個案希望跟有同理心的第三方抱怨這一點，也解釋了個別心理治療的一些陷阱：治療師將無法了解個案的另一半（即非主治的一方）；這對伴侶將無法很快地互動；並且（更糟的是），他們的婚姻可能會不必要地惡化下去（Gurman & Burton, 2014）。

每當我感到絕望，並對我所做所為的價值感到懷疑時（關於普遍存在此類疑問的想法，請參見 Wile, 2002），我就會回到這個基本的事實：改善陷入困境的親密關係別無他法，只有讓伴侶雙方直接「面對」（encounter，一九六〇年代常用的名詞），而我為他們提供了這樣的機會。伴侶必須面對彼此、面對自己，問題才能解決，而他們顯然需要幫助。

「彼此對談模式」何時最有效？

在我審視治療案例時，我看到的情況是，當伴侶必須解決重要的意見分歧時，簡單的「彼此對談模式」相當有效。但是患有嚴重性格疾患，或是根深柢固適應不良關係模型的伴侶則不在此列。常見的情況是關於是否要生小孩、是否要搬家，或如何處理孩子或其他家庭成員的棘手問題等爭論。直覺上來看，這是有道理的，因為在面臨困難的外部問題需要做決策時，以及在制定合理方法和折衷方案這些面向上，聯合治療形式才能提供一個安全的討論空間。想要快速治療成功，取決於這些衝突並非更深層及長期存在的問題。在這種情況下，治療師可以透過熟悉解決問題的結構性方法、達成共識（Getting to Yes），並比個案更了解如何應對某些生活上的難題，來改進「伴侶治療 1.0」模型。

20

當伴侶需要他人幫助表達和發洩自己的感受、並分享當前生活中一些困難的細節時，「彼此對談模式」也非常有效。許多伴侶本身很難做到這一點，相反的，他們如果不是彼此疏遠，就是彼此都將挫敗感發洩到對方身上。他們有可能因為種種因素帶來的不確定性與失望而深陷苦惱，例如正在接受不孕症治療、癌症化療、或是搬遷到新城市、或者必須照顧生病的父母等。在這裡，治療師的作用比較不是幫助這對夫妻解決這些問題，而是幫助他們表達內心的痛苦，協助他們在充滿壓力的時刻互相支持、度過難關。毫不奇怪的，一些成功的伴侶就是受益於發洩管道和解決問題這兩者的結合帶來的幫助。

「彼此對談模式」何時會失效？

儘管「伴侶治療 1.0」模式適用於某些伴侶，但經常沒有什麼成效。他們沒有解決「此時此地」的問題，也沒有改善彼此的互動，而是一星期又一星期重覆做相同的事——我有時會指出來，有時則會打斷它——但是當那令人痛苦的相同爭論一遍又一遍地重播時，讓每個人都感到像是在沙上寫字一樣白費力氣。

在這種情況下，與外部事件有關的表面衝突，最後會變成親密關係中更深層、且長達一生的隱憂。此外，儘管「伴侶治療 1.0」提供了一些支持、希望和同理心的黏著力，企圖黏合伴侶雙方的關係，使他們友好相處，但許多個案仍需要我在場才能繼續執行任務。一旦離開我的治療室，他們既無法控制自身的情緒，也沒有能力管理另一半的情緒。

艾倫・顧爾曼（Alan Gurman, 2008b）也許是研究伴侶治療功效最博學的學者／治療師，他總結了我的經驗：

> 某些面臨「特殊情境」問題的伴侶（基本上具有靈活的互動方式、較強的自我接納度等），寧可透過直接、具體的問題解決指導，迅速獲得幫助……然而，絕大多數尋求治療的伴侶所面臨的困難，其問題的根源和修復過程都更加複雜，而且需要治療師根據多樣層次的經驗以相當廣泛多元的技巧加以介入。（p. 402）

21

與弗雷德和貝絲一起進行「伴侶治療 1.0」

「伴侶治療 1.0」讓我們有個好的開始，使我親眼見證了弗雷德和貝絲如何陷入困局。貝絲會毫不留情地批評弗雷德，然後弗雷德就表現退縮。有時候他會反擊，這時貝絲就會淚眼婆娑地敗退走開。接下來，兩人都保持沉默，懷疑這個治療的價值何在。每個星期他們都會在不同問題上的發生衝突，但都沒有持續的進展。我可以建立一個同盟關係，讓他們兩位都覺得我是中立、有同理心的，然而，僅僅幫助他們談論表面的問題，並不能處理他們自我挫敗的歷程、長期缺乏情感連結，或解決外部問題的能力等問題。這些還有待更多的努力。

在隨後的章節中，我將介紹這個治療的一些修改和調整（即「升級」）的地方。我發現把這些部分投入於立場中立、充滿希望、讓伴侶「彼此對談」的討論會中，非常有成效。在此之前，我會針對「為什麼婚姻和其他親密伴侶關係是如此充滿挑戰」這個問題，提出一些想法。

22

第三章
為什麼婚姻充滿挑戰？

22 婚姻是具有挑戰性的，即使原因對大多數人來說仍然成謎。為了改善透過「伴侶治療 1.0」取得的結果，我們首先需要了解讓親密關係變困難、且經常使愛情變成一場虛擬戰爭的挑戰和障礙有哪些。這些挑戰可以歸為以下三類：第一，由於有問題的期望、「人性」和不成熟所導致的個人挑戰；第二，由於不可避免的差異性／不合適性，以及基於解決衝突的需要，而產生的人際關係挑戰；第三，外部種種問題的挑戰，即壓力源。[1] 這些類別在統計學上並非完全各自獨立，因為它們彼此重疊，並互相影響。例如，對婚姻的一些不切實際的期望，是一種情緒不成熟（emotional immaturity）的表現，限制了人們處理衝突的能力。儘管如此，本書採用的分類很容易識別，並且很實用。我們先牢記它們，作為介入措施的目標，我將在後面的章節中介紹這些措施。

---

1 原註：在回顧了一百篇的縱向研究後，卡尼和布雷柏利（Karney and Bradbury, 1995）提出並驗證了預測婚姻成功而具相似分類的變數。他們的脆弱性—壓力—適應模式（Vulnerability-Stress-Adaptation model）隨後被拉夫納和布雷柏利（Lavner and Bradbury, 2010）的一項前瞻性研究所證實。我們的模型則雷同，但他們的脆弱性類別大部分由個人限制組成，其壓力類別則與我的外部挑戰類別相同，而他們所稱的適應類別〔即在高特曼式的衝突討論中所指的夫妻功能如何最佳運作的方式〕，則涵蓋在我人際挑戰的衝突管理模型之中。

個人挑戰

有問題的期望

以下三種期望讓婚姻變得具挑戰性：（a）社會對「戀愛結婚」（love match）的高度期望；（b）不切實際的愛情願望；以及（c）無意識中對**治療**（*cure*）情緒問題的願望。

社會對「戀愛結婚」的高度期望

婚姻陷入困境的最明顯原因，也許是社會目前設定了很高的門檻。著名的婚姻史學家史蒂芬妮·庫恩茨（Stephanie Coontz, 2005）對當代的期望及歷史的態度作了以下的描述：

> 已婚伴侶應該是最好的朋友，能夠彼此分享最親密的[23]情感和祕密。他們應該公開表達最親密的情感，也應該坦誠地討論問題，當然，性生活也應對彼此忠實。但是，這一整套對愛情、婚姻和性生活的期望，其實非常罕見。當我們回顧世界各地的歷史記錄時會發現，現代美國和西歐的習俗顯得奇特而且與眾不同……在歷史上各式各樣的社會型態中，從來不曾認為對婚姻抱持如此高的期望，是務實或令人嚮往的。（pp. 20, 23）

在第一章中我所引用的許多研究顯示，幸福的已婚人士幾乎在所有的生活面向都表現得更出色、更成功，這無疑鼓勵了我們追求更高的目標。然而，對於其他眾多夫妻而言，透過我們的幫助，也能學習接受較不完美的婚姻。

不切實際的愛情願望

超過半世紀以前，精神分析學家艾德蒙・伯格勒（Edmund Bergler）[2]曾寫道：「婚姻的困難，主要是由不合理的期待造成的。」（1949, p. 167）。時間拉近一點，當代的傑出伴侶研究學者艾倫・顧爾曼（Alan Gurman）寫道，「烏托邦式的期望」是許多夫妻不幸福的核心（2008b, p. 390）。伯格勒和顧爾曼的主張都得到了有力的支持，例如，布雷伯利和卡尼（Bradbury and Karney, 2010）發現，當夫妻兩人深信彼此都不必要求對方什麼、不應該爭吵，而且性生活應該永遠保持和諧，他們的婚姻通常不會如想像般的美滿。

許多夫妻認為，戀愛時期萌發的浪漫和幸福會在婚後自動維持下去，他們不太需要積極關注和管理婚姻生活中的壓力。雖然起初的愛情依戀（romantic attachment）確實預示著將來的幸福，然而，欠缺足夠事實基礎就對伴侶過度理想化，以及／或者過於相信那些關於愛情的陳腔濫調，例如「一見鍾情」或「天作之合」，都不是好的預兆（Pines, 1996; Niehuis et al., 2011）。

許多伴侶們太過於相信我們文化中愛情喜劇和浪漫小說的情節：在克服一連串複雜而困難的障礙之後，在故事最後相愛的兩人終於共結連理，從此過著幸福快樂的新生活。那些故事描寫得就像戀人間的激情永遠不會消失，並理所當然地認為，在不需關心、努力和工作的情況下，親密關係可以繼續茁壯成長，就像反映在以下這些天真的癡心妄想中的念頭：

2　編註：艾德蒙・伯格勒（Edmund Bergler, 1899-1962）是一位出生於奧地利的美國心理學家，其著作涵蓋了兒童發展，中年危機和同性戀等主題，被認為是 1950 年代最重要的同性戀精神分析理論家。

- 「我的伴侶應該要更像我，」如此一來，衝突就根本不會發生。
- 「我們相處的時光，不應該受生活中其他領域的影響，特別是工作和孩子。」
- 「儘管我在白天、在工作，或在家帶小孩時必須承受壓力，但下班後跟伴侶在一起時，就應該毫無壓力才對。」
- 「雖然我在其他場合必須克制自己、表現得體，但我應該能夠對伴侶想說什麼就說什麼。」 24
- 「我的伴侶應該非常了解我，所以我不必告訴他我想要什麼。但是如果在我告訴他之後，他照我說的話去做，那就不算，因為那是我先告訴他的。」
- 「愛，意味著永遠不必說對不起」（例如就像 1970 年的電影《愛的故事》〔*Love Story*〕一樣）。實際上，正如我們將在第十章看到的，研究顯示，道歉對於婚姻的成功至關重要。

在理想的情況下，而且與這些對於愛情的誤解相反地，情侶間應該學習「愛」是個充滿主動性的動詞，而不是被動的存在狀態。愛，意味著接受彼此的差異、謹慎對待彼此、善解人意、經常道歉，並積極滿足對方與婚姻的需求。[3] 儘管如此，我們治療師仍應

3　許多媒妁之言的婚姻（arranged marriages）之所以可能成功，是因為配偶雙方都不必忍受浪漫愛情減弱的幻滅，也因為他們預料成功需要付出努力。丹尼爾．瓊斯（Daniel Jones, 2014；譯註：《紐約時報》「現代愛情」專欄主編）將這類婚姻的夫妻描述為：

期望必須彼此了解、必須隨著時間的流逝彼此相愛，以及必須以某種方式使其成功。儘管看起來不太可能，但他們經常這樣做。而部分原因肯定是基於這個事實：

慎重處理這些不切實際的願望，以免顯得像是很冷漠或動輒愛品頭論足的人，因而停止去探索那些尚未實現的渴望。

尋求「治療」（cure）

有些人在選擇對象時，會不自覺地希望對方能夠改善自己無法獨力解決的情緒問題。這類婚姻是在「尋求治癒」（search for healing），或是一種「遲緩的發展驅動力」（Hendrix, 1988; Lewis, 1997）。儘管這並非是永無希望的一種追求，但卻可能是婚姻不幸福的主要根源。我將在第九章探討投射性認同時，會對此進行更廣泛的討論。

這個理論最初是根據某些個案被觀察到，他們所追求的伴侶類型，竟然與在童年時期給他們造成痛苦的父母有著不可思議的相似性。之所以如此的原因是，這些人受到一種無意識的願望所驅動，希望過去可以重來並出現一個截然不同的、更幸福的結局（亦即改寫過去）。例如，一個曾經感到被酒鬼父親忽視、不被疼愛的女兒，可能會選擇一個有酗酒問題、凡事漠不關心的男性當作對象。不幸的是，她一再渴望從這位替代的父親身上得到愛的願望，不太可能會得到滿足。

這種模型是佛洛伊德在他的書《超越快樂原則》（*Beyond the Pleasure Principle*, 1920）中描述的「強迫性重複」（compulsion to repeat）的一種形式；這似乎是「人類不斷尋求將快樂最大化、痛苦最小化」的想法中的一種例外。如今，這類追求的自我挫敗的本

他們一開始並不是在愛情的頂峰，然後惶惶不安、不可置信地看著多年來的婚姻惡化成吃力不討好的苦差事（對某些夫妻來說），而是從一塊空白的寫字板開始，而如果幸運的話，他們就能充滿驚喜地看著他們濃情和蜜意在最不可能的地方鞏固、茁壯。（p. 49）

質，被認為並非是享樂原則的例外，而是一種妄想，企圖藉由重複過去的某些創傷、並獲得更好的結局來戰勝它們。在這類重複經歷的嘗試中，當事人的伴侶總是一再扮演對方痛苦的過去中類似某人的角色，通常結果會無法滿足對方長期以來的需求。

除了重新經歷過去的創傷外，人們嘗試用婚姻來治癒自己的方式，也包括試圖找到他們認為能夠彌補個人缺陷的伴侶，例如個性逗趣或組織能力強的人。這種缺陷糾正腳本（deficiency-correcting scenarios）通常一樣注定失敗。認為別人可以很輕鬆地賦予你本來不具備的能力，這種想法很不理智，就像認為搖滾明星可以為狂粉帶來名望或成功一樣。取而代之的，這種努力通常會產生反效果，阻礙了個人發展自我的能力：因此，如果有女性認為自己需要一位高大強壯的男性作為她的代表，不太可能致力於發展堅定自信的能力。

25

想要找到親密伴侶來治療我們，這些嘗試只會加重對方的負擔，並導致雙方在關係中備感壓力。正如泰倫斯・瑞爾（Terrence Real, 2007）[4]所言：

> 也許你和另一半結婚是為了穩定你的生活，或是為了成功，或是能為你帶來價值、富足、文化、地位或朋友，也可能是幫助你戒酒、讓你開始懂得享受，又或者只是單純的一份禮物，讓你自己不會筋疲力竭。所有這些事情都很棒；作為禮物，確實很棒，但它們就如義務一般是種毒藥。我們必須停止使用「他們療癒我們」（they heal us）

4　譯註：瑞爾（Terrence Real）是位享譽國際的家族治療師、關係生命研究所創辦人。

的「瘋狂責任」（the mad agenda）來壓迫他人。（p. 76）

在證明「透過婚姻獲得治療」的這類嘗試不僅會失敗，甚至會適得其反之後，我還要指出，與不切實際的愛情願望一樣，確認個案的期望——無論是重新經歷過去或是自我完成，對所有人而言都非常有助益。它有助於解釋婚外情的吸引力，並（不太顯著地）確認一個人需要發展的能力。有時，當需求不是太緊迫或強烈時，另一半可以成為促進其成長的寶貴助手。[5]

「人性」

根據我們的演化心理生物學，下列人類的傾向（即「人性」）通常會在親密關係中造成麻煩：

- 我們傾向於將內心狀態的變化歸因於外部事件或他人，而不是內在傾向和外部事件總和的結果（「我工作得好好的，直到我的妻子開始拿升職的事來煩我。」）這種天生專注於外在危險環境的能力（「小心那頭獅子！」），被其隱藏的心理價值（psychological value）強化，進而幫助我們抵禦罪惡

---

5 原註：關於在他人身上尋求獲得治癒（healing）的益處，劉易斯（Lewis, 1997）引用的研究顯示出，所有經驗豐富（並基於實務上）的治療師都 明白：有著不安全型依附（insecure attachment）和童年困難的孩子會變得更加成熟，而且如果他們受益於與配偶、老師或治療師的「矯正性情緒經驗」（corrective emotional experiences, p. 32），他們可以和自己的孩子有更好的表現。他還引用了柯恩（Cohn）等人的研究（1992），他們在「不安全型依附的妻子和安全型依附的丈夫的互動中觀察到……這類妻子的行為舉止就像安全型依戀的女性一樣」。因此，尋找「更好的對象」，也就是可以穩定並幫助我們成長的對象，未必注定會失敗。

感和羞愧心。然而，容受這類情緒狀態的能力，更是人類發展上的一項成就。

- 否認和責備外部因素的反面是，當事情出差錯時，我們在人類的承受範圍而言肩負太多責任。正如我們有些人將責備的箭頭指向外部事件一樣，有些人相對來說便承受了太多的指責。過於感到內疚的人可能會變得沮喪；如果是自覺不夠格的人，可能就無法捍衛自己的立場。
- 由於「基本歸因錯誤」（fundamental attribution error），也就是人類更傾向將事件的責任歸因於「人類動機」（human motivation），而非情境變數（contextual variables, Ross, 1977；Gladwell, 2008），所以我們傾向藉由怪罪外部環境來為自己的不當行為脫罪，進而讓這種情況惡化。這種現象有時被稱為「行為方－觀察方偏誤」（actor-observer bias），例如「我是因為交通問題遲到，但是她之所以遲到，是因為我對她來說並不重要！」 26
- 我們更有可能留意並關注一些不順利的事（目前的背痛、沒有被兌現的諾言），而忽視了順利的事情（行動自如的膝蓋、配偶穩定的薪水），並將之視為理所當然。這種設計缺陷（design flaw）很適合被形容為我們傾向於「只看到洞，沒看見甜甜圈」，而且是注意到壞處甚於好處（Baumeister et al., 2001；Reis & Gable, 2003）。這種天性或許曾經是一種適者生存法則下的優勢（Darwinian advantage）。
- 「消極詮釋」（Negative sentiment override）使消極的情緒明顯更突顯一步：一旦狀況開始惡化，我們就很容易認為事情會越來越糟（Baucom, Epstein, Taillade & Kirby, 2008）。這種偏見使得配偶很難改變另一半對他們的消極認知（「他對我好，只是為了跟我發生關係……或是因為尼爾森醫師告訴他這樣做。」雖然說「悲觀主義者永遠不會失望」這句話說得沒錯，但是預期著最糟的情況到來，那麼最糟的情況往往就會發生。

- 人們有時會從「跟對方算帳」或記恨當中得到有悖常理的快感，這也許是愛情演變成一場虛擬大戰的主要途徑。隨著伴侶間對彼此的失望和傷害越大，為了最後達到「扯平」，他們的之間的大戰爭可能會越演越烈。
- 當我們的自尊心受到傷害，或道德上的良善受到質疑時，我們傾向於做出防禦反應。
- 因為人類的防禦心可能發生在意識之外，所以我們不但會對他人、也會對自己否認自身的不當行為，設法逃避責任。
- 很多婚姻的挑戰與我們強大的性慾有關。許多哺乳動物每年只交配一次，但人類的性慾卻時刻存在。無論未社會化的人類靈長目動物其性慾的真實本性如何，在大部分的人類歷史中，多數文化都認為男性的性慾無法透過婚姻來遏制，進而允許男性能夠與一個以上的妻子或非妻子的女性發生性關係。直到不久之前，婚姻外性行為才被視為違法和違背道德標準。在大多數社會中，儘管這類禁忌的約束力量有所減弱，但是卻很少容忍女性有婚外性行為。顯然，人類的性慾，加上對出軌行為的強烈負面反應，是導致婚姻危機的危險因素。婚姻問題也可能是由於「性」趣減弱，或是伴侶之間的性需求與性癖好不同所致。由過度縱慾或抑制性慾所導致的過度罪惡感、迴避或其他性方面疾患（sexual

pathology），也會造成婚姻問題。

- 人類「墜入愛河」的能力與性慾有關。這個現象如今被認為是受到強力的神經化學物質刺激所致（Fisher, 2004）。雖然這有助於人類在一開始找到合意的對象，但是當「愛情是盲目的」狀況發生時，此種生物潛能可能會導致不適合的配對。此外，一旦那製造浪漫情愫的化學物質減少，通常會為我們帶來不安，因為只要蜜月期一結束，伴侶們就必須尋求其他方式來維持彼此間的依附關係。

27

成熟／不成熟

在描述「人性」所帶來的個人挑戰時，我同時討論了情感不成熟這個面向。這是因為當我們無法克制一些本能的人類傾向，就是一種不成熟的形式。在我提到有問題的期望時，包括想被伴侶「治癒」的心願，也是在討論某種形態的情感不成熟。顯然的，結婚需要相當多的情感成熟度。有時候這實在是太明顯，以至於我們可能會想知道，為什麼在美國某些州開車需要駕駛執照，但在授予結婚執照[6]之前，卻不要求相關知識的證明呢？什麼樣的成熟度可以帶向成功的親密關係，什麼樣的不成熟度會導致問題重重，這個話題涵蓋的內容非常廣泛，我在隨後的章節中會持續提到。

劉易斯・特曼（Lewis Terman）[7]在一九三〇年代對該領域發表的最早的橫向研究（cross-sectional studies）中表示，「過分敏感或牢騷滿腹、容易發脾氣、一意孤行，並且缺乏自信」的伴侶，都

6　編註：在美國某些州，需要先申請結婚執照才能舉行婚禮。

7　譯註：劉易斯・特曼（Lewis Terman, 1877-1956），美國心理學家，被稱為「智商之父」。

跟婚姻不幸福有關（quoted in Bradbury & Karney, 2010, p.250）。隨後的縱向研究（longitudinal studies）發現，伴侶中如果有一方被評估為是高度神經質（表現出負向情感，包括對伴侶行為的評價較負面）、極易衝動（尤以丈夫為主）、較不親切隨和或者不盡責，以及低自尊，包括對伴侶的讚美和愛的表達方式表示懷疑（Bradbury & Karney, pp. 251-255），離婚的可能性更大。伴侶治療的目的旨在提高與此相關、具有建設性的人格特質，而不只是簡單地識別兩人的缺陷而已，因此，我在以下的討論中，簡要概述了已知有助於婚姻幸福的幾項特質；如果缺乏這些特質，伴侶間往往會產生問題。

自我意識

當我和同事在設計大學部有關婚姻的課程時——其中包含了幫助學生成功建立他們伴侶關係的實用性要素，我們針對十五名經驗豐富的伴侶治療師進行了調查，了解他們認為課程中應該納入哪些內容。結果最重要的是「改善自我意識的機會」。為什麼這些治療師會把自我意識列於首位呢？很簡單，如果你不往內探索，你會把大部分遇到的問題都認為是外部因素造成的。如果你不清楚認識自己的問題、敏感度和價值觀，就很容易將生活中不可避免的問題和煩惱統統歸咎於外在環境，包括（你感受到的）漠不關心、憂鬱，以及其他人普遍的不友善行為，包含你的配偶。你會很容易選擇責備他人、將情況過度簡化，並感覺自己比較像個受害者，而非公平或實際地看待事情。責備、過度簡化，以及將自己視為受害者，是不幸福和不成功婚姻中的伴侶的共同特徵。[8]

8　原註：我們關於自我意識重要性方面的一些非正式研究的成果，與柯倫（Curran）及其同事（特別是 Curran, Ogolsky, Hazen, & Bosch, 2011）的許多研究結果一致顯示，在描述父母的婚姻（包括負面記憶）時採用「洞察力」（insightfulness）方法的人，可

接下來我會簡要定義和討論其他大多數正向的能力（優點），其中自我意識也扮演著關鍵角色。

相對主義和主觀性

這表示你能夠理解，他人可以用不同的方式看待世界。我們必須知道，「現實」在很大程度上不僅僅是「真實」的，也是主觀的，取決於我們當前的需求、願望、恐懼和感受。

個人的責任

這是指放下防禦心、願意為自己的錯誤和傷害承擔責任及道歉，並能容忍自己在道歉時可能會產生的愧疚感、羞恥感與脆弱感。[9] 如果缺乏這些特質，在親密關係中不僅會表現欠佳，也會在墜入愛河及保持愛意這些方面遇到困難，而且很難允許自己與伴侶在親密接觸上投入時間與精力（Kernberg, 2011）。

自尊和韌性

這包括處理壓力的能力，但當中不包括出現過度的自我批評、焦慮或憂鬱的情況，也不包括訴諸於酒精、婚外性行為或其他不當偏方來尋求改善。這項特質也包含維持自尊的能力，但不會為了獲得慰藉、或要求別人絕對不會威脅到你的自尊，而對他們施加過多

以預見七年後他們的婚姻幸福感會增強，而孩子在父母衝突中的參與也會減少。同樣的，從依附理論（attachment theory）的角度進行的許多研究發現，在成人依附面談（Adult Attachment Interview）中，具備能力可以豐富、坦承且條理清晰（亦即很有見地的）敘述關係故事，我們便可以預測其情感上的健康與人際關係的健全（e.g., Paley, Cox, Burchinal, & Payne, 1999）。

9　原註：喬治・威朗特（George Vaillant；譯註：醫學博士，身兼精神分析學家與從事研究的精神科醫師，是成人發展研究的先驅，任教於哈佛大學，並指導哈佛成人發展研究達三十五年）著名的某些縱向研究（1993）也支持這種能力的重要性。這些研究發現，在成年後評估的防禦機制（defense mechanisms）的成熟度（一種對於責任感的衡量標準），是以後生活中情緒和人際關係健康的有力預測指標。

壓力。

自我肯定和成熟的依賴

其中包含直接、坦誠地表達自己的需求、抱怨和受傷的能力，而不是用自以為是的態度責備對方、使之產生罪惡感，或是做個簡單的聲明了事（「唯一合理的方式是……」），或貶低對方（「只有平民老百姓才不願去看歌劇！」）等，來掩蓋內心一些真實的感受。這方面的缺陷很普遍：在奧爾森和奧爾森（Olson and Olson, 2000）[10] 總共兩萬一千五百零一對已婚伴侶的全國樣本中（其中百分之六十表示「滿意或非常滿意」，百分之二十八表示「不滿意或非常不滿意」），有百分之七十五對同意：「我很難跟另一半說出我想要什麼。」

對性慾感到自在舒服

這需要接受一個人的外表，而且不會對性慾產生罪惡感、厭惡感，或是有性壓抑的問題。

自在地揭露自我

正如我們可以自在地在伴侶面前寬衣解帶一樣，理想情況下，伴侶之間也應該要能舒服地表達各自的想法和感受。這種自我揭露（self-exposure）可能是戀愛時最大的樂趣之一，但也經常是婚姻出現傷痕的原因之一：根據奧爾森和奧爾森（Olson and Olson）的報告，在他們的樣本中，有百分之八十二對的伴侶希望另一半可以「更願意分享自己的感受」。

同理心和關心

上述許多能力取決於自己能否設身處地為伴侶著想、不以自

10　譯註：大衛・奧爾森（David Olson）美國知名伴侶治療師與學者。

已的迫切關注為中心、既能感受對方的痛苦又不會被其情緒所擊潰，以及能否採取適當步驟協助進行「另一半生活計劃」的能力（Kernberg, 2011）。

避免性別兩極化

成熟，也代表不會被一些已內化的教條所束縛，這些教條使性別議題過度兩極對立，正如戈德納（Goldner, 2004）以下的簡明摘要所示：

> 性別將男性的陽剛特質（masculinity）指定為一種無所不能的假象狀態，其依賴性必須透過將其投射到另一半的女性身上，才會被表現出來，而陰柔的女性特質（femininity）則相對地被制約成被男性特質所駁斥與否認的那一面……這些病態的性別教條（pathogenic gender injunctions）使得女性對於她們不可能成為的男性就存在上加以認同、在壓抑中將其理想化、並無意識地嫉妒他們。同樣的，男性被制約為藉由拒絕承認女性是具有主體性的獨立中心，以便否認他們對女性深深依賴的事實……性別鞏固了關係分裂上的一種刻板形式，在此種形式中，依賴／連結／相同性與相對的自主性／分離／差異之間普遍存在的精神張力（psychic tensions），自然地被預設在男女間的交互投射中。女性被指定為「依附的客體」（dependent object），透過屈服於男性在精神上（有時是物質上）的統治主導，將自己的主觀性和慾望轉移給男性。反過來，男性繼續維持他們在關係中的「獨立自主體」（autonomous subject），只是因為他將自己的脆弱性

29

和依賴性投射至女性對象上，後者從主體轉變成他的客體。（pp. 350-351）

這份理想的人格能力清單很長，如果我再加上其他一些專業術語，以及理論上有益於婚姻和諧的各項有利條件（比如「穩固的依戀」、「差異化」、「親切隨和」、「現實接受度」），或是將相關特質加總歸納為團隊合作和愛的能力，這份列表還會更長。許多成熟的跡象還具有「從童年發展期的魔咒中醒來」的這項特徵（Fishbane, 2013），藉此，對於父母曾施予的控制、禁止、負擔、失望、批評或其他各種令人困擾的言行，他們的敏感度會降低，進而在面對成年生活中可預測的挑戰和難題時，並不會將之視為令人不愉快、不可接受或沉重的麻煩。

無論這些特質被貼上什麼標籤，成熟人格的許多要素在婚姻中都是值得擁有、並經得起考驗的。然而，這些能力也可能會在婚姻的壓力下逐漸喪失，一旦失去，或是明顯缺乏，將會嚴重限制伴侶治療的成效。但是，正如之後的章節將討論的，我們最好不要將它們視為永恆不變的性格，而是動態的、能夠在治療環境下獲得加強和發展的能力。

人際互動的挑戰

處理不合適性

許多研究表明，伴侶如果在越多主題上達成共識，婚姻成功的機會就越大（Pines, 2005）。然而，夫妻結婚後會發現，無論多麼細心維護，已經存在或出現的不合適性和差異性，都可能威脅到兩人之間的和諧。在奧爾森和奧爾森的調查中，有百分之七十九的夫妻同意：「我們的意見分歧似乎從未得到解決。」即使是在某些特殊變因上（例如社交上活躍的程度）能夠高度協調與配合的夫妻，也可能會有無法贊同彼此的時候。 30

關係上的差異性和不合適性的範圍，包含了日常小事，到基本價值觀，例如要求伴侶將脫下來的襪子放入洗衣籃內、勸他們照顧好自己的健康。還有其他較常見的婚姻衝突的來源，像是該存多少錢、多久該有一次性行為、管教孩子要多嚴格、家裡該保持多整潔，以及多久該約會一次等，各方面的意見不一都會引起爭吵。許多爭論似乎源於男女之間根深柢固的差異——約翰・葛瑞（John Gray, 1992）在他的書上提到「男人來自火星，而女人來自金星」，他將這些差異處或多或少標準化，但是這些分歧在很大程度上到底該歸因於其生物性或是社會化的過程，這一點還存在著激烈爭議。平均而言，男人的社會化表現於他們花費更多時間專注於工作上，女性則是關注於各種人際關係上，因此在這些領域中呈現出主要的一些差異是普遍、共同的。一般婚姻生活中，夫妻有一部分時間是花在嘗試發現哪些差異應該解決，哪些差異應該接受，伴侶治療中大部分的時間也是投入於此。如果要幸福，雙方最終必須停止試圖改變彼此和／或停止拒絕改變。成功的人際關係不僅需要接受彼此的差異，還需要做出一些犧牲。這指的是，你可能會因為心愛的人想要去看芭蕾舞劇，你只好也跟著去；或者可能表示你擱置自己的專業理想，為的是讓另一半繼續追求他／她的夢想。

處理衝突

婚姻生活的困難，其關鍵根源牽涉到確定兩人如何公平分配權力，以及如何解決不可避免的衝突，這包含了解決前面提到的差異與分歧。根據奧爾森和奧爾森以下的統計數據顯示，絕大多數的夫妻都在這些領域中掙扎、奮鬥：其中有百分之九十三表示他們之間存在「領導地位的困擾」，百分之八十七形容他們的配偶「很頑固」，百分之八十三說他們的另一半「很負面／愛批評」，百分之七十九對「我會竭盡所能地避免與伴侶發生衝突」表示同意，也有百分之七十九認為「我們之間的差異似乎永遠無法解決」。這些統計數據特別令人擔憂，因為預測伴侶關係是否成功的最佳指標之一，就在於妥善處理衝突的能力（Fincham & Beach, 1999; Gottman, Coan, Carrera, & Swanson, 1998; Stanley, Markman & Whitton, 2003）。

儘管許多伴侶是對「溝通問題」有所抱怨而來接受治療，但他們本身其實經常在反覆傳達自己的立場……他們的真正問題是對另一半的要求不為所動，或者更糟糕的是對方固執到積重難返，或是報復般地表現出被動式攻擊性（passive-aggressive）。有時他們就只是停止聆聽對方。因為找不到交集，他們可能會試圖迫使對方改變，或者只是設法擺脫或逃避衝突。

31

聯合船長問題

與任何群體一樣，婚姻要能夠最妥善地運作，同樣需要有規則來制定目標與解決爭端，而理想的情況下，應該讓雙方都認為這些規則很公平。但是，如何在這麼一個兩人小組中打破平局呢？我將之稱為「雙人政治」（the politics of two）或「聯合船長問題」（the co-captains problem）。儘管某些文化透過在傳統、宗教信仰或性別基礎上來分配權力，以應對此項挑戰，但是大多數的現代夫妻無法接受這種解決方式。在缺少了預設環境（default setting）的情況下，這個結構上的挑戰（如何在這兩人體制中下決定），是讓伴侶治療師之所以經常發現自己夾在中間、被迫當起這場拉鋸僵局的裁判的重大原因。一旦發生這種情況，我經常指出，這個問題並非虛幻不實，而且它也解釋了為什麼當船隻眼看就要撞上冰山時，為什麼只有一名船長有權果斷採取行動。船上沒有聯合船長在共同領航！我的意思並不是說婚姻中只有一位「船長」會運作得更好，而是雙頭馬車的情況將會帶來可預見的困難。聯合船長的問題在於兩位領導者該如何成為隊友；隊友當然可以彼此有所差異，但永遠不會忘記他們是在同一個團隊中。

錯誤的「解決方案」

打破平局有許多錯誤的方法。如果伴侶一方幾乎總是執意要另一半按照他／她的偏好或願望行事，將會造成長期的權力失衡。「占上風」的伴侶可能會藉由肢體暴力或口頭辱罵的威脅，控制並征服對方，或者「屈居下風」的伴侶可能會藉由引起對方的內疚或各種形式的罷工，占據主導的優勢。在這兩種情況下，婚姻都傾向於滿足其中一個人的需求，這在道德上是錯誤的。

接受影響

在其他方面，伴侶雙方的需求如果發生分歧，此時其中一方不加以關心。當配偶生病、沮喪或遭受其他困擾時，他或她拒絕先把個人事務擺一邊，這將嚴重損害婚姻間的信任（Johnson, Makinen, & Millikin, 2001; Gottman, 2011）。由此造成的婚姻損害類似於高特曼（Gottman & Levenson, 1999）的研究結果，亦即沒有「接受影響」（考慮到妻子需求）的丈夫，會導致後來婚姻不美滿。

彼此調適

高特曼（2011）和科胡特（Kohut, 1971, 1977）[11] 之後的所有精神分析自體心理學家（psychoanalytic self psychologists）特別提出，伴侶之間必須有機會彼此調適，以建立和諧關係，或使彼此能互相同理對方，並強調這些事情將對彼此的幸福和信任產生深遠的影響。在每一對伴侶的生活中，都會有一系列「打數」（at bats）[12] 或是體驗彼此的機會，雙方並非是在一場零和博奕（zero-sum game）[13] 中的競爭對手，而是作為一個值得對方信賴、且在乎彼此幸福的人。在危機發生時，這類的考驗瞬間會來得喧鬧而明顯；在日常一般的互動時刻，它也會來得安靜而平淡。正如結構上的「聯合船長問題」會使婚姻衝突變得更加難以處理一樣，彼此迅速反應取得協調的程度（無論好壞）會影響夫妻雙方處理彼此差異的能力。

32

不當處理衝突的惡劣影響

處理衝突的方式如果不正確，不僅會削弱信任和婚姻關係，還會為現實生活帶來負面後果。只是不斷爭論到底由要誰來駕駛這艘船，必然會造成船隻撞上冰山！為了迴避衝突而把事情置之不理（例如無法達到合理預算），或執行不一致（例如對孩子下禁令），還有因為不去面對而無法解決的問題，將會隨著時間流逝每況愈下。

避免衝突也意味著彼此會越來越避免互動，並對各自重大的

---

11 譯註：科胡特（Kohut, 1913-1981），是自體心理學之父。

12 譯註：At bat 是棒球術語，指打者出場打擊的次數。

13 譯註：零和博奕（zero-sum game）是種博弈概念，即參與各方的利益總和是固定的，若一方有所得，另一方必有所失。

憂慮更加漠視。缺乏親密的連結和情感上的支持，可能導致分工上的表現更糟。有些伴侶會因此罹患精神疾病，或訴諸於某些無益於彼此適應的解決方案，進而為雙方帶來更多壓力。隨著生活出現差異，他們大多數都會感到越來越孤獨。正是此時許多伴侶會前來尋求幫助。

外部挑戰

生活壓力和社會壓力

生活中充滿許多外部問題的挑戰，這些挑戰可能會減低幸福感，並損害伴侶之間的關係。有些挑戰持續不斷在進行，而且可想而知：劃清外部與家庭和工作間的界線、公平分工、管理財務、撫養子女，以及維持性生活的滿足感等。其他還有跟特定生活事件有關的挑戰：適應第一個孩子的出生或是不孕症、應付空巢期或是家有「啃老族」的生活、協助年邁的父母，或是準備退休等。其他因素還來自當代社會結構和規範性的期望：雙薪家庭要付出的情感和時間越來越多、雇主的要求越來越高、高度的地域流動性使得夫妻必須遠離原生家庭和可以提供協助的朋友，以及放棄身為父母為子女提供豐富文化機會的期待。其他嚴重的挑戰比較難以預測，例如疾病、失業和被迫遷徙等。還有一些挑戰存在於我們現今的文化當中，例如種族主義、性別歧視、恐同症與「結構性」失業；此外，價位合理的托兒服務非常有限，精神健康資源也普遍不足。

許多夫妻由於缺乏處理外部挑戰的榜樣，導致解決這些數不勝數的問題變得更加困難。此外，現代的伴侶們被要求扮演多重角色，這經常會給伴侶們帶來壓力，因為兩人都試圖在太短的時間內做太多事，結果只得不斷重複地遭受多爾第（Doherty, 2003）所說的「時間飢荒」之苦。

33

理想的情況下，面對重大生活挑戰的夫妻會團結一致，並就一個團隊用建設性的方式應對這些挑戰。另一方面，如果他們屈服於壓力且變得不知所措，就很容易出現適應不良的後遺症，這通常會使情況變得更糟：

- 無止盡地爭論如何處理高壓狀況，在尋找合理解決方案的過程中時（例如，應該對青春期的孩子更嚴厲還是更寬容），伴侶們經常會變得越來越極端對立。
- 對工作如何公平分配討價還價。
- 面對更難掌控的核心問題，卻被其他次要或不直接相關的問題干擾，而偏離主題時（例如，當伴侶中有一位被診斷出患有癌症，兩人卻還在子女教養問題爭執）。這對焦慮、不知所措的伴侶們可能會將沮喪的怒氣轉向彼此，而不是他們真正的共同敵人。
- 其中一位伴侶或者雙方用製造其他問題的方式來應對原本的問題：丈夫因為妻子把感情放在新生兒身上，而透過外遇尋求連結感；然後，妻子因為丈夫外遇而受傷，暗自轉向酗酒以尋求慰藉。
- 其中一位伴侶或者雙方因為某一部分的生活挑戰（例如其中一位被解僱）而感到心力耗竭、焦慮、沮喪或心灰意冷，導致了另一半引發爭論或感到筋疲力竭。

當這些次要問題緊隨著外部生活壓力源出現時，會使這難熬的情況變得更糟。通常來說，尋求伴侶治療的夫妻們所遇到的問題，都是現實生活壓力源和使用錯誤處理方式等這兩者結合後的複雜狀況。

保持伴侶雙方的正面積極與認同感

夫妻一旦必須處理外部生活壓力源，其中一項不利的後果是，他們更沒有時間或意願去培養及分享正面的經歷。這類經驗可以就像他們在戀愛期間所共享的一切那樣單純：交流想法、品嚐美食、一段遠離外界紛擾的獨處時光、私密對話和性關係。確實，在奧爾森和奧爾森的樣本中，有百分之八十二對的伴侶希望他們的另一半「有更多時間和精力與我一起玩樂。」

即使沒有明顯的外部壓力或時間要求，正向的經歷也可能因為婚姻中的衝突和失望變得更少。伴侶之間可能會以一種「讓人死於千刀萬剮般」的方式，相互凌遲對方，即使兩人每次遭受的傷害很小，但彼此卻再三地承受精神傷害。當伴侶中某一方一再被要求分享正向經歷，但仍未能改變其行為時，提出要求的那方通常會得出結論（我認為是錯誤的認知），認為該伴侶的內心深處並非真正愛護或關心他們。

伴侶們不僅會一點一滴地「折磨」彼此，通常也無法彌補和治療因為疏於分享正面經歷所造成的傷害，因此他們沒法「把錢存入婚姻之愛銀行」或是「培育兩人的婚姻花園」。這是兩個流行於伴侶治療領域的比喻。 34

因此，婚姻具有挑戰性的另一個原因是，許多夫妻將共同培養懷有「我們」（we-ness）的整體意識（即他們的伴侶認同〔couple identity〕），以及共享的歡樂時光視為理所當然、不需特別費心，以致沒有足夠重視可能有益於促進兩人關係的事情……直到為時已晚。

在接下來的各章中，我將詳細闡述在前面這些介紹性章節中所提的內容，說明如何改進「伴侶治療 1.0」，包括如何將我們的知識應用於夫妻在婚姻中所面臨的巨大挑戰。

第二部

系統升級

39

第四章
聚焦於伴侶間的互動過程

39

問題順序是表徵問題的症候表現，提供了問題最具體、最可被觸及與理解，以及最終可改變的面向。

Breunlin, Pinsof, Russell, & Lebow (2011)

當某人愛你時，他們說你名字的方式就不同了。你就是知道，你的名字在他們的嘴裡是安全的。

比利（Billy，4 歲）

「伴侶治療 1.0」的第一個關鍵升級，是將焦點放在伴侶之間的互動過程。在這支病理性之舞（pathological dance）中，情感動人的音樂通常比言語來得重要，這支舞必須成為治療師和伴侶雙方最關心的部分。著名的伴侶治療師及研究學者蘇珊．強森表示：「新手治療師必須學習不要迷失在現實問題和互動的內容中，而是聚焦在互動過程與互動時的內在經歷。」（2008, p. 129）幾乎所有資深的伴侶治療師都同意這個觀點。這是系統理論的升級，因為它將伴侶的許多行為視為兩人互動時產生的一種新屬性（*an emergent property*），其貢獻超過雙方個別的加總。

本章我將主要討論「循環式因果關係」（circular causation）的順序：A 影響 B，B 隨後影響了 A，A 接著影響了 B 等。與一般的系統性思考一樣，我們不僅要了解 A 所做的事情，還要知道其他人在 A 那樣做時的反應，以及這些反應對 A 行為的影響。在後面的章節中，我們會對系統性思考有更廣泛的探討，例如，A 的疾病和 B 的失業可能同時影響伴侶制度，因而可能讓該制度更容易或更不容易處理那些壓力源。系統性思考也會提醒我們，留意祖父母、老師、同事、神職人員、合作的治療師，以及治療督導對治療過程發生的影響。

40

專業術語

伴侶治療師使用許多名詞來指稱伴侶間適應不良的過程。有些只是說「惡性循環」（vicious circles）。我在與個案交談時，通常使用的專業術語是「病理性之舞」；對於專業人士，我更喜歡用「負向互動循環」（negative interaction cycle, following Greenberg & Johnson, 1988; and Greenberg & Goldman, 2008）。「脆弱性循環」（vulnerability cycle, Scheinkman & Fishbane, 2004）則對兩種受眾都適用。我在本書會交替使用所有這些術語。

過程優先於內容

負向歷程（negative process）預示不良結果

雖然我是從自己執業的經驗中發現這項聲明的價值，但在正式的伴侶治療研究中始終可以找到支持關注病理過程（pathological process）的論點（Lebow, Chambers, Christensen, & Johnson, 2012），其中最著名的是約翰．高特曼在「婚姻愛情實驗室」（marriage love lab）中的研究（Gottman, Coan, Carrera, & Swanson, 1998）。

高特曼及其同事針對一百三十對新婚夫妻進行的縱向研究指出，在夫妻解決問題的討論中，關於他們負向歷程的評鑑，是預測未來婚姻關係是否健康的有力指標。高特曼的研究小組確定，批評（criticism）、輕蔑（contempt）、防禦（defensiveness）和沉默（stonewalling）是預示六年之後婚姻會不幸福並接著離婚的四種行為，他們將之稱為「災難四騎士」（The Four Horsemen of the Apocalypse）。其他學者也有類似的研究發現（Karney & Bradbury, 1995; Lavner & Bradbury, 2010; Waldinger et al., 2004）。

奧爾森和奧爾森先前引用的橫向研究還發現，「幸福的伴侶」和「不幸福的伴侶」對以下有關彼此互動過程的回答有很明顯的差異：「我對我們彼此交談的方式感到非常滿意」（90% vs. 15%）；「我的伴侶是很好的傾聽者」（83% vs. 18%）；「我的伴侶沒有讓我失望」（79% vs. 20%）；「討論問題時，我的伴侶能理解我的觀點和想法」（87% vs. 19%）；「我們有能力解決彼此間的差異」（71% vs. 11%）。

我們如何解釋這些相關性與預測？還有其他原因支持我們聚焦於負向循環嗎？

負向互動過程傳遞負向態度。貝特森（Bateson, 1972）與其他研究學者（Watzlawick, Beavin & Jackson, 1967）對於互動過程為何如此重要做了解釋，他們指出，溝通不僅傳達文字內容，也傳達了發言方對聆聽方的態度；如果態度是輕蔑的、報復性的或排斥的（如經常出現在臨床或上述互動過程研究中的不快樂夫妻中），聆聽方會感到愛與婚姻之間的聯繫並不堅固。

41

負向互動過程阻礙解決問題

為了使任何規模的團隊都能成功運作，成員必須專注於手上的任務。為能發揮最佳功能，團隊成員必須面對彼此的差異，公平地分享權力，並避免用互相欺凌的方式來處理焦慮。理想情況下，正如專業的談判專家強調的，伴侶會將面對彼此間的差異，視為不僅不可避免，而且還可能有益的一點：「最佳決策並非來自表面的共識，而是探索不同觀點，並尋求創造性的解決方案」（Fisher, Ury, & Patton, 2011, p. xiii）。然而，接受差異和分享權力並不容易，許多伴侶會陷入負向的互動循環，進而削弱解決問題的能力。

聚焦於過程將減少需要注意的問題數量

伴侶通常會給治療帶來很多問題，但是解決所有問題的障礙可能是相同的，亦即他們特有的負面互動循環。**幫助伴侶改善互動過程或是結構化的交流方式，有助於解決多個內容領域的衝突**。一旦互動過程獲得改善，個案在接受彷彿永無休止的問題治療時，通常會自己解決許多問題，治療師無需給予直接的治療關注。聚焦於他們的互動過程，會明顯加快治療速度，否則會感覺像在執行不可能的任務。

聚焦於互動過程可以改善未來解決問題的能力

治療結束後問題仍會繼續出現，因此，幫助改進溝通過程，可以為伴侶提供解決未來問題所需的工具。

改正系統功能障礙比改變人格障礙容易

根據定義，人格（personality）變化緩慢，而團體過程可能具有驚人的改變與調整性。在第十一章中，我將展示如何教導伴侶「發言方－聆聽方」規則，這通常可以快速改善他們之間的互動過程。這並非表示改變負向循環很容易，或指簡單的安排與調整就已足夠，而是這與數十年來家族治療的經驗一致，首先關注家庭結構與互動過程，通常是最快速的方式（Pinsof, 1995）。

「解決當下」增強了親密感

丹．懷爾（2002）建議我們「解決當下，而不是解決問題」，也就是說，我們要優先處理眼前進行中的過程（即當下），而不是內容。處理「當下」的情況，而非表面上外部領域的困難，將能改善在關係中感到非常孤單的伴侶之間的親密關係。如果治療師在當下成功地幫助他們感到彼此更加親近，他們就能感受到彼此間的連結，願意相互傾聽，並體認彼此的重要。

回顧負向歷程是通往潛在精神動力的捷徑

42

解決當下是有幫助的，不僅因為它將注意力集中在互動過程而非內容上，更因為審視負向循環的元素，可以帶領我們快速找到關鍵的根本問題。當我們詢問某位男性為什麼那樣焦慮時，也許會揭露出他對於被遺棄的恐懼；而在詢問某位女性為什麼那般憤怒地捍衛自己時，有可能發現她的羞愧感。正如佛洛伊德教導我們「夢可以是通往潛意識的捷徑」一樣，解開脆弱性循環，能夠帶領我們前往核心的精神動力的議題。

正式的研究支持聚焦於互動過程

前面的討論中列出了許多理論上的原因，說明了為什麼關注過程應該是有益的。此外，也有支持這個方法的正式研究（Cordova, Jacobson, & Christensen, 1998; Sullivan & Baucom, 2005, cited in Baucom et al., 2008）。基於所有這些因素，我建議伴侶治療師儘早將焦點放在個案互動時的負面循環。

例外

大多數情況下，互動過程應成為治療的早期焦點。提出這點之後，我也必須承認，我們不可能脫離某些具體內容而抽象地討論該過程。在《愛麗絲夢遊仙境》（*Alice in Wonderland*）中，柴郡貓的笑容可以在貓本身不在場的情況下出現[1]，但在現實生活中，如果

1　譯註：《愛麗絲夢遊仙境》中的柴郡貓，牠擁有憑空消失又出現的特異功能，而且

要看到「過程」，就一定需要一些內容。**因此，為了更容易維持對過程的關注，並帶來更多助益，我在治療初期就會試圖引導伴侶討論較可行、且較不引發情緒激動的內容。**也許並非每次都能成功做到，例如因為嚴重的信任破裂而前來諮商的狀況，譬如背叛不忠。對於這類伴侶，我們可能就必須從最迫在眉睫的主題開始，不過它也是會讓人情緒波動最大的主題，進而可能使審視夫妻互動過程變得更加困難。

我們也會有遵循「伴侶治療 1.0」規則的時候，允許個案選擇最緊迫的主題，專注於該內容（例如家庭緊急情況），並直接提供幫助，而不是強調他們互動的舞步。治療的技巧包括知道何時該關注內容、何時該專注過程，並且記住，無論是在治療初期或是從長遠來看，聚焦於夫妻互動方式的結構都會更有成效。

另一個並非將焦點首先放在負向互動循環的例外情況，我將在第十四章進行討論，其中我會談到在治療初期鼓勵個案討論雙方正面經驗的價值。一旦成功，這類正面經驗（例如晚上的約會）將提高伴侶雙方公平爭論（fight fair）的能力，並使他們在發生衝突時，更容易保持對彼此的善意。

病理性伴侶之舞的舞步

在本節中，我的目的是對負向互動循環的基礎做一個概述，這在第五章第一節會進一步剖析 1。一般而言，伴侶治療師所面對的是一段逐步惡化的過程，其運作方式如下：

即使身體消失，那個咧嘴笑容還是會持續漂浮一陣子）。

拙劣的起步

43

這段病理過程一般開始於伴侶之一拙劣的溝通方式。他／她通常以一種魯莽的、片面的、有敵意或冷漠無情的方式掩飾自己的主觀性和渴望。而且伴侶雙方很少使用「我一發言」（I-statements），或是禮貌地提出要求。然而持平來說，對個案而言，他們提出的一些主題確實不容易展開討論。

防禦性、片面的反應，以及功能性耳聾

伴侶另一方則對配偶上述的開場動作做出防禦性回應，例如各種可能的爭吵或逃跑、敵對、責怪、咒罵、反駁、自圓其說，以及缺乏驗證、理解或同理心（有關可能的一系列詳細的辯護說詞，請參閱 Wile, 1993, pp. 88-99）。儘管大多數配偶都了解這類反應的防禦性質，但他們仍不願意去理會，而且很少探究其背後的涵義（例如因為羞愧或內疚）。取而代之的，是繼續迫使如今已是功能性耳聾（functional deafness，即充耳不聞）的另一半接受其論點，並設法解釋這就是他們提高音量和越來越簡化語言的部分原因。

伴侶雙方立即開始交談（或者一方選擇退出／不應對），卻沒有真正把對方說的話聽進去。這可能會演變成單方面在爭辯：侮辱對方、不讓對方有講話機會、說對方反應過度，又或者是「交互抱怨」（cross-complaining）：亦即 A 承認自己做錯，但同時反駁 B 過去也對自己犯下了類似的傷害。雙方都聲稱自己是對方的犧牲品，是受虐者，而非施虐者，是「遭受方」（done-to），而不是「行為方」（do-er）（Benjamin, 2004）。有些伴侶在被情緒壓垮後就不再回應，卻被誤認為未受影響和漠不關心。

比起傾洩，個案幾乎總是對如何反應顯得更加困惑。他們經常拒絕做更細微的陳述，因為這類說明無疑是要他們公開責難或暴露自己的脆弱。這使得情況變得更糟，因為他們會比實際上表現出更多敵意和不平衡。即使他們正確地分辨了循環式因果關係，但原本只是設法自我開脫（self-exoneration）的說詞，也會讓情況變得更糟：「如果你不是那麼愛碎碎念的話，我就會說更多！」

負向互換、爭論加劇和立場兩極化

隨著每位伴侶以負向對抗負向（即「負向互換」，negative reciprocity），兩人的爭論不斷加劇，並越來越對立。這個過程與強硬或憤怒的意見分歧不同，因為它仍然有些成效，原因在於當中有一種性質上的「狀態變化」（例如水變成蒸氣）：指責越來越誇張、音量越來越響亮，雙方都越挖越深。兩人都不承認對方的控訴，相反的，他們竭盡全力抵制對方為其反駁提出證據。他們互相大吼大叫、指出對方弱點，而且就像在法庭上的律師一樣高喊抗議。雙方都無法踩剎車，陷入了連自己也無法理解的漩渦之中。但這在某種程度上似乎非常重要，而且通常比原本的爭吵更重要。

44

互動空間的崩塌：否定情結（A〔k〕not）

由此產生的恐慌和混亂，可以被看成是伴侶之間「互動空間」（interpersonal space）的坍塌，因為他們無法承認彼此存在的主觀性。皮澤和皮澤（Pizer and Pizer, 2006）稱這種未能認同彼此的失敗，為另一個「否定情結」——這同時呈現出了一道糾纏難解、真實具體的結（physical knot），以及伴侶被「否定」（not）所感受到的負向情緒（emotional negation）。一旦失去了看待彼此為獨立個體的能力，伴侶就會發現無法解決彼此間的分歧，而且這段過程將進一步惡化。他們經常認知到自己陷入了「否定情結」（a〔k〕not）的陷阱，但並不明白為什麼，也沒有辦法逃脫。

對話令人難以自拔的特性

爭論之所以越演越烈，部分原因是伴侶無法解除戒備狀態或停止爭辯。他們準確地意識到對自己相關緊要的事正處於輸或贏的風險中，於是「全神貫注」在此過程中（Gottman, 2011），儘管他們很難說出它為何如此令人深陷其中。每個人都希望自己在爭論中做結尾（決定性或結論性的結束語），並將逃避面對視為丟臉和失敗。

爭吵的內容擴大、性格受到攻擊、關係本身受到質疑

爭吵的內容擴展到包括（有時是無關的）過去的罪行，以及伴侶各自被指控的性格缺陷，進而導致另一種惡化，例如：「是你太挑剔了！」遇上：「才不是，是你太敏感了！」。雅各布森和克里斯滕森（Jacobson and Christensen, 1996）將此稱為「詆毀」，因為他們將彼此貼上有道德或精神缺陷的標籤。有時，親密關係本身就會受到質疑（例如「你從未愛過我！」），而且有人可能會提及離婚。夫妻兩人接著開始攻擊對方的心理弱點（psychological jugular）：「你就跟你父親一樣，都在逃避！」、「你根本就不能接受一丁點批評！」。根據懷爾（1993）的圖表，現在這樣的情況已到達最高的「攻擊等級」：

第一級：批評對方的行為（「你後來再也沒跟我說過話！」）

第二級：批評對方的情緒（「你應該欣賞我們共享的美好事物，而不是總在想那些不好的事！」）

第三級：批評對方的個性（你真是有夠愛抱怨的！）

第四級：為譴責對方做解釋（「我真是受夠了你每次

> 生你老闆的氣就遷怒到我身上！」）
>
> 第五級：批評對方的意圖（「你現在編這些問題，就是為了讓我感到內疚。」）（p. 109）

懷爾指出，故意指出對方的意圖特別傷人，而且很挑釁，因為它混淆了伴侶對現實的判斷。這樣做，並非是告訴對方應該表現不同的行為或感覺，反而是告訴對方他／她似乎想要表達的根本理由是很惡劣的，而且對方就是本性惡劣才會想那麼做。很明顯的，離婚的威脅具有高度的煽動性。在此分類法中，這類威脅可被視為第六級。

45 **伴侶最害怕的事得到了證實**

爭論加劇、溝通無效和立場兩極化激發了、並似乎也確認了伴侶關係中最大的恐懼（負面移情，negative transferences）。雙方**似乎都以最令對方恐懼的方式行事**，瑞爾（2007）將此稱為「核心負面形象」（core negative images），而背後的一些動機，似乎比它們實際上更為負面（馬克曼等人稱此為「負面詮釋」，negative interpretation, Markman et al., 2001）。害怕被遺棄的女性，感到被遺棄；擔心自身能力受到攻擊的人，感到被攻擊。此外，感覺自己在這些負面方式中成為被偏頗誤導的負面伴侶，反而變得更覺沮喪、更受威脅，且防禦心更強。令人懼怕的自我形象（self-images）也會被激發出來，以致容易產生罪惡感或羞愧心的配偶方，會擔心自己做了不道德或可恥的事，而抗拒承認。在如此具嚴重威脅感的情況下，他們經常相信「我要麼失去對方，要麼乾脆失去理性」（Ringstrom, 2014, p. 52, citing Davies, 2003）。

報復動機出現

在遭受此類爭吵的傷害之後，許多伴侶試圖透過傷害對方來恢復某種權利（agency）和自尊心：「受傷的人會傷人（Hurt people hurt people）。」伴侶們會咒罵、並用越來越殘酷的方式稱呼對方。有時，這樣的報復會透過更隱晦的手段進行，例如頑固地堅守己見，而且不允許自己屈服於理性的論點。或是採取被動攻擊的方式，表面上同意做一些事情，實際上卻無心為之。在最嚴重的情況下，伴侶們不僅會用肢體暴力結束爭論，而且還強加上自以為是的報復。

缺乏解決方案使事情比起初更糟

隨著負向循環的結束，伴侶雙方會感到受傷、氣憤、厭煩、疲憊和無望。有時伴侶之一會自顧自地逃離現場，有時情況惡化到以暴力相向或暴力威脅來結束爭端。更常見的是，伴侶兩人索性放棄嘗試，然後感覺比剛開始時想像的可能情況還來得差。

疏遠、絕望、敏感和負面情緒覆蓋

隨之而來的是疏遠，外加絕望，因為伴侶兩人不僅未能成功處理最初提出的抱怨，痛苦的互動也跟著結束，否則繼續下去只會讓彼此更加懷疑這份親密關係。伴侶之間失去了對彼此的善意，也可能更負面地看待自己（我大多數個案在他們的諮商問卷表上都勾選了「我不喜歡自己與另一半的相處方式」）。隨著時間流逝，敏感的伴侶只要稍有一點煩心的事，負向情緒便開始發酵，圍繞著更深的傷口爭吵更加激烈，且越來越負面地看待彼此關係。此種「負向情緒覆蓋」（negative sentiment override, NSO）使得兩人越來越難去體會對方，例如善意或影響力。離婚似乎成了唯一的逃避途徑。

長期適應和惡化

46

爭執越演越烈、且爛尾收場的伴侶們，兩人間的愛情、尊重和凝聚力將逐步遭到破壞，但這些元素都對婚姻的幸福與合作至關重要。然後他們會以某些方式適應，隨著時間推移，這些方式會進一步破壞他們的親密關係。面對如此糟糕的衝突管理，他們可能將精力轉而集中在養育子女或工作上。配偶之一或雙方都可能對性生活失去興趣，或在婚姻之外尋求性慰藉。每當意識到「爭吵」的危險時，有些伴侶會做出明顯的讓步，但隨著時間流逝，他們的憤怒會逐漸加劇。越來越易怒、暴躁，就越常在瑣碎的事情上爭鬧不休。吵得越頻繁，婚姻關係就越痛苦，積怨也就越多，討論到不可避免的差異性和生活上的挑戰，就會更加感到氣餒。儘管治療師很容易觀察出我所描述的急速負向循環，但也必須意識到，此類長期惡化的過程有可能持續數月或數年，並逐步破壞幸福感、共享的連結，以及正面的伴侶身分認同。

嘗試不同方法並扭轉局面

當然，並非所有婚姻中的爭吵都會以如此糟糕的方式結束。有時候夫妻會變得理智、會道歉、防禦心降低、更有同情心而且姿態更加柔軟，進而得以討論和理解深藏的問題，並有可能解決問題和妥協。這是電視電影中常見處理情感危機的場景。正如高特曼和列文森（Gottman amd Levenson, 1999）指出的，憤怒的爭吵本身並非總是有破壞性，有些爭吵會迫使夫妻正視痛苦的議題，即使他們做得並不完善。確實，在沃勒斯坦（Wallerstein & Blakeslee, 1995）研究的「美滿婚姻」（good marriages）中，夫妻一旦成功解決爭端，將會對婚姻更有信心，也會感到更自豪。

是什麼原因使得有些伴侶能夠開始理性思考，恢復情緒平衡，並避免永久性的傷害？有些人更擔心失去親密關係，而不是那些讓彼此吵來罵去、陷入困境的議題。他們藉由這種擔憂使自己鎮定下來，並重新建立連結（Feldman, 1979）。有些人則是在情緒激動的場面中重新建立連結，兩人因而更加牢固地相繫在一起，並感到很有成就感，以至於甚至加強並激起更多爭吵，再言歸於好（Goldner, 2004）。許多伴侶在重新建立連結後，會感到如釋重負，即使仍會擔心回到當初開始爭吵的可能。但是，當然，大多數來我們治療室的個案，都需要我們的協助才能結束爭吵、治癒傷口，以及學習用更好的方法解決彼此間的分歧。

可以開始改變負面互動循環的介入措施

聚焦於舞步並將其標記為敵人

為了改善個案的互動情況，伴侶治療師必須做的第一件事，就是使雙方的注意力都集中在核心問題的互動過程上。將重點從內容轉移到過程，是伴侶治療基本的「彼此對談模式」的第一道、也是最重要的升級。**聚焦於病理性循環**（*pathological cycle*）本身，通常就會改善互動過程。要實現這個目標，需要透過以下三個相互關聯的方式：（a）為模糊的婚姻問題提供一個診斷標籤（「系統問題」），（b）將此系統問題作為共同敵人，將之客觀化，以及（c）減少相互指責（現在歸因於系統問題）。

47

無庸置疑的，對於任何獲得改善的個案來說，有份醫學診斷及相應的治療計劃，是有幫助的。陷入惡性循環的伴侶也是如此。開始闡述病理性之舞的組成要素，可以為個案提供診斷，並明確表明其他人也遭受類似的困境（讓他們的處境一般化），同時向他們保證專業人士（研究學者和臨床治療師）已經研究此類問題，並清楚知道如何提供幫助。

藉由為這支舞命名，將它變成伴侶雙方共同的敵人，麥克·懷特（Michael White, 2007）[2]稱此為「問題外化」（externalizing conversation）。有些伴侶會為他們的舞蹈創造新名詞，例如有對夫妻就把它取名為「沼澤」（morass，隱喻同 more-ass，更多的性滿足），用來形容他們在提及丈夫有更多性需求時，想要避免陷入的泥潭（即困境）。一旦為敵人命名，治療師就可以邀請個案退後一步，「遠離是非之地」（perched above the fray）（Wile, 2013a），並用「共同脫離」（unified detachment, Jacobson & Christensen, 1996）的方式檢視他們適應不良的過程。

最後同樣重要的是，聚焦於病理性之舞往往會減少對彼此的責備（並增加好奇心和反省），因為它會抵消受害方和加害方的線性描述（linear narratives）[3]。反過來，減少責備也可改善伴侶的功能和士氣。有些伴侶非常肯定責任不光屬於他們其中一方，對於這類伴侶而言，了解到責備本身是其致命之舞的「突現特質」（emergent properties），令人感覺有著具說服力的個人經驗性。

伴侶治療師也應充滿信心。但如果我們在個案身上所見到的那來回指責和強烈防禦心，是個案固有的天性時，那麼想要藉著每星期與他們會面一次，就治癒這類不良的負面性格特徵，那可說樂觀得無可救藥。相反的，當我們將此種行為視為病理性過程的一種作用時——也就是比起其組成要件，整體轉變得更為負面——我們也

2　譯註：麥克·懷特（Michael White, 2007）是澳洲社會工作者與家庭治療師、「敘事治療」創始人。

3　譯註：線性描述（linear narratives），依時間的先後順序，出現開始、中間和結尾，彷彿沿著一條直線進行。

會感到充滿希望。

使用化學反應來比喻

為了傳達系統性問題的概念（一種具有附加性、循環性和突現特質的問題），我使用化學反應作為比喻。在此意象中，我將兩位伴侶比喻為分別在兩個化學燒杯中的兩種無色試劑；混合後它們會產生劇烈的變化，可能變得極凍般冰冷、爆炸般火熱、出現顏色變化，或是發出臭味。其中一種試劑可能會想：「嘿，在接觸另一種化學藥品之前，我還不錯，不冷不熱，不紅不臭。所以，這種狀態的突然改變（我連自己都認不得了），一定是由另一種該死的化學物質造成的！」這個比喻強而有力地說明了，團體歷程無法被簡化為單方面的行為，同時也是對於個人在關係中感覺被犧牲、且將痛苦歸咎於另一半的情況，表達同情之意。

48 正如我在第三章討論過的，人類似乎習慣性地認為內心狀態的變化全由外部因素引起，而非內在傾向與外部事件的結合。正是由於此種本能反應或預設立場，伴侶們在陷入病理性的互動過程時，才會顯得如此困惑不解。獲得「系統性意識」（systemic awareness, Gurman, 2008b）可以帶來希望，該意識不但在伴侶世界中是更準確的內在關係模型，同時它也能減少個人承擔的責任感、羞恥感和罪惡感。

使用「到了……程度」的介入措施

在使用化學反應的比喻概括描述了這種情況之後，我將系統性思考應用於我們迄今為止對伴侶及其特定互動循環的了解。在此過程中，我使用了萊斯利．格林伯格（Leslie Greenberg，取自個人通訊）[4] 所謂「到了……程度」（“To the Extent That”）的介入措施。

4　譯註：萊斯利．格林伯格（Leslie Greenberg, 1945-）是情緒取向與伴侶治療大師。

我也許會對弗雷德說：到了您無法應貝絲的要求幫忙家務的程度，即使您偶爾不想受干擾專心工作，她仍努力設法讓您聽她說話。」然後我可能對貝絲說：「在弗雷德試圖專心工作時，有時妳已經到了讓他覺得不公平的程度，於是他便傾向於將您要求的工作往後挪。」或者我可以簡單地說：「您越……，他／她就越……，然後您又越……。」這種介入措施不僅能抽象地說明循環過程，還能確定每對伴侶負面互動循環的細節。

解釋負面循環的「標點符號」

我在向個案描述負向循環的基本原理時注意到，大多數伴侶會藉由開始提到另一半的某些不當或不敏感行為，來為他們的故事「劃重點」。接著我會指出，這個劃重點的起點通常是武斷的，就像大家可以隨意決定把一個圓某個點標記為起點一樣。例如，貝絲會說，她對弗雷德的憤怒，是由於他沒有按照承諾給水電工打電話。弗雷德可能會有些勉強地承認，自己確實沒有打給水電工，但是他補充道，這是因為他對貝絲在過去兩週都不與他發生性關係，所以他感到生氣的緣故。接著貝絲會說，她不想和弗雷德發生性關係，是因為他時常未能按照承諾幫忙家事，例如打電話給水電工。我肯定他們兩位說得都對，但他們劃的重點是自己隨意決定的。在循環式因果關係中，這種專斷而自我保護的劃重點行為，解釋了為什麼如此多關於「誰先開始」的爭論既無意義，又永無止盡。

運用比喻讓令人討厭的要求一般化：飢餓的食客和沒反應的服務生，或是溺水的泳客和沒反應的救生員

互動的惡化通常在於伴侶一方或雙方說話越來越大聲、越來越不耐煩和語氣越來越強烈，或許同時嘀咕、抱怨、設法讓對方感到內疚，或是咒罵。所有這些都不是影響對方的有效方法，而且如果對方毫無反應時，上述所有這些情況都會發生。有幾個隱喻可以用系統性的專業術語來解釋，幫助心理治療師讓這些毫無助益的行為一般化。我使用的比喻是，一個飢餓的人呼叫一個沒有回應的服務生：最初，用餐的客人禮貌地等待，然後嘗試用手勢打信號，接著輕聲呼叫，最後他可能會大吼大叫來吸引服務生的注意。

49

有時我會引用一名溺水的泳客向救生員求助的狀況。泳客越擔心淹死，救生員沒有回應的時間就越長，然後他的喊叫聲就越來越大聲和絕望。這個比喻還可以幫助伴侶理解——尤其是接受過救生指導的人，當你最終對「正在溺水」的另一半做出回應時，也許得到的不是對方的感謝，而是踢你一腳（訓練有素的救生員會事先想到這點）。這種負向情緒是伴侶治療中一種常見、看似自相矛盾的結果，亦即你可以看到伴侶一方因為對方提供太少或太遲的幫助，而生氣地譴責對方。

在許多情況下，將雙方伴侶都描述為「溺水中的泳客」有助於看清現象：兩者都是絕望的，沒有得到足夠的「心理氧氣」（psychological oxygen），而且兩者都無法救助對方。實際上，伴侶負面循環的惡化，通常是兩位溺水中的伴侶所造成的，即使其中一位看起來像是沒有反應的救生員。

運用比喻讓逃避正常化：消防員和森林大火

正如提高怒氣和音量，在某些情況下可能是明智之舉一樣，逃避也是如此。當個案一方在爭執時，話說了一半就突然打住，經常會激怒另一位希望「一勞永逸解決問題」的伴侶。在這裡，有一個比喻可以使逃避更容易被理解和接受。我喜歡使用的是撲滅森林大火的消防員：儘管他們的最終目標可能是對抗大火，但有時再怎麼努力仍然無濟於事，甚至還會同歸於盡。此時，治療師可以幫助該伴侶們明白此比喻中逃走消防員的角度（為什麼他們認為情況無可救藥？），以及仍在不斷燃燒的森林大火的角度（什麼原因使得索求方如此熱烈和堅持不懈？）。

運用齒輪或獨木舟的比喻

為了說明惡性循環如何運作，我為個案雙方展示了兩個齒輪／傳動裝置的圖片（代表一對個案），兩個齒輪／傳動裝置分別連接到第三個動力輸出裝置（裝置的轉動，代表了親密關係中建設性或破壞性行為的加總）。在此視覺意象中，個案中每位伴侶的齒輪不僅有助於最終結果（說明伴侶雙方對結果來說好壞所造成的影響），而且轉動個案一方的轉輪，還會使另一方的齒輪也朝相同方向轉動（說明雙方對彼此好壞所造成的影響）。在討論如何轉變成更健康的關係時，這個比喻也很有幫助，因為有時一方會繼續朝負面發展，或是反對另一方做出正面的改變。在這種情況下，由於雙方步調不同，一方比另一方更願意改變，可能出現「傳動裝置磨損」的現象。然而，在治療師的持續幫助下，齒輪／傳動裝置將會重新轉動，而且是朝著正面積極的方向前進，因為伴侶間會相互提供同情和支持。齒輪的比喻還能使我們對婚姻以外的成員的影響視覺化，例如大家庭、朋友、上司等，因為這些力量也會影響齒輪的正向或負向運轉。

50

此外，你也可以使用他們同在獨木舟上的意象做比喻：兩人都朝使船前進的同方向划著槳；兩人同樣朝反方向划著槳；兩人彼此朝相反方向、徒勞無功地划著槳。這個比喻在伴侶們爭論有一方承擔了婚姻中太多工作（划槳），或是過於控制婚姻方向（駕駛）的情況下，特別有用。

玩即興遊戲

對於一些陷入負向歷程、並已經確定對我的口頭解釋無動於衷的個案，我建議進行一輪即興創作遊戲，說明一個正向循環（齒輪／傳動裝置運轉良好）像是什麼樣子。就和即興劇場一樣，主要規則是每個人都必須以前面一位說過的話做基礎來接龍，其中沒有反駁，只能添加。我也加入遊戲，我們進行了一輪，每一位都在我們共同創造的故事增添一部分內容。為了讓氣氛感覺輕鬆些，我一般會從一個異想天開的假設開始，例如：「我們一起在火星上搭公車……」，或是在提示他們規則之後以「從前……」起頭。之後只有當個案沒有遵守之前循序增添的規則時，我才會採取介入措施。每次在增添內容前，先說聲「說得好，然後……」，有助鼓勵他們。該練習的目的在於表現「同一隊上」每個人身上的正向循環，但還有個好處是，治療師可以選擇與這對夫妻的精神動力相關的有趣內容，帶動他們自由聯想（例如，一個缺乏自信的男人不斷提到他的成就）。一旦他們現出能夠透過添加彼此的虛構故事來完成即興創作後，我會重複練習，並與他們規劃一些共同的、愉快的活動。我幾乎總能讓個案了解更正面的循環是什麼感覺、「音樂」是如何不同，以及共同參與如何能帶來正面的結果。

帶入「短話長說」作為目標

為伴侶勾勒出一個既迷人、又令他們為難的初步的循環輪廓後，我解釋道，如果我們可以「短話長說」——引用尚可曼和費希班（Scheinkman and Fishbane, 2004）恰如其分的說法，就能對他們的問題有更深入的了解。這是要我們放慢速度，就像是以慢速重播影片，如此一來，我們就能解構他們的脆弱性循環，並審視關係出現問題的地方。

兩種選擇

來到這裡，治療師可以選擇從兩個方向之一進行治療，開始解決伴侶負向互動循環的任務。精神動力方法的目的是試圖發現並解決更深層次的心理問題；教育或行為方法則是被用來教導伴侶如何更有技巧而更少冒犯地進行困難的談話。這些方法是本書第三部分和第四部分的主題。有關如何選擇它們並對問題進行排序，則會在第五部分討論。接下來我會簡要闡述每個部分。

51

精神動力方法：表達對每位伴侶更深層的憂慮

為了解構和反轉這負向循環，我們通常需要藉由揭示更深層的渴望和恐懼，來了解是哪些因素阻礙了建設性對話。當我聽著反覆發生的爭吵時，我試圖辨別出內容中提及了哪些問題，並幫助個案更加了解潛在的問題。處理這些問題時，我嘗試闡明每位伴侶主要關切之處，並在他們之間充當翻譯。正如懷爾（2002）指出的，由治療師介紹每位伴侶的情況，通常會比由他們當中任何一位來介紹好得多。在可能的情況下，我也會盡力幫助個案為自己發言。我的目標是減少他們功能性耳聾的情況，以便讓反覆出現的爭論能夠被更深層問題的討論所取代，我設想就是這些深層問題使他們爭辯不休的原因所在。在我試圖破壞負面循環的動力的同時，我也同時在建構伴侶之間和他們與我之間尊重且合作的對話。當我為他們發言、對他們說話時，我持續審視著他們對於我的努力有何反應。當互動的過程改善到，即使我不在場，個案們仍能積極有效的對談時，我便停止扮演中間人的角色，讓他們繼續發揮。

精神動力方法：詢問原生家庭

個案通常會認為，他們在負向循環中表現出的適應不良方式，是他們唯一的選擇。只要考察過這些行為的童年起源，我們即可迅速反駁他們這種觀念。我們此時可將他們理解為，他們正如在童年時期所學到的角色，比如處事方法（「當某人生氣時，最好就是離開現場。」），或反向認同（counter-identificaiton）（「我永遠都不會這樣對待任何人！」），或者單純認為「所有家庭都這樣，或應該是這樣。」（「我們就是罵一罵，然後隔天就不吵了。」）

教育方法：為這支關係之舞的「舞步」命名，並教導他們替代的舞步

正如我們可以為整個舞蹈創造名稱一樣，我們也可以為適應不良的個別舞步取名，並開始教導在互動循環中更富建設性的談話方式。例如，我將「有爭議的事實」——（「我確實告訴過你要付賬單！」），以及「爭取更多支持」的說法——（「我媽也覺得你對我們的孩子太強硬了！」）標記為令人忍不住想說出口、但幾乎總是會點燃戰火的談話方式。同時，我也提出更好的方法來處理批評，包括嘗試保持「冷靜、好奇和關懷」（calm, curious, and caring），亦即我所謂的「三 C」。

可期待的互動過程治療成果

循環替換（cycle replacement）

在處理負向互動循環過程中的一個明顯目標，是用更健康的一系列行為代替這個循環來處理衝突和困擾——這是根據平索夫（Pinsof）及其同事（2011）的「序列替換指南」（sequence replacement guideline）而來。有時候這是可能的，也是該爭取的，即使不一定能達到我們希望的水準：很多伴侶們在受夠了壓力後，會回復舊有的爭吵模式。

有些「序列替換」可使被動的一方為問題負責。例如，當伴侶 52

一方不斷抱怨某件事遲遲尚未達成時——無論是與性滿足或與親子教養有關，治療師有時可以清楚表示，直到相對來說較被動的一方投入更多的參與之前，這抗議聲都不會停止。這個方法可以從根本上將互動過程改變成互相合作的其中一種。

較少的負面循環

有些時間，人們會看到負面互動循環的頻率較低。其實循環仍在發生，但基於許多原因不是那麼頻繁，其中包括伴侶由於更加意識到早期階段，所以對某些特定的紅線不再特別敏感，而且當事情開始慢慢過去時，就比較能放慢速度。

改進的修復

另一個對彼此共同有益的結果是，在重複那些陳腔濫調的爭吵，或一再跳著同一套倒退走的舞步後，伴侶們將更努力修復關係，且會更早開始努力，並投入更多同理心。因為伴侶們會變得更容易意識到危險跡象，並更能善於消除萌芽中的負面循環一樣，當他們情緒恢復平靜，回顧一場爭執時，他們便能更妥善地道歉和修復關係。我們將在第十章中討論如何促進這類修復。

案例：恐嚇犯和小說家

湯姆現年三十五歲，是位退休的職業足球運動員，他的妻子珍妮佛三十三歲，是位小說家。一開始兩人就對是否要搬離芝加哥出現明顯衝突。他們毫無休止地「討論」著這次搬家的一些顯著利弊：就在她變得煩躁，且陷入混亂、憤怒和無助時，他提出了那套自認為合理的論點。即使珍妮佛並未受到責難，但她仍然不願意接受湯姆的觀點，因為她認為自己的需求（儘管她自己甚至也還不太清楚是什麼）沒有被考慮進去。雙方都覺得很鬱悶，不僅是因為這始終僵持不下的決定，也因為著他們的婚姻問題，而珍妮佛正在考慮結束這段關係。

第一次會面時，兩位都告訴我他們溝通上的困難。當我鼓勵他們彼此對談時，我得以直接觀察這部份。看著他們的談話，我確認了他們所說的挫折感和僵局。此外，毫不奇怪的，當我設法促使他們針對搬家的利弊做建設性的討論時，他們之間的負向互動循環使得問題無法解決。這依然值得一試，但正如就像我所知的大多數個案，這樣依然不夠。不過，如今我們確實得到一個臨床診斷：基於他們的描述、在諮商室中無所助益的治療過程，以及對於直接的幫助無動於衷，在在顯示他們的負面互動循環是需要關注的罪魁禍首。

湯姆在結束職業的體育生涯後去唸了商學院，他的態度反映了這一點。他非常有競爭力，並以一種非常合乎邏輯且固執己見的方式與世界（包括他的妻子）互動。他讓珍妮佛看了許多圖表，這些圖表顯示了家人搬離芝加哥的種種優點，但都沒有任何效果。她之所以不情願的原因——既不願搬家，也不願討論搬家的想法，一直很神祕，尤其他們兩人都知道，湯姆正變得越來越消沉，因為他所鍾愛的工作機會和休閒活動只有在芝加哥以外才有。

53

湯姆和珍妮佛在讀大學時相識，因為他們都熱愛運動，也有其他共同的活動與價值觀。珍妮佛一直深受湯姆做事總是充滿把握的作風所吸引（很像她父親的勤奮和霸氣），但只要他要求她做不情願的事，就讓她覺得很倒胃口。就跟在臥房裡一樣，她原本很享受跟他的性生活，但是當她沒那心情卻仍被他強迫時，就讓她興趣缺缺了。對湯姆來說，這就是他挫敗感的來源，因為他覺得儘管在球場上，群眾都為他歡聲喝采，在臥房裡他的妻子卻對他沒有任何熱情。他的沮喪和對搬家的堅持，都在持續加劇。

如今很明顯可以看出，他們的負向互動循環阻礙了婚姻中其他的重要領域，尤其是性生活。我們將焦點轉移到病理性之舞的另一個原因，並非我們無法解決他們提出的（搬家）問題，而是這麼一來，我們就有機會同時解決一個以上的問題。

我用下列方式將注意力轉移到他們的負向互動循環上：「湯姆，」我開始說，「您如此強迫性又堅持地嘗試用似乎無可挑剔的邏輯影響著珍妮佛，讓她感到越來越受到壓迫，到了她退縮不回應、生氣且困惑的程度。而她明顯地逃避與您進行重要的討論，又使您感到自己不重要、覺得焦慮和無能為力。結果是，您更加倍努力迫使要她跟您開會討論來解決問題。」

在此我的目標是，透過標記並顯示這些負向舞步如何導致他們的僵持和不斷加劇的不快樂，**來打斷負向的互動過程**。同時，我也嘗試確認**他們之間還存在著情感因素，讓他們可以繼續共舞**。為了做到這點，我對他們兩位都表達了同理心——有時是直接與他們交談（「湯姆，由於珍妮佛不願介入這些問題，這阻礙了您的職業生涯和身為職場人士的自尊心，所以您很難保持鎮定。」），有時是間接的，透過雙重技巧代表一方的立場對另一方表達（「湯姆，如果珍妮佛能夠更直接、更不怕傷害您的感情的話，她想告訴您的是，當您變得激動又堅持己見時，她感到自己的需求沒有受到尊重。這使她很生氣，然後，她又對自己的憤怒感到不舒服，所以她乾脆閉口不提。」

可以預見的是，在他們的惡性循環中標記出這些舞步、並提供同理心的這種組合式做法，幾乎立即使他們放慢腳步，並提供他們希望。這為我們進一步探討由負向循環所引起與隱藏的問題提供

54

了空間。具體來說，透過繼續驗證湯姆因為珍妮佛的優柔寡斷而產生挫折感，並協助阻止他處理這點時衍生的罪惡感／控制策略，我使他能夠更加付出耐心，並讓我們有機會找出珍妮佛無法決定的因素。

隨著他們的情緒稍微緩和與平靜，我們發現在他們舞步中某個面向上呈現出了某種比喻：事實證明，他們倆都在**運動方面**以「恐嚇」對手而聞名，但對珍妮佛來說，這是**唯一的一個舞台，可以讓她**扮演令自己心滿意足的攻擊性角色。考慮到這一點，我接下來要幫助珍妮佛表達她與丈夫交流時的憤怒，而她丈夫現在被她戲稱為「恐嚇犯」。以前她只能透過自己所寫的小說角色間接地與權威人物抗爭，現在她直接表達了對於被逼迫的憤怒。當她這麼做時，她開始反思：自己究竟是從何時開始出現表達需求的困難。我們隨後了解到，使她結束職業生涯的運動傷害，以及為何她深信是自己允許他人（包括她霸道的父親）欺負她、逼迫她動手術，結果卻使情況惡化。我們也發現關於她父母的重大內部衝突；他們就住在她家附近，希望她和湯姆可以留在當地分擔家庭責任。珍妮佛很難大聲地對湯姆說出她的意見，就像她也無法大膽地跟父母說出自己的想法一樣，部分原因是她非常關心父母。每當她的選擇與他們希望的做法不同時，她可以感覺他們明顯很難受。這部婚姻的短篇故事，變得悠長且富有啟發性。

湯姆表現得「易於訓練」，這對職業運動員來說不足為奇；他也幾乎成了聯合治療師，因為他設法引導珍妮佛暢談她的原生家庭，以及她無意識中多少再也不想盲目遵循他人計劃的願望。正如湯姆更具耐心與善解人意地讓妻子暢所欲言一樣，這也連帶使她能夠聆聽他講話。齒輪如今朝著正面的方向移動。接著，我幫助湯姆表達**他**本身更深層次關注的問題和職業抱負。他動人地說，他擔心自己會像其他職業運動員那樣急於賺錢，也對自己失業感到羞恥，以及他無法在芝加哥從事他畢生熱愛的戶外運動。這次不同的是，現在珍妮佛可以聽進他說的話，並被他對於搬家的懇求所感動。更根本地說，這對伴侶在我的諮商室經歷了真正親密和連結的片刻……他們重拾性生活則是在家中。

隨著他們互動過程的根本改變，湯姆和珍妮佛開始彼此合作，共同解決了他們的外部問題。他們自己決定搬家，同樣重要的是，他們共同努力應付因此產生的後果：愧疚感和珍妮佛父母的憤怒。除了解決他們前來治療時提出的特定問題外，他們還發展出處理其他領域衝突的能力（例如要購買哪間新房），因此他們似乎已準備好處理將來可能出現的歧異。當時他們前來接受治療時的低落情緒，如今在治療後已振作起來，被他們共同生活中的一種深層的愉悅所取代。一年後，當他們造訪芝加哥並前來複診時，這些改善仍然顯而易見。

這是個典型的成功案例：一對伴侶向治療師提出具體問題和某種程度的長期不適；他們的性生活受到影響，彼此之間的距離越來越遠；他們可能正在考慮離婚。除了提供一個可以安全地彼此交談的討論場所，更加有幫助的是，他們將早期注意力轉移到了負面互動循環上，標記下其過程的每一步，並努力發現其中某些病灶所在。一旦揭露了病灶，他們便更加有同理心、更加合作地感受與行動，如此一來，親密關係和解決問題的能力便能同時加深與提高。所有發生在湯姆和珍妮佛身上的這一切，讓原本遭到他們意識之外的力量所阻礙的重要行動，如今可以在兩人達成共識下通力完成。

下一章我們將研究某些特定的伴侶之舞的結構特性，以及為了改變它們而制定的一些介入措施。

原註：我要感謝以下作者對伴侶舞蹈深入洞見的描述：克里斯滕森與雅各布森（Christensen & Jacobson, 2000；高特曼等人（Gottman et al., 1998）；格林柏格與戈德曼（Greenberg & Goldman, 2008）；格林柏格與強森（Greenberg & Johnson, 1988）；馬克曼、史丹利與布倫伯格（Markman, Stanley, & Blumberg, 2001）；瑞爾（Real, 2007）；尚克曼與費雪班（Scheinkman & Fishbane, 2004）；以及懷爾（Wile, 1993, 2002）。

56

第五章
更仔細審視伴侶之舞

在上一章我討論過關注伴侶病理性互動過程的重要性，本章我將更詳細闡述普遍的問題、一般常見的舞步，以及針對這些問題和舞步的介入措施。從定義上來說，病理性之舞是不良適應或功能障礙的問題。伴侶功能障礙最常表現在面對衝突時，雙方無法共同努力解決。當他們合力避免面對問題時，這一點也會很明顯。本章以憤怒和責備為主題開始，因為它們在所有嚴重的伴侶衝突中都很常見，而且大家對此往往知之甚少。

憤怒、報復和被動式攻擊

憤怒既重要又危險

就像其他令人不舒服或愉快的感覺一樣（例如無聊、焦慮或鞋內的小石子引起的疼痛），憤怒是一種信號，促使我們對無法接受的情況採取一些措施。在焦躁不安的感覺中，憤怒的任務是提高我們消除障礙的動力；它也是肯定我們合理需求背後的動力，激勵我們捍衛自身權益。在與伴侶的互動關係中，憤怒激發我們揭露和對方在一起的不快樂，以及對他／她的不滿。但正如兩歲孩子都知道的，憤怒也會使我們陷入困境，做出適得其反的行為。身為治療師，我們不但嘗試幫助個案辨識並分享憤怒的根源，同時也幫助他們因時制宜地運用這種意識「報告」憤怒的存在，而不是採取衝動和破壞性的發洩方式（Greenberg & Goldman, 2008; Wile, 1993）。

我經常在治療的早期階段，便明確地概述以上關於憤怒的觀念，因為許多個案如果不是傾向於將憤怒視為一種完全惡劣的狀態，就是認為憤怒無法被控制，且應不受壓抑的表達。我也發現，審視個案的原生家庭如何應對憤怒的情緒很有幫助。

57

克制：中國指套陷阱[1]和糾結的鞋帶

在與個案合作採用建設性的方式辨識並傳達憤怒或不滿時，我強調，所謂的「文明」，是指在我們遇到挫折或因為阻礙而無法獲得渴求的事物時，需要學習如何克制原本快要爆發的情緒，或以語言或肢體攻擊的那股衝動。結婚，經常意味著不要以自然反應行事。我用中國指套陷阱（Chinese finger traps）來說明這一點（見下圖）。想要鬆開手指，祕密就在於要違反直覺與常識：你必須抵抗內心想將手指拉出的衝動，而是耐心地讓手指朝向彼此的方向移動。

解開纏繞的鞋帶是更常見的例子，說明在面對令人挫敗的情況時，需要學習克制：同樣的道理，你必須抵抗本能上想要拉動一端的衝動，因為這很可能使得繩結更難解開。

幫助個案表達憤怒

有些個案的憤怒問題正好相反：他們非常害怕得罪伴侶，以至於壓抑自己的怒氣，小心迴避任何會激怒對方的事。對此，我們的任務是讓他們感到足夠的安全，能夠在較少的壓抑下，清晰、有

1　編註：中國指套陷阱是一種竹製的惡作劇玩具，外型如一條約十多公分長的軟管，當使用者的手指分別從軟管兩頭插入時，該手指便會被軟管緊緊套住，無論如何拉扯都難以掙脫。只有將被套住的兩邊手指往軟管中央推擠，才能使軟管開口張大，讓使用者重獲自由。

中國指套的陷阱

圖片來源：Jose Gil/Shutterstock.com。經授權使用。

58

效地表達自己的抱怨。有許多方法可以提供幫助，包括探究使他們害怕生氣的那對於失控的恐懼、回顧過去勇敢維護自己權利或意見的經驗、探索他們成長過程中原生家庭如何處理憤怒，以及建立直率、坦白的自我對話。

憤怒是對傷害的反應

我們不僅會因為遭遇艱難的障礙而生氣，也會因為情感上受到傷害而憤怒。精神分析師海因茨・科胡特（Heinz Kohut,1977）[2]特別著重強調的「自戀性憤怒」（narcissistic rage），是隨著個人自尊、自我或「本我」（self）受到傷害之後產生的。在這種情況下，治療師不太需要協助他們揭露或克制（儘管可能兩者都需要），而是運用同理心，並闡釋傷害的本質。

以憤怒為防禦來掩飾其他情緒

憤怒有可能是心理傷害的次發性傷害（secondary），與此觀點相關的是，我們所表達出的憤怒也會被使用於防禦性地掩飾該傷害。很多人更傾向將自己的悲傷、羞恥或脆弱性隱藏在憤怒背後。

2　編註：海因茨・科胡特（Heinz Kohut, 1913-1981）是出生於奧地利的美國精神分析師，以發展自我心理學而聞名。

對他們而言，憤怒、以正當理由發動的責難（「我不敢相信你對我居然是這種態度！」），比稍微委婉的說法（「當你要我一直等，我覺得自己對你來說不重要。」）更安全。我們的任務是幫助個案表現其掩飾的脆弱性，進而減輕他們的攻擊性，並使他們的感受更有可能被聽見。

憤怒作為自我矯正／自以為是的報復

流露憤怒情緒也可用來傷害冒犯的一方，同時試圖恢復心理平衡。受到傷害或羞辱的「自我」可能會尋求報復，以便重新獲得權力感受、主導權或平等感：「你不可能不付出代價！我們就來看看，要是我這麼做，你會覺得怎樣！」以自戀性的自我矯正作為報復手段，免不了會使這段過程變得更糟，因為它會引起對方的反擊與不合作。

被動式攻擊和「極度敏感的」任務

憤怒也可能以不適當的方式被表達出來，例如透過被動式攻擊的行為。這種行為通常發生於伴侶一方試圖獨攬大權或控制另一方之後。當貝絲堅持某項要求時，弗雷德可能（勉強地）同意，但隨後卻沒有及時或負責回應。他或許有意打算聽從要求——例如打電話給水電工，但是潛意識中的不順從，也許在不斷「忘記」完成任務中顯露出來。我之所以稱此種行為是「被動的」，原因在於其造成的傷害，來自於其中一方未能採取行動；同時是「攻擊性的」，因為當事人不但沒有履行被要求的事項，而且對於指望著另一半能夠承諾完成其要求的伴侶而言，這還造成了可預見的傷害。被迫面對不願順從要求的另一半，在這種情況下，伴侶會變得越來越沮喪和憤怒，這類循環越趨擴大，因為不僅該要求未被完成，另一半對他的信任也因此受到侵蝕。通常來說，提出要求而被忽視的伴侶，會透過重複的請求、進一步施加壓力；不順從的一方（將伴侶一再提出的要求解釋成批評）更加認為懲罰過於刑責。最後的結果是，該任務讓他／她情緒上變得「極度敏感」（radioactive），變得更不可能去執行……而這又進一步激怒提出要求的伴侶，然後事情就一直這樣重複發生、循環下去。

處理被動式攻擊的一大難題是，它在不同程度上處於潛意識的狀態，而且沒有明顯的行動，所以個案可以輕易地拒絕承擔責任。當我與個案合作，設法了解他們潛意識中的攻擊性（或至少對於已應允的任務，所做出的承諾模稜兩可）時，我發現分享個人的實例很有幫助（請參閱下面「貓咪的毛」），不但可以解釋這種心理，也能清楚地表明，承認這種行為並非什麼世界末日。

治療師可以在自己的生活中搜尋與個案類似、但相對來說發揮了有效影響的相關實例，該實例需要顯示出，為何某些簡單的要求會使個案的情緒變得極度敏感。之後治療師需要填寫有關他們被動式攻擊循環的詳細訊息，並開始與他們共同審視該循環。

治療師在這裡必須留意，因為某些個案不順從對方要求的行為，可能是由於外部限制（例如意外的工作需求）或憂鬱症導致的，這類情形通常會降低個案執行的主動意願，尤其是負擔沉重、或對於憂鬱症患者的需求而言，並不重要的差事。在此種情況下，伴侶之間的問題可能與被動式攻擊較無關，反而傾向因為未能用實際與合作的方式，探索阻礙工作完成的障礙。在我的經驗中，大多數不順從伴侶要求的情況，都是由可理解的限制與被動式攻擊的發洩行為（acting out）共同造成的。

實例：貓咪的毛

我的妻子希拉和我長久以來都有段就寢前的例行程序，其中包括折疊床罩。並非有什麼真正的理由可說這是我的責任，只是自然而然變成這樣。當我們新養了一隻貓時，希拉要求我在疊好床罩後，要在上面鋪條毛巾，預防貓咪睡覺時毛會掉在床罩上。在我看來，這個要求很合理，儘管這在我的晚間勞務中新增了一項工作。然而，我發現自己一再「忘記」這麼做，每次我忘了，妻子就會批評我的疏忽。當我反思發生這種情況的原因時，我了解到，儘管我有意識地打算順從希拉的要求，但實際去做時所感到的挫折，似乎與我每次忘記做而受到的責備成正比。的確，當她拿這點家務上的小錯來說嘴，我感到很氣惱，我之所以得花上比原本更長的時間，才能學會做這件事，這點是其中一部分的原因。

責備

就像憤怒一樣，適得其反的傷害性指責，在伴侶治療中無處不在。過度的將責任歸因於伴侶，來自我們傾向於將逆境歸咎於外在因素，再加上令人難以理解的循環式因果關係。也就是說，責怪他人之如此會普遍，最具說服力的原因是：這樣做會減少我們的羞愧和內疚。我們不去責備自己並傷害自尊心，反而在伴侶身上找缺點。這解釋了為什麼人們恰恰是在沒有盡到責任而感到羞恥時，經常頑固地拒絕承擔責任。

責怪投手

為能適切描述責備的特性——亦即對配偶引起的內疚、羞恥，或是其他不舒服情緒的不良適應及無法接受的防禦性反應，我以一位假設的棒球打者來做比喻：當他一再揮棒落空時，他就責怪投手。雖然每個人都知道這樣的責怪無法令人接受，但是當伴侶一方在面對受傷配偶的情感要求時，卻經常將問題歸咎於配偶「太需要別人關懷」。只要配偶對他們索求情感上的支持，他們就更可能在內心暗自想著，自己有正當理由那麼認為，儘管他們當然也會在其他領域用這種方式捍衛自己。一般而言，這類傾向於保持情感距離的疏遠方自認為，只要想拉近距離的索求方（投手）不來攪擾他們，那一切就很好。先牢記這個「責怪投手」（blaming the pitcher）的隱喻，下一步的治療措施便是幫助責怪另一半的伴侶承擔他們應該分擔的責任。

用責備來拖延

發生不好的事情時，責怪對方不僅是逃避責任的便捷方式，而且還是避免親臨其境及努力改善情況的神奇方法。我有位個案的妻子有一次在暴風雪中，不小心將家裡的鑰匙掉落在一片雪堆中，結果他們兩人在暴風雨期間和之後花了很長時間來決定她該受多大程度的責備，那似乎成了一種逃避方式，以免去面對下一步該如何做才能解決真正的現實問題。

在更日常的情況下，每當遇到困難和不確定事情該如何處理的時候（例如，與難相處的青少年子女打交道），許多伴侶們發現，他們都在爭論誰在何時何地做了什麼，以及誰應該為當前的狀況負責。許多這類的對話，都只是在想法設法延後在進行計畫下一步時，所帶來的更艱難挑戰。治療師應該打斷並解釋這類防禦性拖延（defensive stalling），同時還應提供同理心與實用的處理方案建議。

適當地歸咎責任

有時，確認責任歸屬是有幫助的，透過回顧過去的錯誤，也許可以避免將來再次發生相同的事。在伴侶關係嚴重遭受背叛（例如外遇）的情況下，如果要重新獲得信任和修復伴侶關係，有過錯的一方必須承擔責任，並表達誠摯的歉意。

說話的語氣

在激烈的爭吵中，很常發生伴侶一方抗議另一方說話的語氣（敵對、嘲笑、諷刺或輕蔑）。我們可以從兩種不同、但同樣重要的方式來思考這個現象。首先，此類異議可以被視為一種防禦方式，亦即透過改變主題來避開說話者言語中的實質內容。另外，有時他們會抱怨對方那刺耳的口氣，就像在主張一種不合邏輯的想法，所以他們並不需要理會對方的抱怨。當然，對方有時就是這麼反應，甚至帶著更多憤怒和質疑：「誰在乎我怎麼說？！這是你第一千次忘記付電費了！」

但從另一面來看，這也是事實：憤怒的語氣（如果不是蔑視的話）有力地傳達了不合作的態度。伴侶雙方在解決問題的討論中所使用的語調，已被證明能夠被用來推測出對婚姻的不滿程度，以及解除婚姻關係的可能性（Kim, Capaldi, & Crosby, 2007），因此，對於否定語氣的抱怨，不應只是被當做伴侶打算轉換話題的花招而不予理會。治療師需仔細確認伴侶雙方的經歷：心煩意亂的一方，感到伴侶正在迴避問題，遭到攻擊的一方，則是為了對方語氣中流露的尖銳態度而惱火。 61

飲酒或憤怒會流露人的真實思想與本性？

有時候有人說，憤怒就像酒精一樣，讓人更有可能說出內心真正的想法和感受。的確，當人一旦不再躲躲藏藏、並對困擾他們已久的某事發出怒吼時，就會發生這種情況。伴侶之一也有可能在激烈的爭吵中，由於鬱悶沮喪而提出離婚（即使那不是他／她真正想要的），或是變得報復心熾盛，故意說出傷害對方的話（眾所周知那只是誇張之詞）。在這種情況下，我建議在旁聆聽的治療師要嘗試「翻譯」說話者剛剛想說的話：「我不認為您是真的這個意思，我想您只是覺得很生氣／受傷。」在這裡，除了相信說話者有可能確實表達了他／她想說的意思外，還可以將它視為誇大其詞——這是種過度努力堅持觀點，確保自己的聲音被聽見的做法，目的就類似於大吼大叫。這經常需要伴侶治療師幫助他們，從言過其實的誇張表達中汲取真相。

現在我們再來談談某些特殊的伴侶之舞，同時牢記我剛才說明的、關於憤怒、責備、說話語氣和憤怒時言語的本質。

伴侶之舞的分類

在上一章當中，我介紹了一張負面互動循環不斷惡化的示意圖，現在我想確定一些更具體的結構。

在有關伴侶治療的文獻中，討論最頻繁的模式是：（a）雙方通常會大聲（大多是口頭）爭吵（「衝突型伴侶」，*conflictual couples*，或「敵對型伴侶」，*adversarial couples*）；（b）伴侶之一索求或試圖控制另一方，後者保持疏遠，並抵抗對方想要親近或影響他／她所下的工夫（「索求方—疏遠方伴侶」，*pursuer–distancer couples*，或「要求—退縮型伴侶」，*demand–withdraw couples*）[3]；（c）伴侶之一欺負或控制另一方，後者或多或少感到痛苦、且不得不屈從於對方這種濫用權力的行為（「支配—屈服型伴侶」，*dominating–submitting couples*）；（d）雙方避免面對彼此和／或他們共同的問題（「避免衝突型伴侶」，*conflict-avoiding couples*，或「互不面對型伴侶」，*mutually-avoiding couples*）；（e）伴侶雙方透過將不滿轉移集中在第三方（通常是其中一位子女）合力避談婚姻問題（「三角化關係型伴侶」，*triangulating couples*）；以及（f）伴侶雙方過分簡化或防禦性地同意，他們當中只有一位「被確認病患」（identified patient）有問題（「被確認病患型伴侶」，*identified-patient couples*）。

許多伴侶們的相處模式會從一種類型轉移到另一種，有些則會呈現獨特的形式或組合。另外還有些會像某些星星一樣，火熱投入然後燃燒殆盡，也就是從激烈爭吵的敵對型伴侶，變為冷漠的避免衝突型／消沉型（devitalized）伴侶，放棄再嘗試互相對談。儘管所有這些功能失調的模式都是尋求治療的充分理由，但當個案在他們之間的相處模式被擾亂時，通常也會向我們回報，例如：當避免衝突型的伴侶必須面對他們再也無法逃避的問題時；當被支配、受虐的妻子威脅要離婚時；或者，當較有能力或是承擔照顧責任的配

62

3　原註：貝宸（Betchen, 2005）在仔細回顧此類伴侶的相關文獻和命名法後指出，這種模式有各種不同的稱謂：「抱怨與沉默—不回應動力型伴侶」（the nag-withdraw dynamic）；「拒絕與侵擾模式型伴侶」（the rejection-intrusion pattern）；「患相思病的妻子和感冒的丈夫型伴侶」（the lovesick wife and the coldsick husband）；「融合方—孤立方動力型伴侶」（the fuser-isolator dynamic）；「親近／疏遠兩極化型伴侶」（close/far polarization），以及（他自己使用的術語）「侵擾—難以捉摸型伴侶」（intrusive partners-elusive mates）。

偶對他們的角色感到厭倦時。

獨立於演出者之外的角色

當我們審視各種伴侶之舞的系統屬性和各種角色的心理時，請記住，這些伴侶之舞中的角色，在某種程度上與演出者無關。我們每個人都有以某些方式進行人際互動的傾向——比昂（Bion, 1961）[4]將此稱為我們的「共價鍵」（valences）：一旦扮演某個角色，我們將面臨該角色可預測的挑戰，但是這與我們個人的傾向無關。例如，害怕被遺棄的配偶，也許更有可能是索求方，然而，其實任何人只要面對一個不想說話的伴侶，都有可能一直窮追不捨。大多數我們即將討論的適應不良的行為，都有它們最初的表徵意義，即使最後未能達成適應的目標，因此可以被視為一種「諷刺的歷程」（ironic process, Wachtel & Wachtel, 1986），羅博（Rohrbaugh, 2014）的定義如下：

> 一段充滿諷刺的歷程，就發生在當伴侶一方善意地、堅持不斷地藉著各種嘗試企圖解決問題，但隨之而來的卻是問題繼續發生，或變得更糟……例如在伴侶關係中，一方敦促配偶要少吃、少喝或少抽菸，結果可能導致配偶更常做這些行為（一種諷刺意味的循環）；或者一方如履薄冰避免衝突，或是隱藏負面情緒，結果反而導致配偶更加痛苦（諷刺的保護循環）。（p. 436）

4　譯註：比昂（Wilfred Ruprecht Bion, 1897-1979）是英國精神分析學家、後現代精神分析大師。

任何陷入索求方角色的人都會注意到，某些行為只會使情況變得更糟。此外，這些舞步中的大多數個案都試圖逃脫他們的角色：索求方試圖不要嘮叨；疏遠方試圖在不想聆聽的時候還是聽。在以下各章節中，我將討論一些阻礙跳脫角色的結構特徵，並提出一些介入措施，幫助伴侶擺脫這些令人痛苦、重複的循環。

相互指責的循環：敵對型伴侶

這類伴侶的循環相當簡單：雙方都在發動攻擊，憤怒地指責對方。有時，我們會看到他們在「交互抱怨」中的錯誤邏輯，例如：「好吧，我承認我昨天做過，但是同樣的事你上星期也做了！」交互抱怨也可能是採取提醒對方與此無關的其他罪行的方式，期使指責消失。很多情況其實說一句簡單的「對不起」還更有效，但我們仍然會看到無止無盡、針對枝微末節的爭執，只因那對於確認誰該被責備、或誰該被從輕發落至關重要。在這種惡性的而且不斷惡化的循環中，主要問題在於雙方都以大聲咆哮來回應對方的充耳不聞，而彼此對於這點都產生了功能性耳聾。**在這種情況下，治療師可以藉由向兩位說明他們各有道理來中斷這循環，然後繼續解決深藏的問題。**

63

當配偶之一深信另一半必須改變時，通常就會不顧一切地攻擊對方。有時，我們可以分析這種渴求，並了解它如何與「另一半非得要怎樣才會幸福」這種錯誤的信念聯繫在一起，或是才能在經歷創傷後繼續前進。**在一般的情況下，這樣的分析有助於讓伴侶們明白，他們的相互指責幾乎總是可以被解構，得以顯露當中憤怒的批評與求助的呼喊**（回想一下溺水的游泳者的比喻）。求助的呼喊通常隱藏在批評的背後；在我們的協助下，個案便能將它們表達出來。

在大多數情況下，與這類相互指責和「負面互換」（Gottman & Levenson, 1999）的情況交替出現的，是一段避免衝突的時間，那是伴侶雙方從戰場撤退，各自舔舐傷口的時候。然而，由於他們仍然必須面對一些外部問題，或者因為伴侶繼續互相觸及對方的敏感神經，衝突不可避免地會再次爆發。

所有負向的互動循環都容易受到習慣性的影響，因此，即使配偶之一試圖將兩人關係轉變為更健全的互動形式，另一方也可能會抗拒。對於衝突型的伴侶們來說，在治療師幫助配偶之一變得較不好鬥或較為和善後，另一方（並不會欣喜若狂）可能會附議治療師的觀察結果，但卻是以一種傷害性的方式說：「我一直都知道你就像尼爾森醫生說的那樣，但你實在太軟弱了，所以不敢面對我說的事實！」一旦發生這種情況，對於這個適得其反的回應，治療師不應只是簡單地對發動責難方說教，而應鼓勵他／她去發現、並承認自己為何難以欣賞行為上的改變：是因為改變得有點太少？還是太遲？還是因為不相信這種改變會長久？或是即使在經歷這麼多年的努力才有今天的改變，但仍然感到生氣？討論各種可能性，並驗證哪些是正確的原因，將有助於伴侶對變化的反應更快，而且隨著時間的流逝，也會制止雙方相互攻擊和責備的惡性循環。

索求方與疏遠方的循環

近年一項對七十四項研究（總樣本數 = 14,255）進行的整合分析發現，索求方與疏遠方的循環非常普遍，而且顯然與痛苦和非痛苦的伴侶各種不快樂及功能障礙有關（Schrodt, Witt, & Shimkowski, 2013）。在這些循環中，配偶中的一方（索求方）試圖使其伴侶順從他／她的某些要求，例如變得更坦率、親密或完成某些任務），但是缺乏「關係權力」（relational power, Fishbane, 2010），因為疏遠方「控制著雙方的獎勵分配」（Rusbult & Van Lange, 2003）。當64索求方努力說服疏遠方交談或分擔任務，但事情卻變得更糟時，或者當疏遠方的迴避激怒了索求方，形成了兩人進入索求、疏遠、更多索求和更多疏遠的循環時，就會出現問題。如同相互指責的情形，索求方和疏遠方的角色變得牢固確立，而且越來越憤怒和絕望，無法共同討論使索求方之所以如此執著和愛批評、而使疏遠方如此不輕易投入關係的根本問題。伴侶雙方各有道理：索求方迫切需要交談，而疏遠方認為說話通常會適得其反、令人痛苦。

儘管討論最終是必不可少的，**但治療師必須避免新手會犯的錯誤，自動地與索求方站在同一陣線**。這樣做能夠盡量淡化這一點——通常伴侶雙方都會促成疏遠方得出此結論：說話只會使事情變得更糟。當然，有時候伴侶之一**確實**比另一方造成更多問題，於是變成後者透過沉默寡言來隱藏實情。在此，我的觀點是，治療師在假設「想說話」或「想要更親密」的一方並沒有同時導致系統性問題時，要特別小心謹慎，因為許多伴侶不停逼迫另一半傾吐心聲，等到對方照做，他們卻並非真心想聽對方說的話。

對交談的態度不同

有時索求方與疏遠方之間的糾紛，其根源在於對交談帶來的好處抱持著不同的態度。有些個案希望回顧他們最近發生的痛苦事件，而他們的另一半則認為過去就讓它過去。配偶對問題緊迫的程度也有不同的意見，例如，對談是否會干擾到自己所需的放鬆休息（像是在工作壓力很大的一天之後），或是談論特定衝突會對其有所改善的機率有多少。在所有這些情況中，很少有伴侶能夠彼此共同談論這些差異，儘管這通常正是我們需要幫助他們辦到的。

親密與分開

索求方與疏遠方之舞中的一種常見形式是，伴侶一方想要有更多時間進行對談和分享經驗，另一方則想擁有更多獨處的時間或遠離伴侶。在這裡，我們看到兩個在合理的需求上互相對立的人。這類問題很普遍，即使對於同樣都喜歡尋求陪伴或獨處的人也一樣，畢竟有時兩人的優先順序可能並不相同。而對於終生偏好的傾向都不相同的伴侶來說，就更具挑戰。如果伴侶雙方無法接受彼此眼前或終身的歧異，並達成妥協的話，彼此都會感到不幸福。

談論不說話這件事

治療師應該承認，分享自己並不想說話的這個想法，是可以接受的，有時甚至是親密的。這包括在一天結束後常見的對談，伴侶可能因為疲累，寧願看電視而不想說話；也包括會有覺得沒必要說話、或說話只會使情況變糟的時候。共同討論這個問題，使「不說話」這件事不會被視為有病，因為典型的丈夫可能說話就是言簡意賅，而一些健談的妻子可能也會同意說話有時反而讓事情變糟。坦白這一點之後，治療師便可以探索，為什麼說話會讓事情變糟。比起將避免說話看成有病，伴侶其實可以尋找背後隱藏的邏輯。

65

偽對話：說太多遇上說太少

有個經常發生的情況是，索求方喜歡交談和親密感，總是講個不停。由於擔心伴侶不願參與、且隨時可能離開，他們繼續滔滔不絕地唱著獨角戲，幾乎沒有停下來喘息的時候。當聽的人不停被煩擾到反感時，他們不會透露自己的觀點，而是禮貌地（他們相信是）等待一個空檔插個話，或者就是讓對方「說到自己覺得累或無話可說為止」。偽對話中的無反應，證實了索求方對獲得親密關係的絕望，以及疏遠方覺得這種對話毫無意義的想法。如果沒有介入措施，這種情況可能會惡化，雙方只會感到越來越挫折。

發牢騷和脾氣爆發

索求方通常愛發牢騷、還有發牢騷的近親——嘮叨嘀咕，以及讓對方產生罪惡感，而不是直截了當地說出他們的要求，例如說句像「親愛的，請把鹽遞給我。」這樣的話。有些索求方偶爾也會脾氣爆發。他們發牢騷、不停嘀咕、使對方內疚和爆怒，有時會對疏遠方造成懲罰性的影響，因而達到目的。不幸的是，這種斷斷續續的強化作用，使讓傷害雙方關係的行為永久存在（Bradbury & Karney, 2010；Jacobson & Christensen, 1996）。

面對索求方與疏遠方循環中的各種煩人問題時，治療師可以借助其他因為缺乏反應而導致惡化的情況來做比較，例如用餐者呼叫服務生，或溺水的泳客呼叫救生員，讓發牢騷的性質一般化，並加以解釋。符合我們治療決策規則的做法，是將此問題盡可能歸因於負面循環，而不是歸咎於任一方的個人因素。透過用控制論／循環形式的演繹表達（in cybernetic/circular terms）將索求方的行為一般化之後，治療師便可開始探索索求方和疏遠方之間更深層的問題。

被動式攻擊的循環

如前所述，被動式攻擊的循環是索求方與疏遠方循環的一種。不良適應的行為會造成不順從，通常還會造成彼此間距離更加疏遠。結果是，要求者提出的任務並未被完成，而且被要求者變得「極度敏感」。

太過與不足的循環

當伴侶之一無法按照對方要求執行任務時，他們的索求型配偶可能會負擔超過兩人應該合理分攤的工作量，而不是自己想做的事情，這是為了維持日常生活的運作，像是支付賬單、洗碗或照顧孩子。表現欠佳的伴侶可能會基於「你反正覺得我怎麼做都不對！」這樣的想法，來規避家務，或甚至停止嘗試執行。職責過多的伴侶可能是焦慮不安、愛管東管西，或者只是在收拾殘局。由於不得不接受自己的角色，所以索求或抱怨的情形可能會變成斷斷續續出現，甚至消失。這個版本的索求方與疏遠方循環，有時會與被確認病患循環（identified-patient cycle）重疊，如下所述。

66

超過一個的循環

由於疏遠型伴侶無法滿足索求方的需求，後者也可能會擺脫自身的義務，並且在不同領域中都無法做出回報。有種常見的模式是：一位想要有更多親密溝通機會的妻子，嫁給一位想要享受更多性愛的丈夫。在此，我們就有了兩個分別的索求方與疏遠方循環，彼此間互相強化其作用。

懷疑主義與拒絕妥協的循環

當疏遠型伴侶開始邁出改變的步伐時，經常會受到索求型伴侶的質疑。即使先前不順從的一方伴侶已經執行了被要求的任務，索求方也可能認為：「這維持不了多久。他之所以這麼做，是因為我提醒了他三次，要不就是尼爾森醫生告訴他要這麼做！」索求方的批評，如果再加上對於渴望親密關係在表達上很拙劣、充滿對報復的渴望，或對伴侶真心改變有所懷疑時，他們的攻擊可以很無情與極端。這種行為會讓疏遠型伴侶更加認為這種責難很不公平，進一步降低想表現得更好、或以充滿愛意地連結彼此的渴望。

介入措施

此時我們治療師就該介入，藉由提供希望來「支撐」這對伴侶，幫助他們了解彼此的行為，提醒他們花時間改變很正常。最重要是鼓勵他們敞開心扉，表現出內在生活所有的複雜性，而不是繼續採取根深柢固的追問和迴避模式，將問題過分簡化。**在確定維持這些惡性循環的系統性問題之後，治療師應著手探索維持索求方和疏遠方的惡性循環更深層次的心理問題。**

索求方的問題

伴侶治療的許多文獻傾向於將索求方對疏遠方的兩種要求混合一起：對執行特定工作的要求，以及對情感親密的要求。這是可以理解的，因為兩者通常伴隨著出現。然而，區別它們很重要，因為個案本身經常認為自己只不過是要求對方幫忙擺餐具，其實也同時在要求對方確認自己是否重要。要求更多性行為和要求多幫忙洗碗，都是如此。在這兩種情況中，索求方的憤怒不僅是跟對方不順從要求執行工作或是錯過親密機會有關；這種痛苦經常會因為懷疑伴侶是否想要與他們在一起，或是否「願意幫忙」，而變得更加嚴重，也就是「依附關注」（attachment concerns）。一再被拒絕會讓他們得出結論，認為伴侶不喜歡自己，而且在危難時不會在身邊。此時他們的自尊心會下降，恐慌情緒會更加強烈，因為愛嘮叨或會時而爆怒的他們，本身就不認同自己的行為；這種行為經常類似於他們父母，而他們曾發誓永遠不會重蹈覆轍。

雖然我們很容易發現，**索求方**在互動關係和依附需求方面並沒有得到滿足，但是我們應該記住，這對**疏遠方**來說也是如此。正如我們會在第九章（關於投射式認同）中看到的，有位否認自己有依賴需求的丈夫，每當他感到妻子「太需要別人關懷」時，就會逃離她，之後自己更加感覺仍然「需要別人關懷」（因為他沒有從婚姻中滿足自身在互動關係上的需求）。他將更加需要在她身上找到這些未能滿足和未被接受的需求，進而使得他們之間的循環更為惡

67

化。

在我們的幫助下，索求型伴侶會發現，他們的批評不僅是針對自己要求的家務需要被完成（付賬單或清理車庫），也包含了對於更多熱情和關懷的期待。當我們幫助個案較不嚴苛地表達此類需求時，通常可以使他們獲得所期望的支持性回應。確實，研究表明，「責備者的軟化」（blamer softening）和「親密的流露」（intimate disclosure）與伴侶治療的改善密切相關（Greenman & Johnson, 2013）。於是，索求方的軟化和流露（理想情況下）可使疏遠型配偶得以展現熱情，並重新建立聯繫，進而恢復索求方對親密關係的信心。結果是，針對彼此間應該分開多少時間（無論是去上班或是去打高爾夫），許多爭論中的怒火可能消褪而去，這不純然因為實際共處的時間變得更多，而是索求方不再感受到疏遠型配偶就像奔向外遇對象懷抱一樣地，藉著投入喜歡的活動逃得老遠。

索求方認為他們值得獲得自己所要求的一切，然而他們對於提出要求卻有困難。治療師如能揭露他們此種矛盾心理，並教導他們更有效的詢問方法，對他們也很有幫助。比起強調疏遠方道德上的缺陷（「你到底是哪裡有問題，總是讓我等你?!），索求方不如用更積極的態度暗示對方（我真的很想你，但我不知道怎樣才能讓你靠近我」（範例摘自 Hazlett, 2010, p.30）。

疏遠方的問題

在鼓勵疏遠型伴侶參與時，重要的是了解他們關注的細節，而不是僅僅將他們貼上「害怕親密關係」的標籤。從結構和同理心來看，疏遠方的逃離，最可能經常被理解為一種從戰鬥中撤退的行為——一場面對挑三揀四的伴侶毫無勝算可言的戰鬥。有個將這種行為正常化的比喻說到，這就像烏龜把頭部縮入殼中，保護自己免受雹暴的襲擊。疏遠方由於感覺受到責難，因此認為他們既無法擊敗敵人，也無法使敵人平靜下來。**與繼續爭吵的敵對伴侶相比，疏遠方感到更加絕望**。對他們而言，逃避看來是合乎邏輯的可取行動。確實，有時我們可以看到疏遠方望著天空祈求幫助，好像在想著：「史考特，快把我傳送上去！」（Beam me up, Scotty!），就像《星際爭霸戰》（*Star Trek*）中的角色在面對外星人威脅時所說的台詞那樣（Markman, Stanley, & Blumberg, 2001）。對於典型的疏遠方來說，「史考特，快把我傳送上去！」這個念頭是有道理的，治療師會經常觀察這種望向天空的面容。這個形象敦促我們更深入挖掘，以便了解疏遠方為何面對步步進逼的索求方會感到如此絕望。

絕望和恥辱

疏遠方的心理通常相信以下這一點：他們無法取悅結合「過於需要他人關心」與「無比苛求的完美主義」兩種特質的伴侶。正如許多配偶所說：「不管我做什麼，都不能讓他／她停止抱怨，那我做的事有什麼用？」許多疏遠方對於未能滿足他們的伴侶而感到羞愧。幫助他們表達這種感覺，可以使他們——對於始終懷疑他們是否真的關心的伴侶而言——更具有同理心的特徵。

68

防禦性的蔑視

有時因為無法改善狀況，導致疏遠方對其伴侶產生一種隱藏的防禦性的蔑視（defensive contempt），並透過肢體語言和／或偶爾的言語反擊來傳達：「沒人有辦法愛你！你實在太過於需要別人關心了！」**揭露並體諒疏遠方對溝通成功的疑慮，有助於我們釐清它們從何而來**，這經常包含童年時期未能成功取悅他人、不知道如何使伴侶滿意以及兩人之間的舞步本身，都阻礙了溝通成功所需要的感受狀態。

缺乏知識與技巧

許多伴侶在面對另一半要求「更加親密」時，並不明白對方要的是什麼。在得知這類願望通常可以透過用關懷、直接的方式分享生活細節來獲得滿足時，許多人都鬆了一口氣。

錯誤的感受

但是，即使疏遠方知道索求方的願望，並開始改變行為，棘手的問題依然存在，亦即僅僅靠意志力，並無法輕易喚起充滿愛意的關懷。疏遠方所感到的痛苦，通常使他們無法提供伴侶所要求的明確情感溫度。他們按照對方要求努力執行的模樣，看來通常像是迫不得已（的確也是如此），或過度謹慎的（丈夫與妻子一起檢查工作的每項細節，確定他按照她所希望的方式進行）。對於索求方而言，這種行為可能不具有足夠的說服力或者意義，所以他們仍然不滿意，這反過來又使疏遠方更加卻步。基於這些原因，**在改變的過渡時期，隨著疏遠方開始努力參與，治療師不僅必須幫助他們保持樂觀，還必須幫助索求方克制一些失望之情。**

痛苦阻礙連結

許多疏遠方也很難堅持不懈地改變，因為當伴侶不高興時，他們也會變得極度沮喪。與許多索求方所相信的相反，許多疏遠方對伴侶的情感傷痛變得過於認同，而且因為不知道如何改善情況，只好選擇逃離來平息這種間接性的痛苦。教導疏遠方如何更積極地參與，以及應對隨之而來的煩擾情緒，將使他們開始建立更牢固的人際界線，維持更加親密的關係。

內疚與羞恥

在自尊心受到攻擊的情況下，疏遠方很難管理自尊心，因此也會選擇逃離。「不要責怪投手」這個比喻，有助於這類疏遠方開始坦承他們很難面對伴侶的負面評價。對責備過於敏感的疏遠方而言，這項比喻有助於讓他們知道如何去尋找隱藏在伴侶看似不公平的攻擊下更深層的問題。其它疏遠方所需要的幫助，則是以較少的自我批判來面對自己內心的惡魔。

懷爾（2002, p. 302）舉了一個例子來說明這一點：有位先生在妻子生下第一個孩子後，明顯感到沮喪。妻子說他是「嫉妒新生兒」，這種將問題過分簡化的（嘲諷式）攻擊，使他感到被排斥（問題沒有得到回應），但實際上他的感受是更加細微的，而不是負面的：懷爾認為他對妻子的指控感到生氣；他害怕她可能是對的；他對於自己不能更喜歡這個孩子一點，而感到不快樂或失望。他覺得自己被排除在母親與嬰兒的配對（mother-infant dyad）之外，所以感到沮喪；他對自己和妻子之間失去善意感到沮喪；他偶爾會因為自己希望從未生過孩子，而感到驚慌。

69

角色互換

為了增加上述的複雜性，我們應該注意到許多人既害怕親近，也擔憂距離，因此可能會在迴避與索求之間不斷循環。例如，伴侶之一在對方靠近他／她時可能會感覺受到批評／控制，但在彼此分開時又會感到內疚。然後，我們可能會看到伴侶雙方顛倒了索求方和疏遠方的角色。在其他情況下，伴侶雙方都在衝突（太近）和迴避（太遠）的模式之間循環（Feldman, 1979）。這種舞步很難治療，因為我們必須揭露他們更多的（有時是相互矛盾的）潛藏問題與恐懼，然後努力處理。

支配與屈服的循環

有些配偶獲得了對伴侶的「權力」（Fishbane，2010），該伴侶則屈服於他們的逼迫、威脅和欺凌。與建設性的「關係權力」不同的是，這必須付出沉重的情感和關係代價。屈服通常只是部分或暫時的，因為許多伴侶只是為了結束一次衝突而表現得看似同意。專業談判顧問強調，「硬性」（hard）談判者冒著對「軟性」（soft）談判者不友好的風險，後者會對不公平的協議感到不滿，之後無法遵守其條件（要求）（Fisher et al., 2011）。對於伴侶來說，「硬性談判」或支配的代價，不僅可能導致被動式攻擊的不順從現象，還會造成伴侶關係越來越脫節，以及順從方的憂鬱症和其他精神病徵（psychiatric symptomatology）。為了維持某種權力和尊重，「屈服的」一方可能會與外界（朋友、親戚、孩子、治療師）結成聯盟，導致婚姻關係更進一步變得脆弱並帶來其他問題。而且大多數都會遮遮掩掩甚而三緘其口，而這將激起支配型配偶的懷疑和不信任。

也許不太明顯，但支配型伴侶無法獲得他們最渴望的東西——真摯的愛與尊重，因為他們強迫的任何正向行為都不算在內；這類正向的回應，不會比被下令要笑之後，所發出的笑聲來得更有意義。更糟糕的是，如果是透過暴力或暴怒取得主導地位，就會形成一種如履薄冰的親密關係，順從的一方害怕未來發生不愉快的事件。濫用支配權力的配偶也可能永遠惴惴不安，認為自己情緒的爆發受到了配偶的煽動行為所掌控（Stosny, 2005）。支配型伴侶的這項憂慮將增加他們對主導和掌控的需求，而這循環將不斷升級惡化。

70

支配型伴侶有多種形式，不單單是那些顯而易見的暴力類型——他們在報紙上所占的比例，比在我的辦公室還要更多，而且也出現在對自己的支配方式不以為意、並且將其隱藏在傳統或邏輯背後的伴侶身上（通常是男性）。湯姆，「恐嚇犯」[5]，就是這樣一位男士——他不能算是有精神病症的自戀者，但是卻不斷壓迫他的妻子。在症狀輕微的類型中，這些人是喜歡負責和擔任領導角色的人；如果他們的伴侶認為這很合理，我們就會看到所謂健康的「主導—跟從的循環」（lead-follow cycles, Greenberg & Goldman, 2008）。在病理學的形式（pathological forms）上，像湯姆這類支配型的伴侶認為，其他人應該照他的方式行事，因為這是「正確的方式」，或「向來如此的做事方式」。通常，這類「享有特權的伴侶」得到文化準則的支持，這些文化準則證明了單方面做決策的合理性（Knudson-Martin, 2013）。支配型伴侶經常主張由他們決定錢該怎麼花才對，因為他們賺的錢比較多。他們自認有權將殘酷的嘲諷定義為「只是玩笑話」，而把伴侶定義為「太過敏感」。許多這類欺壓相當於一種錯誤的嘗試，是透過貶低伴侶，來提升自己脆弱的自尊心。[6]

在其他情況下，過度的控制是由「罷工」的伴侶施加的，比如對性生活興趣不大的伴侶會控制其頻率，就是這種情況。有時，

5　譯註：見第四章，原文頁碼 52~55。

6　原註：格林伯格和高特曼在他們《情緒取向伴侶治療》（*Emotion-Focused Couples Therapy*, 2008）一書中正確地指出，變得急躁、支配和控制的伴侶可能更關心他們所謂「身分認同」的問題（identity issues，誠信／自尊），而不是依附焦慮，這是蘇珊・強森在她版本的《情緒取向伴侶治療》（*Emotionally Focused Couple Therapy*, Johnson, 2008）一書中所強調的伴侶痛苦的來源。他們將「身分」受到威脅的循環稱為「影響循環」（influence cycles），並將「支配與屈服」循環作為一個變體（variety）。這就不再是將看到的所有負面互動循環都歸因於受到依附問題的驅動。試圖「支配」也可能涉及其他焦慮，例如，一位女銀行家過度控制／支配丈夫金錢方面的事務，但這並非出自於自尊心的考量，而是焦慮，她擔心可能再次變貧窮，就像小時候一樣。

患有精神疾病或肢體殘疾的人會成為強制的一方，其焦慮和特殊需求，被認為是理所當然要加以照顧，因此所有其他家庭成員都必須按照他們的意願行事。當然，藉由假裝或誇大其殘疾狀況來施加控制權的人，一開始並沒有太大的權力。這種模式的出現，通常就像是祕密的計謀，為的是與公然霸道的伴侶取得平衡。也許我們應該為這類伴侶們創造一個新名詞，稱他們為「支配與祕密支配型伴侶」（dominating–covertly-dominating couples）。

在處理支配與屈服的循環時，治療師的一項主要挑戰是：面對個案婚姻中看似不合理與不公平的爭權奪勢，仍應保持好奇心和中立（遇到嚴重的婚姻暴力時，不需保持中立，但仍應抱持好奇心）。有些治療師會強烈地感到，自己必須正視明顯濫用權力的現象，並捍衛被犧牲的一方，然而這類直接的對抗經常被認為是天真、激進的治療師所為，他／她等於威脅到支配型配偶的生活方式。想要幫助屈服型的配偶，不太可能單純藉由對支配型配偶的劣行說教就能達成，所以治療師不發表意見是好的。

就資源、決策，以及對現實和道德的定義上，如果伴侶單方面主張他／她才有權時，可以藉由向他／她指出這種獨斷獨行所需
71 付出的代價，來給予幫助（Rampage, 2002）：人之所以會成為「控制」或「支配」型，通常是因為滿足於不真實的關係，並認定自己可以脅迫他人，因為除此之外，他們不知道如何獲得名副其實的關係。他們對這一點的意識，通常比起在索求方與疏遠方之舞中、大聲抱怨婚姻中欠缺熱情和親密的索求方還不足。儘管如此，支配者本身也是生活在冷漠的情感環境中。有時，我透過「皇帝與夜鶯」（The Emperor and the Nightingale）的寓言故事來解釋這種缺乏相互溫暖的情況，在該寓言中，控制型的統治者（皇帝）只有在將他

那隻珍貴的鳥兒從籠子中釋放後，才能聽到牠的歌聲。同樣的，為了成為「有用的」（有意義的）伴侶，屈服型配偶必須能夠自由地來去，無論愛或不愛，都不受威迫（Newman, 1996; Winnicott, 1960）。唯有如此，他們對支配者性格的判斷才有其可信度。「籠中鳥只在自由時歌唱」的比喻，也有助於將屈服型配偶的抑鬱和消沉的經歷做系統性的描述。

在指出支配者的失能之處後，治療師可以開始爭取支配者的協助，共同探索他們之所以如此努力控制伴侶和生活其他面向的原因。是哪些個人獨有的恐懼影響、並導致他們過度的控制呢？回想一下湯姆的情況，他對沮喪的恐懼，來自於他找不到能夠提升自尊心的工作並滿足休閒生活。這種合作探索最終可能使支配者有意識地接受事實，亦即原本明顯不公平的權力體制，其實無法令人接受（自我不協調，ego-dystonic）。再更進一步深入探索後，或許能挖掘出驅使支配者做出這些行為的潛意識動機，例如，一位會貶低和嘲諷妻子的男士，可能是因為他曾遭受父親毆打和侮辱，現在不知不覺地重蹈覆轍。

正如解決疏遠方的問題一樣，我們必須避免過度簡化支配者的問題。懷爾（2002）提供了一個很具說服力的說法：與其告訴這位先生「您這是在控制您的妻子」，他藉由下面這句話來強調，不如這麼說：「您這樣太糟了！您這麼努力說服妻子不要回去讀碩士，其實是正在疏遠她……但您卻滿腦子想的是，一旦她回去讀書，她就絕對會離您而去不再回頭。」（p. 6）。

與支配型伴侶形成合作同盟後，即可著手探索屈服型伴侶的心理。在此，我們將進行如今已熟悉的挑戰，亦即幫助個案對自己憤怒的感覺及「提出要求」感到自在。針對如何最有效地引起他人關注，以及如何進行艱難對話等心理教育，在此都會派上用場。屈服型伴侶通常是避免衝突的人，這是我們下一節的主題。

避免衝突、互不面對的循環

前來接受治療的個案中，很多都是伴侶雙方都害怕衝突、或是討論具挑戰雙方情感的話題。我們可以將這類伴侶們想成是由兩位疏遠方所組成。其中有些伴侶們被冠上「假性互動」（pseudomutual）一詞，亦即雙方認為一切都很好，直到這種幻想無法維持為止（Shaddock, 1998）。

72

有兩種類型的問題使得這些個案前來尋求治療。最明顯的是，由於他們雙方皆避免談論具有挑戰性的話題，因此並沒有充分提出需要合作和商量的重要情況，包括孩子、財務、對方家人等，直到不能再迴避這些問題為止。由於彼此間喪失活力和感覺無聊，互不面對型的伴侶同樣也會來找我們；因為害怕說錯話或做錯事破壞現狀，他們覺得自己不快樂，無所適從。

但是，這類婚姻不僅僅是伴侶的性格限制或恐懼所造成的結果。與所有負面的互動循環一樣，系統上的特質會約束伴侶，因此他們的舞變成永續循環。當珍觀察到吉姆認為問題棘手時，她也會用相同方式看待那些問題，並避免碰觸它們。每位伴侶一旦注意到對方的迴避，就會更加謹慎小心；每個被迴避的主題，也都會使其他主題更加令人敬而遠之。隨著日子的流逝，讓伴侶們更加確定談話太危險的這個信念，此種逃避的行為模式變得越來越根深柢固。這就是我們所看到的那些坐在餐廳裡痛苦而沉默的伴侶們，他們不敢展開任何有意義的對話。

此外，當伴侶雙方一直避免參與挑戰性的對話，反而依靠暗示來傳達自己的偏好時，沉默寡言就成了助長預期的恐懼與對彼此渴望的誤解：有位丈夫，終於在接受治療時坦白地告訴妻子，他不喜歡她調理雞肉的方式……居然長達三十年！三十年的錯誤定位，也包括在其他更重要的面向上，積累了長達三十年的不滿。

當避免衝突型的伴侶因某個困擾而不再忍氣吞聲時，互動的結果很可能非常糟糕且傷人，因為雙方都不擅長敵對式的溝通。這種負面的經歷將進一步加強他們的共同信念，亦即認為應該避免開誠佈公地討論。

死氣沉沉的婚姻也可能導致伴侶之一在別處尋求刺激和溫暖。有些人會在親密關係之外的工作或娛樂中得到，以致最終讓另一方感到被忽視，便會提議兩人接受治療，否則伴侶可能會在婚姻之外尋求親密關係。然後，該對伴侶將在這期間或這段不愉快的事情之後，開始他們的婚外情。

當他們最終被迫承認需要治療時，互不面對型的伴侶們進入真正問題的速度很緩慢，因為他們仍然擔心打開潘多拉的盒子後，一切會更難收拾。他們的抱怨變得猶豫不決和模糊不清，因為他們在「想被聽見」和「希望沒人會仔細記錄他們的抱怨」之間搖擺不定。許多個案會對他們的發言權模稜兩可。會診可能令人感到無聊，但也普遍存在隱約可見的危險。就像過度控制自己的強迫症個案一樣，互不面對型的人經常會找藉口錯過會診，並常常等到會診結束時才提出他們更深層的擔憂。就和努力不互相討論困難的話題一樣，他們也經常不仔細聆聽治療師說的話，有些人還總是看起來就像已經要準備離開。如果我們有所冒犯或者誤解，他們通常不會立即告知。意識到這些防禦策略的治療師應該防患於未然，並使其成為討論的主題。治療師還可以利用第二章中所述的「使事情升

73

溫」的介入措施，以及上文所述的疏遠型伴侶的介入措施。探索原生家庭有關面對與處理衝突、以及明白表達憤怒與其他情緒的態度和經歷，也都有所幫助。

雖然互不面對型的伴侶具有特定特徵／與眾不同的動力，但實際上我們看到的所有伴侶們，都會迴避各種令人心煩或憤怒的話題、想法和感受。他們通常都透過不同方式避談這些困擾，不妨試著回想衝突型的伴侶如何在憤怒的爭吵中躲藏。在這方面，懷爾（1993）提出了一個有趣的觀點，亦即伴侶們之所以避免進行需要妥協的討論，部分原因是他們一直祕密地做出妥協。他們的逃避，包括不分享個人為婚姻的和諧所做的犧牲奉獻。他透過以下示例說明這一點：

> 吉姆不喜歡桃樂絲在公司加班太晚，要求她同意將加班晚歸的情形限制在一星期一次，而且如果她預料自己當天可能會晚歸，要先打電話給吉姆，並事先準備好晚餐。該解決方案的問題在於，它將一份妥協轉移到另一份妥協上。桃樂絲早已在妥協了，她一直覺得晚歸很不好，所以頻率其實已經比原本想要的少了許多。如今有了新的「正式」妥協，她加班晚歸的次數就必須更少了……。吉姆先前也已做出妥協。吉姆讓桃樂絲感到窒息……導致她在情感上退縮。吉姆的反應是接受她的沉默退縮，勉強忍受不夠充實的滿足感：他對婚姻的最初期盼做出了個人的妥協。儘管他似乎被剝奪了情感上的親密關係，但至少還有著某種程度的陪伴和信賴可以依靠：一個總是待在家裡準備飯菜的妻子。一旦連這一項都被從他身上拿走，那就太

令他難受了。（pp. 73-74）

這種祕密的妥協一定極為普遍，而且有些無疑是婚姻生活中的必要元素，正如稍後將在「接納」[7]的主題所討論的。這一段的重點是，一旦個案做出了這類祕密妥協，他們更有可能避免開誠佈公地討論，而導致更進一步的讓步。 74

三角化關係的循環

伴侶們避免一起面對問題的另一種方式是，彼此認同他們的主要問題是共有的，而且是由其他人引起的。米紐慶（Minuchin, 1974）[8]恰當地將此稱為「繞道行駛」（detouring）。從團體動力學的角度來看，這是透過尋找外部的代罪羔羊來吸引團體的注意力，並成為團體不滿的目標，進而避免內部的衝突、困難和焦慮心理。對於伴侶們而言，這個外部的問題或人（通常是一個孩子）便是所謂的被「三角化」（triangulated），目的是在穩定伴侶間的關係。當一對伴侶將他們其中一位孩子視為問題的根源時，發現並治療該問題對於家族治療領域的發展至關重要。例如，父母可能會抱怨兒子在學校表現不佳（有時儘管客觀上成績良好），但這其實象徵了對於丈夫事業發展狀況的共同憂慮和潛在衝突。其他夫妻不會將他們的問題（例如沒有性生活）簡單地轉移到一個共同的敵人身上（例如晚上超過規定時間回家的青少年），而是針對如何應對那個「敵人」進行無止無盡、卻毫無效用的爭論。

7　譯註：詳見第十章。

8　譯註：薩爾瓦多．米紐慶（Salvador Minuchin, 1921-2017）是家族治療大師、結構派家族治療先驅。

其他父母可能會鼓勵被當作代罪羔羊的孩子發洩情緒，因為他們間接地享受著這種行為，即使他們有意識地反對這種行為，正如愛德萊德·強森（Adelaide Johnson, 1949）[9]所論述的。她指出與此相應的父母及其行為不端的孩子的「超我的缺失」（superego lacunae），即人格的漏洞（holes in the consciences；譯按：不覺得自己需要負責任）。幾年前，我在耶魯（大學醫學院附屬的）紐黑文醫院精神科急診室（Yale New Haven Psychiatric Emergency Room）看過這樣一位母親。那是位保守的中上階層的婦女，身邊是她十四歲的女兒，後者在懷孕後有自殺的傾向。她主張自己並不贊成女兒過早有性行為，同時她匆忙地拿出在女兒房間發現的一本色情小說唸給我聽，並大聲說道：「我好像對這些事無能為力：她是我第三個在十八歲之前就懷孕的女兒！」

在其他情況下，孩子可能無需父母特別的刺激，就會變得好鬥、挑釁或出現這類徵兆，目的是要打斷父母間令人痛苦的衝突（Minuchin, 1974）。在家族治療的會診中很容易觀察到這種現象，一旦父母親開始意見相左，小孩就試圖將父母的注意力引導到自己身上。其他有些小孩可能不會藉由搗亂來減少父母間的不和，但如果他們的父母將自身的挫敗感發洩在他們身上，他們就有可能成為父母的犧牲者（Fosco, Lippold, & Feinberg, 2014）。還有一些小孩會對婚姻帶來的問題感到憂慮不安。其他有些則除了父母的婚姻問題之外，會有自身的問題存在。

75 **以我的經驗，所有防禦性的轉移、（對孩子）合理的關注，以及同時存在的婚姻不睦，所有這些的排列組合，都有可能是問題**

9 譯註：愛德萊德·強森（Adelaide Johnson, 1905-1960），精神病學家與精神分析師。

的成因。因此，治療師需保持開放的思維，不要太早被系統理論動搖，亦即優先假定防禦性的父母將小孩當作代罪羔羊，或對孩子問題感到慶幸。當伴侶們帶著被認定是問題所在的孩子一起來諮商會診時，治療師最好的做法是保持開放的心態，暫且不要將其解釋為一種焦點的轉移，或是關係的三角化。相反的，治療師應該先對眼前的問題信以為真，將此作為開始建立治療同盟的最佳方法。然後，他們可以一起探索能夠解釋孩子症狀或行為不當的個別與團體動力，同時嘗試幫助父母合力打造一套有效的親子教養計劃。

事實證明，有時候儘管伴侶們本身確實還有其他的「伴侶問題」，但將注意力集中在孩子身上也完全合理，因為孩子身上的問題耗掉了他們解決伴侶問題的精力，而不只是被他們當成藉口，以便他們不用面對伴侶問題。在許多情況下，孩子的嚴重問題是由父母未能在養育子女上齊心協力造成的，正如他們在其他問題上也缺乏合作。幫助他們著手討論親子教養問題的過程，也許能更大範圍地幫助他們。

在制定教養計劃時，我們經常會間接地處理到婚姻問題，例如關於妻子在婚姻中享有的發言權，或是妻子是否有意願讓丈夫進入她和孩子們之間的封閉系統（the closed system）中——儘管我們不必總是明確地說出這些內容。隨著孩子問題的緩減而被隱藏的伴侶問題浮出水面，許多這類伴侶隨後轉為進行正式的伴侶治療；其他人則是向我們致謝後終止治療。

當一對伴侶在第一次的治療諮商中，毫不隱諱地承認有**婚姻**問題時，很少會搬出子女做為擋箭牌的三角關係。他們更常做的是（經常不精確地）聲明自己的孩子還不錯，是使他們維繫婚姻的一個愉快、欣慰的面向。當他們確實在討論教養問題時，過程卻類似於討論兩人其他方面差異的模式：僅有衝突矛盾，而不是找代罪羔羊作為防禦這方面。儘管如此，我們仍然可以在伴侶治療的過程中看到將孩子或其他人（老闆、姻親、鄰居）當作衝突來源的三角化關係型伴侶，因此，我們應該提防這類防禦性的轉移及代罪羔羊。發生這種情況時，它所呈現的是雙方對他人的共同抱怨，其作用在於可以減少配偶之間初期的衝突。如果這個現象很普遍或持久，治療師應解讀為他們也會採取其他的團體防禦方式：「我明白您們對莎拉姨媽說的話很生氣，但我想知道的是，比起繼續討論兩位之中有人覺得另一方很不顧及他人感受，就像莎拉姨媽……您們聯合起來指責她，是否相對感覺安全許多？」

76 治療師也可能成為三角關係型伴侶的目標。這裡指的是，個案夫妻將他們彼此的問題怪罪於治療師或是治療過程。他們抱怨兩人關係在諮商會診之後變得更糟，有時他們確實是這樣。如果不能直接與謹慎地解決，這類三角關係會導致治療提前終止。

被確認病患的循環

這類伴侶並沒有將他們的不幸福歸咎於外界的代罪羔羊，而是大部分歸因於另一半的情緒缺陷（emotional failings）或精神疾患。由於該配偶至少在一開始有接受診斷，因此立場上與雙方都推卸責任的衝突型伴侶大相徑庭。舉例來說，這類配偶會承認飲酒過量、曾有外遇、沉迷於色情網站、對性缺乏興趣、有憂鬱症或容易暴怒。

有時，配偶之一會被「丟在」治療師的診療室門口，治療師被指示要「修理」該配偶有問題的行為。這類被認定為病人的配偶有時會順從指示，認為自己是需要被解決的問題，但是隨著時間流逝，他們對此通常心態變得更加矛盾。一種常見的情況是，妻子說服存疑的丈夫嘗試進行改善與她在親密關係上有所困難的治療，並轉介他做個別治療。而當我試圖朝此方向治療時，只要沒有他那愛抱怨／索求型的妻子在場，結果通常很無聊，或是我們就僵在那兒，然後提前終止治療。

當問題只被標記配偶之一的情況下，最好是從在場抱怨的那位「精神健康的」配偶開始治療。這項策略得到廣泛研究的支持（Gurman, 2011）。

當被確認病患伴侶進行治療時，他們通常看不見自己問題的循環。在這種情況下，聯合會診的最重要優勢是，能夠評估尚未確認的婚姻問題對被確認病患的症狀的影響。這些症狀很可能就像是會發出噪音的指示器——煤礦裡的金絲雀（a canary in a coal mine）[10]，正發出了婚姻有問題的信號。儘管配偶雙方都同意其中一方應該改變，但他們可能尚未明白事實上另一位「功能良好」的伴侶也正在受苦，或他如何拖緩了康復的療程——這在匿名戒酒會（Alcoholics Anonymous）的類似用詞是「為上癮者的行為找藉口」。

例如，那需要「憤怒管理治療」的「莫名怒火」，通常事實上只是冰山一角，來自偶爾忍無可忍的伴侶那未獲滿足的需求與沒說出口的抱怨。憂鬱症、過度飲酒，以及其他顯示疾患徵兆的行為，也常被提及有雷同情況。如果試圖只跟一位伴侶會診來治療系統性的症狀，在治療動力上來說是不足的，而且成功的可能性較小，因

10　譯註：即危險的先兆，金絲雀因為對有害氣體的敏感度超過人體，所以成了礦工們的警報器。

77 為沒有讓所有造成症狀持續、且可能有助於改善該症狀的參與者共同加入治療（Gurman & Burton, 2014）。

當治療只涉及出現疾病徵兆的一方時，一旦該個案決定不再被視為唯一需要幫助的人，治療經常會突然單方面結束。這不足為奇。在這點上，很明顯地個案只是經由個別治療來安撫伴侶（也許是在發生外遇之後）。在大多數情況下，如果狀況看似良好的伴侶從一開始就參與其中，治療會更加有效，因為伴侶所提供的資訊和不滿，可使治療師從更多方面著手處理，而被認定為病人的配偶也更有理由投入並保持參與。

這類伴侶們需要進行聯合治療的最後一個原因是，由疾病徵兆所產生的不當行為，破壞了受冒犯一方的信任，因此，如果沒有該伴侶的參與，治療便不算完整。所以雙方都需要在場，以便彼此都能了解情況，做出和接受真誠的道歉，並共同制定計劃，以改善之後的表現。

即使確定了被確認病患身上存在強烈的不安全感，或對其伴侶有不合理的（神經質的）恐懼（負向移情）的情況下，如果可以在聯合諮商會診中，即時而直接地證明這些恐懼是錯誤的，便可以加快心理治療的速度。此時，已接受移情關懷（transference concerns）的配偶，可能比起病患剛見面的治療師更能提供矯正性情緒經驗。

當伴侶雙方一起治療時，我們會希望讓他們在安全的情況下暢所欲言，因為我們要試著向他們說明被確認病患的症狀是如何被深埋於婚姻的問題和過程中。治療這類伴侶們的主要危險性在於治療師的進度太超前，直接將症狀強加在伴侶雙方身上。這與相信問題出在外部敵人身上的三角關係型伴侶一樣，我們必須先建立治療同盟，才能挑戰這種將問題過分簡化的防禦機制（defensive oversimplification）。

雖然我剛才建議在治療開始時採用聯合治療模式，但我並非有意淡化密集的個別心理治療的價值，這種心理治療有時源於成功的伴侶治療。就像許多伴侶們首先針對小孩的問題進入治療，然後繼續解決他們的婚姻問題一樣，有些因為伴侶問題進入治療的配偶，也可能發現他們自己長期存在的個人問題，需要進行更深入與更密集的治療。

負向互動循環的「黏著性」

伴侶們很難擺脫負面循環。即使治療師試圖改變治療過程，但他們抗拒改變的現象，使一些治療師和研究學者提出系統恆定狀態（system homeostasis）作為解釋。儘管有些系統和人肯定會因為害怕偏離更可取（或有害程度較小）的行為準則，而抗拒改變，但這對於解釋大多數伴侶互動循環的慣性和阻力而言，並不是一個有益的模式。這種想法最明顯的問題是，陷入這些循環的大多數人，都被證明並不快樂，而且想要從其中脫身。再者，這些不是維持他們恆定情緒室溫的穩定循環；相反的，它們的特徵更常是惡化或筋疲力竭——這也是他們痛苦離婚的前兆。即使是三角關係型伴侶和被確認病患伴侶也是如此，對於他們而言，系統性的防禦模型具有一定的實用性。

78

陷入這種循環的伴侶，仍然會經歷高特曼（Gottman, 2011）[11]

11 編註：約翰·高特曼（John Mordechai Gottman, 1942-）是美國心理學家，華盛頓大學心理學名譽教授，其主要研究為如何通過關係分析，預測離婚和婚姻的穩定性。

所謂的「黏著性」（adhesiveness），亦即儘管知道繼續下去會使情況惡化，但就是不願意退出這病理性之舞。我認為，對這些病理性之舞的黏著性和可見慣性（與惡化）的最佳解釋，並不僅僅在於這所謂「系統」中的控制論特徵——即使我們已經說明過，它們傾向於永續循環（她做 X 的次數越多，他做 Y 的次數就越多，然後她做 X 的次數就又越多……）。相反的，循環的粘著性源自於特定舞蹈的控制論特徵（如前所述）的心理約束和挑戰，並結合伴侶潛在的個別心理關注（下一章精神動力的主題）。

陷入這些舞步中的伴侶會感覺到，有更大的問題迫在眉睫，但是他們很難具體說出那是什麼。我現在正是在探討這些絕大部分屬於潛意識的心理問題。正如我們將看到的、負向互動循環的黏著性和破壞性，取決於這些循環如何妨礙重要心理需求的滿足，尤其是傾聽、尊重和支持的心理需求。

第三部

精神動力的進階

81

第六章
聚焦於潛藏的問題、恐懼與渴望

許多臨床心理治療師從精神動力的角度探討婚姻問題與伴侶治療。[1] 他們（和我）： 81

- 相信如果我們要了解和矯正負向的伴侶互動，就必須揭露個人的心理問題；
- 遵循現代精神分析學的思想與研究，提出自我與他人互動的潛意識基模（schemas）；
- 強調當我們透過重要的——通常是潛意識的——溝通管道來審視人類的動機、恐懼和防禦行為時，異常的、適應不良的行為有其意義；
- 在不同程度上處理關於信任、依賴性、自主權、羞恥、內疚、身分認同、誠實，以及親密關係的憂慮和衝突；

1　原註：其中最重要的包括 Bergler（1949）、Dicks（1967）、Donovan（2003）、Gerson（2010）、Hazlett（2010）、Leone（2008）、Livingston（1995）、Ringstrom（1994、2014）、Sager（1994）、Scharff 和 Scharff（2008）、Shaddock（1998, 2000）、Siegel（1992, 2010）、Zeitner（2012），以及並非精神分析師、也不認為自己是從這個角度寫作，但儘管如此，仍然對深度心理學的觀點做出重要貢獻的人：格林伯格（Greenberg & Johnson, 1988; Greenberg & Goldman, 2008）、強森（Greenberg & Johnson, 1988; Johnson, 1996, 2008）、瑞爾（2007），尚克曼和費雪班（2004），以及懷爾（1981, 1993, 2002, 2013a）。

- 聚焦於性愛與攻擊，愛與恨，將它們視為人類互動中的高度緊張的形式。
- 強調童年經歷與之後親密關係的生活經歷對於建立人格結構的形成性影響，包括期望、動機和適應方法的塑造；
- 認為潛藏的問題和憂慮經常被防禦性地掩飾，並藉由夢境、病症行為，以及與他人的互動模式（移情）中，以看似隨興的想法或不經意的言談（聯想）間接地暴露出來；
- 認為心理治療師對個案的情緒反應（反移情），對於評估關係模式和治療的潛在障礙極具價值；
- 相信治癒性／根治性治療（curative therapy）包含了增強的自我意識（洞察力），以及與他人多建立積極互動關係等兩者的組合；

82

- 認為治療師為自我發現與轉化經驗（transformative experiences）創造安全的環境至關重要，其中一些轉化經驗涉及了治療師與個案的關係本身。

精神分析雖然建立在佛洛伊德的基礎上，但已經超越它，不但增加了新的思想，也屏除了一些未能通過時間考驗的思想。過去人們對該領域有些誤解，認為精神分析是不科學或過時的（Park & Auchincloss, 2006）。然而，與這些誤解大相逕庭的是，大多數的精神分析思想都有廣泛的研究作為支持（Westen, 1999）。在接下來的五個章節中，我將總結適用於伴侶治療的當代精神分析思維。第一章從最基本的層面開始，審視大多數伴侶陷入僵局背後存在的一些問題。

為了幫助伴侶擺脫病理性之舞步，我們不僅必須聚焦在適應不良的過程本身（當其中一人發牢騷，另一個人就走開或沉默以對，因此引發更多抱怨，進而造成更大的距離），還應關注驅動這輛適應不良的失速列車，也就是伴侶們深藏的敏感、希望和恐懼的原因何在。在大多數情況下我們發現，這些循環是由人類基本需求未獲滿足的挫敗感（通常是無效性，invalidation）所驅動的。與衝突似乎永無止境的伴侶們共事的次數越多，我越發現重要的是，不要太過於專注在他們眼前具體的抱怨事項（烤焦的麵包、收支不平衡之類的），而是更著重於人類基本需求的關注：對婚姻的渴望、愛、關懷、感謝、親密和理解；以及對意見分歧、遺棄、支配和不能勝任的恐懼與經驗。這是深度心理學（depth psychology）對伴侶治療 1.0 中「彼此對談模式」的第一個、也是最明顯的貢獻（升級）。

當我專注於探究這些深層的恐懼和渴望時，我發現自己也屬於設法將「情緒」作為伴侶治療核心焦點的人士之一，他們當中尤其包含萊斯利・格林伯格、蘇珊・強森及其同僚（Greenberg & Goldman, 2008; Greenberg & Johnson, 1988; Johnson, 1996, 2008）。他們的研究成果即是眾所周知的「情緒取向伴侶治療」（Emotionally Focused Couple Therapy, EFT）或「伴侶情緒取向治療」（Emotion-Focused Therapy for Couples, EFT-C）。然而在我的書中，我發現它更適合用來探討潛藏的問題、恐懼和渴望——接下來的幾章中，比起情緒，我更著重在意義和移情這兩個面向——以涵蓋融合個人意義、動機、感受，以及自我與他人的互動基模（self-and-other schemas），那也是我們治療師在觀察伴侶互動表面下時所尋求的真相。

迪克和蒂娜：昔日的聖誕幽靈

有對新婚夫妻（迪克和蒂娜）回來找我（我曾幫助他們解決一些婚前問題），他們含糊其辭地提出請求，由於蒂娜現在懷孕了，83 看我是否能夠幫助他們解決一些有關如何撫養孩子的問題。迪克認為可能會有些麻煩，因為他是個憎惡組織性宗教的「堅定無神論者」。儘管迪克一開始用一種克制的、理性的方式講話，但在詳述他對宗教信仰的抱怨時，他的聲音變得越來越大、越激昂，以至於在反移情的作用下，當我回想起他之前會診時對我和蒂娜的態度都很兇時，我隱約地感到有些不安。

出乎意料地，迪克對組織性宗教的批評並沒有激起蒂娜的怒火。蒂娜說她已經很多年沒有去教堂了，不確定自己是否還信奉上帝，並認為宗教信仰的事應該由子女們自己決定。然而，她確實提到，聖誕節是她所經歷過少有的家庭歡樂與團聚時光，並說她擔心會失去這項傳統，因為迪克似乎強烈反對慶祝聖誕節，去年甚至還禁止家裡擺放聖誕樹。

然而，即使蒂娜不帶情緒地說著話，而且看似願意妥協，迪克還是變得更加負面，表示他反對、而且不會允許有關聖誕節的所有一切。突然間，蒂娜哭了起來，以一個小女孩絕望的聲音大聲地說：「我根本就沒有要求那些東西！」

蒂娜和迪克兩人都告訴我，他們已經有很多次都是這樣，最後總是陷入僵局，蒂娜啜泣，而迪克既生氣又困惑。想到他們剛才幾分鐘前還那麼開朗和滿足，而且基本上兩人都是成熟與沉穩的人，結果在這支配與屈服型之舞中情緒反應卻突然如此強烈，實在令人感到驚訝和不安。

我接下來向他們介紹解開負面互動循環的治療措施，其目的是找出潛藏在互動表面下的問題，以便開始治療其伴隨的斷裂的伴侶關係。就迪克和蒂娜的情況來說，這相當簡單。

正如佛洛伊德教我們尋求夢的聯想一樣，我讓迪克和蒂娜暫時停止那令人痛苦的討論，告訴我他們想到什麼。可以預見的是，迪克對聖誕節的痛苦——比對宗教本身的痛苦嚴重得多——這涉及到以往他過聖誕節時許多痛苦的記憶，其中包括令人不滿意的禮物（或根本沒有禮物）、暴力衝突、父母飲酒過量，以及最痛苦的，父母因無法修補長期的婚姻裂痕，導致後來離婚，當時迪克才十歲。我們很容易就可以確認，這就是他之所以不想在自己新建立的小家庭中重新舉辦聖誕節慶祝活動的緣由！意識到這些連結後——就像來自過去的聖誕幽靈對狄更斯筆下的角色艾比尼澤・史古基[2]所做的，我們不妨思考，有哪些因素可能會阻礙迪克和蒂娜在未來的聖誕節中，創造出不同於童年時期的幸福家庭場景。

讓蒂娜淚眼婆娑的深層原因，到底是什麼呢？她的淚水為何傳達出如此強烈的絕望呢？我聽著蒂娜的哭聲，感受自己對迪克嚴重的消極態度的反感，我假設性地認為，她的絕望並不是對有關節日慶典具體內容的反應（儘管這些對她來說很重要），而是對負向婚姻歷程的反應，亦即針對迪克似乎急於剝奪她作為準媽咪的熱情，所做出的反應——就在我的治療室裡，此時此地。

84

因此，我先跳到另一個話題，我問蒂娜，當她想到自己正興高采烈、熱情洋溢，然後突然有人潑她一頭冷水時，她會想起哪件

2　譯註：艾比尼澤是狄更斯小說《小氣財神》（或譯《聖誕頌歌》〔*A Christmas Carol*〕）的主角，他原本是冷酷無情的守財奴，但在聖誕夜時經歷了過去、現在和未來三個聖誕幽靈的造訪後痛改前非。

事？在回答這個問題時，她第一次告訴我她父親經歷的一場嚴重的車禍。那場事故結束了他的夢想，因為他原已準備好成為一名職業運動員（類似於她等待成為父母時感到的驕傲和興奮），為他的生活和家人蒙上多年的陰影。他從未從事故中完全走出來，很多年都承受著斷斷續續的背痛和嚴重的頭痛。正由於他的痛苦，蒂娜經常被要求收斂她的熱情，「這樣父親才能好好休息。」此外，她的父親變成了一個長期憤怒、悶悶不樂的人，任何可能的目標都成了他發洩不滿的對象。我現在可以了解，在我們先前的療程中，蒂娜很明顯地略過這些細節，她在無意識中嘗試將脾氣暴躁、抑鬱喪志的父親拒之門外。然而，無論如何他都會不請自來，只要迪克像現在這樣變得極端消極，父親就會以迪克的形貌現身。一旦發生這種情況，就會引起她強烈的情緒反應：被拖入負面和內疚困境的深度恐懼。這種恐懼破壞了她在我的治療室、他們的假期，以及期待嬰兒出生的正面情緒。

潛藏的議題

馬克曼等研究學者（Markman et al., 2001）使用圖 6.1 所示的圖像來說明，遭遇到生活「事件」（events）的伴侶們，當這些事件與他們情緒方面的基本「問題」有所連結，之後甚至與某些無意識的「隱藏問題」有更深度的連結時，他們是如何陷入持續深化的心理困擾。在此插圖中，表面問題（金錢、性、小孩）的高溫間歇噴泉，其能量來自底下更熱燙的一層層潛藏力量，例如控制、承諾和接納。

對於迪克和蒂娜的情況，我們可以總結如下：

- 事件：懷孕。
- 議題：如何教養小孩，以及要成為什麼樣的家庭。
- 迪克潛藏的問題：避免想起對童年創傷場景的回憶。
- 蒂娜潛藏的問題：避免想起對童年創傷場景，以及有人「壞她好事」時那種痛苦的回憶。

圖 6.1　潛藏的問題

圖說：獲授權使用。摘自馬克曼（Markman）、史坦利（Stanley）和布倫伯格（Blumberg）合著的書《為婚姻而戰》（*Fighting for Your Marriage*, 2010）。藝術家：拉格納．史托拉斯利（Ragnar Storaasli）

我之所以使用此圖，是因為它向伴侶們解釋了為何看似關於日常瑣碎事件的爭吵，例如購買新的洗衣機，可以引發強烈的焦慮和 85

激憤——包括了財務安全、財務控管或支出責任等方面。[3] 理解這種由表面事件演變成重大的情緒潛藏問題的衍生關係尤為重要，因為很明顯地日常瑣碎問題占據了伴侶間爭吵的主要部分，正如高特曼和高特曼（Gottman and Gottman, 2010）所記錄的，他們寫道：

> 從我們針對實驗室九百多段有影像紀錄的衝突情境的分析，以及一千多次有關家庭衝突極為詳盡的訪談進行的分析，得出的結論是，大多數情況下，大部分伴侶們都在為毫無意義的事情爭吵。（p. 144）

從精神動力的角度來看，釐清負向互動循環正不斷惡化的最佳方法，是意識到「潛藏的問題」已經「浮上檯面」。即使伴侶們只在偶然的機會下才會發現，但有時這些更深層的問題才真正需要我們注意。惡化不僅是由傷害和反應性防禦的循環過程造成的，也來自雙方都意識到其伴侶需要聽聽重要的真相，即使該伴侶似乎正打算避而不談那件事。

86

在這種情況下，常見的建議是要我們只專注於眼前的問題，絕口不提其他事件，更別談過去的創傷，這一點通常受到了誤導，因為真正的問題可能是跨事件，且歷時已久，例如伴侶一方已經對自己的需求是否能被滿足，產生了嚴重的質疑。[4] 以妻子抱怨丈夫

---

3 原註：精神分析師艾德蒙・伯格勒（1949）可能是第一位強調這類「對日常瑣事的憤怒劣行」（malevolence over trifles）——小題大作，代表更深層次的潛意識問題已經存在的人，並指出「日常瑣事只是綁住更深層的潛意識衝突的表徵」（p. 66）。

4 原註：現代行為心理治療師得出類似的結論：某些比單一個別行為的抱怨更大的事情驅動著負面循環。他們稱這些為「主題」（themes），並舉例說明涉及愛情、尊重和親密關係衝突的核心問題（Jacobson & Christensen, 1996）。

沒有更換燈泡和「從來沒有幫忙過家裡的事情」作開頭的爭論，將無法藉由建議她一「開始」就要使用正確的語言來解決，例如，永遠不要說**從來沒有**、只要針對眼前的事件，以及使用「我一發言」（I-statements）。這是因為當前的情況只是冰山的一角，實際上它可能還涉及到家務上的分工、家庭中的權力分配、互相扶持與關注。在這種情況下，我們絕不能阻止她挑起這些議題，反而必須努力揭露並特別標記。一旦揭露出這些潛藏的問題，我們就能提供她建議，讓她公正且無防禦地談論這些問題。

如果配偶一開始就明白地說出怨言，而不像一般那樣遮掩曖昧呢？例如：「你從未愛過我，你只關心你自己！」有些看法認為，儘管此類發言有助於我們了解它背後的特定事件，但這種普遍籠統的攻擊，不太可能改善關於愛意回應上的問題。這種說法其實是有誤，取而代之的，正如格林伯格和戈德曼（Greenberg and Goldman, 2008）的見解，他們也討論了相同的例子（pp. 64-65），我也認為，如果那是許多事件的核心焦點，我的做法也是幫助該配偶發展這個主題。當我這麼做，我試圖將不良適應的指責，轉變成配偶更深切地表達對於需求無法滿足的絕望。我試著去確定該配偶的哪些需求沒有得到滿足，但不是關注於類似衣服沒掛在衣櫥內，或甚至沒有完美慶祝生日等具體事件。首先，我會驗證在這整體性攻擊背後的情緒為何，這是開始進一步探索的第一步。如果太早將之認定為配偶的過度反應，或是為了獲取所需的一種有著致命缺陷的方法，那就是犯了技術上的錯誤。

用作防禦的核心問題

有時，與尊重、愛和親密感有關的深度人際疑慮會浮出水面，然而（有些令人驚訝地），它們並非核心的「潛藏問題」，反而掩飾了其他引起焦慮或困擾的緊迫問題。面對不確定如何使收支平衡、或是不知該如何教養麻煩青少年子女的夫妻，可能會陷入對責任、愛心或尊重毫無建設性、相互指責的循環，那可以讓他們減低解決實際問題的焦慮。這就成了比昂（Bion）所提出的「基本假設戰鬥團體」（basic assumption fight group），亦即彼此敵對的過程，轉移了他們對其他引起焦慮的課題的注意力（Bion, 1961）。其他某些夫妻可能會為孩子的逝世哀悼，或對於如何照料日益老弱的父親或母親感到內疚，但他們並沒有去面對這些深刻的情緒挑 87 戰，反而透過彼此爭論誰比較有愛心或責任感來掩飾。這並非表示更深層的情緒問題不真實、或不需獲得關注，而是這些指責爭執會因一己之便被用在避免麻煩的討論上。在這種情況下，治療師應該標記或解釋的「潛藏問題」，是個案在面對其他更具挑戰性問題時所產生的焦慮。

雖然潛藏的問題及其個人獨特的主觀涵義有各式各樣，但許多都可歸類為人類特定的恐懼或渴望。接下來我就要來討論這兩個主題。

恐懼

我在此討論的那些令人恐懼的災難，是指婚姻中常見的災難。至於對搭機、疾病（慮病症）、獨自到公眾場所（懼曠症）和死亡的恐懼，可成為婚姻不和的議題，並可能因夫妻關係的惡化而出現或加劇，但我所關注的重點，主要在於夫妻衝突期間所產生的、以及伴隨著經年累月的共同生活通常會出現的恐懼。個案或許出於防禦心態不會意識到這種恐懼或察覺到他們正在塑造自己的行為特質，因此治療師的任務是識別這些恐懼及其伴隨的防禦行為，並加強他們對此的意識。

在開始討論前，我希望點出一個普遍的誤解：與一般說法大相逕庭的是，並沒有所謂「對親密關係的恐懼」或「對親密感的恐懼」。在我以下將討論的災難中，這兩種都是其中任何一種或某幾種的組合。這是個符合實際情況的問題，而不僅僅是語義上的問題，因為治療師如果認為人們會輕易地「害怕親密關係」，就會在缺乏了解這類真正的、個人化的焦慮本質的情況下，停止進一步對個案的探詢。

基於類似原因，我們應避免說別人「害怕事情失控」。如果我們想要了解在「事情」變得「失控」時會變焦慮的人，一定不要讓那些標籤混淆我們，以為我們已經識別出特定的「恐懼」或「事情」。以我個人為例：當我和我妻子還是小孩子的時候，我們都從整理個人所有的物件中獲得極大的快樂（與若干年後我們孩子的癖好正好相反！）。我們之所以在這方面一直合得來，我最能理解到的是，我們尋求的並非控制這件事，而只是在一個某些家庭成員會出乎預料失控的童年世界中，對於控制產生的某些錯覺。我們雙方充當了自己個人信仰上象徵性的大祭司，藉著那些自己希望可神奇地避開的各種危險，我們可以定義那所謂的信仰為何。那些就成年人而言表現得過度「操控」的人，或許是擔心無數種可能發生的大災難，而不僅是為了一般的「小病小痛」而煩惱，例如母親過度擔心自己的孩子會受傷，或者丈夫憂慮妻子可能出軌。

遺棄／拒絕／失去愛

88

透過身體上的遺棄、拒絕或冷漠而失去至愛，對於依附理論和情緒取向治療的伴侶治療師而言，是關鍵核心的危險情況。在伴侶治療工作中，這是最常見的潛在恐懼之一。被群體放逐和單獨監禁的社會懲罰所帶來的痛苦，源自於人們在被拋棄、拒絕、孤立或不被愛時感受到的痛苦。

儘管對不「被愛」的恐懼，比對被遺棄的恐懼更為廣泛（也包括害怕自己配不上對方所導致的遺棄），但通常最令人恐懼的，是將要失去至愛的**預感**。當配偶雙方害怕離婚時，這種恐懼就變得越來越大。

當一個人感覺至愛心裡沒有自己的存在，就會產生被遺棄的恐懼；對孩童而言，如果有潛在生命威脅（依附）的危險，也會產生恐懼。當其他人無法驗證、記住、傾聽或同情我們的經歷時，在感到難過痛苦的背後，存在著我們對不被看見或不被認可的恐懼。這也是精神分析的自體心理學家（psychoanalytic self psychologists）所謂的「自體客體」（selfobject）功能，對於維持我們的活力和功能運作至關重要。[5]

羞恥和屈辱

對羞恥的恐懼是導致許多負面互動循環的根本原因。大多數的人都覺得很難接受批評、坦承錯誤，或為傷害他人道歉。如果批評的人對我們很重要，就像我們的伴侶一樣，要辦到這點尤其困難。

5　原註：對於不熟悉精神分析自體心理學的人，海因茨．科胡特（1971, 1977, 1984）和其他人（e.g., Stolorow, Brandshaft, & Atwood, 1987）強調人類（自體客體）在性格形成時期及終其一生與他人的肯定連結的需求——提供同理心、友誼、理想化和保護的人際互動需求。自體客體一詞，是指執行穩定和激發自我所需功能的「客體」（object，一個人）。將這種心理的理解應用於婚姻伴侶關係中時，自體心理學家強調，人們尋求來自伴侶的積極（自體客體）支持，而在缺乏這種支持時，就可能伴隨著出現一些情緒症狀，包括自認為有正當理由／有權利做什麼、（自戀性）憤怒、喪失活力和整體的精神崩潰（崩解）。

基於這些原因，羞恥可以被理解為管理衝突和維持婚姻和諧的障礙。確實始終都有人主張，伴侶治療師只需幫助個案克服人類對於不被愛（如前所述）與不被「尊重」的恐懼，就已發揮了很好的功能（Eggerichs, 2004）。

當我們無法實現內在理想，或是感受到自己的完整性、身分認同或自尊心被貶低或遭到他人攻擊時，就會感到羞恥。這是種有如雙面刃一般的情緒，這不只對於我們如何看待自己而言，是一種內在威脅，對於我們社會群體地位，也是一種外在威脅，這可能引起伴隨的依附困擾（attachment distress）。一定程度的羞恥感（如內疚）有助於社會團體的運作，但大多數個案並不認為羞恥感有益，相反的，他們懼怕羞恥，彷彿它是毒藥一般，即使少量也可能致命。這是因為整體而言，羞恥感經常讓他們自動感覺到「我是個失敗者！」，而不是「我犯了個錯」，或者感覺到「我是個可怕的丈夫！」，而不是「我發了脾氣」。

害怕羞恥的人，通常最懼怕的是本身的自我批評。這類自我批評經常使他們抱持完美主義的標準，特別會擔心他們心中理想化成人性別角色受到了什麼樣的期待。甚至到了他們擔心配偶（或社會）似乎會要求如此完美的程度，以至於造成羞恥感被認為有害。

儘管對羞恥的敏感現象主要與自我懷疑有關，但它經常表現在過度擔心別人會公開暴露我們身上的缺陷。這就是我們會在幫派電影中看到的心理現象：「感到不受尊敬的」惡棍，馬上就會對威脅到他自尊的人暴力相向。這種攻擊性的反應（海因茨・科胡特將其定義為自戀性憤怒）是伴侶衝突的內容，包括發展成肢體暴力（Stosny, 2006）；他們通常基於一種「前邏輯」（pre-logical）的想法，認為只要讓提出異議的人閉嘴，便可消除控訴及羞恥感。

89

對於永遠不能吵輸別人、自己絕對沒錯、以及吵架時的最後一句話（也就是下最後結論）必須由他／她來說的人而言，害怕羞恥感是其關鍵原因。在此，爭論的內容通常不會比擔心競爭落敗和感覺處於劣勢來得重要。這種心理驅動著「支配與屈服」的循環，它源自童年時期曾被過度羞辱，或只有在競爭取得成功時才被重視的經驗。此類支配型配偶的伴侶經常放棄爭吵，然後又會為此感到羞恥。被動式攻擊或與其他支持者結盟，對於這類持續被強烈支配的受害者而言，或許可以恢復自尊心，但代價卻是損害親密關係。

嫉妒

嫉妒是一種擔心某人勝過自己的痛苦，可視為上述兩種恐懼的混合體：害怕被遺棄，例如你的伴侶可能為了他人而離開你；害怕羞恥感，例如你不如伴侶的新對象。在這種三角情況下，三角的第三個成員有可能是人（小孩、親戚或潛在的情人），或是一項活動（業餘愛好、體育運動或事業）。

內疚

內疚是羞恥的近親，對於害怕被大聲指責缺乏關懷、愛心或道德的配偶來說，內疚同樣被他們視為眼中釘。與羞恥一樣，內疚取決於自己被質疑的內在標準；缺乏對伴侶關注，或是沒有將特定的道德標準內化於心的人（例如毆打一個口頭上冒犯你的人，是不被接受的），並不會有罪惡感。一般而言，羞恥與內疚之間的區別是，當一個人違反自己內在的道德標準時會感到內疚，有罪惡感；而當一個人未能體現理想自我的其他部分時，會感到羞恥。然而在許多情況下，當兩者並存時，這個區別就變得模糊，例如一個人在做壞事後有罪惡感（「我做了壞事」），但同時也為自己居然會犯下這種錯，而感到羞恥（「我很壞」）。

透過被告知該做什麼或如何思考而被「控制」

雖然每一種口頭表達都能被視為一種試圖影響聆聽者的作法，但大多數都是善意的，並不會讓人感覺有強制性。基本上人們會對「被控制」有異議，是因為不喜歡被要求言聽計從，或用自己不採納的方式來思考（沒有人會反對被通知去銀行領大樂透獎金的支票！）。

不喜歡被控制的另一個原因是，它讓人感覺被貶低。人被告知去做違背自己意願的事，不僅會為必須做 X 而不是 Y 感到痛苦，還因為被比自己強大的人「粗暴對待」而覺得羞恥。在某種程度上，我們都對於「被控制」很敏感，因為這可以追溯到孩童時期，我們都必須同意照顧者的要求。曾經歷過被照顧者過度限制自主權的成年人，通常在面對權威或「接受影響力 」方面會有困難。有些人甚至會藉由扭轉局面來嘗試徹底改變長期以來的羞辱，並成為支配者或辱罵者。

90

導致對權威敏感（特別在家庭中）的另一個共同原因是，在一整天服從他人權威下工作之後，我們有權獲得喘息機會。這個短暫休息不僅是為了讓我們脫離上司和同事的支使，也是為了遠離我們內心那嚴厲的監工，這位監工期望我們能夠符合自己對責任感與努力工作的要求。這種期望逃離種種支使，好好「放一場假」的心理，同樣適用於全職在家的父母，他們希望另一半回到家時能夠輪替或協助分擔家務。這時常會變成兩人在意願上的衝突，亦即關於一天結束時仍需盡的義務有哪些，以及伴侶兩人各可以獲得多少休息時間。

對於感覺受控制的過敏反應，不僅會在被要求採取行動時發生，也會在被要求以某種方式思考的壓力下產生。此種威脅通常被稱為對（心理上的）「融合」（fusion）或「自我喪失」的恐懼，這在具有嚴重人格疾患（personality disorders）和遭受身體或性虐待的成年人當中相當普遍。對此狀況有一種解釋是，受虐兒童必須扭曲他們對現實的看法和感受，以保護他們與施虐父母的關聯（Fonagy, 2000）。至於成年人，他們可能對特定的人際關係的情境掌握能力較弱，且對於被已有定見的他人告知自己如何看待這些情境，敏感性更高。在對沒有確鑿事實的模棱兩可的情況下，這樣的人可能會變得非常焦慮，但每個人對事件的經歷可能會在敘述與記憶上有所不同。他們可能會針對導致某些痛苦的事件與配偶爭吵「真相」是什麼，以及隨後在爭論中「真正發生了什麼」，而陷入永無休止的爭論。儘管關於真相的爭論，來源有很多，包括前面提到的接受指責的困難，但我想在這裡強調的是，許多個案都難以容忍別人「支配他們的想法」或「控制他們的思考」。

失去對自己情緒或思想的控制

害怕經歷自己情緒的人，可能會顯得執著、過度謹慎、無聊，並且從定義上說，甚至是毫無情緒的。他們擔心的災難是情緒超過可控制的範圍，無論是憤怒、依賴、性興奮還是其他。這些人在治療和婚姻中面臨的中心問題是，在無從得知自己情緒生活的情況下，他們很難表達自己的需求和體會伴侶的需求。

在極端情況下，這個人可能會害怕失去理智，因而「精神崩潰」或「崩解」（fragmenting，用科胡特的專業術語來說）。

91 然後，他們的伴侶會認為他們很脆弱，而且無法完成那些可能讓他們精神崩潰的任務。

被別人的需求擊敗或壓垮

有些人被要求處理其他人的情緒需求時，會感到非常痛苦，他們在婚姻關係中無法扮演好配偶的依附對象或「自體客體」。他們的伴侶會對此嚴詞批評，認為他們「自私自利」或「鐵石心腸」，但我們治療師會仔細探究，為什麼協助他人會讓他們感到如此沉重、痛苦或無助。

回顧過去的創傷

佛洛伊德曾因覺察到患者不願遵守他的指示——重溫他們過去的痛苦經歷——而對此做過評論；我們也在個案身上觀察到同樣的猶豫現象。不願回顧的主要原因是擔心會出現強烈和痛苦的情緒，尤其是憤怒、悲傷、焦慮、沮喪、孤獨或對報復的沉迷。不用說，這類恐懼會干擾我們探索其他恐懼的起源和細節。

明確的負面後果

對於一些婚姻不和的夫妻來說，最危險的真實恐懼可能是肢體暴力。如果即將談到離婚，配偶可能會擔心分開造成的經濟問題或失去探視子女的權利。他們可能不會用言語表達此類恐懼，因此可被視為「潛藏的」恐懼（儘管它們與前面討論的純粹的心理危險有所不同）。

恐懼的組合

恐懼可能以多種方式組合，彼此互相作用，而人們可能會陷入兩種互相對立的恐懼之中。對孤獨感的恐懼與對親密關係的恐懼，這被稱為「需求—恐懼的兩難」，這在患有嚴重人格疾患的個案中不僅很普遍也很強烈。對他們而言，可能沒有舒適自在或持久的安全情緒距離：距離如果太遠，他們便失去來自依附對象必要的自體客體的功能；距離如果太近，先不提其他感覺，他們尤其會感到被支配或羞恥。

在治療中出現的一些恐懼，我們最好將它們看作一種引起恐懼的特定心理狀態組合。例如，我們可能會發現某位女士過度擔心信用卡債務的原因，是害怕再度遭受童年時期父親失業後的創傷：不僅貧窮，而且父母不和、父親酗酒，並為父母的爭吵過分自責，以及不能穿得像其他小孩一樣的羞恥感。

渴望

負面的互動循環也會由未被滿足的（通常是表達曖昧的）願望、渴望和需求所引發。探索潛藏問題的中心目標，可以幫助伴侶清楚闡明他們真正在尋求什麼，包括彼此從對方身上真正需要的是什麼。如前所述，在我們確定不良適應的循環過程是造成他們痛苦的原因之後，伴侶們通常會變得更有希望。一旦我們向他們說明可以如何藉由更完善地滿足彼此的基本人類需求，扭轉這樣系統性失能後，他們也能獲得希望（Shaddock, 2000）。

92

鏡像（mirror images）

有些渴望和需求，本質上是上述恐懼的鏡像。渴望依附或愛的人，會害怕缺乏它們。我們每個人都尋求肯定，而不是羞恥和內疚，並且都希望擁有一定程度的自主權，而不是被過度控制。更籠統地說，所有人都希望感到「安全」和「穩定」，這是所有令人害怕的危險情況所欠缺的。

肯定共建的渴望：共舞

然而，人類的某些渴望包含了種種快樂，我們無法只透過失去它們會感到痛苦來理解。這對於共同參與、互相協調或「共同建立」等活動的欲求來說，尤其如此：一起跳舞、分享和建立共同生活、與心愛的伴侶發生性關係、整合資源與精力、撫養孩子、觀賞日落、分享觀點。這些願望包含了情感共享的關鍵要素。比起過著兩條平行線的生活，伴侶們更希望配偶分享他們的快樂，並支持他們的成功。然而，此類渴望不能被歸入「依附」的需求中，因為以精確的定義來說，「依附」需求是在受到威脅或沮喪時所需要的幫助。它們與自體心理學（self psychology）對「孿生性」（twinship）的一種（自體客體的）需求的認同有關，但並不完全相同，那是一種與志同道合的生活伴侶的相似感和親密感。它們涵蓋的範圍，與范加藤（Weingarten, 1991）將「親密關係」擴大定義為「共同創造意義」（the co-creation of meaning）相同。

這些快樂的來源都取決於伴侶（通常是特定伴侶）的存在，但它們需要的不單只是該伴侶的存在而已。即使有伴侶在場，除非雙方都參與或共同努力，否則人的渴望仍無法被滿足。理想情況下，伴侶雙方必須是獨立的行動體，而不只是達到目的手段，也就是他們應該是主體，而不僅是客體（Benjamin, 1995）。理解人們在實現這些共享、共創的目標時所遭受的挫敗感，有助於我們以同理心看待關於快樂相處的時光太少的那些抱怨，與因為離婚而無法共同生活的恐懼。

渴望被了解

大多數人都希望別人了解自己的感受、喜歡什麼、期待什麼，以及過得好不好，也就是我們是誰。分享，讓成功的感覺更好；有人安慰，失敗便減輕了痛苦。我們對同理心和親密關係的需求，包含這種想被了解的渴望。有人懂你，也是夫妻共同人生劇本與夢想的一項前提，是婚姻愛情的重要組成部分（Kernberg, 2011）。

當伴侶無法滿足我們的需求時，我們對同理心的渴望

讓我們感到挫敗的配偶，經常對他們所造成的痛苦一味漠然或毫無同理心，這會使創傷更加嚴重，就像運動員為了抗議懲罰不公，結果又因此被罰上加罰一樣〔肯・紐曼（Ken Newman），

93 個人通訊，1987 年 11 月〕。這種雙重失望的模式，最常發生在當犯錯的伴侶試圖透過拒絕承認他們造成的挫敗感，來逃避罪惡感和羞恥感的時候（Ringstrom, 1994）。負面互動循環中許多個案痛苦的強度，可以被解釋為這種次級性同理涵容（secondary empathic containment），以及許多來自伴侶身上那令人「軟化」（softening）的修復能力沒有發揮效用。

渴望無拘束的獨處時間

伴侶們經常要求我們幫他們對於相聚和分開的時間上意見不合的狀況加以協調。在本章前段，我討論了與感覺被支配、控制或過度干擾有關的痛苦，在此我可以加上一種對於伴侶將想要分開的衝動更正面性的理解，這與天生的動機有關，亦即羅伯特·懷特（Robert White, 1959）[6] 所謂的「效能」（effectance），不久前則被利希滕貝格、拉赫曼與弗薩傑（Lichtenberg, Lachmann, and Fosshage, 2011）將其歸類為「探索」（exploration）。對獨立、獨處或外界活動（例如嗜好或「與好哥兒們出去」）的渴望有更積極、更細膩的看法，可以幫助我們避免反射性地站在尋求更親密關係的伴侶的那一邊。

傷害伴侶的渴望

在對自己造成某種傷害或「自戀性憤怒」後，想要傷害伴侶的渴望幾乎是接著必然發生的結果。它是如此真實且經常被隱藏著。許多精神分析學家強調幫助個案擁有這些意圖的重要性，是將其作為成熟、自我意識和婚姻和諧的有用前提。我曾治療過一位女

6 原註：羅伯特·懷特（Robert White, 1904-2001）是美國知名心理學家，以正常與非正常人格為其研究中心。

士，當她丈夫無法陪伴她時，她很清楚自己有「不安全感型依附」（attachment insecurity），但只有當她懷著報復性的憤怒、威脅著要爆發之後，她的焦慮恐慌才得以減緩。她的敵意並未直接用言語表達出來，而是透過說話的語氣表達，這使她的丈夫離她越來越遠。協助她理解自己那尋求報復的「黑暗面」渴望，而不只是她那對親密和陪伴的需要，這一點幫助了她和她的婚姻。

這類臨床情況成了伴侶治療師大衛・施納赫（David Schnarch, 2011）對依附理論的批判基礎，它在伴侶治療中被龐大的應用。他認為此種方法太「迪士尼式」或太「漂亮」了，總是假設「人們盡己所能地」只帶著「良善的意圖」，然而他們的目標——在伴侶、治療師乃至他們的自我都沒有發現的情況下——卻可能是去傷害對方。公開表達這種報復性的渴望，也可以幫助伴侶了解，當他們感到被配偶排斥、不理會時，他們並沒有「反應過度」，而是在對一種隱藏的攻擊做出反應。

有時，為了幫助報復的願望正常化，會對婚姻造成傷害。我舉一個年輕人的故事為例，他詢問一位值得信賴的精神導師是否有過離婚的念頭。「離婚？」導師回答，「從不！但是，殺人？經常！」

希望獲得無條件的愛和理想的伴侶

在前面章節我們已經討論過，幻想擁有理想伴侶無條件的愛，這類的願望會使婚姻變得艱難。有時我們只是渴望伴侶可以在我們需要時傾聽並接納我們所說的一切。我們的預期心理是，我們不得不忍受來自老闆或孩子們的不滿，但那些不滿不該來自我們最好的朋友和用愛支持我們的人。而且，如果我們的伴侶不能達到這點要求，受傷的可能性就很高，就像凱撒在生命垂危時悲傷的哀嘆：

94

「你也是嗎，布魯圖斯？」（Et tu, Brute?）[7]。如果我們希望有位完美無瑕或感情豐沛的伴侶，即使可以期待對方以一定程度的愛意回應我們，但依然會讓人一直感到沮喪挫敗。

處理潛藏的問題、恐懼與渴望

接下來我會提供一些有助於發現並處理上面討論的隱藏問題、恐懼和渴望的建議。藉由揭露促使負面循環持續運作的要素為何，這些介入措施得以打斷與平息負面循環，使我們能夠增進洞察力，並修復和加強伴侶關係。

我們的目標是使伴侶能夠認識自己和另一半潛藏的恐懼和渴望，這將幫助他們更有效地滿足這些需求，並在這些需求尚未滿足的情況下修復關係。他們還會開展一種更好、更詳細的親密關係地圖，取代以往過分簡化、適應不良的關係地圖。這張經過改善的地圖有助於伴侶討論並中止他們的病理性之舞，如今這支舞已被認定為他們共同和可理解的敵人。

接受過個別精神分析心理治療訓練的治療師，將會熟悉以下這些培養洞察力的方法：專注同理、減少阻抗、接受矛盾情緒、詮釋（重新構述）行為與探索過去。

加強伴侶關係的有用方法包括：（a）幫助個案更有效地對彼此表達自己的希望和恐懼；（b）探索和應對伴侶不願「軟化」與改變他們負面反應的原因；以及（c）幫助伴侶使用他們新的見解

7　譯註：Et tu, Brute ？為拉丁語，傳統上這句話被譯為：「吾兒，亦有汝焉？」；凱撒大帝最終被羅馬元老院的一群反對者刺殺身亡，當他在對著自己揮刀猛砍的人群中認出他晚年最親密的好友、助手，同時也是義子的布魯圖斯的身影時，說出了這句話。代表自己在被最親近的人背叛那一刻內心巨大的傷痛。

和增強的連結，制定預防和控制未來負向循環的計劃。

這些目標和方法非常個人化，且錯綜複雜，因此，單獨討論它們將過於複雜和多餘。取而代之的，本節旨在提出實用的建議，這些建議在大多數情況下可以提供多種功能。

從同理心開始並努力保持

我在這裡提倡的所有介入措施都是基於同理心的立場。作為治療師，我們必須努力讓自己設身處地為每位伴侶著想。只要我們透過發揮想像力和記憶力就可以做到這點，記憶所及包含面前這對伴侶、其他伴侶，以及我們自己生活的相似經歷。這有助於我們不時停下來有意識地去設想，如果自己是他們其中的伴侶 A，會是什麼感覺？如果是伴侶 B，又會覺得如何？以及如果是我們與伴侶 A 結婚，會是什麼感覺？與伴侶 B 呢？回想一下，我當時與個案蒂娜接觸時，之所以留意到她的絕望，正是因為迪克滔滔不絕地抨擊聖誕節時那種專橫的態度，讓我感到不舒服。

95

透過關注潛藏的問題打斷負向過程

在「伴侶治療 1.0」中，治療師透過中途介入來緩和不斷加劇的負向歷程；有時只是藉由口頭方式打斷它，但更常見的是對於他們表現出的痛苦和行為提供同理心、理解和其他的替代解釋。在我們現在所討論的升級版本中，我將繼續提供同理心與好奇心的強力結合，**但會將同理心的注意力更加集中在負向互動循環中，適應不良舞步背後的動機**。我們正在設法揭開特定的潛藏希望和恐懼，之後適應不良的舞步就不再那麼神祕，而且對伴侶雙方而言都更加容易理解。

在個別精神分析的心理治療中，探索個案的防禦行為可以使我們加深入了解情況。**同樣的，伴侶治療的關鍵首要任務是打斷並探索，是什麼干擾了自我審視與分析伴侶更深層的希望和恐懼，的這段過程**。這有點像是一個循環的引導過程，它通常從治療師投入大量的同理心、好奇心與重新詮釋開始。隨著安全性的提高和個案情緒的舒緩，我們對個別動力的探索會更加深入，而且通常（儘管並非總是如此）在場目擊見證的伴侶們也會產生同理的反應。

重構防禦和次級情緒

促進同理心，並增加洞察力、安全性和好奇心的有效方法，是「重構」（reframing）或以不同方式表達個案行為的含義。治療師藉由更富有同情心的描述，重構（詮釋）令人討厭或防禦性行為潛在的重要動機。重構可以使伴侶雙方「在認知上重新評估」以往他們一直加以負面評價的事情（Fishbane, 2013）。一旦有效，兩位伴侶「強硬」的情緒和行為（自以為是的憤怒、固執的冷漠）通常會轉變為「柔軟」的情緒和行為（悲傷、焦慮）。

伴侶治療中最常見的重構，可能是「次級情緒」（secondary emotions）一詞，按字面意思即為第二次出現的情緒（及其伴隨的行為），是用來掩飾前一個階段的情緒（原始情緒，Greenberg & Goldman, 2008）。極端憤怒可以被重新定義為「受傷的感覺」或急需被理解的表現。用大吼大叫、不停碎碎念或咒罵來表達的憤怒，可以被重構為是源於絕望感，這是由於跟一個像是功能性耳聾、放棄情感，或是執意攻擊他人自尊心的伴侶一起生活，所產生的情緒。刺傷人的侮辱，可被重構為一種可理解的（次級的）報復手段，為的是在自己受傷後利用報復來讓雙方「扯平」。這裡的目

96

的並非排除憤怒或沮喪的正當表達，而是幫助受傷的一方「報告」內心感受，絕非藉著呈現他們令另一半覺得「太過份」的種種言行，讓他們否定自己或自認沒有資格抱怨。

另一種看待這種情況的方式，簡單來說就是一種情緒可以隱藏與指向某種更深的、更接近個案真實情感，但被評估為更加危險的情緒。當其他更令人痛苦的情緒呼之欲出時，個案通常報告說他們感到「焦慮」（Freud, 1926）。正如理智化（intellectualization）的防禦可以掩蓋和抑制潛在的情緒一樣，「情緒化」（emotionalization）也可使用一種情緒來掩飾另一種情緒。這類替代方法有很多種可能：例如用憤怒來掩飾受傷的自尊，或用負罪感來抵禦憤怒。

次級情緒不僅防禦性地掩蓋了其他情緒，而且經常是對某些較早的原始情緒（primary emotions）幾近瞬間所產生的反應，例如，某些人在被要求加入令他們恐懼的社交對話時感到生氣，會令他們覺得自己很差勁。在另一個常見的次序中——是由弗魯澤蒂（Fruzzetti, 2006）和強森（Johnson, 2008）所記錄的——一個人經歷了一種柔和的、原始的情緒（「我很想念他。」），接著可能會對那個感受或想法產生強烈反應，進而掩蓋了最初的情緒（「我是白癡才會愛他！我真是個糟糕的女人！我實在是一文不值！」，或是「他真是個混蛋。我太生氣了，他從來沒有給過我我想要的東西，他太自私了！」）。

沉默不語和未能對配偶的眼淚或情緒激動做出同情反應，可重構為並非一個以自我為中心、漠不關心的配偶的行為，而是一種因為被情緒淹沒、以致無法交談的外在表現。在此援引高特曼等人（1998）的研究成果可能有幫助，他們發現，外表看似不為所動的伴侶，其實經常心律加快，而且有極大的主觀上的困擾。

整體而言，我們希望幫助個案體認到，他們的次級情緒和防禦行為的目的，是在隱藏他們害怕暴露的事情。打個比方來說，呼叫援軍加入爭執的人，在表達需求時並不感到安全或充滿希望，又比方來說，升起吊橋的人，在回應此類要求時也並不感到安全。隨著時間的推移，與我們在個別精神動力治療中發現的目標（Gehrie, 2011）和結果（Perry & Bond, 2012）一致，我們可以預期雙方的防禦行為都會下降。

重構不切實際的願望

正如我們可以重構次級情緒和防禦行為一樣，我們也能重新描述不切實際的願望。那些懷著不切實際的願望（例如要對方憑直覺就察知他們的需求）、苛求又任性的人們，他們應該一直被視為在行事作風上自認既有必要又有道理。我以前是從系統理論的角度提出此一觀點，主張那些憤怒、任性、「最不討人喜歡」的伴侶，就像那些因為伴侶毫無反應而溺水的泳客，但這也是現代精神分析思想的原則，正如懷爾（1981）以下總結的：

97

> 煩擾的個體，傳統上被視為是在滿足嬰兒期衝動（infantile impulses）的人，實際上多數情況下，他們被剝奪了一般成年人的滿足感……非理性反應，被某些治療師認為純粹只有破壞性，被視為提供了有關伴侶關係的重要訊息。伴侶的煩躁、生悶氣和對另一半理想化的期望，往往是唯一有用的指標，顯示出雙方都可能承受著疏離和不滿。因此適當的治療任務，就是揭露這些深藏的潛在問

題。（pp. 2-3）

與其去解釋「希望配偶讀懂自己的想法是不切實際的」（懷爾稱之為「將內心洞見轉化為脅迫壓力」〔turning insight into coercion, p. 55〕），更有同理心與建設性的做法，應該是更深入地探究並理解個案為何會認為那麼做是唯一選擇。藉由後者這種方式，我們經常會發現是哪些因素限制了他們之間進行更開放的交流。

提出好問題

某些問題對於發現更深層次的憂慮特別有幫助。我每天幾乎都會提出下面這些問題：

- 「剛才觸動了您哪個痛處？」
- 「您能幫我們了解您的感受有多強嗎？」
- 「如果您的眼淚可以說話，他們會說什麼？」
- 「可以談談您的恐懼嗎？」
- 「當您……的時候，您期望的是什麼？」
- 「當約翰剛才說……時，您感覺如何？」
- 「您知道莎拉的感受嗎？」
- 「您以前有過這麼強烈的感受嗎？」
- 「在您的成長過程中，曾經發生過這樣的事情嗎？」

在伴侶之間來回轉移焦點

各個心理治療師所知、用於培養洞察力的所有策略，在伴侶治療中都很有用。然而，當個案的另一半也在場時，你必須阻止他／她適得其反的回應（「我一直都知道你對那件事情覺得沒有安全感！」），因為那會阻礙我們繼續進行安全的探索。一種方法是在伴侶雙方之間來回切換，交替分析雙方潛藏的問題。

98

比個案表達得更清楚明白（即清楚說出他們的希望和恐懼）

現今的伴侶治療師時常致力於幫助個案更清楚說明他們想要的：「發掘他們的心聲」，或是對伴侶提出「有區別的」（differentiated）「主張」（relational claims, Fishbane, 2010; Greenberg & Goldman, 2008; Real, 2007; Wile, 1981）。由於個案溝通時經常含糊不清、推理不力，或參雜著怒火、眼淚或罪惡感，因此另一半通常視這些談話為邏輯不通、瘋狂或誇大。**治療師可以幫助個案更清楚、更徹底地表達他們更深層的憂慮，以便另一半可以聽見他們的心聲。**

懷著這個目標，懷爾（1981）使用一種他稱為「雙重陳述」（doubling）的技巧來重新陳述個案的立場，而不是讓個案一直持續自己陳述。治療師為個案代言時，經常會走到他們旁邊，然後直接與個案的伴侶說話。開始時先帶著恭敬的態度，表明這只是初稿，「莎莉，我看我是否可以用讓您覺得合情合理的方式來陳述安迪的狀況……」，並不斷核對自己是否公平地代表了個案的立場。這種介入傳達了治療師的同理心，因為由治療師代為發言的伴侶，會感到被認可和理解。但這還不止如此。我們之所以藉由這種方式為個案代言的主要原因是，他們通常無法靠自己辦到這點；他們不僅受到伴侶的干擾，而且對自己缺乏深刻理解，並經常在表達想法時產生矛盾，因此他們在試圖簡明扼要地解釋自己時，反而顯得雜亂無章。正如我一直在討論「潛藏」問題一樣，懷爾（1981）指出「被遺漏的」（left out）問題，並解釋了：

> 以晦澀難懂的方式討論自己感覺的人，一方面想要表達自己，另一方面又擔心表達之後會造成什麼結果。他們的解決方案，無論有意還是無意，都是以曖昧的方式解釋有爭議的想法，留給其他人選擇認可或不認可。這些人可能有一部分希望自己說的話不會被注意到，但似乎又希望可以被接納。（p. 114）

這類個案潛意識中不僅對他們的伴侶、也對自己隱藏其需求。例如，當貝絲指責弗雷德沒有做某些家務時，她的行為就產生矛盾，因為她擔心自己是他說的「不講理的惡婆娘」。在這些時候，她並沒有意識到自己通常是在弗雷德打算延長商務旅行時開始抱怨的。當我指出這些問題時，他們兩人的態度都軟化了，且彼此靠得更近。比個案更了解他們矛盾的渴望，也比較不害怕個案的伴侶，而且懂得直言不諱的好處的心理治療師，會比個案本身更容易陳述他們的情況。當我們為個案代言時，個案也聽見我們在說什麼，並從我們的代為澄清中受益。我們在「伴侶治療 1.0」的目標是幫助伴侶互相傾聽，而在此，我們也同時努力幫他們更清楚地聆聽自己的聲音。 99

總而言之，**使個案的情況變得比他／她自己處理的更好，是一個強效的、多面向的方法，它可以打斷負面的循環、提供驗證、詮釋和重構行為，並將過去潛藏的希望和疑慮明確地呈現在眼前。**

做出清楚的詮釋

所謂「詮釋」是包含了「因為……」這個字眼的介入措施，試圖透過解釋事情發生的原因與它們之間的關聯，來增進自我的理解。用法可能像以下這樣：「儘管您昨晚非常想要發生性關係，但並沒有提出來，因為您認為那樣做很不浪漫。您告訴自己，要求發生性關係很不浪漫，這在某種程度上，是因為您擔心直接詢問會被拒絕，然後不但不會發生性關係，您還會感到自己不被愛，而且很尷尬。」其他有些情況的詮釋簡短得多：「因為多次您跟喬治溝通都失敗，所以您自然會避免跟他溝通。」

萊斯利．格林伯格（Les Greenberg，個人通訊，2013 年）[8]提出一道有用的公式來解釋伴侶治療中的「難怪」介入措施。例如：「難怪您這麼沮喪。您本來滿懷希望可以共度一晚，但計劃卻失敗了。」在這裡，「因為」是由更富有同情心的「難怪」傳達的。格林伯格措辭的優點，在於傳達了治療師令人欣慰的關心與認可，以及因果關係的解釋。

詮釋也可以更具推測性質，並且可以被轉換成問句來表達：「如此長時間以來感到孤獨，會導致這麼大的憤怒嗎？」這種形式不僅允許個案修改細節內容，也能鼓勵他們參與詮釋的任務。

努力了解並減少抗拒

大多數的詮釋都提供了表達同理心的機會，包括解釋防禦行

8　編註：萊斯利．塞繆爾．格林伯格（Leslie Samuel Greenberg, 1945-）是加拿大心理學家，是情緒中心個人和伴侶治療的創始者和主要開發者之一。

為，例如：「當您表達受到的傷害或孤寂時，比起用溫和一些、易受攻擊的方式，正當的憤怒讓您感覺更容易自制。」提供富含同理心的解釋，對於減輕個案對其自我意識的約束來說，是個有力且有效的方法。

處理防禦行為的另一種方法，是當防禦行為發生時，將他們注意力轉移到相關的話題上。類似於精神分析師保羅．格雷（Paul Gray, 1994）的「密切監控歷程」（close process monitoring），我們可以藉由突顯出他們約束想法和自我限制的那一刻，幫助他們的自我意識發揮到最大。例如，治療師可能會說：「湯姆，剛才當您的妻子談到，她對您即將拜訪她父母感到擔憂時，您改變了話題。那件事讓您感到不高興嗎？」 100

透過重複與喚起回憶的比喻加強感受

幫助患者解決更深層問題的另一種方法，是讓他們重複充滿情感的陳述，例如：「當你不在時，我感到很孤單。當你不在時，我感到很孤單。當你不在時，我感到很孤單。」治療師還可以使用能夠喚起回憶的、比喻性的言語和視覺圖像加強感受：「當她批評您時，您感覺就像被捲進颶風一樣受到攻擊。您感到恐懼、渺小和憤怒，以至於很難思考，通常只會想逃到安全的地方。」

允許個案呈現多面向

為了幫助個案揭露其潛藏的問題，確認他們的矛盾心理和複雜性很有效。揭露和表達矛盾情緒不僅能更準確地呈現個案內在的狀態，還能使個案對其伴侶和自己更具同情心。在以下各種我們提到的介入措施中，懷爾（2012）描述他如何使個案在獲得自我意識的過程中呈現出多樣的面向：

> **「有多少次……有多少次……」的介入措施**。我會這麼問：「好吧，凱倫，您有多少次說『是啦，是啦，是啦，說實話，貝里，那並不是你真正的感受』？還有，您有多少次說『我最擔心的，是你根本不是真的在乎我』？」這個問題讓我可以梳理出凱倫的憤怒反應和內在的脆弱情感。我邀請她在離開諮商室後，詳細闡述這些感覺（如果她偏好如此的話），以便重新確認她的憤怒反應。
>
> **「不到一秒」的介入措施**。當我代表凱倫的立場時，我會這麼說：「貝里，有那麼不到一秒的時間，我以為或許治療師剛才所講的、關於你感受的部分都是真的。但接著我對自己說：『不！我不想讓自己期待這一點，結果卻失望。』然而，如果我錯了，那就太好了。」

懷爾還描述**詢問多重選擇的問題**（multiple-choice questions），讓個案從一系列的選項中做選擇，或者在適當的情況下選擇「以上皆非」或「以上皆是」。例如，「您是否（a）因為瑪麗亞提出這個建議而感到不滿，（b）因為她提出這個建議而感到尷尬，（c）對現在已經公開說出來而感到輕鬆，或者（d）其他任何想法？」與其他的介入措施一樣，懷爾提出的這種多重選擇的提問方式，允許個案有模稜兩可的回答。那些在被要求說出他們感受時無法回應的人，也可能因為這種形式而感到放心許多。即使個案拒絕我們提供的所有可能性，至少我們已經採取促進改善的行動。

101

認識到我們的個案既複雜又多面向，也為他們對於我們以及對於治療的矛盾心理提供了空間：「從本次的療程中，您有什麼收穫（如果有的話）呢？什麼地方仍有待改進呢？」

探索過去

因為受到抑制或強化的渴望，以及因為過度的人際互動恐懼所引起的重大問題，幾乎總是發生在當前的親密關係之前。因此，探索個案與其父母、父母的婚姻，以及先前的婚姻和其他長期親密關係的經歷，能夠提供豐富的資訊。藉由討論伴侶雙方目前與他們父母共度時光的狀態（包括家庭假期、渡假或團聚），也可以更妥善地理解潛藏的問題。

治療和重建伴侶互動關係

除了闡明驅動負面互動循環的動機、希望和恐懼之外，我們還可以運用這些資訊幫助治癒及重建伴侶之間受損的親密關係。當伴侶開始能夠意識到並接受其配偶的潛在問題時，治癒的可能性就更大。這是聯合治療的明顯好處，因為伴侶雙方態度軟化，並在情感上彼此變得親近。反過來說，軟化和親密感的增加不僅能對抗和緩解脆弱的循環，還可以提供矯正性的情緒經驗。

格林伯格與戈德曼（2008）概述了該過程中的必要步驟：

1. 伴侶 A 闡明一段關鍵經歷。
2. 伴侶 B 察知 A 的潛在經歷，現在以全新的方式看待 A。
3. 這改變了 B 對 A 的反應。
4. A 注意到 B 的新反應，這支持了 A 的新態度與方式。

這只是矯正歷程的一半，因為大多數治療都會揭露雙方未獲滿足的需求與弱點。讓伴侶雙方用新的方式看待和感受彼此，可以促進他們外在互動和內心經歷的變化。

102

受到「拉近」且變得更加熱情和親密的伴侶，與那些已經被索求方乞求親密感而感到「煩不勝煩」的疏遠方，或是與就此問題透過治療師指導親密關係技巧而會面的個案，有很大的不同。

當伴侶脆弱之時，這類「會面時刻」（moments of meeting, Lyons-Ruth, 1999）和親密關係絕非只是理智上的活動，而是具有潛力使得伴侶彼此的經歷發生深刻轉化。隨著時間的流逝與多次的諮商療程（並非所有療程都像電視播出的治療場景那般戲劇化），真正的信任與連結的改變，便會從這種治療過程中逐步發展形成，因為它揭開了潛藏的問題，並重新詮釋傷害的行為。這是成功的正面願景，當伴侶軟化並開始親密依附時，就達到了情緒取向伴侶治療（EFT）與伴侶情緒取向治療（EFT-C）的目標。它是懷爾「合作取向伴侶治療」（Collaborative Couple Therapy）中的「解決的時刻」（solved moment），也是邁克．懷特（2009）更具結構變化的敘事取向伴侶治療（narrative couple therapy）中強調的重要「見證」（witnessing）。

鼓勵進一步的親密接觸（偶爾）

隨著伴侶雙方朝向更多同理心、信任和連結的方向發展，要求他們彼此更加親密的對談，既可行又有益。當時機成熟時，治療師可以這麼說：

- 「貝絲，當您感到對弗雷德有需求時，您能告訴他嗎？」

- 「蒂娜，您能看著迪克，告訴他，您有多想念他嗎？」
- 「湯姆，您能看著珍妮弗的眼睛，告訴她，當她悲傷時，您感到不知所措嗎？」
- 「莎拉，您能告訴蘇珊，您很害怕她會離開您嗎？」
- 「羅傑，在聽完特德說的話後，您能看著他，向他表達您似乎感覺到的愛和關心嗎？」

其他時候，治療師應該離開一會，讓伴侶們說話——或擁抱。

暫停，讓事情緩和下來（偶爾）

但此時也有潛在的危險。有時，當深重的傷害被揭開時，伴侶可能會在喚起痛苦的情緒基模中——遺憾、憤怒 、報復、不信任——更加感到失落，以至於很難「恢復理智」，並在療程結束時感覺更糟。在這種情況下，治療師就需要使用之前我們討論過的降低情緒室溫的策略，減緩事情的進展速度。稍後我們將在心理教育和情緒調節的章節中討論這些策略。

處理伴侶受限的同理心問題

103

在某些需要更多治療工作的情況下，配偶敞開心房、表達他們的需求，並讓自己顯得脆弱，但是他們的伴侶卻不為所動。「您能告訴她／他就算感到害怕（或悲傷，或軟弱）也沒關係嗎？」當治療師邀請個案使用上面的話來支持配偶時，可能會發現個案不願意或無法照辦。更糟糕的是，有些伴侶會表現出一副像報仇成功一樣的得意模樣，聲稱揭露的問題證實了他們多年來一直在說的——他們的另一半就是神經質，這跟他們一點關係也沒有！還有些伴侶則是對關於憤怒和挫敗的實情報告，做了出防禦性的反應。

當伴侶雙方沒有受吸引或表現出同理心時，我們在治療上應該審視阻礙他們態度軟化的限制為何。這是伴侶治療相對於個別心理治療的另一項明顯優勢，在後者的治療中，由於缺乏個案的另一半在場，所以個案在治療中的個人成長可能不足以改善親密關係。

遏止伴侶雙方對彼此產生同理心的最常見因素，也許是害怕變得脆弱；對於讓另一半免罪獲釋，他們感到太危險。許多伴侶也擔心，同理心等同免除了另一半為其令人痛苦的行為該有的罪惡感，理解與支持只會導致將來產生更多相同的問題。一些適應於照顧他人的個案（通常是妻子，但有時是丈夫）可能會認為，表達同理心必然會導致自我的喪失，以及被他人的需求所束縛（Scheinkman & Fishbane, 2004）。

其他有些伴侶之所以避免表現出共情同理，其原因則是出自於害怕「捕捉到」另一半所表達的痛苦感受。傾聽方所面臨的挑戰，便是處理因同理他人而必須承受的情緒。面對似乎無法處理這種情緒的伴侶時，治療師應該探索阻礙他們的具體原因。

當伴侶太急於提供另一半建議時，也可能無法產生同理心的連結。這些人通常是男性，他們往往低估了表現出了解並關心伴侶痛苦感受所帶來的益處。當他們嘗試解決問題，卻被斷然拒絕時，經常會感到極度受傷。一旦品嘗過努力想幫忙卻失敗的經驗，他們或許會變得毫不關心，心裡想著「反正做什麼都不會有幫助」，並表現出一種冷漠的態度，也就是同理心的反面情感。

或者，伴侶可能因為當時自己也迫切需要共情同理，所以無法提供另一半同理心。發生這種情況時，就此為前提，治療師可能必須退一步，先滿足痛苦的伴侶對關注與幫助的需求，之後他們才有能力對另一半表現出同理心。

發揮同理心的最後一個普遍障礙，來自於缺乏道德思維和想像力這兩者的結合，例如當伴侶堅持認為配偶不該為了某件事生氣，因為是配偶自己造成這個事件；或者因為該事件似乎（對伴侶這方而言）不足以引起這種痛苦。這類缺乏同理心的例子更常發生在過度邏輯思考的伴侶身上，他們本身對於了解自己的情緒就有困難。在前述第一種情況下，治療師可以指出，只因自己造成自己的痛苦，不代表那個痛苦不值得他人付出同理心；實際上，由羞恥或內疚造成的痛苦可能更大。在第二個情況下，治療師可以幫助伴侶回憶他／她生活中類似（即使不相同）的痛苦事件，促進其同理心。

104

制定預防／打斷負面循環的計劃

在努力增進伴侶的洞察力與連結後，治療師可以與他們一起計劃如何使用經過改善的新「指導手冊」，以便他們個人和彼此得以預防將來的不愉快。治療師可以提出一些問題，例如：「您能告訴她可以怎麼做，才能減少她對您的威脅感嗎？」「得知您丈夫非常害怕您的批評後，您可以怎麼做，才能使他更安心地聆聽您的看法呢？」「當您的妻子告訴您她對自己的工作很不滿時，您能做些什麼來減輕她不舒服的感覺呢？」

莎莉和喬治：處理潛藏的問題

以下情況呈現出了本章所提出的幾項關鍵要點。

即使喬治的憂鬱症消除了（他接受了我們的聯合治療約八個月），他在婚姻中仍然一直相當被動。他的妻子莎莉則充滿活力，滿懷信心地經營她的大型工廠直銷店。她不但希望喬治可以做得更多，還希望他可以積極行動。在莎莉希望喬治與她發生性關係時，這個願望尤其強烈。

在治療之初，莎莉最生氣的時候，她一下子無助失落地哭泣，一下子又憤怒地攻擊喬治的冷漠無情和缺乏愛意。她這樣做，只有讓事情變得更糟，因為喬治更退縮受傷、毫無作為。莎莉因為這個長期以來持續的問題（可追溯到婚姻初期）幾乎要與喬治離婚。但同時莎莉又感謝喬治在婚姻中給予的所有支持：他鼓勵和資助她在三十多歲時去讀大學，並在她長時間工作時，負責看管兩人共有的這座堡壘。但儘管有這份感激之情（這激起她某種罪惡感），莎莉還是感到窮途末路。伴侶治療是她可以改變喬治、讓他更符合自己所好的最後希望。

就喬治而言，他對失去莎莉感到恐懼，因為她是自己生活的重心，而且他很佩服莎莉，尤其是她在婚姻中的執行能力。莎莉和喬治在我看來，是一對非常典型的、越來越根深柢固的索求與疏遠型伴侶，他們互相深切關心，但因無法滿足彼此的渴望而感到窒礙難行。

105

在治療的早期階段，我與喬治工作，以便了解他不願主動採取行動的原因。結果顯示，他很難直接向別人提出要求，而他一生的自我保護策略，就是藉由被動來避免挫敗。在他描述小時候的許多失望經驗時，我們發現這個問題的重要關鍵：他曾一再努力嘗試去和沮喪、為工作所累的父親玩接球或其他互動，但始終失敗。這也幫助我們將他童年被拒絕的經歷，與他目前相似、對於受到拒絕的真實恐懼聯繫起來，當時他被工作多年的公司解僱（即被拒絕），正在尋找工作。更加清楚了解丈夫的情況，有助於莎莉軟化態度，得到肯認則幫助喬治在求職中盡展所長。最終他找到了新工作，我們都為此感到欣慰。

喬治的憂鬱症消除了，而且讓這對夫妻感到焦慮的財務壓力也消失了，尤其是對於要支付四個孩子大學費用所帶來的煩惱。結果是，這類分散了更多基本問題的注意力的常態爭吵減少了。最初的治療工作大部分都有莎莉在場見證，基本上是我對喬治的個別治療，這是一段支持性的／以洞察力為導向的（supportive/insight-oriented）治療歷程，旨在揭示他的希望和恐懼。莎莉在場聆聽著喬治的情況，現在能夠以更具同情心的言語表達，大大減輕了她將喬治貶低為「不負責任」和「缺乏愛意」的責難。

在內心經歷方面，隨著喬治變得更加投入和發動更少的被動式攻擊（他們索求與疏遠循環中的一個面向），這對伴侶間的舞步發生了變化。過去，當莎莉要求他幫忙做點家事時，他經常拖延時間，暗地打算不按照她的要求做事情，當然也不會如她所願的那樣盡快執行。現在他感到莎莉減少了對他的羞辱，因此他反應更快，並且願意「接受影響力」（accept influence）。隨著莎莉變得更少發怒和更加寬容，喬治也能承認自己先前那種祕密的滿足感——惹惱莎莉並跟她回嘴。這是伴侶雙方在行為改變後，洞察力和成熟度提升的一個例子。

應該有很多妻子對於擁有這樣一個隨和、適應力強的丈夫（他樂於跟她去看她挑的電影或想吃的餐廳）都會感到心滿意足，而且他還很慶幸跟她結婚。然而，莎莉仍不滿意喬治對發起和策劃共同活動的消極態度。她的不愉快表現在對他日常的不滿情緒中，以及傾向將時間用在陪伴孩子。這種「獲見證的」（witnessed）個別治療明顯的好處是，即使喬治獲得相當大的進展，我也可以觀察到，莎莉不願意變得完全善解人意並表現出來。

106 考慮到這一點，我的治療改從莎莉這端開始探索他們的婚姻。

我首先對她希望喬治可以更加積極主動的願望，極力表示認可並表現出同理心。由於先前已跟喬治進行了一些單獨的個別會談，因此這變得更加容易，在那段期間，我還因為不得不主動發起話題，並保持我們之間的對話暢通，而感到壓力沉重。我告訴她，我可以輕易想像出一個更樂於積極行動的丈夫，但同時我也談到了與支配型伴侶（例如本章開始曾描述過的迪克）結婚的缺點。

我肯認了莎莉希望事情好轉的心願，這使她更願意探索：接納自己擁有的一切，為什麼會如此痛苦。結果顯示，她之所以希望喬治採取行動——而不只是分享他們兩人喜歡的活動，例如露營或性行為——是基於一種半意識（half- conscious）的想法，亦即由他發起和策劃這類活動，可以證明他是「**真的**愛她」，高度重視她，並且「時刻都在想著她」。這是莎莉自童年起一生的願望。在她遭受痛苦時，她的父母提供了依附性的協助（attachment assistance），但從未給過她強烈的肯定，這是她希望從喬治身上獲得的。莎莉殷切期盼被他人當做「迷人」、「獨一無二」的一個「被渴望」的人。

在聽見莎莉更柔和、更清楚地說出她深藏的渴望後，喬治得以發揮同理心，並嘗試做得更周到。他開始給莎莉一些她想要的擁抱，並毫不猶豫地接下了搜尋女兒大學相關資訊等任務。我們發現喬治有著「希望自己能幹的妻子可以自得其樂，別像隻需要每天抱抱的寵物狗」這麼個不切實際的願望，他由此也發展出了更熱情的反應態度。這個帶點幽默感的見解使得事情變得輕鬆起來，莎莉會開始靠近喬治，嬉鬧地叫著「汪，汪！」

他們的性生活也獲得了改善，因為我們了解到，莎莉喜歡由喬治主動求歡，這不僅源於她希望被丈夫渴求的心願，也源於她對性行為的罪惡感——在我們開誠佈公地談論性愛問題，而且喬治也承認在臥室有些內疚和不安全感時，其罪惡感已有所減輕。

一般在了解妻子的渴望後，許多丈夫（莎莉滿腦子認為的「標準」丈夫）可能會變得更加主動，但喬治卻不然。儘管他總是很開心並樂意跟隨莎莉的主導，但他依然冷靜、緩慢、不是很願意主動求歡，以及策劃其他大多數共同的活動。這次成功的伴侶治療的最後結果，有助於莎莉接納這一點，雖然她希望丈夫更加積極主動的願望，也許是正常和合理的——即使其根源在於她對自己是否性感一直存疑——但她必須學習放手和哀悼。由於她的願望不斷重新浮現，這還是讓她花了些時間才辦到。對於她的失望，我們給予她共情同理，以取代喬治先前的不認可，這加快了她接納的速度。在她為自己的損失哀悼時，她同時受益於、並更加意識到他們共享的許多快樂，以及她就和喬治一樣，並不想失去彼此。 107

治療需要的不僅是揭露

經驗告訴我們，如果我們無法解決潛藏的問題，就不可能有任何改變；但僅僅是深入了解問題，也並非每次都會帶來更好的改變，可能仍然需要更多的「會談」（assembly）。在接下來的各章中，我們將探索一些其他基於精神分析的升級，所有這些升級都取決於首次揭露的潛藏問題、恐懼和渴望。

第七章

聚焦於不同的主觀經驗

處在功能失調關係中的伴侶常會陷入關於「事實」（the truth）的衝突：「事實並非如此……」，類似的說法經常出現。在圓滿的（competent）婚姻中，似乎存在一種完善且共通的能力，可以識別出：事實很重要，但主觀現實遠比事實更重要（前者情形較少發生，例如「納稅截止日是明天，我們必須把表格寄出去。」後者的情形〔指主觀現實遠比事實更重要〕較常發生）。

——劉易斯（J. Lewis），摘自廷伯倫家庭研究（Timberlawn family studies, 1997, p. 76）

在上一章中，我們探討了揭露隱藏問題的重要性，尤其是增強負向互動循環與導致婚姻不幸福的恐懼和欲望。這往往能使我們發現引發伴侶衝突的因素，也就是對於事件的特殊性（idiosyncratic）或個人獨特的意義，如同先前在迪克與蒂娜的例子所見，他們在如何慶祝聖誕節這件事上陷入僵局，因為這個節日對他們倆人的意義截然不同。我們往往不全然了解事物之於我們的意義（因為他們是無意識的、被否認的，或「未經確切表達的」〔unformulated〕），或認定它們是普世皆準的道理（因為它們是我們在童年時學到的、因為它們深植在既有的文化中，或因為我們從未遇過不同想法的人），因而經常導致伴侶間不得其解的紛爭。在本章中，我們將更仔細研究充滿歧異的主觀經驗相關問題。

廷伯倫（Timberlawn）家庭研究的引言即指出這主題對於伴侶幸福的重要性：劉易斯及其同事從許多的伴侶與衝突中發現，「圓滿的」伴侶明顯具有尊重對方不同主觀經驗的能力。這樣的伴侶極少為「事實」而爭吵。相反地，高特曼廣泛的觀察研究 109 （Gottman's extensive observational studies, 2011）發現，絕大多數伴侶的爭執——當伴侶間的圓滿性（competence）已經損毀時——始於對事件的「看法」不同。即使當伴侶承認他們有不同的觀點時，他們還是會經常（毫無意義地）爭論只有一個正確的觀點。當這樣的情況發生時，伴侶雙方皆停止聆聽對方說的話，並持續對立直到雙方所堅持的（通常是顯而易見的）事實被承認為止。

羅伯・雷納（Rob Reiner）[1]的電影《Kiss 情人》（*The Story of Us*, 2000）描寫了一對瀕臨離婚邊緣的伴侶匆忙將他們的孩子送往夏令營的巴士。他們的車速慢了下來，因為一個不太可能出現的障礙物——一棟正被拖吊的房子阻擋在前。這時母親的反應很焦急，她認為這棟房子會阻礙當前的任務；而正在開車的父親則視它為一種樂趣，以及連結家庭成員情感的題材（他提到房子的郵遞區號不停更換，也想知道如果有人沖了馬桶會發生什麼事）。在這種情況下，可以說兩人都是對的：房子既是個障礙，也是樂趣的來源。然而，當他們的個別觀點不被認可時，他們也都感到受傷與無可奈何，以至於變得沉默。這個特殊的極端性，也就是妻子只在乎工作

1　編註：羅伯・雷納（Rob Reiner, 1947-）是位美國男演員、編劇、導演、製片人及權利運動家。

而丈夫只想找樂子，在其它情況下也同樣困擾著他們，而這極端性正是他們婚姻的核心問題。

人類主體性的基礎意義

除了對於事件特定的共鳴和個人意義之外，有一些爭論涉及人類的基本渴望，即我們每個人都希望被承認為獨立的個體，這也是精神分析學家潔西卡・班傑明（Jessica Benjamin, 1995）[2] 所稱的「主體」。與只是在他人的劇情（play）中扮演一個角色的「客體」相比，這個主體具有獨立行動（能動性）和思考（主體性）的權利。在健康的關係中，我們允許他人作為主體來運作，他們作為獨立的行動者，對我們的行為提供誠實的反應，在此意義下他人是「可用的」（有意義的／有價值的）（Winnicott, 1960; Newman, 1996; Ringstrom, 2014）。

因為這種人與人連結的方式是有風險的，所以**人們往往試圖控制其伴侶，包括試圖排除他種現實的存在**。在我們的諮詢室中，這一點會呈現為伴侶中的一方告訴另一方：「只有白痴才想這麼做！」當這種情況發生時，伴侶雙方會清楚感知到，有某件事比當下討論的主題更重要。他們感覺自己的「主體」地位受到威脅，並可能透過反擊或認輸的方式，來強烈地回應此威脅。

心智缺陷與精神等同

儘管有些個案主要是在激烈的爭吵中，防禦性地否認其伴侶

2　編註：潔西卡・班傑明（Jessica Benjamin, 1947-）是位知名精神分析學家，主要研究為精神分析和社會思想。

的內在主觀現實（psychic reality）；但有些人是出於心理上的缺陷，會更常態地這麼做。正如精神分析學家彼得・馮納吉（Peter Fonagy, 2000）[3]和他的合作者所指出的，有一些個案在「心智化」（mentalize）的能力方面特別欠缺，這種能力也就是指理解他人的想法，以及（與這個討論相關的）理解其他現實存在的可能性。這種同理能力的不足，有些是因為他們無法接受主觀經驗和客觀現實之「所是」（is）之間可能存在差異。 110

這種「精神等同」（psychic equivalence）常見於有嚴重人格疾患的人，且會嚴重阻礙他們與其伴侶建立連結的能力，也會影響治療時探討對婚姻事件其它解釋（alternative accounts）的可能性（Ringstrom, 2014）。

「你們雙方都對」介入措施

這些因不同的主觀經驗而導致衝突的伴侶，啟發了我想出「你們雙方都對」的介入措施：治療師向伴侶們指出雖然雙方認為正確看待情況的方式只有一種，但事實上兩者可以同時正確。我告訴他們兩人對同一部電影的反應可能非常不同，往往是因為他們專注於不同的場景或人物，這個觀點很後現代。另一個更讓人印象深刻的方式是，向伴侶們展示魯賓花瓶（the Rubin Vase, 圖 7.1），它可以同時被看成是一個花瓶，或是兩張臉。[4]

3　編註：彼得・馮納吉（Peter Fonagy, 1952-）是英國的精神分析師和臨床心理學家，出生於匈牙利。

4　原註：丹麥心理學家埃德加・魯賓（Edgar Rubin）並沒有發明這種以他為名的錯覺意象，但他將其運用於他對於洞察力的研究中，使其聞名於世。

「人生來不帶標籤」（Life Doesn't Come With Labels）的治療措施

有時我會把因不同主觀經驗而引發的挑戰，稱為「人生來不帶標籤」的問題。大多數人並沒有意識到日常生活是一個連續的羅夏墨跡測試（Rorschach inkblot test），我們的感知和判斷是反映內在關注和模板（templates）的心理事件。報紙上的標題寫著：「青少年性行為正在增加！」這可能會引起家長們的恐慌，但青少年男孩或許會因此歡欣鼓舞。許多伴侶間的爭執，只是因為語意上的辯駁，而無謂地爭執不休，且這些爭執永遠無法以客觀的方式解決。弗雷德很晚下班，究竟使他成為一個「盡責的家庭支柱」還是個「輕忽家庭的丈夫」，這一點我們無法光是透過觀察他幾點回家來決定。弗雷德和貝絲必須在不參考絕對標準的情況下下，解決他們不同偏好的問題。

另一個例子是我的個案莎拉，她兩年前生下死胎後，傷心欲絕。現在，莎拉和她婆婆因為剛出生的女兒應該被視為第一或第二個孩子，激烈爭吵不休。因為莎拉想把她當成第二個孩子，而她的婆婆則主張把她當成第一個孩子。由於沒有客觀的方法解決這個語意上的辯論，我將它詮釋為一場代理之爭（proxy battle）。婆婆是否能夠認可（validate）莎拉的痛苦記憶，或者莎拉是否應該因為她現在有了個活下來的孩子，而裝出非常開心的樣子。我們可以預料到，這場爭辯讓她想起其他情況下，她也曾有相同的感覺，被迫裝出虛假的幸福表情。

關於「貼標籤」的一些常見爭論

許多持續的爭吵，可以被視為有關定義或貼標籤的爭論，這往往源自不同的文化經驗與價值觀。伴侶治療師經常會聽到對於「整潔」、「責任」、「有趣」、「愛」與「守時」正確定義的爭論。彼得．法蘭克爾（Peter Fraenkel, 2011）還補充了更多有關時間的爭論：做愛的正確節奏、開車的正確速度，以及娛樂時間應該在工作前或之後。有許多爭論是關於一件事是「體貼」或「不敏感」與否，這取決於不同的主觀定義。正如布倫特．阿特金森（Brent Atkinson, 2005）所描述的：

> 當伴侶們不將對方的行為視為源於合理的不同價值考量，或是維持情緒穩定的方式，而是根據自己的思想框架詮釋對方的行為時，雙方的關係便會急轉直下。從他們的角度來看，對方似乎是感覺遲鈍、自私、搞錯狀況、不負責任、懶惰、控制慾強等。（例如：「我絕不會用他對我的方式對他！」；「我絕不會為這點小事生氣！」）（p. 227）

一旦伴侶承認許多事件並不帶有客觀或絕對的道德標籤，他們便可以停止妄下評判，並且一起探索他們對於不同生活經歷的特殊反應，並討論如何一起解決雙方的差異。[5]

112

5　原註：許多研究已顯示，在許多變量上相似度大於差異度的伴侶相處得更好（Hamburg, 2000; Pines, 2005）。一個顯而易見的解釋是，這樣的伴侶更不容易因為對於共同經驗有根本不同的反應，而產生意見不合的情況。

法蘭克爾的三 R（Fraenkel's Three R's）

在處理夫妻差異的問題時，我發現遵循法蘭克爾（Fraenkel, 2011）好記的「三 R」條目很有用處：即**揭示**（*Reveal*，揭露差異）、**重估**（*Revalue*，注意雙方的論點都有價值或真理——類似我提出的「你們雙方都對」介入措施），以及**修改**（*Revise*，制定折衷方案）。

當事件本身變得有爭議時

儘管事件的主觀意義不由外部現實所決定，但這並不表示外部的客觀事實不存在，有時伴侶會就各自認為發生的「事實」進行激烈爭論。有個常見的爭論是關於一方是否向另一方傳達了某些訊息，例如「我已經跟你說過要這樣做！」接著就是無止盡的「沒有，你沒說！」以及「有，我說過！」我聽過很多這種來回的爭論，現在我提出兩種打斷這種爭論的可能方式：（a）那些確定自己告訴配偶某件事的發言方，可能在說的時候分心了，現在才想起自己當時說話的意圖，和／或（b）當時在場的聆聽方可能已經分心，且從未進入溝通狀態。

然而，有時候治療師會感覺到，伴侶的其中一方明顯扭曲了任何中立人士都會一致同意的事實。在這種情況下，引用美國參議員丹尼爾．派屈克．莫尼漢（Daniel Patrick Moynihan）[6] 的話來說：「你有權發表你的意見，但無權將自己的想法當成事實。」當伴侶

6 編註：丹尼爾．派屈克．莫尼漢（Daniel Patrick Moynihan, 1927-2003）是美國社會學家、政治家，民主黨員，曾任美國駐印度大使、美國駐聯合國大使和美國參議員。

的一方混淆了一致同意的事實和他／她的願望時—以一種任意、戲劇化或頑固的方式反覆這麼做，而這通常是出於自我保護——他／她的伴侶當然可能會生氣或焦慮。當細節似乎有待商榷，且沒有確鑿的事實作為討論的基礎時，這些感覺就會加劇。

在與這樣的伴侶一起工作時，我首先會將他們從法庭辯論般的爭辯中引導出來，把對事實的嚴重扭曲，重構（reframing）為一種為了表達情緒觀點或迴避羞恥感所做的努力。我承認其中一方會認為這是一種修辭上的騙術，但我透過重構，試圖向他／她表示，更重要的是傾聽說話者背後的訊息。我的目的是讓憤怒的一方慢下來，這樣我才能對迫切想扭曲事實（play fast and loose with the facts）的另一方進行治療。

有時我們也會發現，配偶對這種自我防禦特別敏感——通常是因為他們的父母也曾同樣扭曲事實，而這種作法會威脅到孩子的內在現實感。這種配偶中有些人似乎對事實過於堅持己見，從不對其伴侶網開一面。如同維吉尼亞．戈德納（Virginia Goldner, 2013）[7] 所指出的，這種像小孩般的「真理戰士」（gladiators for the truth）往往需要他人了解並認可事實（「是的，我也看到了！」），而不是純粹同理心的撫慰（「那真的很痛！」）。

113

對於情緒的分歧態度

在《後設情緒：家庭如何進行情感交流》（*Meta-Emotion: How Families Communicate Emotionally*, 1996）中，高特曼、卡茨（Katz）與胡文（Hooven）討論了人們處理其情感生活的整體方

7　編註：維吉尼亞．戈德納（Virginia Goldner），美國紐約的婚姻和人際關係諮商師。

式：有些人不僅較難處理自己和伴侶的特定情緒（如羞愧、內疚、悲傷），且他們對一般情緒的態度也有所不同。他們將這些觀念稱為「後設情緒」，並區分出兩種類型的人。一種類型是「情緒疏離」，他們相信人可以控制自己的感覺，並且當他們有強烈情緒時，應當使用「正面思考的力量」來「吸收」這些情緒。他們認為情緒強烈的人是不受控制的。另一種則是「情緒指導」，他們相信情緒就像人內部的導航，可以指引我們的行動。高特曼等人還發現，將已婚伴侶間未經處理的後設情緒差異，用來預測離婚的準確率高達 80%。

儘管「情感疏離」在面臨巨大壓力的情況下可能更有優勢（例如在爭吵中，人必須壓抑情緒，並做出當下的必要工作）；但在大多數的婚姻中，將情緒視為「試著告訴我們什麼」會更有用。

若個案主張對方應該「有禮貌」和「不抱怨」，以及「如果你說不出好話，那就什麼都別說」，這對治療師而言是個特別的挑戰。治療師可預料的是，要對抗這種根深柢固的後設信念系統並不容易，我們需要幫助這個人發現，支撐他／她這些觀念背後的希望、恐懼和文化信仰。

討論過去傷害的分歧態度

與顯露和壓抑情緒這兩種不同態度密切相關的是，討論過去傷害是否有益的爭論。許多配偶對於過去傷害的爭執——從上周六夜無心的言談到婚外情的爭論——都以這種形式呈現：**傷害確實發生了且無法被遺忘；傷人的事件確實過去了，所以可以原諒，如此我們才能繼續前進**。我們將在討論寬恕的章節中，再回到這個主題。至於目前，我注意到的是這種常見的爭執，正如先前討論過的其他爭執，不能只是透過引用某些絕對的原則來解決。顯然地，發洩和 114 回顧痛苦的事件有其價值；但讓事件過去，並專注於復原及享受人生也有其益處。這兩種方法都有其優點。在特定情況下，伴侶必須確定何時回顧過去與何時前進。

麥克與辛蒂：不同的經驗

麥克是在妻子辛蒂的介紹下，很難為情又羞恥地來找我尋求治療，因為辛蒂發現他寄了一些色情電子郵件給別的女人。我迅速調整了治療方案，將辛蒂納入其中。在長子出生後，辛蒂離開職涯，投入全職媽媽的角色中，接著又生了三個孩子；而麥克也更投身於繁重的工作中。由於辛蒂的性欲減少，麥克雖然心生不滿但仍然遷就她。他們的家庭很快就變得像米紐慶（Minuchin, 1974）的結構性家族治療中的圖示：母親和孩子之間形成跨世代聯盟，父親被冷落在旁。我認為，透過色情電子郵件發生的「類婚外情」（quasi-affair），是麥克對他幾乎已放棄的親密缺失狀態，所進行的偏方處置（home remedy）。當我努力幫助麥克為他所造成的傷害道歉，並說明他深層的孤獨感、對於性生活的挫敗感和覺得自己無足輕重時，辛蒂的態度便逐漸軟化。長期的結構性問題得到改善，辛蒂由於不安全感而故意引發他人內疚感（guilt-tripping）的行為也減少了。然而，有一天他們在某次事件發生後來到治療室，辛蒂說這件事幾乎讓他們退回治療的原點。

究竟發生了什麼事呢？麥克下班後疲憊不堪地回到家裡，看到辛蒂快樂地與家裡的牧羊犬伯蒂玩耍。辛蒂對麥克說：「我知道你不想要狗，但你必須承認，伯蒂是最可愛的狗！」麥克隨口開了個玩笑說：「喔，妳需要一隻狗愛妳」……然後他們便爭執起來。正如我們所見，這段小插曲可以用來說明同一事件（妻子喜歡家裡的狗）對於伴侶們會如何具有不同意義，以及揭露隱藏的細節，為何可以使他們的關係重回正軌。

辛蒂感到受傷的原因，一部分是她真的很愛伯蒂，也愛伯蒂愛她與回應她的方式。她和麥克在之前就已經留意到這點。在回顧這起事件時，她告訴我們，她明白，在她那經濟拮据且情感貧乏的原生家庭中，她絕對沒辦法要求養狗。更常發生的情況是，當她對某件事滿懷熱情時，她的母親卻無法對她感同身受。後來，儘管她不確定自己是否能夠愛她的孩子，以及自己是否還有些怕狗，但辛蒂仍然努力為孩子們創造一個溫暖、有愛的家庭，其中也包括她從未相信自己可以擁有的狗。孩子們和伯蒂都以同樣的方式回應她的愛和熱情。

115

她選擇性地忽視，她是如何在無意識中重演母親的行為，剝奪了麥克也同樣需要的愛和熱情。在麥克的「外遇」之後，辛蒂無意識地報復／懲罰麥克，她一直（防禦性地）與麥克保持距離，並把她的愛傾注在她的孩子與狗身上。她也可以被看作是有婚外情的一方，或至少在麥克看來是這樣。我為寧可忽略此事的麥克詮釋了這件事，對他來說，這一幕就像丈夫看到他的妻子為前男友傾倒。他們聽完都笑著表示同意，儘管辛蒂仍然很受傷。

我們繼續討論麥克那句無心的話，他想把這件事歸因於他那時候累了。我提醒他們，之前我們曾討論過麥克在家庭活動中感到被邊緣化的情況，麥克同意，這也算另一個代表性的例子。辛蒂在這個親密的「面對面時刻」（moment of meeting）聽見這些話，減低了她對麥克的報復性憤怒。同時這也挑戰了她的假設，亦即麥克蠻橫無理的言論，是故意要傷害她的感情，且這也有助於她重新看待麥克其他「無故暴怒」的情況。這些事件是辛蒂讓麥克接受治療的另一個重要原因，因為她認為麥克只是「脾氣不好，需要憤怒管理的訓練」。分析他們在這種情況下的不同主觀經驗，反而有助於她看見另一種可能性：麥克的情緒爆發往往是導因於對他們關係的失望。而麥克也放下了他表面上的防禦（「我只是累了」），並更加意識到他對愛和情感的需求受挫。

下一章我們將從移情的角度，研究伴侶間的精神動力學，這是理解和處理伴侶間不同主觀經驗的另一種方式。

第八章

聚焦於移情

116 另一種深入發掘伴侶負向互動循環的方式，是檢視他們對彼此的移情作用。精神分析理論中移情概念的基礎是，觀察到人們經常扭曲事件，以至於他們體驗到的事件不是客觀的，也不是一個假設上不具有移情的人會體驗到的，而是被他們當前的（經常是無意識的）願望和恐懼所修改過的。這些願望和恐懼源自於先天的動機、過去的經驗和當前的情感需求（Cooper, 1987; Greenson, 1967）。與童年照顧者、兄弟姊妹[1]、同儕（尤其在青少年時期），以及過去親密伴侶的相處經驗，都是重要的移情來源。[2]

---

1 原註：兄弟姊妹間的移情在伴侶治療中經常被忽視。然而，由於已婚伴侶通常年齡相仿，他們很容易喚起過去有關手足的問題。如果你仔細觀察，可能會發現丈夫和妻子對兄弟或姊妹的移情顯示了對父母偏袒或手足間不當對待的舊怨。

2 原註：在精神分析中，移情承載了結構化的期望、願望以及他人和世界的圖示（maps of others and the world）的概念。情緒取向治療中的「運作模式」或「基模」、行為伴侶治療中的「主題」（Dimidjian, Martell, & Christensen, 2008）；預防及關係促進方案中（PREP）的「過濾」（Markman, Stanley, & Blumberg, 2001），以及心理學中的「歸因」、「感知」與「基模」（Durtschi, Fincham, Cui et al., 2011）也涵蓋了相似的心理學概念。在精神分析中，他們也被描述為「心理狀態」（Horowitz, 1979）、被概化的互動表象（RIGS, Representations of Interactions that have been Generalized）（Stern, 1985）、核心衝突關係主題（Luborsky, 1990）和「組織模式」與「預期」（Lichtenberg, Lachmann, & Fosshage, 2011）。

移情願望與恐懼

移情通常可以有效地分為移情恐懼（或負向移情）和移情願望（正向移情）這兩個子分類。若只是單純稱之為「移情」（transference）或「特定的移情」（the transference）會無法正確區別兩者，應當避免這樣的錯誤。例如「負向親代移情」（negative paternal transference）是指與某人父親有關的不安情形。

移情願望和恐懼相應於先前討論過的關係的渴望和恐懼。我在此補充一點是，雖然每個人都有對於關係的強大渴望與恐懼，但其中有些渴望是更迫切的、有些恐懼是更令人不安的。我們可以透過一個人的經歷來解釋這種差異，正如同各個國家的歷史，可以說明他們當前關注的特殊議題。強度的差異也來自於性格（有些人天生就比較隨和或「合群」）與生物狀態（biological state）（飢餓、睡眠不足以及憂鬱，通常會引發更強烈的負面反應）。 117

由於移情願望通常衍生自未滿足的需求，因此會與失望的記憶連結；而移情願望則是經常伴隨移情恐懼而至（Stern, 1994; Weiss & Sampson, 1986）。

扭曲的各種類型

移情與投射測驗（projective tests）相同，有些移情並不只是對事實的扭曲，更在於選擇性的關注（Goldklank, 2009），而這當然也會扭曲或窄化整體情況（「我關注伴侶的缺點，因為我害怕若不這麼做，我會意識到自己有多依賴他」或「我關注伴侶的優點，並忽略關係中明顯的問題，以便感到安全和受保護）。有些移情不僅來自於對過去經驗的歸納（「我向母親求助時，曾感到失望，所以我幾乎可以肯定我的伴侶也會讓我失望」），也來自**當下的需求**而扭曲事件（「我認為我的配偶應該受到指責，因為我無法忍受罪惡感」或「我把男朋友視為完美的伴侶，以減少與他結婚的疑慮」）。因此，**許多移情是自我保護的防禦措施**。最後，移情總是暗示了某種與他人相關的自我觀點，而這種自我觀點也會受到潛在的扭曲（「為了避免讓自己感到無助，我〔不公平地〕將父母離婚的原因歸咎於自己。因此，我覺得自己不夠格，覺得沒法開口向他們借錢買房子」）。

118

婚姻引發的移情

移情反應，通常是由具有某種合理性的刺激所引發的（Gill, 1982）。當前的伴侶關係（丈夫和妻子；父親與母親）和家庭環境（房子、廚房、孩子）很容易喚起童年經歷的移情希望和恐懼。回顧我的個案迪克，他非常害怕過去聖誕節的創傷經驗重演，以至於他想制定一條像鬼靈精（Grinch-like）[3] 一樣的禁令，來保護他的新家庭免於受害。

家庭生活通常會引發擁有無條件愛你、支持你的配偶（父母）的移情願望，以及對控制與批評的移情恐懼。丈夫可能會在一天結束時，帶著強烈矛盾的感受回家：他害怕童年時期的母親，她不僅愛控制，還無法時刻回應他的需求，但同時他又希望從嚴格監工（父母）的手下獲得解放，還希望吃點美味飽足的食物（烤奶酪三明治或媽媽的蘋果派），這些食物能夠體現令人滿足的依賴關係與

3　編註：鬼靈精（Grinch）是蘇斯博士於 1957 年出版的童書《鬼靈精》中出現的角色，他不但憤世嫉俗，而且十分厭惡聖誕節。本書曾分別在 2000 年和 2018 年時被翻拍為電影。

無條件的愛。

作為期望的移情

若將移情視為令人渴望或恐懼的期望，則它可以被置於人們對自己、他人和環境的普遍期望這個更大的框架中。一般而言，我們的期望（如果不是完全無意識的話）是自動和半意識的（semiconscious），這使我們在遇到熟悉的情況時，不需浪費力氣重複相同的事（reinventing the wheel）。我們有些期望是合理的，有些則是不符現實的，而這通常是由於先前的特殊（idiosyncratic）經驗所導致的以偏概全。

不只關於他人。一些負向的移情可能不是恐懼某個人際狀況的重演（過度的批評或被父母遺棄），而是恐懼回到早年孩童時期感到被擊垮與無助的創傷性情境。這種恐懼的情況包括身陷貧窮、疾病或死亡、戰爭或自然災害的危難中，或者——或許是我的個案中最常見、也最令他們揮之不去的創傷——經歷父母的關係不睦與離婚。任何這些令人恐懼的情況都會反映在婚姻中，尤其在我們沒有意識到這些情況時，將婚姻拖垮。

自我實現的期望。問題的重要來源之一是，我們的期望往往很保守，而且會因此自我實現：「我越相信它，便越會看見它實現，因此更相信它」。最近，許多經過臨床經驗證實的社會心理學研究顯示，我們預期他人如何對待我們，也會影響我們的行為，進而影響他人對待我們的方式，而且結果通常會符合我們一開始的期望（Bradbury & Karney, 2010）。如果我們相信世界是平的，我們便不會向西航行，也不會發現美洲大陸！凱利、芬查姆與畢取（Kelly, Fincham, and Beach, 2003）引用的研究顯示，「無論在低衝突或高衝突的工作中，與不痛苦的伴侶們相比，痛苦的伴侶們對其配偶的正向行為預期較少，而負向行為較多」，以及「婚姻的滿意度與正向及負向的**預期**（expectancies）有明顯的關連」（p. 728, italics added）。最近一項對七百六十七對已婚伴侶的前瞻性研究發現，來自童年有關依附安全的預期與對伴侶的預期兩者間有相關性，而這點預示了後續的婚姻滿意度（Kimmes, Durtschi, Clifford, Knapp, & Fincham, 2015）。

這種自我實現的期望，有助於解釋婚姻中伴侶對彼此的態度會隨著時間的推移而惡化。在戀愛的過程中，我們可以看到過度的理想化（對於理想伴侶的正向移情願望）並且否定缺點，以便想像兩人是完美結合。已婚的伴侶雙方可能會持續一陣子將對方當成什麼都好，並把任何負面因素都歸咎於外在環境（伴侶因交通情況而遲到），但如果事情開始走下坡，即便是客觀上正面的行為，他們可能都會以負面的眼光來看待它（「他只給了我一個生日禮物，因為他知道如果沒送我會不開心」）。像這樣具有破壞力的說法，對於接收了這道訊息的伴侶而言，是在妨礙他／她為了推翻這些負面期（移情）待所做的努力[4]。

119

依附安全作為移情的期望。根據米庫林瑟、弗羅里安和科安（Mikulincer, Florian, Cowan, 2022）的說法，依附安全是指引信念中的一個重要分項，健康（安全）的依附包含了：

4　原註：非精神分析研究人員也注意到越來越根深柢固的負向移情具有破壞性、永無止盡的影響，只是他們使用不同的術語指稱。馬克曼、史坦利和布倫伯格（Markman, Stanley and Blumberg, 2001）稱之為「負面詮釋」，而高特曼（Gottman, 2011）稱之為「負面情緒覆蓋（negative sentiment override）」。更多有關從理想化到難以改變的（impervious）負面性的討論和研究，請參閱尼赫伊斯等人（Niehuis et al., 2011）評論的文章，特別是內夫和卡尼（Neff and Karney, 2004）的文章。

> 一組關於處在壓力時，對他人的可得性（availability）及回應性的期望，這些期望是圍繞著一個基本原型或腳本而成立。這個腳本包含以下「如果—然後」（if–then）的命題：「如果我遇到障礙和／或感到痛苦，我可以向某位至親好友尋求幫助；我是個值得獲得幫助的人；他／她很可能有空而且會支持我；在這個人身邊讓感到安心和舒適；然後我可以重新回到其他活動中。」（p. 406）

不安全的依附可視為對相同變因的負向移情期望。米庫林瑟等人（Mikulincer et al.）是依附研究領域的翹楚，他們指出某些個案在關係中的「運作模式」（working models）並非單純從過往的關係所概括出來，而是「關係特定」（relationship-specific）的，也就是建立在與當前伴侶的實際經驗。在此，他們引用了「暗示性證據顯示，與一般形式相比，婚姻品質與後者〔『關係特定』運作模式〕更具關連性（p. 412）。這項發現為伴侶治療帶來希望，因為即使伴侶的移情是建立在童年的基礎上，它們當前的形式可能沒有我們想的如此根深柢固，也因此更容易透過治療進行矯正。

移情如何被發現

我們提出有關移情的內部心理結構假設的主要方式是尋找「關係情節」（relationship episodes）中的冗餘（redundancies），這是精神分析研究員萊斯特・盧伯斯基（Lester Luborsky, 1990）[5]明確

5　編註：萊斯特・盧伯斯基（Lester B. Luborsky）是美國心理學家，心理療法科學研究的奠基人之一。

提出的一種方法。關係情節會涉及當事人的人格形成期（formative years），他們當前的生活以及治療（他們的治療師，以及在伴侶治療時的伴侶）。

迪米傑恩、馬特爾與克里斯滕森（Dimidjian, Martell, and Christensen, 2008）在其整合行為伴侶治療（Integrative Behavioral Couple Therapy, IBCT）的總結中，同樣主張從過去痛苦的敏化作用（sensitization）而獲得力量的事件中，找尋重要的關係「主題」。以下的例子說明了他們如何做到這一點，並有助於進一步闡明至今我所提出的論點：

> 伊芙抱怨狄倫花太多時間看電視，但她也會對狄倫和朋友去爬山感到生氣……。整合行為伴侶療法的治療師能從伊芙的抱怨中，看到被拋棄和責任的主題。狄倫拋棄她並讓她獨力承擔家庭責任的行為令她痛苦……。這些行為讓她想起了過去，她經常被需要工作的父母留在家照顧她的弟弟妹妹，因此狄倫的行為激起她類似的被拋棄與不公平的感受。（P. 81）

120

在構想移情的假設時，治療師不僅可以從跨情節的重複和冗餘、也可以從稱為「模型場景」（model scenes）的單一童年事件中得到幫助（Lichtenberg, Lachmann, & Fosshage, 2011）。舉例而言，某位個案講述了他在六歲時一段痛苦且失望的經驗。他小心翼翼地走上前向母親要一支釣竿，這樣他就可以和朋友一起去釣魚。他母親大發雷霆，粉碎他的希望，告訴他「不值得」擁有釣具，除非他自己賺錢買，這對一個六歲的孩子來說是個荒謬的要求。這個令人痛苦的典型場面，有助於解釋為何他在許多方面都感到自己沒有價值、為何有人回應他的熱情時他會開心，以及為何當他的妻子（她是個購物狂）要求他買東西給她時，他無法說「不」。

另一種了解移情願望和恐懼——由亨德里克斯（Hendrix, 1988）提出並由辛格和史凱瑞特（Singer & Skerrett, 2014）加以闡明的方法——是直接要求伴侶雙方反思自己的童年，並談論「我想要卻沒有得到的東西」（安穩、肯定、經濟保障、樂趣），以及「我得到了卻不想要的東西」（混亂、冷漠、憤怒、過度控制）。

移情角色的置換

因為移情在內部結構上，是**自我和他人互動的模式**，一旦我們知道這個模式，我們能夠以一些較不明顯的方式使用它。個案可能會扮演自我、他人或者雙方的角色，有時與不同的伴侶、有時與同一個伴侶交換角色扮演。我們也看到人們努力不要重複過去所扮演的痛苦角色。這位沒有從母親那裡得到夢寐以求的魚竿的男人，難以對他妻子購買珠寶的要求說「不」，但卻強烈拒絕他員工應得的加薪。但大多數情況下，他發現自己矛盾地糾結於這些選擇，內心在滿足他人（如他所希望的那樣）和將他人視為「沒有價值」而拒絕他們（如他母親對待他的那樣）的角色間轉換。

另一個實用的重點是：人們如何對待他人（無論好或壞）是表示他們如何對待自己的一個有用的指標。我們與自己的內在關係會受到我們與重要他人的外在關係所形塑，並且兩者會很相似。正如黑茲利特（Hazlett, 2010）所總結的：

> 在穩固的伴侶關係中，人們如何對待他們的伴侶，與

121

他們內心如何對待自己，有著直接的關係。因此，如果麥克毫不留情地批評自己、對自己要求很高，他最終也會如此對待麗莎。而如果麗莎以否認和迴避的方式封閉自己的感受，她也會以同樣方式將其伴侶拒於門外。（p. 31）

移情過敏、核心負面形象與原廠設定

在與個案討論移情恐懼時，我發現將這些移情恐懼稱為「心理過敏」或「移情過敏」很有幫助。就像一個以前接觸過蜜蜂或花生的人，後來可能對它們產生過度的反應一樣，一個早年被父母拋棄的人，可能會對配偶的商務旅行有過度的情緒反應。對於移情過敏，人們會聞到心理上的煙霧，並認為他們很快就會經歷情感的大火。蘇珊・強森（Susan Johnson, 1996）將這些稱為「原始點」（raw spots）；通俗地說，他們是「熱鍵」（hot bottons）；而用專業的精神分析語言來說，他們是「負向移情」。由於人類傾向於認為「防範未然好過後悔」（Better safe than sorry），可以理解的是，先前的創傷經驗使我們處於高度警覺的狀態，讓我們的「煙霧偵測器」太容易響起（Stosny, 2006）。作為治療師，我們的工作是幫助個案區分，到底是他們一觸即發的警報系統發作了，或是真正的災難逼近。

泰倫斯・瑞亞爾（Terrence Real, 2007）[6]的「核心負面形象」（core negative image, CNI）是將負向移情的概念轉化為通俗語言的另一個好方法。根據他的定義，核心負面形象是指：

6 編註：泰倫斯・瑞亞爾（Terrence Real）是美國知名伴侶治療師與暢銷作家。

> 你對他或她感到最絕望和恐懼的想像。在那些憤怒、聽天由命或害怕的時刻，你對自己說：「天哪！如果他或她真的是個惡毒的人怎麼辦？……一個冷酷的女巫？……背叛者？無能的人？心胸狹隘？自私？」你的核心負面形象是你最可怕的噩夢。那就是你的伴侶在最困難、最不理性、最沒有愛的時刻會變成的人。（p. 83）

為了傳達移情恐懼和傾向在幕後無意識運作」的這個觀念，我將其比喻為電腦上的原廠設定。大多數人都知道電腦在出廠時就預設了一些選項或偏好（「原廠設定」），在我們搜尋它們之前，我們甚至可能不知道我們可以選擇應用程式運作的方式。類似的道理，成年人的「偏好」或「設定」是在幕後運作、而非有意識選擇的，且他們往往沒有體認到這些是可以選擇的，而是把它們當成應對這個世界的唯一方式。

這些設定中，不僅包含自我與他人在創傷情況中互動的觀點，還包含了我們是否可以對這些情況採取任何措施的信念。最後這項因素有助於解釋，為什麼我們如此恐懼我們的核心負面形象：因為有一項信念（設定）隨之而來，就是我們對這些核心負面形象無能為力。 122

「雙重」或「協助失敗」的移情過敏

處於負向移情反應或移情過敏的人會進入一種輕微的恐慌狀態——被他們最可怕的噩夢，即核心負面形象所籠罩——他們會感到難以承受與絕望。他們會難以思考並清楚地表達自己。通常情況下，他們會感到矛盾與困惑。要充分理解這種狀態，必須了解創

傷情況不僅與最初發生的不良事件有關，也與接下來發生的事情有關，包括其他人的反應。最嚴重的童年創傷是「未得到撫慰的創傷」（uncomforted traumas），即依附對象（attachment figures）不僅造成或未能保護兒童免受最初的磨難，而且在其後也無法提供同理和幫助。處理痛苦是一種在他人的幫助（以及示範）下所學會的技能。因此，未得到撫慰的孩子可能無法學會如何安慰和舒緩他或她自己的挫敗感。當相似的情況在往後的人生發生時——無論最初的具體核心負面形象為何——進入這種狀態的人很可能會（a）無法讓自己平靜下來；（b）懷疑是否能從他人那裡得到幫助；（c）對於誰該對此情況負責感到矛盾與困惑；（d）需要他們的伴侶給予許多的同理與協助；以及（e）如果自己的伴侶就像早期的照顧者那樣，無法提供他們需要的協助，那麼他們的（過敏的）反應會更加失望和負面。

最後這兩道步驟，皆獨立於引發它們的特定核心負面形象之外，它們解釋了依附理論以及精神分析的自我心理學在了解和治療婚姻僵局上所發揮的特殊效用。這兩種理論都強調支持性伴侶或治療師角色（依附對象；自我客體）的重要性，透過支持、同理、肯認以及撫慰來協助有需要的人。**換句話說，通常我們在夫妻負向互動循環中看到的是「雙重移情過敏」——**

第一種過敏是針對他們所恐懼的核心負面形象，第二種過敏是針對與過去照顧者相像、無法協助他們受創的孩童自我的伴侶。我稱第二種情況為「協助失敗的移情」或「協助失敗的過敏」。儘管這可能很難從誘發性的移情過敏（例如最初被遺棄或未得到同理的經驗）中分離出來，但許多伴隨核心負面形象而來的恐慌，都與第二種協助失敗的過敏有關，也就是當前的伴侶未能透過關懷、同理

或道歉來修復這種情況。

連鎖的負向移情

依附協助失敗（failed attachment assistance）通常是由同時發生或「連鎖的」負向移情所導致的。當伴侶們尋求治療時，有件幾乎普遍存在的事實是，**雙方**都**同時**經歷了移情過敏，因此處在痛苦情緒的情況下，雙方都無法撫慰或同理對方。這種病理狀態與科胡特（Kohut, 1984）的評論形成鮮明的對比，他說：「良好的婚姻是其中一方接受挑戰，在特定時刻提供對方暫時受損的自我意識所需要的自我客體功能」（p. 22）。伴侶此時不僅無法在功能上提供支持，而且**他們的防禦反應進一步驗證（confirming）了他們個人移情恐懼的正確性而使事情變得更糟**。這種驗證有助於解釋之後負向互動循環的頑強與升溫。我使用「連鎖移情」這個術語來描述伴侶一方的移情恐懼，以及他或她對其伴侶的驗證行為同時發生的狀況。當這種驗證發生時，伴侶系統會進一步走向崩潰，焦慮程度和適應不良的防禦行為也隨之增加。[7]

123

當代精神分析學家強調，移情信念和神經官能症狀就像我們身體裡的骨骼一樣，儘管表面上看似穩定不變，但實際上是在不斷自我創造和重塑（Cooper, 1987; Schlessinger, 1995；Wachtel & Wachtel, 1986；Wachtel, 2014）。根深柢固的負向移情為了維持下去，需要

7　原註：這種伴侶的移情恐懼和防禦反應的相互維持和連繫被格拉勒等人（Graller et al., 2001）稱為「婚姻神經症」（marital neurosis），伯科維茨（Berkowitz, 1999）稱為「自我保護的相互影響」，沙夫和沙夫（Scharff and Scharff, 2008）稱為「相互投射和內射認同」，懷爾（Wile, 1981）稱為「連鎖敏感性」；並且是舍因克曼和菲什班（Scheinkman and Fishbane, 2004）的「脆弱性循環」和瓦赫特爾（Wachtel, 1986, 2014）的「循環的精神動力」的運作核心。

確認他們的負向期望（adverse expectations）。根據這一點，我們有理由感到希望和絕望。希望的出現是因為維持伴侶移情期望的互動循環是如此明顯存在於治療當下；如果我們能夠阻止這些循環並提供使移情期望失驗（disconfirming）的其他方式，我們就可以期待重塑個案的負向期望且扭轉局面。事實上，這正是我們在成功的案例以及改變婚姻中依附模式的相關研究中所看到的（Mikulincer et al., 2002）。

然而，壞消息是我們可以預見雙方會發生一場激烈的爭吵，因為在一次又一次確認核心負面形象的循環後，伴侶對其負向移情期望的信念也越來越堅固。在大多數情況下，這些負面期望在伴侶前來尋求治療前就已經固化多年了。更糟糕的是，當我們努力改變伴侶的負向循環時，儘管我們努力，伴侶可能還是會繼續驗證彼此最可怕的關係噩夢，甚至在他們希望情況改善並讓彼此的愛復甦的治療當下，也依然如此。因此，當伴侶治療師提出這樣的問題：「這種負面情況是不是已經持續很久，以至於這段婚姻無法挽救？」我們其實是在問「我們每週進行的治療，是否能夠扭轉多年來由於連鎖負向移情所造成的核心負面形象驗證的循環？」

正向移情的議題

當個案來接受伴侶治療時，我很少看到他們把對彼此的看法扭轉成正向的觀點，就像伴侶在戀愛時經常做的那樣。然而，我們經常看到正向移情的表現，個案雙方都表達了對於安撫、情感、支持或同理的強烈、堅定或任性的渴望。他們的伴侶往往對這些願望做出不良回應，認為它們過度、累贅或幼稚。然而，作為治療師，我們應該把它們視為強而有力的聲明，明確地指出個案最需要的東

124

西。這些強烈的移情願望是由當前與人格形成經驗的某種組合所導致的，特別是當他們在童年或目前的關係中沒有得到滿足。

如果一名妻子需要有人隨時隨地告訴她，她有多麼討人喜愛，那麼她可能從小就沒有得到這種愛的支持，好讓她能將其內化為一種堅實的自我價值感。或實際上她可能從她丈夫那裡得到的情感太少，而無論誰遇到這種情況，或許都會索求更多。無論是哪一種情況，我們都希望能找出這些願望，並以同情的方式解釋它們，努力讓個案同時更有能力讓需求得到滿足，又有能力與不可避免的失望共處。

對移情進行治療

揭露和處理移情願望與恐懼的基本方法，在本書隱藏問題的章節已提過。在此我將提出一些先前沒有討論過的細節。

伴侶在場的個人精神動力治療

過去的敏感點（sensitivities）對病理之舞而言至關重要，瞭解這一點後，很合理地，我們會將重點從「的伴侶互動」（伴侶治療1.0）轉而探索這些敏感點過去的起源。這個明顯的修正（升級）等同於在伴侶在場的情況下進行個人治療，也是大多數精神動力取向伴侶治療師的常見作法。回顧第六章中喬治和莎莉的案例，他們兩人都在某一段時期中，在另一位坐在一旁聆聽的情況下成為治療的焦點。

由於這種從伴侶間的雙人舞轉而聚焦在移情敏感性的過去根源，經常會涉及到對童年照顧者的討論，所以往往被伴侶治療師稱為「原生家庭的治療工作」。這種形式可能更適合稱之為「伴侶在場的個人精神動力心理治療」（individual psychodynamic psychotherapy in the presence of the partner），因為他可以運用個人精神動力心理治療中所有的介入措施。

我選擇這種治療方式，也就是與伴侶的其中一方進行個人治療，並不只是為了使衝突降溫（如伴侶彼此對談模式），而是因為我了解如何進行這樣的心理治療工作。儘管如此，我有時也會請在一旁聆聽的伴侶協助探索，而且我經常鼓勵伴侶們與我一起思考可能的精神動力為何。有時伴侶會扮演共同治療者的角色提供其配偶有用卻被長期壓抑或輕忽的資訊。

125

在我對伴侶最初的診斷評估中，花時間收集基本的歷史資訊，可以讓我初步猜測到他們的敏感點，並且進一步探究哪些部份可能會有幫助。然而，過去相關的素材有時會在我們檢視伴侶的病理過程中浮現。當素材以這種方式出現時，被揭露的過去事件往往會與當前的問題更有力地相互連結，並從此被視為是引發敏感的原因。

某些伴侶治療師認為透過繪製家系圖（genograms），更系統性地探究過去的議題是很有用的（McGoldrick & Gerson, 1985; Wachtel & Wachtel, 1986）。而我個人偏好在討論某個特定的核心負面形象時，收集過去的典型場面和記憶。儘管這麼做的好處是增加我對於移情推論的信心，但缺點是會遺漏某些可能只有在更系統性的治療下才會浮現的模式[8]。

---

8 原註：我正在重新思考我對這件事的立場。在收集系統性的過往資訊上有個顯著障礙，是個案通常急於處理更急迫的問題。然而，如同瓦赫特爾和瓦赫特爾（Wachtel and Wachtel, 1986）具有說服力的論點所指出的，除非治療師詢問關於祖父母，兄弟姊妹，叔、伯、姑、嬸、舅、姨的資訊，否則許多個案不會認為這些資訊與治療相

處理久年代遠的過去事件：麥克和辛蒂的後續

回顧麥克和辛蒂的例子，當麥克回到家時，辛蒂正開心地和他們的狗伯蒂一起玩，他們兩人對這個情境的反應是如此不同。現在我將描述這場治療會談中的一些後續事件，以說明如何在伴侶在場的情況下進行個人治療、與在一旁聆聽的伴侶合作，以及協助失敗的過敏。這個例子也示範了，當伴侶一方提起過去的傷害性事件，但另一方卻認為這早已過去、應當釋懷、或現在已經不重要時，我們該如何針對這樣的情形展開伴侶治療的工作。

當我們討論麥克和辛蒂對寵物狗事件的不同反應時，我認為這是辛蒂分享她的熱情遭到挫敗的一個場景（scene），所以我請她分享，當她還小時，她對某件事感到興奮並想告訴父母的經驗。她想不起他們曾因任何事為她感到高興，反而記得她「講究體面的」（proper）母親在她整個童年時期都要她保持短髮，儘管辛蒂抗議，而且她朋友的母親允許她們的女兒留長髮。她的母親不僅繼續將辛蒂的頭髮剪短，而且在辛蒂為此哭泣時也不加同情（這為後來的協助失敗過敏埋下了伏筆）。後來辛蒂告訴我們，她非常高興現在擁有一頭（美麗的）長髮，就像她很高興能擁有她母親不讓她養的狗一樣。從這次的問診中，浮現了一位女孩的意象，她嚴厲、基本教義派的家庭壓抑了她的快樂並駁回她的抗議。

關。此外，繪製家系圖可以讓個案積極地參與過去的歷史探究，這經常能讓他們以更具同情心的觀點看待他們的父母，進而鬆動他們童年的假設。最後，這項歷史探究工作偶爾會以與家庭成員的聯合會議方式進行（Framo, 1976）。我很少這麼做——通常是當某位家庭成員是系統性問題的一部分時——但當我這麼做時，幾乎總會有所幫助。

辛蒂說，相同的模式也發生在她的衣著方面。她的母親不喜歡漂亮或時尚的衣服，然而辛蒂現在能擁有一個帶給她許多快樂的衣櫥。隨後她回想起五年前婚姻中一次痛苦的爭吵。她買了一件新裙子，迫不及待想拿給麥克看，但麥克沒有如她所望地熱情回應她，反而顯得很冷淡，還問她衣服的價格。即便是現在當她想起這件事，麥克的反應仍然讓她很生氣。

126

在這次治療會談中，如同先前有關狗的事件一樣，麥克感覺自己受到不公平的攻擊。他不明白並告訴辛蒂，裙子的事已經過去很久了，而且這也不是什麼大不了的事。他不是很努力給她一個美好的家庭和許多衣服嗎？更不用說是他們的狗了！當她繼續批評他時，他悶悶不樂地閉嘴了。

過去已久的裙子事件，再加上麥克當下缺乏同理的情況，提供了更多證據證實了我的推論，即辛蒂的移情渴望是，當她快樂時能得到熱情的支持，在失望時得到同理。我希望能讓他們了解她的雙重過敏為何，所以我說：「麥克，我想辛蒂之所以會想到五年前你沒有對她買的新衣服表現出熱情，原因就像她現在所說的：她多麼希望你能熱情地回應她喜歡和伯蒂相處的這件事。這些事件觸發了同樣的感受。你無意中引發了她的核心負面形象，她對於從你那裡得到強烈、肯定的回應這一點，感到絕望，這是她在童年時非常希望得到的，但卻很少從她父母那裡獲得。」

「更糟的是，」我繼續說，「她現在這麼生氣的原因是她認為，你可能永遠無法理解你的回應是多麼讓她失望。她擔心當她不開心、需要向你求助時，也會被你拒絕。」

在完成這項漫長的介入措施之後，我急忙對麥克伸出援手並說：「當然，當她對她的過敏有所反應時，你也處於創傷狀態——

被她和狗在一起的景象所傷，那感覺就像很多時候她和孩子們在一起時，是那麼充滿活力與快樂，但和你這個勤奮工作的丈夫相處時卻不那麼熱情。」治療繼續有效處理了伴侶雙方痛苦的連鎖且相互增強的移情。

從認識現實的觸發開始

在我構想了一項有關移情模式的假設後，我與這對夫妻分享我的想法。我首先要確定並肯認個案的確正在對一些真實的東西做出反應。對於麥克和辛蒂而言，我們從伯蒂的場景以及他們對其所賦予的個別意義開始。那一幕引發了強烈但不同的情緒反應，我幫助他們探討了其中的移情過敏和渴望。在精神分析中，吉爾（Gill, 1982）和科胡特（Kohut, 1977, 1984）等人都強調了肯認觸發刺激（the triggering stimulus）為真的重要性，而這也是伴侶治療最好的起點（Goldklank, 2009）。當治療師詮釋某一方伴侶的移情核心負面形象時，另一方伴侶通常也會感覺自己的經驗被肯認，因為治療師同時也證實了配偶的過度反應或誤解。因此，伴侶治療中適當的移情詮釋，往往是「你們雙方都對」的介入措施。

127

讓個案覺得移情是可接受的，而非可恥的

在詮釋移情願望與恐懼時，我們不希望讓它聽起來像是在批判，例如「你假裝沒有這樣的感覺，但你真的有！」相反地，我們想幫助個案體驗到，先前不被接受或被否認的素材，是他們身上合理存在的（legitimate）一部分，但由於某種可理解的原因，它們被拒於門外。我們可以試著說：「當你感到任何一點性慾時，你似乎對自己相當嚴苛」，或者「當你有任何想被照顧的願望時，你

似乎預期某些可怕的事會降臨在你身上」，或者「我能感覺到你對母親的憤怒，但你似乎認為你有這種感覺很糟」（examples from Wachtel & Wachtel, 1986, pp.125-126）。

透過聆聽的伴侶而產生矯正經驗

以伴侶形式進行個別治療工作的一個主要好處是，伴侶們見證了探索的過程，並且可以更加了解他們的配偶。我們之前討論過，提升同情心和增進親密感的價值，在於可以修復受損的伴侶連結。**我們現在可以透過移情的角度看待伴侶治療，視之為矯正負向移情期望的機會**。

在連鎖移情的循環中，伴侶雙方往往會證實彼此最害怕的恐懼。然而，當事情進展順利時，情況卻恰好相反。正如精神分析一樣，伴侶治療中最具變化的時刻可能發生在個案表達或「測試」他的移情需求時，其伴侶的反應不是恐懼，而是充滿同情和愛的關懷。這個歷程符合格林伯格和戈德曼（Greenberg & Goldman, 2008）的研究發現，即最能改變適應不良情緒（移情）模式的，是「用一種情緒代替另一種情緒」，而不只是單純揭露痛苦的情緒。在伴侶治療中，這種矯正情緒體驗的時刻可以相當親密，並且會讓我們回想起過去類似的親密場景，在這些時刻，伴侶雙方冒險分享他們最深的恐懼和渴望，這是浪漫愛情中的核心體驗（Goldbart & Wallin, 1994; Kernberg, 2011）。因此，這些親密的時刻可以修復關係，並重燃伴侶之間的愛火。

使期望失驗（Difsconfirmation）的挑戰

然而當伴侶態度無法就此軟化並繼續驗證負面期望時，我們可以怎麼做？儘管移情的心理學對伴侶治療師和個人治療師都很有價值，但伴侶治療涉及個人治療中所沒有的一個重要的複雜問題。在精神分析或精神分析的個人心理治療中，由於個案的決定並不會帶來現實的利害關係，因此同理的、相對匿名及專業的治療師，比較容易針對負向移情期望為個案提供矯正情緒的解藥（Greenson, 1967; Strachey, 1934; Weiss & Sampson, 1986）。然而，連鎖移情的存在使得伴侶更有可能證實他們核心負面形象的噩夢，即便是在治療的現場也是如此。 128

因為伴侶們反覆經驗到這些移情作用，有如可以準確預知未來伴侶間的情況一般，所以伴侶治療有許多的技術和困難便在於說服配偶們，他們的負面期望是不真實的、選擇性的或誇大的。與個人治療相比，伴侶治療需要更多的努力，通常包括（a）重新架構說話者所關切的重點，使其更容易激發同情心而較不易引發核心負面形象的驗證；（b）重新架構聆聽者對於負向移情驗證（negative-transference-confirming）的反應，使其成為可理解的而非惡意的（弗雷德退縮並不是因為他不關心貝絲的痛苦，而是因為他擔心自己難以承受）；以及（c）幫助伴侶雙方克服對以不同方式互動的阻抗（鼓勵貝絲相信，向弗雷德敞開心房，會讓她獲得安慰；挑戰弗雷德，即便在妻子生氣和流淚時，他也要堅持下去）。

與聆聽方一起努力讓期望失驗

當伴侶一方表現出不具同情心或聆聽能力時，第一步是重新架構或重新敘述發言方關切的重點，使其較容易引發同情心而不那麼挑釁。如果這個方法失敗了，那麼我們就轉而討論，造成聆聽方對他人感受不敏感可能的動態原因。我們必須清楚說明，聆聽方缺乏同情心的反應，不是必然會發生的，而是源自於聆聽方的心理與過往經驗。由於我們先前已討論過聆聽方態度不「軟化」的問題，接下來我只會談一些有關聆聽方移情的額外建議。

同化恐懼。聆聽方有時可能會缺乏同情心，但事實上相反的是，因為聆聽他人痛苦的事件，會讓他們想起自己類似的經驗，並激起他們的移情感受。配偶雙方通常有非常相似的問題和敏感點，但這些可能在其中一方身上表現得較為顯著。當這些問題和敏感點較明顯地表現在某一方身上時，可能會引起另一方的痛苦和隨之而來的防禦性疏遠。然而，如果我們成功地透過這種疏遠接觸到伴侶同化（partner identification）的來源，個案因為了解到他們的伴侶「也曾有過相同經驗，伴侶雙方可能會經驗到深刻的連結」。

情緒無能的移情恐懼。許多聆聽方害怕，如果他們完全理解並接受伴侶所說的話，他們就會被隨之而來的情感或照顧的責任所淹沒。弗雷德就是如此，他不僅為他憂鬱的母親感到難過（他們都因為他父親不在身邊的缺席而痛苦），而且當他意識到他無法讓情況好轉時，也感到內疚和無能。這幾乎總是能被詮釋為一種錯誤的移情信念，因為我們的個案現在已經比他們小時候更有能力給予幫助和安慰。

129

不公平要求的移情恐懼。如果聆聽方曾經是「親職化兒童」（a parentified child）、「很好的兄弟姊妹」，或是承受過家庭環境裡其他過多或不公平的負擔，其態度消極和注意力不集中的情況也會更強烈。這些個案對再次被要求做看似不公平的事時，會發生情緒上的過敏。

阻斷「我不是你媽！」的回應

一旦伴侶們承認他們在某方面很敏感，他們的伴侶可能會嘗試利用這點來對付他們。

當伴侶說：「不要再擔心我不會付帳單，我不是你媽！」暗示著這句話之前的抱怨已經因為在不負責任的母親下成長的經驗而失效（invalid）。「我們已經知道，你是因為你父親在你小時候失業了，所以你才很怕窮，但現在我們沒有理由不買我想要的那台電漿電視！」揭露某一方伴侶神經質的恐懼，不該意味著給予情感創傷較少的另一半無上限的許可[9]。

阻斷「你知道，我就是這樣！」的回應

相反地，在伴侶的敏感性在治療中被揭露並得到肯認後，當他們強推自己的主張時，可能會認為他們的伴侶不敏感而且無情，例如「你知道，我受過我叔叔的性虐待，我認為你只該期待每幾個月有一次性行為。」揭露移情的意義和敏感性的主要目的，是增加伴侶的同情心。但這並不代表要向有移情過敏的人屈服。理想情況下，有著全新深刻理解的伴侶，會努力降低他們的敏感性並減少對他人的影響。

鼓勵伴侶共同解決問題

然而意識到移情過敏和願望後，討論還沒有結束，而是引發

9　原註：治療師接受過察知此類敏感點的訓練，並具有專業立場以支持他們的感受力，有時候，他們會濫用這種洞察力以對付他們的伴侶，是最糟糕的罪犯。請小心！

後續的問題：下一步該怎麼做？**了解到過去的傷疤、過敏和潛在願望的配偶們，所面臨的挑戰是如何公平地使用這些知識，以解決衝突**。正如在精神分析（Schlessinger & Robbins, 1983）和伴侶治療（Seedall & Wampler, 2013）的追蹤研究中所發現的，根深柢固的關係模式並不會因為治療而消失。更準確地說，一旦我們認識到它們，就更容易對它們進行調整。西德爾（Seedall）[10] 和萬普勒（Wampler）[11] 對治療師如何提供幫助總結如下：

130

> 治療師可以將他們的工作設想為幫助個案增進他們互動時的安全感，而非聚焦於從根本上改變他們長久以來的依附模式，透過幫助伴侶（a）更有意識地覺察他們的人際關係模式，包括他們的習性和自動反應；（b）更有意識地回應伴侶的痛苦；以及（c）學習在痛苦中更適當地發出求救信號和表達自己的需要。（p. 434）

學習哀悼與適應

當個案問：「好吧，我知道貝絲因為過去父母對待她的方式，而對批評很敏感，但為什麼我必須處理這個問題？這不是不公平嗎？」我的回答是：「是，也不是。」首先我會告訴伴侶雙方，了解他們伴侶的情感弱點和敏感點，是適應力和理性的展現。如果他們的朋友肩膀受傷，他們不會在問候他時拍他肩膀。向前推進的方法之一，是單純地詢問這對伴侶：「你們打算怎麼做？你們打算如

10　編註：萊恩・西德爾（Ryan Seedall）是美國家庭治療師。

11　編註：史提夫・萬普勒（Steve Wampler）是美國知名行為健康心理治療師。

何與這個問題共處？」勸告個案我們之所以必須遷就伴侶的弱點，是為了反制每個人身上都有的、無意識的移情願望，這也就是指，我們都希望我們的伴侶沒有弱點，這些弱點可能會妨礙他們妥善地與我們相處與照顧我們。

接著我問他們，如果他們的配偶需要坐輪椅，他們會如何回應：身體和情感上的殘疾之間有區別嗎？我們可以期待一個殘疾人士承擔多少責任？而這個殘疾的人又能期望他或她的伴侶做多少調整與提供多少協助

對情況最有幫助的，是接受一方心理上有傷痕這一點（當然實際上雙方都有），並且為了伴侶關係，他們必須弄清楚如何處理這種情況。如果處理得當，他們的討論可以使自己的伴侶關係更加強大，因為他們都接受對方不可能成為他們結婚時「心中所希望的一切」那樣。因此，一些哀悼和適應對個案來說是必要的。

對治療師的移情

個案在接受伴侶治療時，對治療師會有移情恐懼、假設和願望，就像他們在接受個人治療或精神分析時一樣。這是個複雜且重要的主題。因為它與精神分析為導向的個人治療中的典型討論有所重疊（Basch, 1988; Greenson, 1967; Malan, 1979; Summers, 1999），我會只就伴侶治療的工作做幾點評論。 131

首先，治療的影響力（leverage）在一定程度上來自允許個案將治療師理想化，將他或她視為專業、希望和救助的來源，用佛洛伊德的話來說，即「一個無法拒絕的正向移情」，或者以自我心理學的術語來說，也就是「一個理想化的自我客體移情」。在治療初期，我會提到我的相關資歷，並盡量不干擾理想化的移情。希望我

能夠實現個案的一些（儘管不是全部的）期望。

同時，我盡量不讓任何一方將我理想化為比他／她的伴侶要好得多的另一半。大多數情況下，我會對這種危險性，並適時展現個人的謙卑（personal humiliation）來達成這一點。

除了調整（titrating）個案的理想化之外，我還會在負向移情跡象一開始出現時就盡早解決，以免造成太大的傷害。對我的負向移情，經常與個案認為我欠缺中立或過度批評有關。我試著對這些問題的討論保持開放的態度，因為他們可能會損害治療同盟（therapeutic alliance）和治療本身。在我最佳的狀態下，我能夠將個案的恐懼與過去的事件聯繫起來，向個案說明，他／她對我的移情與對配偶的移情之間有何相似之處，並幫助個案有效地利用這些知識。

反移情

在評估個案的移情時，我必須監測我自己的反移情，因為這通常有助於猜測伴侶雙方對彼此的期望（Catherall, 1992; Racker, 1968; Tansey & Burke, 1989）。如前所述，我在內心嘗試想像與每位伴侶結婚會是什麼樣子，我想知道，我是否會經歷他們所描述的那種挫折和失望。如果我似乎會有同樣的問題，我會更加確信這些問題值得關注。如果我看到尚未提及的其他問題，我可能會想，為什麼配偶可以滿足於現前的情況並毫無怨言。如果我對他們提到的問題不感到困擾，我更有可能懷疑，抱怨的一方是否有移情過敏。當然，所有的這些思慮，都是基於我對於自己的個人偏見、情緒過敏和當前的憂慮等方面，具有專業上的知識。

對治療師而言，察覺對個案的負向反移情尤其重要。有時候這純粹是個人感受——事實上，最好將它視為我們自己的移情，而非反移情——並且是由於個案與過去困擾我們的人的相似之處所引起的。「了解自己」會幫助你釐清，有多少不適感是你自己的責任，還有多少是我所說的「可利用的反移情」，它可以讓你知道，大多數的其他人會如何回應你的個案。 132

當你發現某位個案特別令人厭惡時，首先你應該考慮到，他／她有可能無法很恰當地傳達自己的立場或需求。如果你能做到這一點，那麼使用介入措施來重構、揭露並連貫地傳達這討人厭的個案所關切的重點，應該會有所幫助。此外，你也許會想再次閱讀第二章中，關於先與較不討人喜愛的個案站在同一陣線的益處。

另一個選項是，與個案分享你也會被某種特定行為所困擾。比如說，他或她一再地違背承諾。面對這樣的個案需要從「另一位聆聽者的角度」進化為嘗試同理地透過他們的視角來看待世界。這將使你暫時站在抱怨的伴侶這一邊，同時表明你並不害怕將對話導向適應不良的行為。時機和策略是關鍵所在。正如林斯特羅姆（Ringstrom, 2014）[12] 所指出的，「迴避這種談話素材，有可能加強病人的孤獨感，並削弱經由相互認可而增強的關係能力」（p. 58）。如果治療師審慎並敏銳地操作，這種介入措施可以進一步發掘出那擾人行為背後的隱藏動機。

表現謙卑

與年輕時相比，我現在更願意與個案分享相關的個人經驗。儘

12　編註：菲利浦．林斯特羅姆（Philip Ringstrom）是美國知名精神分析師與心理治療師。

管這總是有可能適得其反或造成問題（例如，破壞個案對我專業的理想化或信任），但自我揭露可以在面對生活艱鉅的挑戰時，傳達一種謙卑的態度。

我向伴侶們坦承，我可能會無法控制自己，並做出許多我建議他們避免的反效果的行為。透過承認我的缺陷，我可以削弱電影中經常描述的（移情）信念／願望，即婚姻是一件容易的事。我想讓我的個案知道，我也把我教給他們的東西應用到自己的生活中。站在一個「過來人」的立場上，我可以更自由地討論成熟行為所需面臨的特定情感挑戰。這樣適度的自我揭露，是為了透過增進團隊的團結一致，以強化治療的同盟關係，讓參與治療的成員們不需覺得羞愧地大方接受「改變並不容易」而且「關係的成功需要努力」。

在下一章中，我將以這一章提出的觀點為基礎，討論所謂的投射性認同（projective identification），這是一種基於對伴侶的移情作用所產生的防禦。

第九章
聚焦於投射性認同

另一種從精神分析的角度檢視婚姻中的衝突與不幸福的方式，134 是透過投射性認同（projective identification, PI）的視角。[1]投射性認同曾被以為只發生在具有嚴重人格疾患的人身上，但它在更健康的人身上也很容易觀察到。在本章我們很快就會了解，投射性認同理論的吸引力之一就是它橋接了心靈內部的（intrapsychic）心理學與人際歷程（interpersonal process）之間的鴻溝。

投射性認同作為一種人際防禦

投射性認同是一種人際防禦，人們透過這種方式吸收他人，以幫助他們忍受痛苦的內心狀態。這與像是壓抑的純粹心理防禦相比，後者的情況中，他人不會以這種方式被（錯誤）利用。投射性認同的一種常見形式，即一個內在衝突（「我想買一輛新車，但我認為我應該存錢」）逐漸被人際化（interpersonalized）而變成伴侶間的爭論（「我想要一輛新車，但我的妻子認為我們應該省錢」）。當你對某個問題感到矛盾時，你有時會向自己隱匿問題的

1　原註：以下作者（按歷史順序）對我們理解應用在伴侶的投射性認同做出了重要貢獻：Dicks (1967); Willi (1984); Wachtel & Wachtel (1986); Scarf (1987); Slipp (1988); Zinner (1989); Catherall (1992); J. Siegel (1992, 2010); Berkowitz (1999); Middleberg (2001); Donovan (2003); D. B. Stern (2006); Lansky (2007); and Gurman (2008b)。

複雜性，並採取更容易的方式，也就是和另一個人發生爭執。這是因為當你（即便是模糊地）明白你感到矛盾之處以及你懷有疑慮的細節時，為你的兩難處境找到確實的解決方案，就會變得非常麻煩。

另一種投射性認同的常見形式是將令人困擾的自我評價給外化（externalized），例如：「我擔心我太過依賴」變成「他不會給我我應得的」關於一個人是否善良或討人喜愛，這類的爭論經常被人際化；正如某位個案所說的「我老公討厭我，總比我討厭自己好」（Scarf, 1987, p. 180）。在這些情況下，投射方無法維持一個複雜的、矛盾的，或「足夠好的」自我看法，而是把事情兩極化，將它們視為非黑即白、全有全無。從這個角度來看，敵對型伴侶可被視為試圖逼迫對方接受不完美的人這個可恥的稱號，透過將它外化的方式，將它有如燙手山芋般丟來丟去。

135

雖然最常被拒絕承認的（disowned）（投射的）是一些負面的性格特徵，但使誘導方感到焦慮的討喜特質也可能會被投射（「他是我們婚姻中的聰明人」），以提供無意識中的心理益處（「既然他是聰明人，我就不需要對自己期望太高」）。

投射性認同作為無意識的演出場景

大多數的深度心理學指出，人們不僅會無意識地基於他們過去的經驗及當前的需求而誤解他人，還會無意識地試圖根據這些經驗和需求來實現或扮演（enact）人際關係中的特定角色（Sandler, 1987; Stern, 1994）。為了達到這個目的，他們會邀請或誘導他人扮演他們真實生活戲劇（real-life dramatic creations）的角色。儘管許多人都知道兒童在遊戲中表現出他們內心的憂慮，但鮮為人知的是成人也會這麼做，只是以一種較隱晦的方式表現在日常生活中。投射性認同的概念有助於我們了解他人的劇本（例如：一個無助且痛苦的少女，尋求著身披閃亮盔甲的騎士來解救她）。

投射性認同的組成

投射性認同始於兩個理論上可分離的但經常同時進行的步驟：（1）一個人希望透過心理的投射（移情）以排除一個自己不可接受的部分，以及（2）這個人（「誘導方」）鼓勵伴侶（「接受方」）以符合他投射的方式行事。在接下來的步驟中，伴侶的任何一方或雙方都可能「認同」被投射的形象，並採取相應的行為。

為了說明這些步驟，請參考下面的例子：一個對自己的某部份感到不自在的女人（例如，她的社交焦慮），首先會有點不符現實地看到這部分出現在她丈夫的身上（「他從來不想跟我一起去社交活動！」）。這改善了她的自我概念，因為她將問題定位在自身之外；這也可能透過讓自己感覺優於對方而增加自信，並給她一個藉口不去參加即將到來的社交活動。這一步相當於她無意識利用移情來自我防禦。

當接受方不僅被誘導方錯誤地感受成自我不可接受的一部分，且實際上也因為來自誘導方的壓力，而讓他產生相應的感覺和行為（認同）時，投射性認同的過程便超越了移情（扭曲的知覺）。因此，反復被告知自己有社交焦慮的丈夫，可能會開始懷疑自己，而這種不確定性可能會帶來焦慮與社交上的尷尬行為。 136

投射性認同作為一種代價高昂的防禦機制

透過迫使伴侶扮演兩極化的（polarized）角色，投射性認同可以強力干擾伴侶間的親密關係、問題解決的能力與幸福感。此外，只要接受者觸手可及，當個案試圖將自己的問題移置於（locate）在他們身上時，會面臨投射出的感覺回到自己身上的危險，就像迴力鏢飛回來一樣。一個將憤怒與惡意移置於伴侶身上的人，必須時刻保持警惕。此外，如果一個人**激起**伴侶的憤怒，而不只是將他或她想像成「憤怒的人」，則會陷入更糟糕的處境。試圖透過將某些令人恐懼的心理狀態移置於他人身上，進而「遙控」他們是很危險的，即使暫時成功了，也可能使投射方承擔後果，伴侶會因此受到貶抑而自暴自棄（out-of-commission）。

投射性認同解釋了令人恐懼的情況成真

治療師經常觀察到伴侶不只是神經質地（不符現實的）害怕或抱怨預期的負面結果；他們往往會引發這些結果。我們在討論連鎖移情的概念時，已經碰過這個情況，並看見在衝突升溫與適應不良的關係之舞中，雙方的恐懼與防禦是如何激起對方恐懼與防禦的火焰。投射性認同對此現象提供了另一個解釋。與連鎖移情相似的是，個案的防禦會引發明顯令人討厭的結果，但當投射性認同發生作用時，還會帶來另一個無意識的心理益處，就是為這個過程提供動力。例如，雖然上述的妻子可能會有意識地抱怨其丈夫不擅社交，但她對他的行為有影響力，並無意識地從丈夫被誘發的缺點中得到益處。

投射性認同解釋了無法軟化的態度

投射性認同同樣為我們提供了另一種解釋，為什麼有些個案在他們的伴侶暴露其脆弱時，態度仍無法軟化。他們之所以**無法同理**

的原因，可能與導致先前投射性認同的驅力完全相同。由於他們缺乏能力在第一時間涵容某種感受，以至於投射方將它移置於伴侶身上，所以當他們不樂見伴侶將其反饋給他們時，也不足為奇。

接受方的涵容

137

如同所有的防禦機制一樣，當人們無法接受或「涵容」某些對自己或世界的感覺或想法時，便會無意識地採取投射性認同的方式。我們可以透過注意接收方如何處理被投射／被誘導的感覺或個人的描述（「你是個漠不關心的人」），來歸類以下的事件。自從比昂（Bion, 1962）以來，精神分析學家強調，如果接收感覺的治療師能夠「涵容」這樣的投射，並將其「代謝」，然後以一種更易處理的形式反饋給投射的個案，那麼個案可能會變得比較容易容忍投射的心態（Ogden, 1982; Tansey & Burke, 1989）。治療師透過涵容、代謝和反饋轉變後的投射，給予個案「情緒的擁抱」（emotional holding），就像身體上的擁抱一樣，有助於安撫兒童和成人。

同樣地，保有情感能力與同理心的配偶，可以在他們伴侶難以承受內心的痛苦時提供協助。精神分析心理學將這種協助概念化為涵容以及擁抱（剛才所描述的客體關係的觀點），以便使移情恐懼（自我心理，ego psychology）失驗、通過一個移情願望的測試（控制掌握理論，control master theory），或者提供自我客體的功能（自體心理學，self psychology）。這些都是相同人際功能的不同優點，我在此稱之為「涵容」（containment）。

當情緒激動時，涵容他人不是件容易的事，對於絕大多數配偶都是一項挑戰。當配偶未能給予容納時，我們通常會看到三種常見的模式：

接收方奮力將被投射的特徵放回投射方身上（「不，你才是漠不關心的人！」）；這些是敵對型伴侶。

接收方與情況保持距離，讓人際防禦失敗後的投射方伴侶獨自面對失望；這些伴侶們會成為**索求方——疏遠方（pursuer–distancer）**伴侶。

接收方認同並扮演被誘導的角色，**這會產生被認定的病人型伴侶（identified-patient couples）和其他類型的兩極化伴侶（polarized couples）**（稍後討論）。

在所有這些情況下，治療師必須努力幫助伴侶**雙方**理解並涵容其痛苦的心理狀態。要做到這一點，治療師首先必須掌握且涵容被個案拒絕承認的事物。為此，我們要將注意力轉移到感受痛苦的感覺上，以及由於做出不妥的回應後而產生的壓力上。正如凱瑟羅爾（Catherall, 1992）所說的，「治療師必須不要將個案拒絕承認的特質視為他們永遠感受不到的事物」（p. 360）。治療師如果能承認他自己要維持情感上的同在是非常困難的事，就可以幫助個案以正138 常的角度來看待事情：「瑪麗，看著喬失業過了一周又一周，對我來說壓力也很大。這很容易讓人想透過責備喬或專注於其他不那麼痛苦的事情，來逃避這種感覺。」

接收方的困境

一旦涵容失敗，加上你被迫在別人的戲裡扮演某個角色，要從其中脫身便更加困難。幾乎所有的接收方都清楚他們被誘導的自我狀態「不是我的全部」，也因此他們抗拒片面、負面的描述。他們會透過列舉事實和反例，以爭取公平與更具體化的描述。儘管如此，具有強烈動機不去聆聽對方的誘導方會駁回他們的反對。因此，接收方會覺得自己是受害者，並陷入注定失敗的局面。國會議員也是如此，他們在被稱為「美國最愚蠢的立法者」後，便召開記者會加以否認。試圖反駁或否認他人賦予的角色往往，只會讓人越陷越深。當偏執的患者拒絕治療師為了呈現善意所做的所有努力，包括治療師所詮釋的負向移情時，陷入類似困境的治療師就會了解這是什麼感覺。

誘導：有動機和無動機

在臨床討論中有個常見的問題是，個案是否有**無意識的動機或意圖**，來讓他們的伴侶或治療師感到痛苦（憂鬱、焦慮、表現不佳）。有一個對投射性認同概念常見的批評是，其擁護者過於輕易和不加批判地認為，個案在無意識中意圖導致這些結果。為了對這些批評者說句公道話，並澄清我的立場，我們應該區分「無動機的」誘導和「有動機的」誘導，只有後者才應該被視為真正的投射性認同。在仔細檢驗無動機的誘導後，我們會發現，儘管個案的行為**的確**會引發他或她的伴侶做出令人痛苦的行為，但這樣的結果對個案而言，並**沒有帶來任何情感上的好處**。相反地，這些是我在第五章討論伴侶之舞時提過的「諷刺的過程」，其中個案引發了恰好與他們所希望的相反的結果。對妻子不關燈叨唸不休的丈夫，可能會引起妻子的反感，以至於她「忘記」關燈，而一個害怕被拋棄的妻子對丈夫緊追不捨的行為，可能會引發對方更多的疏遠。在這種情況下，當擔心的情景反常或諷刺地發生時，我們最好假設，這樣的結果不是由投射性認同所引起，而是由於適應不良的行為所產生的反效果。

相較之下，有些結果似乎是由無意識的意圖所引發的。這些結 139 果在不知不覺中帶來好處，儘管它們經常同時是抱怨的主題。雖然**「無動機的誘導」描述的是，人們透過錯誤的假設與適應不良的行為，造成了他們不希望發生的情況，但「投射性認同」一詞，應該保留用於具有無意識目的或好處的情況。**

這種有動機和無動機之間的區別很重要，且不僅是語意上的。當個案在無意中反覆將自己置於痛苦的情境時，我們必須進行治療工作，包括幫助接收方抵抗他們的反射性反應。保羅・瓦赫特爾（2014; Wachtel & Wachtel, 1986）[2] 多年來戮力強調，這種非故意的誘導接受方（現在成為精神官能症的「幫兇」）的負面行為，是維持個案病理性想法（pathological belief）的必要條件。然而，**當維持這些情況對個案而言具有情感上的重要性時，我們在揭露它並改正阻礙改善的動機時，會面臨更大的挑戰。**

經由不作為而實現的誘導

另一個對投射性認同常見的批評是，它看似神祕、甚至是超自然的。人們究竟是如何把自己的一部分「擺放」（put）或「移置」（locate）於他人身上並讓他們認同這一部份呢？誘導實際上是如何達成的？投射性認同並不是透過心電感應而達成。更確切來說，**在投射性認同中，大部分的影響力是非語言的、「具有弦外之音的」（written between the lines），而且是透過不作為（inaction）達成的。**缺乏情感支持往往會使不安全感、孤獨或自戀的憤怒更加嚴重。在危險的情況下，如果人相對缺乏憂慮感，往

2　編註：保羅・瓦赫特爾（Pual Wachtel）是知名美國心理治療理論大師。

往會增加在場其他人的焦慮。為了向個案傳達這個想法，我以司機為例，如果他在黑暗與蜿蜒的道路上超速行駛，毫不在乎危險，這會引發乘客的焦慮。事實上，乘客的焦慮是司機的毫不焦慮所直接引發的結果，並解釋了我所謂的「焦慮守恆」（the conservation of anxiety），這個概念立即引起任何在這種情況下被稱為「過度焦慮」的人的共鳴。

由於無反應、不作為和心理上的盲目通常是誘導的機制，誘導方經常會感覺受到接受方錯誤地指責（沒錯，**誘導方沒做出任何「錯事」**），並認為他們自己不應該對伴侶的反應負責。這使誘導方能扮演他們伴侶病態心理下的無辜受害者。此外，由於沒有人可以指出他們究竟做了什麼事導致其伴侶的痛苦，他們會更加確信伴侶就是他們恐懼的化身。儘管如此，他們還是犯下了疏忽、不作為之罪（投射性認同誘導）。

下面的案例說明了投射性認同因為不作為（疏忽、缺乏支持以及不積極處理矛盾）而導致的誘導。

雷克斯和凱特琳：以投射性認同應對哀悼

140

凱特林在一次治療會談中說起，她已經成功克服了自己不願聯繫雷克斯母親的問題，目的是為了修復他們長期以來情感的疏遠。我們在上一次會談中討論過這項任務，因為雷克斯希望凱特琳為他最近喪偶的母親做點什麼，好讓她開心起來。但在凱特琳回報她有多堅持努力（她的婆婆一如既往地難以聯繫）、讓她們的關係得到些許改善後，雷克斯仍然不為所動。

雷克斯和他的父親一直非常親密，每天都會通電話。他的父親一直非常支持雷克斯與他的家庭，且大家現在都很想念他。我認為他的早逝，是雷克斯輕度憂鬱的主因，但我一直無法讓雷克斯直接討論這個問題。現在我想到，他希望他的妻子和他的母親聯繫，是試圖在某種程度上扭轉他的失落，透過讓這兩名女性扮演他與他父親的角色。雷克斯就像一部投射性認同劇的編劇，他邀請他的妻子擔任演員，但這未能減輕他的痛苦。

凱特琳可能對雷克斯缺乏肯認的態度感到惱怒，她隨即提到雷克斯在花錢方面有雙重標準。她指出，當她花錢買自己的衣服或為挑食的兒子買特製食物時，雷克斯會批評她浪費。與此同時，雷克斯卻買了大批的玩具給兒子以及昂貴的物品，包括他給自己買了一輛新的豪華汽車，也沒有多做解釋。雷克斯無視這明顯的不一致，反倒還細數他買給兒子的玩具的價值。然後，他自誇了自己弱勢的成長背景下所獲得的教養，毫不遜於出身於優渥郊區生活的凱特琳。這個離題的回應進一步激怒了凱特琳，因為他不僅忽略了她的觀點（並非所有「失控的支出」都是她造成的），而且他也忘記了她小時候缺錢過，更重要的是，她缺乏父母的關注（現在這話題在他們的交流中反覆出現）。我看到的是，雷克斯誘發了凱特琳孩童時期的恐慌情緒，當時她父母經常忽視她，**這種情緒與他自己當下拒絕承認的（disavowed）情緒可以相提並論**，因為他努力不去想念他已故的父親。

我試圖幫助凱特琳「涵容」這些投射，不要讓他們未經代謝就回到雷克斯身上，而使事情變得更糟，我給了她一個支持性、非語言的表情，並建議我們更深入討論雷克斯的問題。她相信我的想法，這比她繼續她不成功的辯論來得更有成效，因此允許我主導對話。

然後我嘗試讓雷克斯多說一點，從我已知的他心中的財務憂慮開始。他透過表達他們必須供養凱特琳父母的這一點，來迴避這個問題，他認為凱特琳的父母入不敷出，如果她父母長壽的話（我想這是暗示他父親的早逝），兩老可能會耗盡錢財；不像他的一些親戚比她的父母年長，卻更懂得財務管理（我再次注意到他提及長壽以及他努力在他的法庭上強調「美德」）。 141

隨後雷克斯談到他所感受到的壓力，他在一個停滯不前的行業工作（再一次暗示了憂鬱和死亡），以及他擔心凱特琳的支出會使得他必須工作更久，以賺取足夠的錢維持他們的退休生活。由於雷克斯把凱特琳說成她應該為他的痛苦負起責任，凱特琳再次受到刺激（誘導）而打斷他的話，指出他對自己的焦慮和節儉的價值觀描述中的前後矛盾：因為他們有充足的投資，所以這種焦慮並不必要。她抱怨道：「你應該對我買新靴子的事閉嘴！**你才是硬要買那輛新車和立體音響的怪胎！**」

我注意到雷克斯的投射又一次超過凱特琳的涵容能力，我馬上插話解釋：

> 雷克斯，我認為這裡的關鍵事件，是你父親的死亡。這一點顯示在你對母親的擔憂上——因為你母親也因失去父親而痛苦不堪——以及你對未來的經濟狀況的擔憂上。每當我們直接談論你失去父親的問題時你就感到不安，這是可理解的，然後你就會逃避這個話題。你有個應對這件事的主要方式，就是將你失去父親的失落移置於你母親，和擔心妻子的花費會影響未來的經濟狀況這兩件事上。面對這些問題，顯然比你去面對自己內心的煩惱更容易：失去父親使你的動力與活力下降，讓你很難提起精神

> 工作。因為失去快樂的感受，讓你想放縱你的兒子和自己。
>
> 這部分的危險在於，由於你對自己的花費感到內疚，而且在某種程度上，你逃避與你母親交談〔她是個難相處的人，儘管他自己避免與她接觸，但他總是在為她辯護〕，你嘗試藉由指責凱特琳來間接解決這些問題：你說是**她而不是你**，嘗試透過購物來讓自己感覺好一點；是**她**、**不是你**很難與你喪夫的母親相處；是**她**、**不是你**有「情緒問題」。**當凱特琳幫了你或她抗議你的言行不一時，你會忽略她，從而維持這些對她不正確、負面的想法**。
>
> 問題不僅在於你無法解決自己內心的痛苦，而且你還剝奪了真正有助你面對悲傷的事物：你和凱特琳的相互安慰、感受到親近，並且將你們自己視為命運共同體，不僅在經濟上、情感上也是如此。

要一下子說完這些有點多，而且雷克斯在一次會談中需要吸收的東西太多了（而且我敢肯定當時並沒有說得那麼滔滔不絕）。在接下來的幾個禮拜，我們持續實行我的介入措施。那天，雷克斯恭敬地聆聽著，而且更努力學習如何哀悼他的父親。

142 隨著時間經過，雷克斯逐漸允許我幫助他停止將妻子視為代罪羔羊，以掩飾自己真實的感受。如同許多男性一樣，他很容易看到女性的軟弱和悲傷，但卻無法承認自己也有這些感覺。凱特琳一直是方便雷克斯存放悲傷的所在，因為她很容易表達她對他父親去世的深切悲傷。當我與雷克斯一起進行治療工作，當他的脆弱與淚水顯露時，凱特琳也在一旁聆聽。她能夠從與雷克斯無謂的爭論中抽身而出，並專注於她與雷克斯該如何填補他父親去世後留下的空缺。當他們越能處理這項挑戰，雷克斯就越不需要凱特琳來代表他無法涵容的感覺，他也越能把她視為真正支持他的伴侶。

投射性認同是伴侶治療中通往成功的康莊大道

雷克斯和凱特琳的案例，證明了投射性認同是一個十分有力的工具，就像我治療過的許多伴侶一樣。事實上，**當我回顧我最成功的伴侶治療案例時，我發現幫助個案接受他們拒絕承認或被投射的部分，往往是通往成功最可靠的途徑**。這是我沒有預料到的。以下是另一則成功的故事，說明一種常見的、不舒服的自我經驗，即失敗後的羞恥感是如何在配偶身上被移置與誘發的，以及如何幫助誘導方重獲被投射出的羞恥感，進而改善其婚姻。

瑞秋和麥特：以投射性認同應對羞恥感

四十歲的瑞秋，在她的零售商店經營失敗不久後，前來接受婚姻治療，她抱怨道：「我丈夫讓我感到噁心！」她準備離開麥特，她認為麥特作為家庭支柱和情人都令人失望。她最不滿的是，他的收入雖然是六位數，卻從未達到她的期望，而且比她許多朋友的丈夫還要少。儘管她承認麥特很愛她，他幫助她處理原生家庭的糾紛，也曾在她沉迷於藥物時，在她身旁支持她，而且他很受朋友們的歡迎；但她現在很肯定自己當初不該嫁給他。

瑞秋對她丈夫的輕蔑（高特曼可怕的四騎士之一[3]）顯然是她

3　譯註：此為高特曼博士所提出的「末日四騎士」（the Four horsemen of Apocalypse）

對自己生意失敗的羞恥和失望的投射。事實上，這一點很容易看出來，以至於我不得不努力涵容我一開始對她的負向反移情，即認為她是一個遲鈍又任性的抱怨者。請注意，我嘗試涵容的輕蔑，是由於瑞秋無法承認她明顯不公平的指控所引起的（一種由個案不作為而引發的反移情）。

但瑞秋的輕蔑不只限於防禦性的投射。她的猛烈攻擊，加劇了麥特對自我表現的焦慮，進一步損害了他在工作和性生活上的表現。具體而言，他的不安全感日益增長，導致他逃避招攬新的業務，因為他害怕被拒絕——這是他每天在家裡所經歷的。他也逃避與妻子行房，因為他開始無法勃起。瑞秋對自己的羞恥感和失敗的防禦表現，成功地在麥特身上誘導出這些特質。在我們的治療會談中，麥特幾乎不動也不說話，而他彎腰駝背的肢體語言像在大叫著「失敗者」。當瑞秋將他與一位充滿自信且吸引她的軍官之間，進行不利於他的比較時，麥特感到羞愧，也無法為自己辯護。當我和他坐在一起時，我試著想像他在招攬客戶；我既無法想像他會鼓起勇氣撥打必要的電話，也無法想像任何客戶會將生意託付給他。由於這一切，麥特似乎證實了他妻子的（投射和誘導的）想法，即他是「男人中的恥辱」。

有助於扭轉這種投射性認同過程的治療措施，從我幫助瑞秋承認並涵容她對創業失敗的羞恥感開始（她曾希望創業會改變她的生活並增加家庭收入）。結果證明，這麼做相對容易，部分原因是當我讓瑞秋回顧商店的起落時，麥特仍然保持支持的態度。不久後瑞

概念，其中包含批評（criticism）、輕蔑（contempt）、防禦（defensiveness）和拒絕溝通（stonewalling）四種負面的溝通方式，這些溝通方式會對關係產生強大的破壞力並可以有效地預測伴侶的離婚機率。

秋哭了起來，並開始認為她的生意失敗，與她小時候無法得到她那嚴厲的商人父親的關心有關。在她感覺更安心時，她告訴我們，她也對自己再次濫用處方藥感到非常羞愧，這種處理方式現在適得其反，使得她原本想要掩飾的痛苦更加惡化。

麥特的支持，加上他沒有應驗瑞秋的期望，即他會因為她財務失敗或用藥而羞辱她（就像她父親因為更微小的過錯就羞辱她一樣），提供了重要的矯正經驗，進一步減少了她的羞恥感。隨著瑞秋的自尊心上升，她變得更有希望，並開始從事新的工作，這最終為她帶來了同事間的友誼、自尊和收入。由於這些收穫以及她與麥特重新建立的親密關係，幫助她在新工作中找到滿足感，儘管這份工作沒有她以前失敗的生意那樣氣派又有賺錢的潛力。

我還幫助瑞秋不那麼為麥特的實際侷限感到羞恥，這些侷限大多是他優秀才能的反面。雖然麥特並不是瑞秋認為她會喜歡的具有雄才大略和領袖特質的男性，但他是非常有愛心和耐心的丈夫與父親。當瑞秋的輕蔑減少，而真誠的感激之情浮現，麥特的心情也變得開朗，他的姿勢也越來越挺直了。他感到更有自信，也尋求職涯諮商，這讓他在專業上更加順利。在瑞秋（誘導的）壓力減少的情況下，他變得更加成功。

隨著良性循環的持續發展，麥特的自信心不斷增強，這使他能夠在瑞秋開始自我懷疑時，給予她重要的情感支持：不僅是在她的事業上、或是在用藥問題上，而且也在她的外表上與作為母親的能力上。由於感受到麥特的支持，瑞秋不再那麼需要將她負面的自我形象外化。他們的性生活也得到改善，儘管瑞秋不得不接受大部分時間必須由她主動。將他們帶到治療中的那種輕蔑、誘發羞恥的投射性認同循環，被另一種積極的、相互支持的循環所取代。舊的循 144

環是由羞恥、不信任和批評所驅動；新的循環則反映了漸增的自豪感、信任和支持，這使他們兩個人都更加快樂。

十五年後，當瑞秋向我尋求幫助，以妥善安排她年邁父母的生活時，我得知他們的治療成果挺過了時間與一些重大外在挑戰的考驗。我把這對伴侶視為我最圓滿的成功案例之一：從蔑視和離婚的邊緣走向深切的尊重、親密的連結與真誠的感謝。

與問題交往或結婚

另一種常見的投射性認同形式，牽涉到了我所說的「與問題交往或結婚」。在此的情況是，一個被動經歷童年創傷的伴侶，會尋找關係和／或策劃（engineers）事件，透過主動讓創傷經驗重演，並走向比較快樂的結局，進而獲得對這件事的掌控感。伴侶們可能是被選來符合角色需要，或者被誘導來扮演這個角色，如同一個人和這個問題「交往」或「結婚」一樣。在任何一種情況下，其概念是童年遭受痛苦的受害者角色被移置於自身之外。童年被羞辱和欺負的人，現在羞辱他或她的成年伴侶。被父母遺棄的人成為遺棄他人的人。還有人可能發現或誘導伴侶以某種方式受傷，然後試圖「治癒」他們，進而替代性地獲得對於童年痛苦的控制感。有時候我們可以看到這兩種模式的組合，因為伴侶一開始可能會先誘發一個問題，然後治好一部分，或者反覆誘發「疾病」，以便繼續扮演（無意識的）受害者以及（較有意識的）拯救者。

與問題解方交往或結婚

儘管有些個案試圖藉由與他們的**問題**交往或結婚來治癒自己，但其他人則嘗試跟他們問題的**解方**交往或結婚，透過尋找可能被誘導的伴侶，以補足心理功能的缺失或安撫他們恐懼的缺陷。**這種為了治癒自己所做的努力，可被視為投射性認同，因為面對內在痛苦的個案會在他們的親密伴侶身上誘發出一致的痛苦，從而迫使這些伴侶扮演拯救者的角色**。我們曾在第三章中詳細檢視了這種情況，當時我們討論了對於尋求治癒的不切實際希望。

當對治癒的要求不是太高時，配偶中的一方或雙方可能可以補足另一方所缺少的功能。當一方不再願意或無法履行這種支持性角色時，這些伴侶便會來找我們治療。

婚姻的兩極性作為投射性認同的例子

145

透過投射性認同的視角，可以理解許多經常出現在文獻和我們諮商室裡的兩極化伴侶。（a）伴侶一方尋求「與治癒者結婚」，另一方尋求「與問題結婚」，或者（b）伴侶雙方同時試圖「與治癒者結婚」。一些更常見和臨床上有用的兩極化分類是：歇斯底里（感覺／自由奔放）與強迫症（思考／計畫）；過度（功能過度）與不足（功能不足）；憤怒／任性妄為與堅忍／含辛茹苦；和「理智」（受害／賦能）與「瘋狂」（被認定的患者）。這種伴侶所涵蓋的範圍是漸變的，從相對良性的「互補型伴侶」到較為病理上的「致命吸引力」。

互補的伴侶

有一些兩極化可能相對良性，且會隨著時間而穩定下來。這些是互補型伴侶「共謀」（Willi, 1984）進行「投射性交換」（Scarf, 1987），透過這種方式，伴侶不僅拒絕承認自己身上的某部分，並將它移置於伴侶身上，而且間接在遠處欣賞這個部分的運作。在這種形式下，被自身所拒絕承認的部分的「認同」發生在伴侶雙方身上，並成為投射方正向的體驗。一個否認自己有依賴需求的男人，喜歡為他的妻子購買昂貴的珠寶，或者在她焦慮時在晚上接手開車。一個不承認自己有侵略性的女人，喜歡看到她的丈夫在他人面前堅持自己的主張。這種交換（trade-offs）通常比單純的替代性快樂更有意義。例如一個「能力出眾」（overadequate）的配偶也可能會感到一種能掌控局面的優越感，而一個「能力不足」（underadequate）的配偶可能會因為不必面對某些生活挑戰而鬆了一口氣。這些好處進一步穩定了這種模式。

當這種配置奏效時，伴侶雙方就像接受了不同角色的隊友。這些兩極化的伴侶們對於被投射出的特質的看法越不一致，其中潛伏的危機就越大。他們可能會感到彼此在情感上脫節，且難以解決雙方在不同方面上的根本衝突，例如社交的程度或養育子女的嚴格程度。這樣說來，這些伴侶應該與以下這類伴侶有所差異：這類伴侶在短暫蜜月期後就對被投射的部分感到強烈厭惡，而他們感到厭惡的原因，通常跟最初被投射的原因是相同的。這些是黛安．費爾姆利（Diane Felmlee, 1998）[4]在不持久的關係中所發現、常見的所謂「致命吸引力」伴侶。

致命吸引力的伴侶

如果我們問配偶們最初是什麼吸引他們彼此，便可以發現許多重要的婚姻兩極性。那些根據扮演他們所需（通常是截然不同的）

146

4　編註：黛安．費爾姆利（Diane Felmlee）是美國賓夕凡尼亞大學的社會學及犯罪學教授。

角色的能力來選擇伴侶的人，需要施加較少的誘導壓力來制定他們想要的場景。已經定型的伴侶也會比那些較主動被誘導進入角色中的伴侶來得難以改變，他們的配偶是透過和問題結婚來解決問題，這項嘗試便會因而受挫。當他們選中的伴侶的氣質對他們是負擔多於益處時，在無法帶來治愈或無法維持否認之下，「致命的吸引力」便產生了。派恩斯（Pines, 2005）提出了兩個例子：

吸引

妻子：他對我窮追不捨，他讓我覺得自己迷人又可愛。

丈夫：她就像我的美夢成真，她幾乎高不可攀。

幻滅

妻子：他讓我沒有喘息的空間。他總是在我面前。

丈夫：她從來沒有讓我感覺到她渴望我。

吸引

妻子：他看起來非常聰明、有能力。

丈夫：她尊重我。我感到被接納和讚賞。

幻滅

妻子：他讓我覺得自己愚蠢無能。

丈夫：她自我感覺不良好而且責怪我。

（p. 223）

儘管「致命吸引力」一詞，影射了這種組合必然會離婚，但在一些兩極性的關係中，伴侶們被找來且需要扮演特定角色，這種情況長久不變，且伴隨而來的不快樂就像永無止盡。這些是人人都認為應該分開的伴侶類型，但他們會繼續下去，在這支相互投射性認同的關係之舞中融為一體。

兩極性的放大

在本章前段，我說明了誘導方對焦慮的相對缺乏，是如何誘發伴侶的焦慮：一個毫不在乎危險、超速行駛的駕駛如何誘發乘客的恐懼。更深入地檢視這種「憂慮的兩極性」將有助於我們更了解這些婚姻的兩極性狀況。

憂慮的兩極性始於兩個人對同一個問題有不同程度的擔憂／焦慮（如財務問題、青少年駕駛問題）。**他們對危險不一致的評估經常會引發進一步的兩極化**。越是擔心的人，越是覺得配偶否認情況事實、不支持、不幫忙，越會增加這種情況的負擔和焦慮。同時，147 一開始不那麼焦慮的人可能會變得比另一人更加疲煩。這可能是因為不擔心的人（a）覺得擔心的人正在處理事情（因此不太需要擔憂）；（b）因為被告知必須擔心，而惱羞成怒，覺得把自己的不快歸咎於對方的嘮叨而不是外部情況，要更容易些；或者（c）發現擔心一方所焦慮的一些實情，覺得更需要防禦性的拒絕承認，卻矛盾地導致對伴侶減少了刻意的關心和同理心，該伴侶因此成為了堆積更多被否認焦慮的防禦大本營。

正如同擔心過度或擔心不足會相互誘導或放大，幾乎任何最初的差異都可以變得越來越兩極化，因為伴侶雙方都在否定對方的情緒狀態，並誘導其產生相反的情緒。因此，非常憤怒、悲傷或功能不足的配偶，可能會分別發生過度平靜、否認或過度實現成就等狀況。那些表現的非常有能力和臨危不亂的人，可能會引發親密伴侶憂鬱和無精打采的狀態。當表現出色一方的伴侶決心不「承接」（catching）他人沮喪的心理狀態，並疏遠其鬱鬱寡歡的伴侶時，就會誘發其憂鬱；這種疏遠進一步加劇了該伴侶的憂鬱，又進而誘發更多的防禦性疏遠。當能力優越的伴侶其卓越成就或過度放縱（即賦能），降低了沮喪的伴侶一方全力發揮的動機時，就會誘發該伴侶的懶惰和表現欠佳。

在所有這些情況下，儘管基本條件決定於性格的傾向和防禦上的需求，但**最終的兩極化狀態也是從伴侶雙方的系統性互動所演變而來的**。

聚焦於其他情緒和角色的兩極性

正如憂慮的兩極性可能始於一個人對焦慮的容忍度較低，其他的兩極性則是由於難以涵容其他的情緒狀態——投射性認同背後的主要驅力——包括那些通常隨著特定生活挑戰而來的情緒狀態。

害怕憤怒的人可能會誘發伴侶的憤怒爆發，然後給他們的伴侶貼上「愛生氣」的標籤。第八章中的麥克和辛蒂就是個很好的例子。雖然他們都認為麥克是需要「憤怒管理」的一方，但辛蒂不斷的嘮叨和諷刺的批評（表達了她自己長期和拒絕承認的憤怒）通常會激起麥克的反擊。此外，辛蒂需要屏蔽對自己與他人憤怒的意識，這使她難以看見麥克的憤怒；因此，她總是覺得麥克憤怒的爆發是「突如其來的」，進一步證實了她的想法，也就是麥克才是問題所在。

害怕成年期挑戰的人，是那些「能力不足」的伴侶，在他們成長的家庭中，一旦功能發展成熟便會失去父母的愛，或者努力卻失敗時，便會遭受過度的羞辱。這類個案在與他們的實際年齡相比，會顯得較不成熟以及「害怕長大」，他們會求助於他們所需要的伴侶，並進一步誘導其伴侶成為他們的保護者。

148

害怕自主的人經常與害怕依賴的人相互配對。伴侶雙方都成為他或她的價值代言人。一旦兩極化發生，這些伴侶會表現為索求方——疏遠方型伴侶，其中「女性可能會尋求男性以表達她對獨立的『壞』〔bad〕需求，男性同時會尋求女人以表達他對依賴的『壞』需求」（Middleberg, 2001, p.343）。

存在的兩極性

某些伴侶的兩極性相當於人類的生存兩難困境，在這種情況下伴侶雙方會爭論某種生活方式的優點，但雙方的論點都有其價值。

當前的滿足與未來的滿足。這些伴侶會爭論需要花多少時間在工作與玩樂、家務與休閒、計畫與自發活動上。某一方現在可能想花更多錢（「你死了錢也帶不走！」），而另一個人想多存點錢（「存錢是未雨綢繆！」）。我們都會面臨這樣的兩難。雙方都「對」，無論我們做出什麼選擇，總難免有些損失。

「過去就讓他過去」對上「埋首處理過去」。我們之前討論過這種常見的兩極性，並一再強調雙方都有道理：傷害確實發生了且無法釋懷，同時痛苦的事件已經過去，需要我們放下，這為的是讓伴侶們朝未來繼續前進。這種兩極性的不同版本差異在於「把杯子看成半空或半滿」，以及「發洩近來的挫折感是件好事，或者只是煩人而已」的觀點上。在這些情況下，如同其他的兩極性，治療師應該嘗試幫助每個人認同對方偏好立場的優點，然後引導他們共同做出一個既具體又考量到雙方極端差異的決定。

剛才提到的是常見的兩極性情況，但治療師可能會發現其他的情況。在以下案例中，我將透過一個更加獨特的（具體的）投射性認同版本，來說明一個相對常見的兩極化爭論，即關於丈夫應該花多少時間在家。

瑪莉和喬：一個具體的兩極性案例

瑪莉抱怨喬從來不願意花時間和家人相處，而喬則辯解說他需要保有「偶爾在晚上和男性友人聚會」以及周末運動的習慣，就像他單身時那樣。在我的幫助下，瑪莉接納了她拒絕承認的願望：她在照顧孩子上需要一點喘息的空間；而喬也承認他合理化自己外出的願望，是為了掩飾他和孩子們相處時所感到的多餘和無能，於是這場反覆爭論的熱度消散了許多。儘管這個例子可能很容易被視為典型的索求方——疏遠方之舞，在妻子表達的親密需求和丈夫的自主需求間存在兩極化，但所投射的特定隱藏渴望和所防禦的恐懼卻完全不同，且揭露它們對這對伴侶的治療進展至關重要。 149

兩極化：個人或系統的問題？

作為一種概念，投射性認同的美妙之處在於，它連接了個人和系統上的動態。在許多逐漸兩極化的伴侶中，一方或雙方都很難涵容令人不可接受或難以承受的情緒狀態（比如雷克斯及其哀悼；瑞秋及其羞恥感）。接著，他們讓他們的伴侶參與其人際的防禦狀態（投射性認同），而這種情況經常會以兩極化的形式呈現。而當雙方這種動機的誘導同時發生時，治療它們會更有挑戰性。

在其他情況下，伴侶的兩極化是由最初的分歧逐漸放大而導致的，即每一方都在為自己的立場「搖旗吶喊」，然後在另一方不屈服的情況下更用力揮舞旗子。這導致了更極端的行為（兩極化）。這種誘導通常不具有那麼強烈的個人動機，因為它們主要起因於每一方都無法承認另一方合理但不同的立場。這樣的兩極化具有較多的系統性質，而非個人性格的病狀，因此通常較容易扭轉它們。

在這兩種原型中，個人和系統上的特性相互作用，以維持這種模式的運作，但程度不同。在多數需要治療的案例中，我們會發現個人和系統都是造成兩極化的要素。

處理投射性認同：治癒分裂與協助涵容

結合我之前提出的建議，以下的介入措施對處理投射性認同特別有效。

點出雙方的道理。不管差異有多麼根深柢固，或出於多大的動機，幫助個案承認兩極性的另一端是具有優點的，通常會有幫助。個案越抗拒這種可能性，我們的任務就越困難。個案只要承認雙方都有道理，對其伴侶的挑釁和誘導就會減少。而這些伴侶就像團體或家庭中的代罪羔羊一樣，在誘導的壓力減少後，會表現的不那麼極端、背道而馳與兩極化。反過來說，伴侶之一兩極化行為的減少，也會降低這種行為被視為無法容忍的危險的恐懼。最後，幫助伴侶雙方承認他們的負面特質（那些之前只被移置於他們伴侶身上的特質）可以在伴侶確實表現出令人恐懼或討人厭的個性特質時，提高其接受度與降低其反應性，就像瑞秋變得更能接納麥特事實上並非社區裡最事業有成的人。

150

進行起源上的（genetic）詮釋。如何幫助個案接納自己拒絕承認的部分是個複雜的主題，對於個人與伴侶治療而言都是如此。在此我只提供幾點建議。

首先，我們要營造一個鼓勵保持好奇心的安全、同理、非羞辱性的環境。接著，我們可以進行「起源的」或「原生家庭」的詮釋，因為我們透過訴諸其自我保護行為的起源，以更有同情心的方式重構個案拒絕承認的問題。在討論投射性認同時，米德爾貝格（Middleberg, 2001）提供了一些典型的例子，向個案說明這種獨家限定個人劇場（personal repertoire）的起源：

> 我認為拒絕承認某種情感或部分特質可能有以下三種原因：（a）**為了保護某人**，例如「你不得不拒絕承認自己需要受他人照顧，因為你必須趕快像個大人一樣照顧你酗酒的父親」；（b）**為了保護自己**，例如，「你學會了不表達你對自主的需求，因為你的母親將它視為一種拒絕，並用疏遠的方式來懲罰你」；或者（c）**遵守家庭規則**，例如，「你可能必須拒絕承認自己的傷痛，才能守住家裡的規則：不對人示弱，因為示弱會讓別人佔上風。」（p. 349, italics added）

按照當時情況進行詮釋。有時候我們只是按照當時情況進行詮釋（因果陳述），指出投射性認同在當前無意識中具有的價值。回顧我對於雷克斯的全面性解釋，即他是如何在父親去世後，試圖將自己許多方面的痛苦移置於妻子、母親和兒子身上以掩藏它們。

點出好處。針對那些強烈抱怨他或她的伴侶身上令人生厭、當事人拒絕承認的特質的人，另一種有幫助的方法，是點出這些特質也有其好處，它們往往造就了最初的愛情魅力。在此，為了扭轉「致命吸引力」這種常見的惡化過程，我們嘗試讓他們理解當兩人中有一方是「一絲不苟的」，另一方則是「有趣的」時，他們可以成功合作，並且在事後歡慶合作愉快。這種介入措施，儘管其效果比較有限，但在幫助個案在最後階段中，哀悼他們之間仍然存在差異的這項殘酷現實，是很有用處的（回顧瑞秋和麥特的案例）。

促進矯正性經驗。改變的發生也取決於投射方是否有機會顯露他們拒絕承認的可怕狀態，並在其後體驗到正面而非災難性的結果。當治療師和他們的伴侶在一旁聆聽，並給予同情、理解和安撫時，那些將依賴、軟弱或能力不足的特質移置於他們伴侶身上的個案，會逐漸提高對這些感覺的容忍度。害怕自己侵略性的個案除了需要明白他們恐懼從何而來；還需要機會公開表達其憤怒，並讓他們的抱怨獲得建設性的回應。個案自己害怕被拋棄，所以試圖將這種恐懼移置於他人身上來因應，可以透過在我們的諮詢室裡體驗到的有益連結，而變得有能力「許下承諾」。

151

總而言之，我們藉由幫助個案承認與接納某些他們過去逃避的面向，來減少投射性認同。下一章我將繼續探討有關接納這個主題。

第十章
聚焦於接納與寬恕

如果愛總是在不知不覺中變成恨，那麼恨不會輕易地變回愛。 152

Muriel Dimen, 2003, p.247

伴侶治療中接納理論的緣起

尼爾・雅各布森（Neil Jacobson）[1] 和安德魯・克里斯滕森（Andrew Christensen）[2] 是行為伴侶治療領域最傑出的兩位開發者和研究者，在《伴侶治療中的接受與改變》*Acceptance and Change in Couple Therapy*, 1998）和《可調解的差異》（*Reconcilable Differences*, 2000）中，他們探討了其觀點的一項重大改變。在這些書中——第一本是寫給治療師的，第二本則是給非專業人員看的——講述了他們如何開始將寬恕和接受視為強大的工具，以補充他們之前強調的談判妥協、促進積極交流，以及教導溝通和問題解決的技巧。在檢視行為伴侶治療的成效研究時，他們發現兩年內沒有復發的改善率為百分之五十，這與其他伴侶治療形式的改善率相似，而且遠勝於無治療的對照組。作者想從他們的數據中了解，為

1　編註：尼爾・雅各布森（Neil Jacobson, 1945-1999）是美國權威伴侶治療學者。
2　編註：安德魯・克里斯滕森（Andrew Christensen）是美國權威伴侶治療學者。

什麼這個結果仍不夠樂觀，他們發現那些仍然深陷在無法調解的差異中的伴侶，表現出較少的適應、妥協和合作的能力，這表示關注這些變動要素可能有所幫助。

當他們更仔細研究這個問題時，克里斯滕森、雅各布森與他們的同事觀察到一個明顯的悖論，即當人們不再那麼堅持改變他們的伴侶時，他們渴望的改變往往會自然而然發生，這表示先前改變之所以遲遲沒有發生，是由於持續的批評而導致的被動性攻擊。153 他們還觀察到其他好處，我很快就會討論到。幾年後，他們稱之為整合行為伴侶治療（Integrative Behavioral Couple Therapy）的研究結果的確被證實優於傳統的行為伴侶治療（Dimidjian, Martell, & Christensen, 2008）。在更不久之前，格爾曼（Gurman, 2013）將這種聚焦於接受的研究趨勢稱為行為伴侶治療的「第三波」，同時斯普倫克爾、戴維斯與雷博（Sprenkle, Davis and Lebow, 2009）認為欣賞伴侶的差異，對於大多數當前的伴侶治療學派來說，是一道「共同的終點線」。儘管把這個主題放在伴侶治療地圖上的，是兩位行為伴侶治療師，但我選擇把這一章放在我精神動力學的部分，因為大多數（儘管不是全部）促進接納與寬恕的介入措施，都聚焦在揭露與改變（經常是無意識的）阻礙個案放下過去與繼續前行的心理障礙。

處理無解難題

治療師在接納和寬恕的基礎上，幫助伴侶接受或涵容可能永遠無法改變的差異和長期問題，高特曼稱之為**無法解決的或永久的問題**，克里斯滕森和雅各伯森稱之為**無法調解的差異**。持續性問題中的一個重要類別牽涉到過去的傷害事件，儘管這些事件已覆水難收，但或許可以被「原諒」。

接納。矛盾的是，幫助個案放棄改變看似無法改變的事情，有時候反而會導致渴望的改變發生。然而，**即便改變沒有到來，接納也有助於減少通常會成為婚姻中最具毒性的事物：與其說是問題沒有改變，不如說是圍繞著問題無止盡地爭吵**。可以肯定的是，爭吵是為了尋求改變，但這種改變通常與個案預想的非常不同。討論關於如何涵容無法解決的問題的對話，也會帶來機會增加親密感與連結感。雖然伴侶雙方可能永遠無法完全在社交活動的比例或「遲到」的標準上達成共識，但他們可以期望的是，當他們分享各自的努力以及如何看待各自的差異時，這些與進行中問題有關的對話將會讓他們更加親密。

寬恕。近年來，寬恕的價值引起了心理學家和心理治療師的興趣（Fehr, Gelfand, & Nag, 2010），並產生了幫助個案寬恕的新形態治療方式（Enright & Fitzgibbons, 2000; Luskin, 2002）。關於這方面的重要貢獻，來自嘗試幫助個案從重大背叛中復原的伴侶治療師、研究嚴重侵犯人權行為的學生、神學家和精神分析師，他們都探討過如何幫助人們擺脫被強烈報復心所佔據的心理狀態。

一項新工具

154

作為一名以幫助伴侶處理衝突為主的治療師，我發現幫助個案接受和寬恕的介入措施是我那治療工具箱中十分好用的補充工具。當然，我也曾實際參與過這些問題，但我從未真正地從概念上思考過它們。接下來，我將介紹一些我認為會對接納和寬恕有幫助的實用觀點。我根據問題（offense）的嚴重程度，獨斷地區分這兩者：接納適用於常見的、日常的衝突情況，而寬恕則適用於更嚴重的背叛和傷害行為。

接納

三個選擇與寧靜的祈禱

當面臨逆境時，首先我們應該誠實地評估情況，以確認自己的期望、有關的阻礙以及行動可能會導致的結果。在這種初步評估後，一個人會有三種選擇：嘗試改變現狀、放棄或接受它。這些選項讓人想起《寧靜禱文》（*The Serenity Prayer*，本文通常被認為是神學家萊因霍爾德・尼布爾（Reinhold Niebuhr）所撰，並由戒酒無名會發揚光大）：「上帝賜予我寧靜，讓我接受我無法改變的事，賜予我勇氣改變我可以改變的事，並賜予我智慧讓我知道其中的差別。」

伴侶所做的決定——哪些需要改變、哪些需要接納，或是否要放棄——這些當然取決於他們自己。「接受理論」清楚表示了，當伴侶雙方陷入那種想要改變的模糊、未明確表達的經驗中，同時了解到努力改變情況似乎只會惡化，這時我們可以提出第三個選項：幫助他們平靜下來和學習接受。

並非一體適用

當然，我們永遠不應該提倡接受真正無法接受的情況：身體暴力、藥物濫用、持續的婚外情、持續的虐待或嚴重缺乏對伴侶的關心。這些都是對伴侶基本關係的侵犯。

有些較不嚴重的侵犯也是無法接受的。我的一位個案，在之前伴侶治療師的建議下，在接納他妻子混亂行為（例如，把衣服散落在房子四處）的方面取得相當大的進展，但只是平息了他們之間針對這項特定問題的爭吵，並沒有解決他們婚姻的核心問題。他們的核心問題不是關於整潔上的兩極化，而是她在各個方面都無法承認他的「獨立主體性」（Pizer & Pizer, 2006）。我的個案假裝接受這點，結果他卻仍然消沉而且易怒，並且對這樣的情況感到困惑。當他的妻子突然前往另一座城市追求事業，同時希望他幫忙支付帳單，還要求他安撫她熬過這段過渡時期，他這時領悟到持續這段婚姻需要付出的代價，並選擇離開。我們從中學到了什麼樣的一課呢？在幫助個案「接納」的過程中，治療師必須以更美好的未來為目標，而非忍痛放棄掙扎或對淒慘的現狀悲苦地投降。

常見的無解難題

有些無解難題或爭論，是伴侶間獨有的（該花多少時間陪伴蘇菲阿姨），但最常見的是脾氣、行事風格或個性上的差異。這些關係到了在雙方應該有多親近、有秩序、自發、節儉或準時等方面的意見不合。它們包含了我們先前討論過的、在於該怎麼處理衝突上的理念差異：對於討論過去事件、表達抱怨以及溝通情緒等方式的價值觀差異。這種差異經常會干擾伴侶相互理解的能力，以至於他們認為其伴侶接收到錯誤訊息、有不良的成長經歷，或可能有精神疾病。但因為幾乎所有的婚姻都有些水火不容之處，且它們不太可能因為施壓策略而有所改變，伴侶雙方通常最好是努力涵容、處理，不然就是接納。

代價與效益：柯爾和珍妮佛

雙方不接納彼此差異的代價，包括了：情緒煩躁和精力減退——憂鬱、憤怒、焦慮、失眠，以及因糾結於不滿而導致心理耗竭；伴侶其中一方透過嘮叨、引發內疚和詆毀的方式，強迫另一方改變，導致敵意和被動性攻擊的不服從等反作用力；**敵意會擴散至其他婚姻中的互動；最嚴重的是，造成伴侶間的疏遠並損害婚姻關係。**[3]

然而，當伴侶接納不完美的現狀並對彼此的犧牲和妥協心存感激時，婚姻會因此而得益。正如迪米傑恩及其同事（Dimijian and colleagues, 2008, pp.96-101）所提出的案例中所述：在得到伴侶的認可時「為集體利益犧牲個人利益」比較容易做到，在沒有得到認可時則比較困難。儘管柯爾和珍妮佛已經同意在他們第二個孩子出生後，她將回到工作崗位，但時間一到，珍妮佛卻開始感到不確定，並想繼續待在家做全職母親。這激怒了柯爾，他希望她能繼續擔任家庭的主要經濟支柱。柯爾欠缺同理心，使珍妮佛更難哀悼她無法成為全職母親的願望，並阻礙了她繼續前進與「承擔艱難任務」（do the hard thing）的能力。這是種常見的情況，伴侶其中一方的心態變化或矛盾心理激起了另一方的焦慮，使得這對伴侶迷失了方向。

156

當我們要求伴侶雙方同理他們另一半的困境時，他們更可能做出令人不快的行為。如果柯爾告訴珍妮佛：「我知道當妳寧願待在

3　原註：詆毀（vilification）是在形容「伴侶雙方之間所認識的差異，被宣稱為個人缺陷、道德弱點或情緒疾病的證據」的過程（Jacobson & Christensen, 1998; Dimidjian et al., 2008）。

家時，重返工作崗位對妳來說有多困難」對於她面對難題可能有很大的幫助。將**遷就（接納）方的行為描述成是在為他們的伴侶或為這份關係所做的犧牲，而不光只是不甘心地依他們伴侶所願，這也會讓他們感覺從中有所得**。

如果提出請求一方的伴侶不再擔心結果如何，能夠對自己堅持的目的表達出內疚或質疑，事情可能會更加好轉。與其躲在「我們已經講好了」或「你知道這麼做才對」後面，柯爾可以承認，珍妮佛所做的事更多是為了滿足他的偏好，而非為了她自己。他甚至可以表示自己「欠了她一次」。每當某一方有所遷就——改變行為習慣，或是接受伴侶的現狀，另一方就更有可能在其他問題上也同樣地遷就對方。

幫助個案學習接納：應用之前介紹的內容

一個放棄改變另一半，並順從他或她的要求的伴侶，就像珍妮佛那樣，只有在哀悼未了的心願之後，才能接受現況。我們已經討論過的一些因素可以幫助伴侶們歸於寧靜與接納。

成熟度。組成成熟度的元素（自我覺察、自尊、責任等）之所以可以促使婚姻圓滿，在一定程度上，是透過幫助人們接受持續存在的問題和反覆的失望而達成的。促進這些能力的發展，往往能使伴侶們更坦率地接納彼此。

自我接納。放下對浪漫愛情的過度理想化，允許自己和伴侶的不完美，是接納的一種形式。接納自己的不完美，即「涵容」它們，而非訴諸投射性認同，有助於寬恕自己的伴侶，並接納他或她的缺點。而如實接納自己的能力是表達真誠道歉的先決條件。

接納不完美的互動。能接納婚姻中不完美互動的個案，情況也會獲得改善。那些原生家庭具有嚴重功能缺失的人——他們從未經歷過「足夠好」的健康家庭中不完美的現實生活——可以透過溫柔地消除他們「完美互動是可能的」的幻想，來提供幫助。

同理、犧牲與承諾。既然設身處地為伴侶著想是接納他們的基礎，那麼研究顯示，同理能力與寬恕能力也與接納相關，也就不足為奇了（Fehr et al., 2010）。研究也證實了與承諾和犧牲相關的能力（Stanley, Rhodes, & Whitton, 2010），以及在衝突中「接受影響」（accepting influence）（Gottman & Levenson, 1999）與關係的成功有關，這也暗示了一種為了成全伴侶和伴侶關係而放下個人主張（一種接納的形式）的成熟想法。

157

移情。能覺察到自己和伴侶心理上的「熱鍵」（移情恐懼）的個案會更能接納自己與伴侶。能夠承認自己心理上過敏的伴侶，會為自己的心理狀態承擔個人責任，而非指責伴侶。有洞察力的一方會盡量不引發他們伴侶的心理過敏，當伴侶發生過敏時，他們也比較不會大驚小怪且會更有同情心。

人際互動過程。在有關精神動力的整個章節中，我一直強調透過幫助個案說出他們更深的希望與恐懼，以增進親密、連結並解決衝突。因為當這種情況發生時，負面的互動循環會被更具支持性和合作性的循環所代替。因此而得到**改善的人際關係（自我客體連結）有助於伴侶雙方哀悼他們另一半可能永遠無法實現的願望**。回顧第六章中莎莉和喬治這對索求方—疏遠方的案例。這對伴侶是許多索求方—疏遠方型夫妻的典型代表，隨著治療的改善，他們雙方都更能接受不完美的情況，尤其是在親近與疏遠上的個人偏好會一直如此，經常會延續終身。當索求方開始獲得更多親密連結後，會逐漸學會接受情況不如他們希望的那樣，這一部分是因為他們不再把伴侶的疏遠看得那麼重要。疏遠方在學會如何成為更好的聆聽者後，會變得更願意參與對話，即便有時他們不想這樣做。

幫助個案學習接納：其他選項

找出抗拒的原因。我幫助個案接納的主要方法是，與抗拒一方的伴侶共事，以找出阻礙的原因。有許多可能的原因，包括公平問題、文化規範，或是對萬一事情沒有改變可能引發的後果，所帶來的焦慮。當我探究某一方伴侶在接納上的障礙時，我嘗試幫助另一方以一種更有同情心的方式表達他或她的需求。通常情況下，我與伴侶們交替進行，理想的情況是幫助他們相互妥協。

點出益處。在處理個案不願接納的情形時，我經常提到放手的益處，尤其是有助於停下對陳年問題的爭吵。

點出缺點也是長處，而且沒有完人。根據雅各柏森與克里斯滕森（Jacobson and Christensen's, 1998）的建議，我有時會溫和地指出許多傷害的行為也會帶來好處：努力工作的丈夫因晚回家而令人失望，但他也因此得以資助孩子的大學學費。妻子在教養上雖然吹毛求疵，但她身為母親也為孩子物色到了最好的老師。這部分的難處在於接受同一項性格特徵中可能同時具有的優點和缺點，同樣重要的是，每個伴侶都有其優點和缺點。 158

討論妥協方案。幫助伴侶在行為上妥協，可以幫助他們停止重複的爭吵，就像諺語所說的「與其詛咒黑暗，不如點燃蠟燭」。伴侶治療師可以鼓勵他們討論可行的妥協方案，與這些方案可能有哪些困難，這一點將在第十三章進行探討。人生殘酷的一點在於，任何真正的妥協都意味著，人人都必須接受事情無法完全符合他們原本的期望。

鼓勵尋求替代方式。另一個解決婚姻中的失望的方式，是尋求替代方式來滿足受挫的需求。試圖與疏遠的另一半進行親密對話的伴侶（較常見是女性），可以透過與志同道合的朋友或親人交談來滿足他們部份的需求。

鼓勵正向的伴侶互動。許多研究（Gottman, 2011; Pines, 1996）顯示，增加正向的伴侶互動頻率，不僅與婚姻的幸福和成功相關，也與妥協和犧牲的意願相關。我們將在第十四章中進一步討論這個問題。

指派接納的實驗性任務。弗魯澤蒂（Fruzzetti, 2006）指派下列的家庭作業用來幫助個案學習接納：

> 找出你長久以來為了讓伴侶改變而持續做的事（例如，嘮叨、批判的表情）。觀察你這麼做的頻率。然後停止！接著注意你產生的煩惱的情緒，包括你對自己與伴侶的評判，以及得不到想要的東西的不快。看看你是否可以處理這個情況。以其他方式照顧好自己作為彌補；幫助自己度過哀悼的過程。覺察到繼續努力改變你的伴侶所需付出的代價。這可能不僅僅是你對挫敗感的反思，而是如果你繼續嘗試改變伴侶，就會真的感受到這種挫敗感。（pp. 160-161）

這項練習幫助個案更清楚覺察到放棄改變伴侶的代價和效益。當我運用這項練習時，我會聚焦在它所引發的不適感，並運用這一點來幫助個案了解是什麼造成了無法放下的障礙。**鼓勵並教導修復性的對話**。在情感傷害發生後立即修復，可以大力促進個案對伴侶與婚姻總體的接受度。如果不這麼做，個案會越來越將他們的伴侶視為關係惡化的來源，這與接納恰恰相反。**教導個案如何進行修復性的對話，包括在治療現場的對話，是幫助個案接納的一個重要手段**。

159

一旦伴侶雙方冷靜下來，可以運用修復性對話回顧與修復最近的損傷，並且最理想的是，計劃如何能在未來改進。修復性對話含蓄地鼓勵伴侶接受痛苦的事實，即他們的共同生活中包含了互相傷害的片段，需要進行修復。

人們在吵架後會嘗試很多方法來修復關係：道歉、做一些額外的好事、承諾改進、同意原諒和釋懷，給對方一個擁抱。它們有時有效，但當伴侶不接受時都會失敗。沒有人能保證問題不會再次發生。如果伴侶雙方檢視已經發生的事情、承擔責任，體會到對方行為的合理性，並計劃如何在未來改進，那們他們更有可能找到一套持久的解決方案。

像是「對不起，我太遲鈍了」這樣簡單的道歉，其問題在於可能會被視為試圖把問題帶過，而不是真的嘗試理解導致爭吵的原因，並修復伴侶所受的傷害。即使伴侶並沒有將這樣的道歉視為不真誠的，它們依然不完整。伴侶雙方「親親就和好」，同時有默契地停下進一步的討論，可能可以獲得短暫的婚姻和諧，但他們可能還是會重複令人不快的情況。由於這些原因，伴侶雙方要做的不只是快速道歉。

修復對話的目標應該是營造一種「一致的超然淡漠」（unified detachment）的氛圍（Lawrence & Brock, 2010），在這種氛圍下，伴侶雙方同處在超越爭吵的「平台」上（Wile, 2013a），這麼回顧那些令人痛苦的事件，也許會稍微輕鬆一點。當我幫助伴侶們進行修復性對話時，我會給予他們我本身的接納與鼓勵。我告訴他們健全的婚姻並不代表永遠不會互相傷害，如果他們能在爭吵之後學會彼此合作，他們的婚姻就能得到改善。我會明確地傳授這一點，並稱讚伴侶雙方有能力在事後消化他們的痛苦，從而避免產生揮之不去的怨恨。我提醒他們不要忘了民間智慧，也就是別帶著火氣睡覺（儘管我不同意修復必須總是在睡覺前進行）。

修復對話的基本原則本質上首先呼應了「公平爭吵」（fighting fair）的建議。我將在第十一章和第十三章中更明確討論這些問題，但現在主要是鼓勵伴侶們嘗試站在對方的立場上思考，並先做到善加聆聽，而自我辯護。

伴侶在開始進行修復前，應該處於適度開放與平靜的心情。如果只是為了「現在就要把事情談開」而開始這段過程，有可能會讓事情變得更糟。我建議個案不要期望伴侶可以給予立即的回報和理解。事實上，在修復性對話的早期階段，很可能會出現他們正嘗試解決的相同痛苦經驗。為這種可能性先做好心理準備，可以預防威爾（Wile, 1993）所說的「好人反彈」（nice-guy backlash）的情況，即當一個人以溫柔體貼的一面嘗試修復關係，卻未能引發對方相應的和解舉動後，會讓他想要反擊與再次開始爭吵。

在修復性對話中，最主要的情感挑戰是必須做出具體詳細的道歉，準確說明你做了什麼事造成伴侶的痛苦。一旦其中一方這麼做，另一方通常就能承認他或她應負的責任。懷爾（Wile）稱這是一種「承認—承認」的伴侶狀態。因此，除了遵守公平吵架的一般原則外，我們建議個案**修復性對話的首要原則，是只談論自己對於導致爭吵應負的責任**。這一點很關鍵，因為只要提到你的伴侶的過失，便會使你的道歉失效，讓這段道歉看起來像是不真誠的反控手

160

段，是為了鋪陳下一輪的辯論。

在雙方仍然感覺受傷與敵對的情況下很難遵循此規則，但如果其中一人能夠邁出第一步，良性循環就會由此展開，在這段過程中，伴侶雙方承認自己應負的責任會激勵另一方也承認責任。然後，當他們經驗到他們的道歉沒有遭到嘲笑或蔑視時，雙方會逐漸感覺更加真誠和願意和解（conciliatory）。如果對話保持正向，這會增強伴侶的連結，並削弱負向的移情期望。透過讓伴侶們承認行為過失與原諒彼此，這樣反覆的成功修復經驗會進一步增進伴侶對這段過程與彼此的信任。完成足夠的修復後，伴侶雙方可以繼續討論如何防範未來的爭吵。

現在我們轉向相關但更艱難的情況，也就是當某一方伴侶顯然要負起更大的責任，且其所犯的過錯更應該受到譴責。

寬恕

重大背叛

我把需要「寬恕」和需要「接納」的過錯按其嚴重程度作區分，前者多為重大的背叛行為。隨著嚴重程度的增加，會帶來是否以及該如何原諒等新的問題。表 10.1 列舉了一些例子。

這些過錯的共通點，是嚴重違反了不言可喻的婚姻契約，也就是深切地關懷伴侶、將伴侶的需求放在這份關係之外其他人的需求之上、當危機出現時挺身而出，以及將可能影響另一半的活動誠實以告。這些違犯行為威脅到伴侶關係的基礎，動搖了我們對於伴侶是否誠實、值得信任與忠誠的信心。

161 表 10.1　嚴重的伴侶罪行

- 肢體暴力。
- 婚外情。
- 當伴侶將網路色情、聊天室或脫衣舞俱樂部視為外遇時。
- 瞞著伴侶進行有害經濟活動：賭博、風險投資失利、未坦承的婚前債務、隱瞞高昂的消費。
- 影響伴侶的其他重大欺騙行為：犯罪行為、吸毒、隱瞞失業。
- 違背重大承諾。
- 洩露機密資訊。
- 未能在分娩、重大疾病，或父母或其他近親生病時給予支持。
- 在發生重大生活事件時沒有將伴侶的需求納入考量：不當強迫伴侶墮胎，未經討論就接受工作邀請。
- 忽視或貶低伴侶的重大人生成就。
- 在公共場合讓伴侶嚴重難堪。
- 嚴重冒犯重要的朋友、家人或同事。
- 在與他人、尤其是家庭成員的重大爭論中，不支持伴侶。

儘管這類過失在伴侶治療的過程中可能會浮出水面，但他們通常是個案尋求治療的表徵問題。根據我和其他人在這個領域的經驗（Baucom, Snyder, & Gordon, 2009; Enright & Fitzgibbons, 2000; Greenberg, Warwar, & Malcolm, 2008, 2010），**這樣的伴侶需要一些獨特的治療方法，尤其是在治療的早期階段**，因為——與其他尋求治療的伴侶不同——某一方嚴厲指責另一方為罪犯。受傷害的一方要求犯錯方道歉並保證不會再犯。這類伴侶的另一項特徵是，受傷害的一方對於背叛耿耿於懷，且似乎無法對憤怒與痛苦釋懷。不意外的是，寬恕通常對這些伴侶的復原起了決定性的作用，且研究發現它可以「提高婚姻滿意度、心理的親密感、關係投入程度，並重新平衡伴侶的權力分配」（Greenberg et al., 2010, p. 29）。

寬恕的心理學

個案與心理治療師通常對寬恕不太理解或理解得太過簡單。許多個案一開始認為他們「應該」寬恕，但在察覺他們「就是無法」之後，便放棄了這個想法。治療師和個案都必須了解寬恕（如果它要能產生）需要時間和努力的複雜心理經驗。他們還必須意識到治療的目標不是設定在「寬恕與遺忘」。遺忘是不可能的。相反地，寬恕需要的是人們放下對於一個記憶猶新的事件的不滿。這種放下往往令人恐懼，因為它可能會威脅到受傷害的伴侶對於公平、安全、信任和身分認同的看法。 162

寬恕實際上遠不像遺忘，而更像是放棄追討債務的權利。透過寬恕，一個人可以免除犯錯方生活在他或她過失的陰影之下。寬恕也可以是寬恕者給自己的一份禮物，選擇個人幸福並放下過去，而不是一直陷在自以為是的受傷狀態中。寬恕總是包含放下怨恨，但其中有著不同程度的同理心、和解與信任的修復。有些個案最終可能會同意，如果角色對調，他們可能會像他們伴侶一樣做出同樣的事。例子：一位丈夫背著妻子偷偷給前妻寄錢，他所犯的錯讓他的妻子非常生氣，不過這位妻子承認，如果角色對調，因為擔心丈夫懷疑這可能不是單純的善意之舉，她可能也會一樣隱瞞。然而，對大多數伴侶而言，寬恕很少包含赦免傷害性的行為。

寬恕並不總是能修復關係或使當事人和解。有些伴侶最好也只能承認傷害已無法修補並離婚。其他伴侶會增加對犯錯方產生同理心並延續關係。對於那些希望能盡釋前嫌的伴侶而言，是否願意卸下防備並再度信任對方，會是核心問題所在。在回顧了該領域專家的著作並與我的臨床經驗相比較後，我發現對被傷害一方的伴侶而言，有必要區分以下幾種針對犯錯伴侶可能發生的最終心態，每一種都新增了前一種所缺少的元素：不寬恕、接納（增加了放下怨恨）、寬恕（增加了同理和理解），以及寬恕與和解（增加了關係的延續）[4]。

不寬恕

無法原諒背叛是一種痛苦的狀態，他的特點是對過錯的反芻性思考（rumination）、焦慮不安、失眠，以及對伴侶、自己與整體生活的嚴重懷疑。受到傷害的伴侶充滿疑問：「這怎麼可能發生？」、「我怎麼可能沒預料到這情況？」、「這情況持續了多久？」、「怎麼會有人這樣對我？」「我怎麼會讓這件事發生在我身上？」「還有誰知道這件事，他們為什麼不告訴我？」

受害者感到強烈的憤怒，往往是前所未有的憤怒。這種憤怒很難抑制，包括普遍的易怒和偶爾攻擊無辜的局外人（同事、孩子、

4　原註：為了增加這個主題的複雜性，專家們使用不同的術語來區分對事件和傷害方逐漸接受的程度。格林伯格等人（Greenberg et al., 2008）證實了沃辛頓小組（Worthington & Wade, 1999 Worthington et al., 2000）的研究發現，在「寬恕」不增加的情況下，「無法寬恕」的狀態也可能減少，其中寬恕被定義為超越接受和放下怨恨，還包括「增加正向的情緒，比如對傷害者的同情、同理或理解」（p. 187）。相較之下，魯斯金（Luskin, 2002）用寬恕一詞來描述從執著不寬恕對方的狀態轉變為接納，他正確指出，這種狀態下並不要求受害方同理和犯錯方的賠償，儘管同理心和修復可以促進這個轉變發生。史普林（Spring, 2004）和我一樣將放下怨恨定義為接納。當受害方增加了同理心的理解——如上述沃辛頓和格林伯格的定義一樣——有時還加上與傷害方的和解，史普林稱這為「真正的寬恕」。

朋友、治療師）來發洩對犯錯方的怒氣。有的人希望報復、獲得道歉和得到他人的認可，並有永遠逃離犯錯方的想法。這些痛苦的心理狀態不可預測地循環著。受害方感覺難以集中精神做其他事，因為他們滿腦子被與傷害有關的想法所佔據。對誠實、公平、愛與自己的基本安全出現嚴重懷疑，進而導致失去希望並絕望。所有研究寬恕的學者都描述了這種痛苦的狀態，即強迫性的痛苦和幻滅，受害者在情感上受困且無法繼續正常的生活。

執著於無法原諒對方的狀態，其存在與犯錯方和配偶之間的各種互補狀態（complementary state）有關。這些狀態的範圍涵蓋了深切後悔到防禦性否認，包括不同程度的羞愧、內疚、壓抑的憤怒、對關係的恐懼、強烈希望伴侶釋懷、以及懷疑這種過錯是否真的能得到原諒。

幫助伴侶擺脫這些令人痛苦的狀態並不容易。有些人就此長年受困；有些人則永遠無法復原。在我說明做什麼有助改善時，首先我會從受傷害一方伴侶的角度獨立討論情況；這與對其他創傷性生活事件的哀悼類似，且涉及清除阻礙當事人放下過去的限制。然後我會考量犯錯方的角色與心理是如何抑制與促進當事人的改變。接下來我會提出一些額外的治療建議。

干擾哀悼的限制因素

有些受傷害的伴侶由於害怕失去這段關係，或面對他們自己深刻的傷害，或者性格比較容易懷疑自己的個人價值，因而太過容易寬恕對方（Akhtar, 2002; Spring, 2004; Summers, 1999）。這相當於是防禦性地對傷害視而不見。這種生存策略的缺點是，過錯可能再度發生、結果會證明防禦不足以壓下痛苦的感受，或是這段關係會持續變得脆弱。這些受傷的伴侶可能會在傷害發生多年後來接受治療，彼時若非他們感覺婚姻關係已牢固得足以討論這件事，不然就是傷害已演變至難以忍受的地步。

更常見的是，擺脫傷害的過程已經陷入一種公開的不寬恕、反芻性思考的狀態。如同生活中的其他創傷（龍捲風摧毀家園、魯莽的司機撞死孩子），婚姻中的創傷（丈夫毆打妻子、妻子外遇）對受害者來說具有普遍性與特殊性，以及重大的意義。治療師的任務，是促進個案對創傷的討論，同時同理他們顯而易見的損失、對於個人特殊的意義感到好奇，對過份簡略的說詞存疑，並在個案對復原感到悲觀時，帶來希望。

冤屈故事和無法執行的規則

弗雷德・魯斯金（Fred Luskin, 2002）[5] 對於幫助我們理解人們從無法原諒的狀態中走出來有著重大貢獻，他曾成功幫助過遭受多種難以原諒傷害的人。除了上面列舉的婚姻中的傷害以外，魯斯金還與許多人進行治療，包括被臨時逃婚的人、從終身職中被不當解雇的人、被父母身體虐待和性虐待的人、在他人造成的車禍中導致殘疾的人，以及（他最值得注意的研究之一中）在北愛爾蘭教派暴力中孩子被謀殺的母親。魯斯金與其他專家同樣聚焦於創傷後的強迫狀態，以及這種狀態如何使創傷導致的其他問題複雜化。

164

魯斯金首先幫助人們察覺他們如何經常編造出他所謂的「冤屈故事」（grievance stories），即對於他們所受傷害過度片面、對自己有利的敘事。個案編造的敘述是為了解釋所發生的事情；為了獲

5　編註：弗雷德・魯斯金（Fred Luskin）是史丹福寬恕計畫指導教授與作家。

得同情；或為了抵抗羞恥感、內疚感與對下一步該怎麼做的不確定性。魯斯金讓人們了解到，他們對其生活的描述方式——無論是正面或負面的——可能拓展也可能阻礙他們的復原之路。這並不是說個案實際上沒有受到傷害，而是指放大受害者心態會導致其他的問題。

冤屈故事會逐漸將個案鎖定為受害者角色，使他們無法採取建設性的步驟放下過去。在某種程度上，這是因為責備他人會使人們看不到自己應負的責任和可以改善情況的選項。最初同情他們的親友會因為這些只對當事者本身有利的敘述而感到疲憊和疏遠，並減少給予及時的支持與指引。

魯斯金以他的一位個案艾倫為例說明，當他發現結婚六年的妻子伊蓮外遇時，深受打擊。艾倫在他們離婚後所編造的冤屈故事中大多是指責，而少有自我意識：他善於列舉伊蓮的缺失，但卻忽視她為解決他們之間的衝突所做的努力。在他的故事中，他受了男性當中少見的重傷，而伊蓮是他所有痛苦的根源：他工作上的困境、他無法找到新戀情以及他被朋友們拋棄（因為他的熊熊怒火耗盡了朋友們的支持和善意）。當艾倫尋求治療時，他對伊蓮強烈憤怒被他自己的說法火上加油，而最後只傷害了他自己。

魯斯金幫助個案察覺到什麼時候他們會開始講述冤屈故事——當他們向自己和他人反覆講述這些故事，卻沒有努力平衡或調查其真實性——並建議若他們又陷入這種情況時，可找一位親友來提醒他們。無論是通過這種或其他方式指出冤屈故事存在的事實，伴侶治療師都應該更進一步：在認可現實的傷害已經發生之後，我們應該努力找出讓個案執著於他們自我挫敗（self-defeating）的一套說法，其背後潛在的恐懼和可能的好處。

正如冤屈故事阻礙了創傷的復原一樣，魯斯金稱之為「無法執行的規則」（unenforceable rules）也是如此。這些是關於世界應該如何運作的（通常是無意識的）嚴格信念：父母應該有愛、配偶應該忠誠、商業夥伴應該誠實，以及青少年應該在宵禁時間前回家。165 從受害方的角度來看，所有這些一定極其重要，但它們卻不是「可執行的」。

人們在道德期望受到違反時感到生氣，這是可以理解的，但魯斯金指出，他們若要求別人要公平、誠實與有愛，在別人辜負他們時，固執於不公的處置方式，反而會使事情變得更糟。魯斯金的論點到此為止，但我想補充的是，人們之所以對別人違反了無法強制執行的規定叫叫嚷嚷（「那個瘋子駕駛不該插到我前面！」）的核心原因之一是，這種違犯行為揭示了，這個世界遠沒有我們想像的那麼安全和公平。

魯斯金也認為我們把創傷看得太過個人。他用一個例子說明，即某位女士因為最好的朋友和她的男友私奔而深受打擊，她認為唯一相關的問題是不公和她缺乏魅力，魯斯金認為這樣的看法過於簡化。誰知道那兩個私奔的人心裡是怎麼想的呢？雖然魯斯金的論點聽起來太有邏輯和鐵石心腸，但我想說的是治療或「哀悼」的工作，就是要揭露那些過於個人化與理想化的期望，是這些讓我們正當化的傷害更加痛苦與持久不散，例如，上述案例中，這位女士終其一生都在懷疑自己的魅力，或懷疑自己是否有能力辨別值得信任的朋友。

魯斯金提醒我們，壞事與不道德的事一直在發生，我們應該停止驚訝和抱怨；相反地，應該去想如何改變自身今後的行為以創造新的可能。然後「受害者故事」才能轉變為「英雄故事」，即努力克服逆境並拒絕被艱困的生活事件所擊敗。為了幫助人們放下過去，魯斯金提醒他們，有些人也遭受類似或更嚴重的災難並戰勝了，他鼓勵他們在支持團體中尋找這樣的人，或在文學作品中閱讀他們的故事。正如一位優秀的認知行為治療師一樣，他會挑戰過度悲觀的念頭，例如「我永遠無法再信任任何人」、「他傷害我，表示我沒有魅力、有缺陷或我活該」，或「這新環境讓我活不下去」。

魯斯金也提醒人們注意受傷害的人最深層的目標，這些目標似乎因創傷而變得無法實現。接著他嘗試讓個案了解他／她在考量這些目標時變得多麼狹隘。例如，一位女性的丈夫跑了，並不意味著她再也找不到親密關係了。專注於一個人最深層的目標並想像自己達成它們，可以幫助一個人擺脫狹隘的視野。

羞恥與復仇

精神分析學家梅爾文・蘭斯基（Melvin Lansky, 2007）[6]在其文章《復仇決心中無法忍受的羞恥、分裂和寬恕》（*Unbearable shame, splitting, and forgiveness in the resolution of vengefulness*）中有力地指出，想要「報復」（get even）的敵對的願望捍衛了無法接受的恥辱，這解釋了大部分陷於無法寬恕的心理狀態。就像魯斯金所說的冤屈故事會帶來自我挫敗的影響一樣，蘭斯基也注意到，個案是如何傷害自己並深陷於拼命想保住面子的泥淖當中。在他看來：

166

6　編註：梅爾文・蘭斯基（Melvin Lansky）是加州大學醫學院精神醫學家與作家。

〔復仇狀態〕提供了內在防禦的好處——道德正當性、目標的堅定性和不容置疑的確定性——當它們逆轉了混亂、羞辱與不確定的心理狀態時……然而這些防禦性上的好處是有代價的。在復仇者的心目中，受委屈、受到不公義的對待、受到不公義的損害，與有權伸張正義的想法，使他們確信自己能凌駕於現實面、法律面和道德面的考量之上，不僅對他們假想的傷害者或背叛者，也對更大的社群及其行為規範造成傷害。（pp. 573-574）

在此，治療師的任務應該要明確：讓個案擺脫他們大多是無意識的想法，也就是他們被其配偶羞辱的事實，已經無可挽回，這麼一來，他們可以放下其防禦性的逆轉心態（defensive reversals），包括他們復仇的渴望。

些許報復有助於減少怨恨

薩爾曼．阿赫塔爾（Salman Akhtar, 2002）建議，在復原階段可以透過溫和的報復方式，幫助個案從復仇走向寬恕，因為犯錯方要為自己的所作所為受到責難。引用海因里希．海涅（Heinrich Heine）在 1848 年說過的一句話：「的確，一個人必然會原諒自己的敵人，但不會在他們被絞死之前！」阿赫塔爾指出，透過體驗復仇所帶來的罪惡愉悅，即便只是幻想，也可以讓受害者可以脫離他們聖潔的立場，並培養之後對犯錯方的同理心。

我們在指責受害者嗎？

一個問題產生了。魯斯金和蘭斯基的方法，似乎與主張寬恕的療法必須從所有人開始進行，即犯錯的配偶、受傷害的配偶以及治療師（在伴侶治療的情況下）全體一致同意犯錯方犯下了道德上應受譴責的傷害行為（e.g., Enright & Fitzgibbons, 2000）有所不同。我們難道不應該擔心，聚焦於受害者的羞恥或冤屈故事像是在「指責受害者」（持續的）痛苦嗎？我們該如何在這兩種論點間找到折衷辦法？

試想一名丈夫在激烈的口舌之爭中打了他的妻子的情況。這顯然是種無法接受的過錯，且我們必然會以這種方式理解它。然而，當我們更深入檢視，我們可能會發現要讓妻子寬恕對方，她必須承認，最嚴重的創傷不在身體上，而是丈夫如此待她而讓她感到的羞辱，也就是丈夫的行為所造成的損害，更嚴重的在於她是否值得被愛的核心意識，而不在於身體上。我們很快就可以了解到，如果這位丈夫之後有能力道歉的話，他應該也要發自內心對侵害了她的自尊表示歉意。除非我們了解這位女士的恥辱感，否則我們對於事件的認知，可能會和她一樣受困於道德上準確但心理上膚淺的敘述中。在這類情況下，潛在的恥辱感被隱藏起來，「被那復仇者的無辜受害者身份的喧囂所淹沒」（Rosen, 2007, p. 603），但我們必須先觸及到它，才能使哀悼與真正的寬恕發生。 167

這種必要性在最近一項有關寬恕的情緒取向伴侶治療研究中得到證實（Zuccarini, Johnson, Dalgleish, & Makinen, 2013），研究發現，為了讓伴侶擺脫他所描述的傷害和防禦性退縮所形成的表面憤怒，受害方必須揭露並表達出該傷害所代表的更深層個人意義，這些意義通常涉及對於依附的不安全感。然後，治療師必須對該情況採取補充或辯證上的觀點——發生了嚴重的「婚姻犯罪」，因此我們必須研究受害方的心理——如果個案想學習接納，可能再加上寬恕，我們應需要更多的證據，證明羞恥感潛藏在許多未被哀悼的創傷底部，尚未被代謝，如同許多霸凌行為都是為了羞辱受害者，並迫使他或她感到自卑、軟弱、醜陋或無能。要從這種霸凌中復原，必然需要重新整治這種羞恥感。

治療師在治療遭到背叛的個案時，需要幫助他們揭露背叛所引發的羞恥感，並了解這種感覺不會要了他們的命。或許會令人驚訝的是，寬恕也包括對自我的寬恕。正如蘭斯基（2007）所說的，「寬恕，在深度心理學的意義中，圍繞著這樣一個概念，即過去感到無法容忍的潛在羞恥感，在無意識地經過重新評估後，現在已經變得可以容忍」（p. 591）。

複雜性和責任

魯斯金和蘭斯基都認為治療無法寬恕的個案，主要在於幫助他們將其受傷害的故事改寫成一個較不那麼簡化與片面的敘述。一旦受害方過度的羞恥感被揭露，受害者可能可以自由地在原先敘事中尋找更多的複雜性。這種「對故事的重新思考」（Akhtar, 2002），對於人們如何從創傷中復原而言，是大多數概念的核心：儘管受害者無法改變過去，但他們可以改變現在的看法。在新的版本中，受害方和犯錯方是更立體的角色，他們的行為不是那麼明顯的黑白分明，結果不是那麼令人沮喪的糟糕，且受害方更願意將行為方與行為本身分開來看。當他們沒有過度的羞恥感，就可以對他們的傷

168

害事件承擔更大的責任（例如，被毆打的妻子可能承認，她口無遮攔，侮辱了丈夫的男子氣概，激怒了他）。受害方可能會變得較不自以為是，對傷害方變得更有同情心，研究顯示這種轉變與之後關係的和解有關（studies cited in Greenberg et al., 2008）。

對傷害方的同理心，往往涉及到重新承認自己投射在他人身上的負向自我狀態，因此對方不再被視為如此可鄙的「非我」，是不值得被當作人看待、或不值得理解和寬恕的人。通常情況下，受傷的個案會對自己的攻擊性或傷害性有一定的察覺，這使他們能夠接受伴侶身上的這些特質。他們也可能回憶起對方曾經尋求寬恕的時刻。當受害方回憶起犯錯方的善良特質與行為時，同時也會幫助他們更能寬恕，而當受害者的心理不再那麼充滿報復與強迫性思考時，他們可以更清楚看見這些行為。

然而，在一些經過重新建構的敘事中，傷害方會被視為比之前需要負起更多責任。受害方可能會因而減少自責，並更容易向朋友和家人求援。有些受害方可能會變得不太願意與傷害方和解。

信任和優勢地位

信任的喪失，通常是在人際背叛中最嚴重的損傷。先前我們以為安全的狀況（配偶加班或出差）現在卻會引發恐懼，讓人害怕傷害會再次發生。這不僅適用於有關說謊和隱瞞所造成的傷害，也適用於因為不作為所造成的傷害，即配偶無法「陪在身邊」（be there for me）。在這兩種情況下，伴侶的可信賴度和愛的關懷再也無法被視為理所當然。而且如果傷害方曾指責受害方疑神疑鬼或缺乏安全感，就會讓受害方更難放下戒心。

為了擺脫這種困境，受害方將不得不直面這種信任的喪失。在理想情況下，他們會在犯錯的伴侶在場的情況下這麼做，因為犯錯的伴侶會認可並採取行動來減少他們的憂慮。有時候讓受害方從犯錯方口中聽到「完整的故事」是有幫助的，這麼一來，他或她就不會把傷害想像得比實際情況更糟，或者猜想將來會聽到更多傷人的真相。回顧過錯，也可以使治療師發現以前沒有提到的一些可減輕的情節（mitigating circumstances）。也就是說，如果這些細節可能在日後觸發創傷，受害者可能會想克制自己想聽到每一個細節的欲望。對配偶而言，只需要知道外遇持續了三個月，而不需要知道另一半常去那些旅館和餐廳。

169 信任的修復永遠不可能一蹴可幾，即使傷害者有強烈悔意。信任需要時間、且通常需要行為佐證，才能恢復到過錯發生前的信任程度，而且在許多情況下，它永遠無法完全恢復。但是，直到信任程度改善前，受害者可能會執著於不寬恕對方所帶來的道德優越感，這使他們能夠控制其伴侶——卑微、低賤的人物，正乞求著獲得緩刑。事實上，繼續將自己定義為受害者，最大的好處，是在與傷害相關的範圍內，對曾脫離控制的傷害者擁有（或想像自己擁有）更大的控制權。

受害方也可能獲得其他好處，比如掌握決策和資源，這些好處可能讓人難以放棄，也可能會成為寬恕的阻礙。根據我的經驗，其中最重要的好處是，以前將精力投注在伴侶關係之外的一方，現在會更加專注於其伴侶身上。只要其傷害仍在檯面上，且持續「開庭審判」中，傷害方就必須專注聆聽並乖乖的坐在被告席上。在治療的技術中，也包括幫助受害的個案了解，這麼做可能會讓他們的伴侶心生怨恨，而適得其反。同時，治療師可以幫助個案相信與看到，傷害方即便從牢房中被釋放，仍會保持專情。

有時候受害方仍然會困在受害方的角色中，這是因為他們誤解了要是他們更加寬恕對方，他們就得放棄更多東西。治療師可以幫助個案透過明確地指出寬恕並不要求受害方（只）從犯錯方的角度看待事情、這也不表示受害方必須忘記或寬恕傷害的行為、不要求一個人放棄追求法庭上的正義或犯錯的補償，也不會決定關係是否走向和解或延續。這些也都取決於傷害方後續的行為表現。如果傷害方沒有表示悔意並承諾改過自新，那麼對受害方最好的情況是「接納」傷害行為，下定決心與傷害方分道揚鑣並放下過去。

如同其他受循環因果關係影響的行為一樣，受害方是否有能力重新編寫其冤屈故事，並且放棄道德制高點，在很大程度上取決於傷害方的說法和行為，這是我們下一個主題。

寬恕作為和解：見證的重要性

超越接受並邁向和解的真正的寬恕，需要共同創造，而且需要一段討論過去事件和修復信任的人際過程。寬恕和信任的恢復必須透過努力。珍妮絲·史普林（Janice Spring, 2004）舉了一個例子，一位妻子向她的丈夫解釋道：

> 在他承認外遇不久後，他告訴她：「我絕不會再犯，我不想再談這件事，或妳有多苦，那已經是過去式了。」珍的回應切中要害：「如果你不想聽我訴苦，我就無法靠近你。我不是要懲罰或控制你。我只是告訴你，我需要什麼好幫我原諒你。」（p. 123）

170

儘管有些受害方或許可以單方面地寬恕傷害方並離開，但想要延續關係的伴侶雙方，必須得仔細聽彼此說故事。住在同一個國家中曾交戰的宗教團體或族群也是如此。戈博多—馬迪基澤拉（Gobodo-Madikizela, 2008）[7] 從她在南非真相與調解委員會（South Africa's Truth and Reconciliation Commission）的經驗中了解到這個道理。如同其他研究寬恕的學生一樣，她對如何治癒「哭號的傷口」（wound that cry out）感到興趣，這些仍然裂開流血的傷口，通常會在一閃而過的念頭與夢中出現。她最重要的發現是，受害方和犯錯方都可以從見證彼此重述自己的故事中受益。

> 在目睹、正視他們的惡行並面對他們給受害方帶來的痛苦和磨難時，犯錯方不僅對那些生活被其行為所破壞的受害方重新展現人性理解／關懷（re-humanize），而且透過懺悔，他們也重新找回人性的意識，那是被他們犯行所毀壞的人性。「去人性化」（dehumanization）與無視他人存在的第一步，是讓良知沉默。自我的去人性化是逐漸墮入毀滅性生活（對抗其他被視為敵人的人）的開始。然而，當在見證的那一刻引發悔恨時，犯錯方會認識到對方和自己一樣同為人類。同時，受害方也認識到犯錯方者並非只是犯下惡行的「怪物」，而是有足夠人性懺悔的人類。這種心態變化並不會否認可怕的行為存在，或將其擱置不理；透過表現出悔恨，犯錯方顯露出人性的一面。這是一個機會，讓被視為異類的人的人性部分得以重整，以

7 編註：普姆拉·戈博多 - 馬迪基澤拉（Pumla Gobodo-Madikizela）是南非斯泰倫博斯大學歷史創傷與轉化研究的研究主席。

> 至於肇事者變得不那麼威脅性，且更加符合受害者的人類身份……正是對受害方痛苦的認識喚醒了犯錯方的悔恨，也讓受害者對犯錯方表達同理的感情奠定基礎。（pp. 176-177）

為了使療癒得以展開，犯錯方必須透過傾聽受害者講述他們的故事來認可受害者的經歷。正如弗洛默（Frommer, 2005）所說的，

> 不知所以然地，犯錯方肯認他們的作為改變了我們，對於我們能夠進行「或許可以讓我們寬恕他們」的內心療癒工作，是至關重要的……在這種關係式的寬恕想法下，完全從內在心理的角度來理解寬恕，是一種錯誤。（pp. 36-37）

171

犯錯方會講述**他們的故事**，努力解釋他們是如何在道德上迷失方向的。

請注意，有一些治療師（尤其參見 Michael White, 2009）將見證作為他們所有伴侶治療的核心，而不只是用來處理重大背叛發生後的治療。丹・懷爾（Dan Wile）、蘇珊・強森（Sue Johnson）等人的治療工作中，大部分的治療威力也來自於伴侶真實地見證了他們另一半的故事。

最後，維吉尼亞・戈德納（Virginia Goldner, 2004）[8] 補充了另一個理由，說明為何寬恕需要雙方的交易：「許多研究虐待的作者

8　編註：維吉尼亞・戈德納（Virginia Goldner）是美國著名精神科醫生與伴侶治療師。

指出，如果受害者要擺脫對自己是否有罪的困惑，那麼受害者的療癒就需要追究犯錯方的責任」（p. 371, italics added）。

道歉

我們可以合理期待，犯錯方在聽完受害方對其過失的敘述後，會表示悔過並有說服力地承諾改進。這是讓受傷害的伴侶將其辜負之處一筆勾銷，並且重新給予信任的先決條件。事實上，研究已顯示真誠的道歉更有可能獲得寬恕（studies cited in Bradbury & Karney, 2010; Greenberg, Warwar, & Malcolm, 2010; Lewis, Parra, & Cohen, 2015; McCullough, Pargament, & Thorsen, 2000; Worthington & Wade, 1999）。根據這項研究、臨床智慧與我的個人經驗，最佳的道歉應包含以下元素：

- 傷害方**必須對損害負責，且必須說出「這是我對你造成的傷害。」**
- **在早期階段，傷害方不得透過將責任歸咎於受害方，來減輕自己所供述的過失**（「你也傷害了我！」或「你太容易受傷了！」）。（回顧懷爾在修復性對話第一階段的類似規則。）
- 傷害方**必須表現對所造成的傷害有著詳細認識，包括對信任**（「我讓你不信任我和我們的婚姻」）和自我價值（「我讓你懷疑你的自我價值，不僅是對我的價值，而且是對任何人的價值」）的傷害。
- 傷害方**必須不能只是簡單的懺悔**（「我承認我對你做了這件事」）或只是按照形式上的腳本（如同那些公眾人物的止損

行動）。他們必須強力地表達對他們行為感到真心的憂慮與「同理的痛苦」（empathetic distress）。

- 傷害方**必須表達對其過失的羞愧和內疚（個人自我批評）**[9]。
- 傷害方**必須有耐心且可能必須重複道歉許多次**。
- 傷害方**必須想了解自己，包括他們如何不公正地對待其伴侶，以及他們如何合理化自己的行為**。 172
- 傷害方**必須承諾未來會改進**。
- 傷害方**必須「請求」而非「要求」寬恕**。研究顯示「寬恕的壓力」會阻礙寬恕與和解（Greenberg et al., 2010）。

研究寬恕的學生們發現，**傷害方**還可以採取其他行動以獲得寬恕，包括：

- **贖罪的行為**。儘管發自內心的道歉十分重要，但具體的行動也有助於消解傷害，比如，向受到影響的家庭成員道歉，或投注更多時間在一直被忽視的計畫上。雖然針對某些錯誤行為，我們會建議立即採取適當的補救措施，但犯錯方可以透過徵詢建議來增進修復：「我可以做什麼來幫助你痊癒？」

9　原註：格林伯格等人（Greenberg et al., 2010）發現，承認羞愧（即他們的行為違反了內在規範）的傷害方比承認內疚（即他們的行為傷害了對方）的人，更能得到對方正面的回應。根據我的臨床經驗，受害者對於什麼最能消除他們的疑慮／恐懼，有不同的看法。有些人覺得，如果他們的伴侶真的感到羞愧，就比較不可能再犯。另外一些人則更希望聽到他們伴侶談及對他們的關懷，而當傷害方一直提到他們內心的掙扎和價值觀時，受害者會感到較不安。

道歉之外的修復

研究寬恕的學生們發現，傷害方還可以採取其他行動以獲得寬恕，包括：

- **贖罪的行動**。儘管發自內心的道歉是十分重要的，但具體的行動也有助於消弭傷害，比如，向受到影響的家庭成員道歉，或投注更多時間在一直被忽視的計畫上。雖然針對某些錯誤行為，我會建議立即採取適當的補救措施，但犯錯方可以透過徵詢建議來增進修復：「我可以做什麼來幫你痊癒？」
- **採取行動以向伴侶確保證不會再犯**。在外遇的情況下，傷害方可能會換電話號碼、正式結束在外的關係（或許在伴侶在場時），或換工作，以便遠離出軌對象。如果其犯錯涉及酗酒或吸毒，就必須接受治療。
- **保護伴侶免於創傷後經歷**。因為受傷的伴侶處於創傷後狀態，容易受到傷害與多疑，一個真正有悔意的傷害方應該意識到潛在的觸發因素並負責將這些因素降到最低。例如，包括毫無怨言地更常報備、將信用卡和手機紀錄存放在方便取得的地方，而且在一般情況下，要保護性地關愛對方，即史普林（Spring, 2004）所說的「轉移警覺」（transfer of vigilance）。

幫助傷害方

治療師可以透過鼓勵道德良善與實際有效的行為來幫助（有意

願改正的）傷害方，例如見證受害者所受的傷害、真誠的道歉、並將贖罪與關懷付諸行動，但除此之外往往還需要更多。正如受害方需要協助，才能從無法寬恕的狀態轉為接納、甚至寬恕，相同地，傷害方者通常也需要我們幫助，才能沒有矛盾地採取行動，修復兩人的關係。這說來容易，但在一個人曾確實受到傷害的情況下，要辦到這一點就較為困難，如同戈德納（Goldner, 2004）在其關於親密伴侶暴力的代表性文章中所述：

173

> 在這些治療中，伴侶雙方都必須被定義為個案，然而一個是傷害方而另一個是受害方。兩人的地位不平等，他們試圖挽救的關係是不公正、不安全和不平等的……為了成功幫助他們，治療師必須創造一個環境，讓女方〔受害方〕可以說出她的生活如何遭受嚴重的打擊，而她的伴侶以及治療師可以在傾聽的過程中了解她的心聲。同時，**男方〔傷害方〕的完整主體性也必須獲得承認，而不只是將他視為可恥的傷害方**。在許多情況下，施暴的男人內心都有個受害的兒童，他們也有篇故事必須說出口。**為每個人的過去和現在打造一個發言空間，這對於創造「互為主體條件」（intersubjective conditions）是至關重要的，這是從「憂鬱心理位置」（the depressive position）的「虐待和受害」移轉至「相互肯認和療癒行動」所必要的作法。**（**p. 347, italics added**）

我們也不應該假定傷害方會百分之百同意修復的計畫：有些人

會逐漸同意修復，有些人會道歉但不希望重修舊好，有些人則持續不悔改。他們真正的選擇，通常只有在探索他們的心理疑慮，包括在他們想像中怎麼做才能得到對方寬恕之後，才會變得清晰。

羞愧與內疚。有點矛盾的是，傷害方對他們的傷害行為所感到的羞愧與內疚，往往是阻礙他們悔改的絆腳石。我們經常看到傷害方在聆聽他們的配偶斥責其行為時，幾乎是沒有反應地坐著、顯然沒有悔意。他們往往像孩子一樣等待訓斥結束，而不像個成年人一樣，對自己造成的傷害發自內心感到抱歉。正如某些個案不能忍受性慾或侵略性的感覺一樣，許多個案竭力壓制或否認因為親人的批判所引發的極度痛苦的自我批評。由於害怕感受到自己的惡劣與缺失，這些個案可能會防禦性地逃離或莫名其妙地宣稱自己是無辜的。需要掩藏丟臉的秘密與缺乏承認問題的能力，通常是他們一開始陷入困境的原因（例如：不去檢視財務上的疏忽，結果演變成財務災難。）

一位個案的妻子在染上性病後，發現他與一名妓女有染。他們來接受治療，為的是處理這種背叛以及丈夫為了隱瞞妻子所編造的許多謊言。丈夫預料到治療過程中可能會遭到羞辱，而這是他為了避免離婚需付出的代價，因此在大多數的會談開始時，他都會低著頭，不好意思地請求懲罰並說道：「好，讓我們了結這件事。讓我受罰吧！」他的妻子經常懷疑他悔過的誠意，認為他只是個犯錯被逮到的自戀狂，而她自己則是個聽了他更多謊言的傻瓜（現在還得聽他懺悔），但事實證明丈夫這種急於懺悔的作法，只是為了逃避面對他巨大的羞愧和內疚。他一直都是個容易感到羞愧的人，他害怕妻子會因為他自認不可原諒的行為而斥責他。漸漸地，在我治療室的安全環境下，他不再對他的羞愧與內疚那麼耿耿於懷，以至於

174

他可以利用這些感受來表達內心真誠的後悔，他冒著毀掉他珍視的家庭的風險，傷害了他的妻子。

在其他情況下，傷害了另一半的伴侶們一開始就會暗指，他們唯一的錯誤就是被逮到，堅稱他們的伴侶太過嚴苛，且他們沒有造成重大的傷害。就像在南非和解聽證會（South Africa Reconciliation hearings）上人們所發現的，這些犯錯方往往能透過避免自己認同受害方，來犯下罪行。當治療師幫助傷害方懷著同理心聆聽時，這種防禦性的否認可能會瓦解，使得真誠的內疚感與羞愧感浮現。

治療師會幫助那些害怕面對羞愧與內疚的個案，向他們保證，他們不是第一個犯下這種錯的人，治療師也會幫助他們找出可減輕過失的情節和未被滿足的需求，進而緩解他們在道德上的自我撻伐。治療將會幫助這些人克服他們的想法，也就是他們不值得被原諒、他們所造成的痛苦無可治癒，以及他們應受譴責的惡行，使他們終身離不了惡。儘管許多個案會感到發自內心的悔恨，但也有一些「非反社會」（nonsociopathic）的犯錯方，對他們而言，這從他或她性格上分裂出的（split-off）過失行為（偷竊、暴露癖、連續外遇）仍然是些「自我協調」（egosyntonic）的行為。其中一些個案，即那些被稱為「自戀行為障礙」（narcissistic behavior disorders）的人，可以從密集的個人心理治療獲得幫助。這些治療的目的，是幫助他們理解其不為人知的愉悅感所帶來的無意識回饋（Goldberg, 1999）。

對於居於劣勢的恐懼。許多傷害方害怕為自己的過失承擔責任，因為他們認為一旦如此，將永遠在關係中居於劣勢。在他們看來，如果他們在伴侶治療的「法庭」上承認自己全部的過失，他們的懲罰將是永遠活在婚姻的狗窩裡，交給他們伴侶一張「道德王牌」，被無限期地用來對付他們（Ringstrom, 2014）。有些人則是害怕如果把「判決」權交給受傷害的伴侶，他們最終會損害其寶貴的婚姻。實際上，情況往往相反：懺悔可以使傷害方脫離婚姻的狗窩，讓他們的婚姻延續下去。然而，無法放下警戒的傷害方無法消除其伴侶的疑慮，讓他們相信自己真的感到很抱歉並且不會再犯；這些人的伴侶關係可能永遠無法重回正軌。

兒童時期的寬恕和道歉經驗。有時候我們可以經由詢問個案早年的經歷，更清楚了解他們在道歉上的困難。有些常見經驗會阻礙我們所希望推動的治療程序，包括：（a）從未見證過真誠的道歉和寬恕，因此他們不熟悉這段過程和其好處；（b）見證過人們不停爭論誰是罪魁禍首，以至於感到承認責任或放任傷害發生會招175 致災難；（c）見證過反覆、空洞、不真誠的道歉（「我保證再也不會打你」），以至於道歉顯得毫無意義；（d）被迫提供虛假的道歉或給予錯誤的寬恕（「對你姊姊說你很抱歉」或「你必須原諒我，不然我就一直哭」），因此道歉似乎是創傷性地的不真誠。

相互與複雜的因果關係。最後，阻礙真誠表達悔意的一項重要因素是，犯罪者認為寬恕意味著，接受他們行為的所有責任與同意他們的過失，是婚姻中唯一的問題。這會使得對行為過失道歉變得更加困難，因為如同研究和臨床實務所顯示的，「受害者往往無法承認可以減輕過失的情況，和他們自己對問題的責任」（Baumeister, Exline, & Sommer, 1998, p.85）。同樣的研究證實了一個類似的看法，即「傷害方傾向讓他們行為的不利影響降到最低」（p. 85）。在這種情況下，就像布雷伯利和卡尼（Bradbury and Karney, 2010）所指出的，「寬恕的過程要求受害方撤銷一筆債，那是比犯錯方所承認虧欠的還要更大」（p. 304）。同樣地，最理想的道歉，需要犯錯方坦承所犯的錯，比他們自認犯下的更大。幫助個案寬恕的藝術和難度，大多是圍繞著這個核心難題展開。

比起受害方，治療師們通常較不就道德上、而是以更複雜的判斷角度來看待所謂過錯，他們將面臨的挑戰，是如何把握這些更複雜的觀點，以便讓受害方的痛苦和創傷得到充分的表達。由於治療師們受到尋找循環因果關係的訓練，我們可以很容易了解若妻子對性不感興趣或一心一意照顧小孩，可能成為她丈夫外遇因素之一，但如果我們太快指出這一點，治療就會進行得不順利。

治療師也同樣需要幫助傷害方暫時擱置他們自己更複雜的、可以部分免罪的供述，以充分地專注於傾聽他們受傷害的伴侶對事件的看法。即使傷害方仍然認為他們的過錯並不像所描述的那樣惡劣，治療師也可以幫助他們承認，受傷害的伴侶是唯一可以裁決傷害有多大的人。

只有在傷害方真誠道歉，而且受傷害的伴侶予以寬恕後，治療才能開始解決更複雜的問題，即導致犯錯的原因，以及受害方的哪些行為（如果有的話）可能促成過錯的發生。這將是個重要的步驟——研究證實這對治療有益（Greenberg, Warwar, & Malcolm, 2010）——但這道步驟急不得。

有著輕微過錯需要修復的同時，隨著伴侶雙方彼此靠近與態度軟化，雙方都可能更能承認自己的責任，在這段過程中變得更加誠實與坦承，這可以作為在婚姻中做出重要改變的基礎。有一些受害方最終會承認他們是幫兇，然後，我沿用這個比喻，伴侶可以共同努力防止過錯再犯。

176

家庭作業信

格林伯格及其同事（Greenberg and collegues, 2010）的治療研究中，他們讓伴侶互相寫信給對方，這種做法似乎有助於關係的修復。傷害方寫的道歉信要包括：（a）**後悔**：說出他們後悔的事，並詳細說明他們如何理解對伴侶的傷害；（b）**責任**：透過具體說明他們所要負的責任，承擔自己在傷害中扮演的角色；以及（c）**補救**：清楚說明他們會如何幫助伴侶從傷害中復原。

受傷伴侶的信則需要描述他們在解決、寬恕和放下傷害中所處的階段，以及對其伴侶的憤怒。他們要描述他們未能寬恕或無法放下的事情、為什麼他們難以消除傷害，以及伴侶需要提供什麼支持，來幫助他們放下傷害和憤怒，進而能寬恕對方。如果他們已經放下傷害與憤怒，或者已經原諒他們的伴侶，他們要寫下，他們是否覺得能夠重修舊好。

史蒂芬・斯托斯尼（Steven Stosny, 2005, 2006）[10]是治療施暴男性最有經驗的心理治療師之一，他也讓傷害方寫信說明他們的所作所為，並詳細說明這對他們的伴侶和自己造成的損害。這項作業鼓勵伴侶認真對待他們的婚姻、誠實地審視自己，並對伴侶關係的核心問題採取積極負責的態度。

永遠不會徹底結束

治療師和個案對寬恕／復原的過程不能抱持過於理想化的看

10 編註：史蒂文・斯托斯尼（Steven Stosny）是華盛頓市郊的組織「慈悲力量」（Compassion Power）的創始人，曾著作多本有關改善人際關係的書。

法，特別是認為治癒可以一勞永逸。嚴重的背叛永遠不會被遺忘。我們最多只能希望回想起它們的時候，可以不那麼痛苦與片面。如同弗洛默（Frommer, 2005）所指出的：

> 我們渴望的寬恕狀態，即沒有殘留的憤怒、怨恨或矛盾是一種理想。在現實生活中，寬恕往往與懷疑、苦澀、傷害和痛苦的感覺並存，因為關係已經無可避免地被發生過的事改變了。我們盡最大的努力寬恕，也就是說，那並不完美。（p. 44）

正如格林伯格的研究所證實的，即便當事人在寬恕上已經取得許多進展，信任的恢復還是相對緩慢。在這方面，治療師應該幫助個案以正常角度看待這個事實，並且避免他們在事情不如期望的那樣快速進展時過於失望。

177

治療師還應該對於那些看似治好傷痛，但只是避免重新撕裂傷口的伴侶有所警覺。我們必須使用我們的判斷力來決定何時重新討論這個主題，以及何時暫時從回顧背叛的緊張感中稍作喘息。我在這兩方面都犯過錯。有時當休息並討論其他主題可能更有成效時，我會太強行推進這項治療工作；有時當我認為我們已經完成並即將結束一次成功的治療時，我會對突然復發的憤怒與防禦感到震驚，這顯示舊的傷口仍然沒有癒合且需要更多的關心。

超越寬恕的治療

完成寬恕治療階段的伴侶可以繼續進行聯合治療，隨後的治療重點聚焦在重複的負面互動循環或其他特定的衝突。如果個案已經從婚外情的背叛中復原，治療師和伴侶雙方需要特別關注他們的性生活。此外，個人治療可能可以幫助某些伴侶表現出他們的癖好。

許多出現嚴重背叛的伴侶，在關鍵事件發生前，就已經在情感上彼此疏離、過著平行世界般的生活。這種疏離往往是促使背叛行為發生、並且是它之所以一直未被發現的原因。在幫助這些伴侶獲得更幸福、信任與穩定的關係時，我們必須鼓勵他們增加更多正向的共同活動。這些經歷將有助於伴侶超越見證與道歉，更進一步修復和強化伴侶間的連結。更親密的關係也會中和伴侶間因太過疏離而可能加劇的不信任感。治療師應該鼓勵伴侶多一起出去走走、培養共同嗜好、朋友和社區活動，以便修復他們之間的伴侶情誼與親密感。

最後，雖然本章大部分的內容都是關於幫助伴侶寬恕、道歉與和解，但這些目標可能不總是可行或可取的。有些伴侶們受到很深的傷害，以至於他們不願意持續這段關係。其他伴侶們會認為他們不應該冒著受到更多創傷的風險而繼續在一起。還有些伴侶們則會表示自己不能或不願意停止他們造成傷害的行為。在這些所有的情況下，治療師都需要改變治療方式，以幫助伴侶脫離關係，並接受關係的消解。有時候伴侶雙方，尤其當他們之間有孩子時，能保持友好的聯繫，但在其他某些情況下，敵意會持續存在。在這些情況下，即便無法達成完全的寬恕和恢復聯繫，但退而求其次地學習接納，仍然會有幫助。

第四部

行為與教育的升級

第十一章

教導說話與聆聽技巧

到目前為止我所描述的方法，並不總是對我有效。有些伴侶 181 們似乎從沒有能力安全而有效地談話。儘管我們探討了潛在的問題與連鎖的移情，以及我用以詮釋投射性認同的實例，但情況仍舊如此。雖然在這之間偶有態度軟化與親近的時刻，但又會變得充滿憤怒的相互指責或冷漠以對。有時候我覺得自己像是白費功夫：一週週過去，我會重複同樣的治療措施、揭露同樣的模式、重構同樣的問題，並提供同樣的支持和結構，但我一直打不破僵局，無法讓伴侶雙方自行順利溝通。

當我因為難以改變個案而感到沮喪時，我開始明確地教導他們如何在史東、巴頓與黑恩（Stone, Patton, and Heen, 2010）所謂的「困難對話」（difficult conversations）中，當強烈的情緒湧上時，還能進行安全的對話。教導這些技巧，一直都是行為伴侶治療的核心重點，我在《婚姻 101》（*Marriage 101*）的課堂上教授大學生這些技巧時，就已經很熟悉它們了。我們將要討論的溝通技巧是由行為治療師、認知行為治療師、專注於「情緒調節」的治療師和談判專家所開發出來並加以推廣的。在接下來的三個章節，我將說明這些技巧並說明該如何將它們教導給伴侶。[1]

1　原註：因為第四部中，大多數的介入措施是由那些認為自己是「行為」治療師所開

訓練技巧的理由

如前所述，廣泛的研究發現巧妙、健康的溝通，可以促進婚姻的健全和持久。（例如，Gottman, Gottman, Coan, Carrera, & Swanson, 1998）。此外，研究顯示教導溝通技巧對幫助陷入困境（Dimidjian, Martell, & Christensen, 2008）與婚前的伴侶（Carroll & Doherty, 2003）有效。根據許多原因，這是有道理的。最明顯的是，婚姻本身是一項冒險的嘗試，而嘗試冒險（動手術、創業）的人如果懂得哪些行為有利於成功，以及哪些行為很吸引人卻很危險，他們就有更大的機會成功。

182

我有時會藉由以下這個例子來說明技巧訓練的必要性，即我高中的摔角教練教導我們為進攻和防守的動作命名，以取代我們對於摔角的模糊概念（兩個人抓住對方在地上打滾）。伴侶治療中的個案也是如此，當他們開始在負向循環中彼此角力時，他們缺乏的是一些範例與詞彙。我們可以透過傳授他們一些「有名招式」（named moves）來幫助他們。

提供技能訓練的另一個理由，來自不同的思考方向——這並不是說個案還不能以成熟和有效的方式進行溝通，而是因為可以預見地，**團體**行為經常會有功能失調的情況出現，因此制定安全的規則會有所幫助。無論是家長教師協會的會議或是國會聽證會，保障每個人都有發言機會、參與者聆聽彼此意見，並且有共同決策的

發的，所以我將其命名為行為／教育的進階。如果沒有這段歷史，我會把這部分命名為「關係教育的升級」。雖然所有的伴侶治療師都在尋求「行為上的改變」（例如，少咒罵並增進合作），但本節中介入措施的差異，不在於他們對「行為」的關注，而是他們試圖影響個案改變其行為的方式，也就是透過直接指導。

程序，是很重要的。無論是《羅伯特議事規則》（*Robert's Rules of Order*）或國家憲法，規則都有助於實現這個目標。如果伴侶雙方遵守規則，確保雙方都有機會發言、都細心傾聽，並且都知道如何解決分歧，這些規則就會對他們很有幫助。**我們所教授的某些「技巧」相當於幫助伴侶雙方承諾遵守特定規則進行發言和聆聽**。

雖然遊戲、體育和政治中的規則通常是書面的成文規定，並且受到參與者們明確表示同意，但我們使用最多的規則往往是內化和自動的。就像被視為「有禮貌」的慣例一樣，一旦我們學會了處理困難對話的許多建議方針，這些技巧就會在我們不知不覺中自動運作，只有在事情出錯時，才會被意識到。

從溝通規則的角度來看，現在我們可以理解為什麼有些伴侶治療會永無止盡。在許多情況下，治療師一直扮演著規則的守護者——儘管是在伴侶雙方的默許下，但他們通常沒有意識到。為了給治療畫下正向的句點，我們必須顯化這些隱性的功能，並把維持這些功能的責任轉交給伴侶。

有關表現的爭論

有一些心理治療師對教導溝通技巧的益處感到懷疑。他們觀察到許多人與陌生人或同事「溝通」良好並舉止得宜，因此他們不可能只是剛好在婚姻中喪失這種已經熟習的行為（learned behavior）。這些批評者，包括著名的治療師懷爾（Wile, 2013b），以及格林伯格和戈德曼（Greenberg and Goldman, 2008），他們提出婚姻問題不在於缺乏知識，而是在痛苦和憤怒時會難以**應用**這些知識。高特曼和利文森補充說明，當健全的伴侶吵架時，他們不像有些伴侶會使用有架構的同理聆聽方式（如同在發言者—聆聽者中

183

的技巧）。這些批評者質疑過於簡化的關係教育是否有益處，並強調個案的「表現問題」，即他們雖然了解很多知識，但表現得很差。有一些有說服力的反論反駁了這些看法。

實際上，人們確實無法在任何場合中都技巧嫻熟。如同哈佛談判學程（Fisher, Ury, & Patton, 2011; Stone et al., 2010）所證實的，我們持續觀察到在其他場合（政治、勞資關係、商業交易）的人們並不了解可能有助於自己處理困難對話的規則和相關詞彙。與人們只有在家時溝通技巧才會退步的論點背道而馳的是，我們經常觀察到在其他衝突的情況中，也有類似技巧不足的現象。我們也發現，為個案提供處理非婚姻衝突的諮詢業務正在蓬勃發展。

壓力總是會放大缺失，當個案在情緒上極其焦慮不安時，溝通技能不足會更加明顯。任何參加過運動比賽的人都知道，在壓力下崩潰，是個人賽事中一個根本上的弱點。儘管人們在某些情況下可能看起來很優秀，但他們技能不足的事實可能只會在更嚴格的測試中浮現。

人們可以透過訓練，在壓力下有更好的技能表現。在壓力下表現下降並不代表人們不應該或不能學習如何在壓力下發揮得更好。每位即將上場的運動員都會緊張，每位發表重要演講的人都會感覺心跳加速，每位自尊受創的人都會感到不安。學習如何對抗不穩定的情緒，可以幫助人們在溝通上無往不利，自信地吸引聽眾的關注，並在談判或與配偶爭吵時，堅守有效的溝通策略。

技能不足，會導致我們逃避與阻礙學習如何改善。人在經歷過無法控制自己情緒後，會逃避情緒。如同瓦赫特爾（Wachtel, 2014）所指出的：

> 以符合社會規範的、情感上令人滿足的、以及和我們更大的生活目標一致的方式，學習如何表達我們的情感，是一項任務，事實上，這是項終其一生都會持續進行的任務……然而，當我們逐漸害怕這些情感時，就被剝奪了磨練表達和包容這些技能的機會；而且諷刺的是，我們就會有更多理由害怕它們。這就形成了一個自我延續的循環，其中逃避產生了逃避的理由，進而產生更多的逃避，無窮無盡。（pp. 91-92）

了解可預測的錯誤會有所幫助。我們無法透過說教或道德勸說來消除適應不良的指責和防衛，但我們可以點明各種錯誤、指出它們需付出的代價，並努力幫助伴侶抵擋它們的誘惑。 184

技巧不需要是「自然的」。大部分的伴侶不會自發性地使用定義明確的溝通規則，但許多行為和科技的進展也是如此，一旦它們被採用，就會被證明是有益的，比如手術的消毒。在生活的許多方面，認為「自然」應該作為黃金標準的觀點，並沒有太大意義，如果將此標準普遍應用在人類身上，會使我們至今仍在山洞中覓食而居。針對伴侶的自然研究（naturalistic studies）可能會發現伴侶們很少使用最佳方法建立關係，但這可能是因為他們從未學習如何表現得更好。[2]

2　原註：見史坦利、布雷伯利與馬克曼（Stanley, Bradbury, and Markman, 2000），他們對高特曼提出了更多方面的反論，即他拒絕教授關係技巧，因為他在健全的非臨床伴侶中沒有觀察到這些技巧。高特曼自己也委婉地反駁了這種對技巧訓練的批評，因為他的書和學習方案中經常告誡伴侶該如何有效地彼此連結（e.g., Gottman & Silver, 1999）。

技巧可能是隱性或半意識的。許多自然研究顯示，對關係較滿意的伴侶與對關係不太滿意的伴侶，兩者行為有很大不同。儘管我們不應該把「自然」作為我們的黃金標準，但研究健全的伴侶，可以讓我們了解使關係得以順利運作的因素，就像我們研究冠軍運動員的生物力學是一樣的道理。事實上，高特曼（Gottman, 2011）最近的研究顯示，他發現他研究過的圓熟伴侶們，即他所謂的「關係大師」（masters of relationships），懂得「協調」（attune）、「轉向對方」（turn towards each other），並且遵循許多其他建設性的溝通策略，遠多於他研究過的功能失調的伴侶們。通常情況下，技巧訓練相當於教導功能失調的伴侶有意識地採用健全伴侶半意識下遵循的溝通策略。

不只是語意上的問題。雖然關於技能訓練的某些爭論可能是語意上的——比如我們所說的心理治療，其中有多少也屬於關係教育——但我的經驗是，許多伴侶治療師（包括以前的我）沒有意識到明確教導伴侶溝通技巧的重要性，例如當情況變得艱難時，放慢速度和遵循某些對話規則的好處。

在說明為何要把技巧訓練加入治療工具箱的理由後，我現在要開始討論關係教育的具體內容。

教導關係技巧的準則

提供課程、練習和家庭作業

如同所有提供私人課程的教師一樣，我們必須根據每對伴侶的具體優勢和弱點進行個別化指導；我們不會把所有東西教給每個人。我們要教的大多數技巧並非自然而然或可以輕易地掌握。我們經常需要重複指令，然後要求個案向我們重複操作這些指令。而且我們可以預料到，當伴侶處在壓力情況下時，他們的問題會復發，並重拾過去的壞習慣（Carlson, Guttierrez, Daire, & Hall, 2014; Cornelius & Alessi, 2007）。因為新的技能無法一學會就一勞永逸，所以我建議個案在治療間期練習這些技能。我還會指定他們看相關技能的自助書籍，以強化我所教授的資訊。

185

技巧示範

因為許多個案從未見過我推廣的某些策略，所以我經常模擬其中一方可能會對另一方說的話，並在示範某種方法後說明其原理。這類似舞蹈教練、鋼琴老師或網球專家示範標準動作。通常這樣的情境示範勝過千言萬語。那些以為沒有方法能讓他們的伴侶個案平靜下來的治療師，當他們看到我實現這個目標時，往往會對於我是如何做到的，感到很欽佩與好奇。

不要太早開始

如果我們先讓伴侶進入治療狀態，再教授他們溝通的基本技巧，治療大多會進行得更順利。如果我們太快開始，他們可能會認為我們不理解他們的痛苦，或不能處理他們的強烈情緒。

不要太晚開始

這些工具會促進我們在治療過程與精神動力方面的工作。

有個常見的錯誤是，我們等待太長時間才說明安全的溝通規則，特別是針對容易失控的伴侶。

解釋規則可以促進有益的限制措施

大多數的溝通規則是用來約束適應不良、無意識的行為，以及限制我們隨興所至卻做出錯事的傾向。（回想一下，想要解開中國指套陷阱，需要我們抵抗本能的反應。）為了說明溝通規則的效用，我使用了馬克曼等人（Markman et al., 2001）的比喻，他們將伴侶的對話比喻為和核反應。在這兩種情況下，生產有效的能源而非破壞性熔毀（meltdown）的關鍵，在於系統內部的溫度。就像反應爐內部的溫度由控制棒操控一樣，伴侶對話的溫度也可以透過溝通規則來控制。把溝通規則當成情感控制棒的想法，可能會讓我們想到伴侶治療 1.0，其中治療師的任務是保持情感室溫，既不能太熱也不能太冷。現在，我們經由教授伴侶規則，讓他們自己維持一個安全溫度，來升級早期的治療模式。

186

說明情緒考驗與檢視抗拒

我們應該事先考慮到伴侶在遵循我們的建議後可能會遇到的困難，並進行討論。我們不僅要提供個案如何行動的方針，也要提供指引，提醒他們在嘗試遵循我們的建議後會遭遇的情緒考驗。如果缺乏這樣的意識，個案可能會把我們對技巧性的伴侶行為建議視為過分簡化的道德陳腔濫調，好比「說請和謝謝」一樣。無法面對這些情緒上的考驗，也可以說明為什麼某些關係教育計畫的效果有限、甚至有時令人失望（Johnson & Bradbury, 2015）。

這種訓練之所以比較容易，是因為大多數的個案會覺得我們的建議是合理而且可達成的。他們會積極響應溝通技巧訓練，因為這符合他們「他們的問題只是『溝通不良』造成的」這種（膚淺的）

想法。他們也偏愛技巧訓練有正式研究的支持，而且教學過程比他們很可能體驗過的自由放任形式更受控制。

儘管如此，有些個案從一開始就會拒絕並想要繼續進行他們認為更重要的事，而另外有些個案表面上會附和，但沒有嚴格遵循我們的建議。許多人會發現這比他們預期的還難。正如實施其他介入措施也會遇到阻力，這時我們應該停下來並探索其中的原因。在我們清楚說明最理想的溝通方式後，會更容易進行訓練。

別讓厭倦成為阻礙

教導溝通技巧可能會很無聊。我有時候會很想跳過這個緩慢的過程，進到更有趣、更投入情感的內容中，但我已經認識到抗拒這種衝動的重大收穫。我有時也會因為同理個案的窘境而感到氣餒，因為我親眼目睹一些個案只是複述他們伴侶剛剛說過的話，就引起很多問題。然而，儘管教導溝通技巧在情感上並不吸引人，有時候過程還會令人不忍卒睹，但是有治療師清楚的說明配合在指導下進行的練習，個案們很快就會有所收穫。

把自己當作專家、滿意的客戶與難以遵守規則的人類同胞

我會告訴伴侶個案：「我不僅是個多年研究伴侶的治療師，了解這些技巧的成效，而且我也是一個親身使用這些技巧的丈夫。儘管我教授這些技巧，但根據我的經驗，我知道遵循這些技巧並不像聽起來那麼容易。你們應該將這些建議視為目標，但不應該預期自己每次都能達成這些目標。」

187 # 教導的內容

辨別適得其反的行為

在教授溝通技巧時，我通常會從有組織地為個案們實際使用的適應不良對話方法命名開始——他們認為這些方法應該有效，但實際上只會使事情變得更糟。我鼓勵個案採用這些名稱（或創造他們自己的稱謂）來描述這些令人愛用但適應不良的行為。從前面的章節中，讀者應該已經熟悉了這些「戰鬥和逃跑」（fight and flight）的形式。當我在行為中辨識出它們時，以下這三個方式通常可以讓我們有個好的開始：**爭辯事實**，以此來反駁伴侶的批評；**交互抱怨**，透過指出伴侶的過失來逃避面對自己的過失；**獲得更多支持**，指出其他人同意自己的立場。

記住三 C 原則

當我注意到伴侶所犯的某些特定錯誤後，我會鼓勵他們嘗試保持三種態度，這是所有溝通規則的基礎。當情況變得棘手時，試著保持冷靜（calm）、好奇（curious）和關懷（caring）。我鼓勵我的個案記住這三 **C 原則**，並將其內化於心。

保持冷靜可以激發其他的態度，所以最為重要。對自己和伴侶的好奇心可以防止本能的、批判的論斷。它與關懷相輔相成，因為別的先不說，它能使伴侶姑且相信對方的清白。如果個案在發言前說：「我可能錯了，但我記得的是……」，雙方的溝通會更順暢。關懷可以保護關係免於自私自利所帶來的傷害。關懷符合了伴侶雙方必須探問的一個重要問題：並不是「什麼對我最好？」而是「什麼對我們的關係最好？」理想的情況是，**我們希望個案能問他們的伴侶：「我要怎麼做才能幫助你？」**[3] **當我們鼓勵個案冷靜、保持好奇心和關懷對方時，我們可以提醒自己，教授特定的規則會同時幫助他們保持這些態度。**[4]

做抉擇時停下思考

我接著要強調的，可以說是最重要的伴侶關係技巧：放慢腳步並認識到，在這個我所比喻的叉路口，下一步的行動，會決定你的伴侶關係改善或惡化。[5] 就像在路況危險時，我們會減速緩行一樣，你需要放慢速度以避免與你的配偶發生「事故」。泰瑞・瑞亞爾（Terry Real, 2007）使用了同樣的比喻，並加上一點幽默來表達這個想法：

> 當你人格中不成熟的部分被觸發時——無論是受傷的、被壓垮的部分，或是防禦性的、為所欲為的部份——

3　原註：勞爾和伏林（Rauer and Volling, 2013）調查了五十一對婚姻幸福的伴侶，其研究結果顯示「關懷」在困難對話中極為重要。作者發現，在問題解決的討論過程中，伴侶其中一方或雙方較頻繁的不良行為（支配、否定或衝突）可以被高度的伴侶支持所中和或抵消。

4　原註：席格和布萊森（Siegel and Bryson, 2015）在他們關於親職教養的精采著作中，提出了對待行為不端的孩子的建議，這些建議與我的三 C 原則有驚人的相似之處。他們強調透過同理的連結來幫助（照顧）孩子，這需要父母克制自己本能的負面反應（保持平靜），相反地要「追問原因」（保持好奇）。

5　原註：在一項研究中，鼓勵伴侶的「關係意識」（relationship aware）——透過簡單地請他們欣賞和討論描寫其他伴侶的商業電影——被證明與更多方面的關係教育介入措施一樣，可以有效地讓婚姻更幸福和持久（Rogge et al., 2013）。

188 想像自己把那孩子抱到自己腿上，用你的手臂環繞著他、愛護他……並把他緊抓著方向盤的手拿開。（p. 79）

在介紹溝通規則之後，我會視情況提出更具體的建議。在下面的內容中，首先我會概述一些有用的規則，然後再討論遵循這些規則在情感上的困難。

在開始之前，請先遵守以下規則

1. **提醒自己最終的目標為何，並將它和立即的、由本能驅使的衝動加以區分**。這是自始至終我們都必須牢記的首要準則。
2. **判斷你是否真的非說話不可。問問你自己，改變你的某些行為是否會對事情有實質幫助**。單方面的改變，是進行困難對話以外一個重要的替代選項。意識到這個選項，可以為那些其伴侶拒絕參與這段過程的個案們帶來希望（Weiner-Davis, 2002）。所謂單方面的改變，包括了：
   - **當伴侶做了你希望他們做的行為時，獎勵他們**。當你的伴侶做了你期望的行為時，試著「抓住」機會好好讚美對方：「你清空洗碗機真的幫了我一個大忙，我真的很感激。」你可能覺得你不需要要求或獎勵好的行為，所以一開始可能覺得很勉強，但獎勵那些努力方向正確的行為，效果出奇的好，而且不僅是對特定的、被獎勵的行為本身，對於整體關係的氛圍也會奏效。
   - **做你的伴侶會希望你做的事情（「單方面的行為交換」）**。開始去做你知道你的伴侶會希望你做與解決的事，如果對方一開始的反應是：「早該這麼做了！」或

「我早就跟你說過了！」，千萬不要感到氣餒。

- **努力增進伴侶關係之外、屬於你個人的快樂**。如果你透過照顧自己和自己的生活，來增進你的快樂，別人和你相處時會感到更加愉快、你也比較不容易引來批評或受到任何可能批評的影響，並且更能接納伴侶的缺點。問問你自己，你對伴侶的怨言，是不是你將自己該處理的問題錯放在對方身上。透過個人治療，也有助你增進自尊、了解移情過敏並接納伴侶不完美之處，可能會有助於改善婚姻關係。

3. **制定一項計畫**。沒有計畫就註定失敗。大多數人沒有做好事前準備；他們只是開始說話而已，要不是在他們受到刺激的時候，就是在他們忍無可忍的時候。最好是在事前想清楚你希望達到的目的。預測你的伴侶的反應，並思考如何處理它們。考量對話的哪些方面可能會威脅到你對自己與你的伴侶的正面看法。預先排演對話、扮演雙方的角色。

189

4. **請記住，有所謂公平的爭吵和惡質的爭吵**。惡質的爭吵可能會短暫讓人感覺痛快，但就長遠來看沒有好處。
5. **察覺自己的「熱鍵」（hot buttons）**。如果你的某個熱鍵可能是問題所在，當你開始對話時，必須要承認這點：「我知道我對這個問題比大多數人敏感，但是……」。
6. **不要拖延太久才開啟對話**。用溫和的態度與在完美的時機點開啟對話是最好的，但有些批評不能被粉飾，有些則需要及時處理。提醒自己，完全迴避衝突，會導致婚姻關係失去活力與不快樂（Hawkins & Booth, 2005）。如果等待太久，你可能會滿懷怨恨，以至於適得其反、爆發出所有累積的情緒。

7. **不要期待快速或簡單的解決方案**。你的伴侶可能會有不同看法與令人不快的行為，對此要先有心理準備及應對方案。

一次一個人發言

治療師應向個案說明發言者和聆聽者的不同角色，並強調一個人在同一時間內只能扮演其中一個角色。就像棒球隊交替進行進攻（打擊）和防守（投球／守備），永遠不會同時進行，所以配偶必須輪流發言和聆聽。當個案有意識地察覺到他們所扮演的角色時，他們就更能專注在該角色的特定需求。幫助個案輪流發言的一個方法是使用實體的道具來指定誰擁有「發言權」——我使用一個小枕頭——並且鼓勵他們在家裡使用這樣的道具。

積極且同理的聆聽

在討論有技巧的說話前，我想先討論有技巧的聆聽，因為它對於增進伴侶間的溝通和防止負面循環更為重要。積極和同理的聆聽不是一件容易的事。它經常成為負面互動循環的犧牲品，正如一句妙語所說的：「會認真聽吵架的，只有鄰居！」這表示你不僅要讓伴侶說話，還要避免同時在心裡建構反駁或反擊的言論。理想的情況是，聆聽方有個目標：從伴侶的角度來理解伴侶的立場；在科學實驗中，同理心的準確性，是減少伴侶之間的肢體和心理攻擊相關要素之一（Cohen, Schulz, Liu, Halassa, & Waldinger, 2015）。這種專注於同理的創意工作，是讓積極聆聽之所以「積極」的原因。在針對治療師而寫的本書中，這些都是顯而易見的觀點，但這些觀點必須向個案明確說明，並提供如何達成這些目標的建議。

190

根據麥克・懷特（Michael White, 2009）的建議，我鼓勵個案描述某次有人對他們產生強烈「具體化興趣」（embodied interest），在此經驗中，他人表現出對他們深刻的理解、支持與同情的經驗。回顧這樣的經驗，可以幫助他們將自己看成並表現得像那個人，即一名積極的、支持的聆聽者。

同理聆聽的好處

當個案在我們的治療室裡成為更優秀的聆聽者後，可以親身體驗到積極聆聽的好處。我們可以透過說明下列的相關好處來激勵個案。

- 許多增強負面循環的恐慌來自於孤獨和聲音沒被聽見的感覺。當人們感到不安時，他們往往只希望有人聆聽並認可他們的感受。當這些需求得到滿足時，人們就會恢復平靜和理智。這時可能不需要進一步討論或解決問題。只有當你充分理解伴侶的受傷經驗時，才有可能做出真正的道歉。
- 儘管同理心和自信似乎互不相容，但這是錯誤的二分法。即使是在極具爭議的談判中，雙方都需要了解對方對其重要利益的看法與原因。認真聽取對方的意見，有助於更連貫、更全面，以及以更易懂的方式闡述自己的觀點。
- 一個人如果能說出自己的觀點，並感到被對方傾聽，就更願意讓自己的伴侶也這麼做。
- 積極聆聽是有幫助的，無論聆聽方接下來是否表現出同情的肯認（「哦，現在我知道為什麼你會那麼不高興了」）、道歉（「我很抱歉讓你失望了」），或繼續爭執與協商（「好吧，現在我想我了解你的想法了；讓我也試著解釋我的想法」）。

- 仔細的、具有同理心的聆聽不只適用於困難的對話。它也適用於伴侶回報一天所發生的事情——從壓力到狂喜——它是促進親密感和親近的工具。

聆聽方的規則[6]

1. **努力設身處地為伴侶著想；將自己調整為對方的頻率**。試著去體會發言者的感受。記住或想像自己身在類似處境。想想有哪些潛藏的問題正在發生，哪些熱鍵被觸發了。最重要的是，「敞開心胸」聆聽，就像你聆聽不開心的好朋友說話一樣（Fishbane, 2010）。

191

2. **不要插話**。這條規則也有例外（如下所述），但對於主要事件應該只容許輕微的打斷：讓伴侶說話並用心傾聽。
3. **暫停解決問題**。因為解決方案或許可以立即緩解問題，所以提供這些方案是很吸引人的做法，但我們必須抵抗這種誘惑。相反地，想解決問題必須等到發言方有時間發洩和感覺被人傾聽之後，因為有效的解決問題，必須建立在對問題詳細的了解之上。急忙解決問題（男性較常如此）是被用來縮短理想聆聽的最常見方式之一。相較之下，遵循這項建議

---

6 原註：這裡提到的溝通規則，在很大程度上歸功於馬克曼、史坦利和布倫伯格（Markman, Stanley, and Blumberg, 2001），以及他們的發言方—聆聽方技巧（在此總結）。發言方的規則：說出自己的心聲。不要猜測對方想法。不要滔滔不絕地講下去。停頓並讓聆聽方有機會重述。聆聽方的規則：專心聆聽發言方所說的話。不要反駁。雙方的規則：發言方有發言權。雙方分享發言權。不要嘗試解決問題。

耐心等待，往往能迅速改善伴侶的溝通。請個案回憶他們那些被人多管閒事、提供建議的經驗，可以幫助他們堅守這一點。

4. **請試著不要一心想反對或反駁，或者只是等著輪到自己說話；相反地，想像自己是位新聞記者**。好的記者不必認同暴力的罪犯或專制者（despot）的觀點；他們需要的是了解他們的故事並揭露其想法。與其把自己想像成法庭上的律師，跳起來大喊：「法官大人，我反對！」，不如把自己想像成一位嘗試獲得內線消息的記者。
5. **如果你認為伴侶所說的事實是錯的，通常最好讓他／她版本的說法完成，並對事實被扭曲的原因保持好奇——例如，為了表達受傷的嚴重程度**。人之所以喜好反駁，在於認為如果某件事情沒有被立即反駁，他就會被「承認為證據」，並被默默接受為事實，這一點是建立在一種退步、錯誤的觀念上。
6. **不要盤問。同樣地，不要扮演法庭上的律師：「你似乎認為這是我的錯**。但你肯定同意你犯的錯比我還多！」你的目標應該是向你的伴侶學習，而不是證明他或她是錯的。
7. **如果伴侶的立場似乎過於嚴厲、不公平或不理性，假設令人不安的潛在問題已經被激發，那麼就試著找出這些問題是什麼**。將你的伴侶令人痛苦的侮辱視為強烈痛苦的信號，而不是他或她對你性格的真實評價。要記得，人們只有當他們以普通方式提出要求失敗後，才只好高聲喊叫。
8. **不要被看似瑣碎的爭論給迷惑或心生退意**。利用它引導你到幾乎可以肯定解釋「為什麼爭吵會如此激烈」的重點上。

9. **記住，在激烈爭論中，雙方幾乎各有其道理；請努力嘗試了解另一方的立場。**
10. **不時重述你所聽到的內容，來核驗你的理解是否正確。**例如，「如果我沒有理解錯的話，當我……你真的很生氣，因為……」不要等太久才這麼做，以免被認為是在等待時間反駁對方。不要假定你的伴侶會因為你缺乏抗議、就視之為同意。當人們心煩意亂時，他們會尋求肯認，即使只是想確認你有收到他們的訊息。

11. **在重述時，首先要陳述伴侶心中的主要感受。**例如，「當……的時候，你真的很傷心」。這麼做的話，幾乎可以保證對話能有個好的開始。
12. **在重述時，試著說出伴侶故事的「寓意」（moral）。**這會幫助你避免陷入對「事實」的爭論中，因為錯誤和誇大，事實上是讓我們明白主要訊息的線索。
13. **重述時一定要保持目光接觸，並觀察伴侶的肢體語言。**肢體語言是顯示事情是否進展順利很好的指標。
14. **不要迫使伴侶不停述說那些你會認同的事。**這是打斷談話的時機之一，你可以說：「這是個好觀點」、「是的，我遲到了」或者「你完全正確，我做錯了！」聆聽方通常會接受他們必須等待，才能輪到自己說話，但扳著一張撲克臉無動於衷地等著，可能是因為害怕只要認同任何事，都會削弱他們的立場。這會給發言方產生不必要的焦慮，他們會認為自己需要就某一觀點進行說明。某些浸信會（Baptist churches）的教徒提供了積極聆聽的絕佳例子，他們頻繁地喊著「阿門！」來表示對牧師的認同。相較之下，煩惱的伴侶們彼此交談時，「阿門」的聲音太少了。[7]

15. **如果你對伴侶說的話表示部分同意，試著以這部分為基礎擴展談話內容，而不是強調其論點上的缺失；使用「而且」而非「但是」**。「我當然同意我們需要做點什麼改善財務狀況，而且我想我們或許可以延伸你的建議，透過……」。
16. **當你不同意伴侶時，一定要表示你已經明白關於問題所在的訊息**。如果你能誠實地做到這點，那麼要告訴伴侶你同意他或她有權感受和你不同：「雖然我不太在意等待並，但你不高興是合理的。」
17. **回答伴侶隱藏的問題**：「我的感覺正常嗎？」「你理解我說的話嗎？」「你在意我說的話嗎？」「你關心我嗎？」（Stone et al., 2010）。
18. **把伴侶對你的強烈責難，想成是對問題的責難，並從伴侶的角度重述你所看到的問題**（Fisher et al., 2011）。
19. **如果你感覺自己因為情緒上的困擾，而難以遵循聆聽規則，請嘗試辨認、處理與利用你的感受**。聆聽者應該思考，有哪些關係的「熱鍵」可能已經被觸發；最重要的是，嘗試迎接「成為好的聆聽者」所帶來的情緒考驗，這部份我們接下來會討論。

7　這項建議與高特曼等人（1998）的觀察一致，在衝突對話中，「關係大師」們的正面陳述與負面陳述的比例為五比一，而痛苦的伴侶的比例為一比一。這個發現經常被錯誤地引用在伴侶吵架的情況，但實際上，這項發現是在被規定好的衝突對話中所觀察到的狀況。關於在伴侶衝突中表現正向所帶來的好處，這項發現已經被複製過許多次了（Bradbury & Karney, 2010, pp. 336–339）。

193 同理聆聽的情緒考驗

使用剛才我所描述的積極、同理的聆聽規則，通常能增進伴侶雙方的合作，並減少防禦的產生，因為它們直接反轉了適應不良的討論中的許多常見陷阱，比如否定（invalidation）、拒絕溝通（stonewalling）以及蔑視（Markman, Stanley, & Blumberg, 2001）。隨著有效對話的進行，雙方的參與者都會感覺更容易管理自己的情緒。透過同理聆聽改善溝通，可以使那些由於逐漸確信另一半不可能講理或改變而疏遠的伴侶們重新活絡起來。儘管這樣的伴侶之前乍看像是在聆聽，但許多人只是被動地默認，同時暗自在心裡累積怨恨，因為他們在等待索求方的伴侶對談話感到厭倦。治療師如果指導這些輕蔑的疏遠方以積極的態度聆聽，往往可以讓他們發現，當他們的伴侶被準確理解時，那些看似不理智和強硬的態度就會減少。

雖然積極聆聽的好處幾乎可說是立竿見影，但對大多數聆聽方而言，其挑戰在於如何處理聆聽時被激發的情緒。正如我們在前幾章中所討論的那樣，深層的憂慮往往是隱藏和無意識的，它們可能會在進行困難對話時被激發。**一旦治療師向個案闡明，要以學好這些規則作為治療目標，他們的任務便是幫助個案處理伴隨這些規則而來的情緒考驗**。正如體育賽事中的目標（籃框、球道、好球帶）有助於教練和球員嫻熟某項運動，因此定義積極聆聽的目標，也有助於我們辨別限制因素並努力改進。

積極聆聽者所面臨的基本情緒考驗，是對情緒不佳的人保持同理心，通常尤其是對你自己。要做到這一點，聆聽方必須能夠感受到足夠的痛苦，以至於能表現關懷——包括努力理解——但不能痛苦到想要逃離或阻止發言方說下去。同理心需要我們設身處地為對方著想，但不至於被壓垮。如果你的妻子一邊哭一邊告訴你，她的母親被診斷出癌症，或者妳的丈夫對他的老闆大發雷霆，你一定不能因為不忍心看到妻子哭泣，或看到丈夫怒吼而心煩意亂，以至於無法聆聽。聆聽強烈的情緒，如絕望、憤怒和焦慮，會帶來特定的（反移情）考驗，當我們在幫助個案成為更積極的聆聽方時，這部分會是治療的重點所在。

為了幫助個案（通常是男性）成為更好的聆聽者，我會以電影《紅粉聯盟》（*A League of Their Own*）中的一幕提醒他們，在電影當中，吉米・杜根（湯姆・漢克飾演）是位職業女子棒球隊的經理，他辱罵一位球員說：「好吧！我只是想知道，為什麼妳會在我們領先兩分的情況下把球扔回本壘。妳讓追平比分的人上了二壘，我們因為妳而失去優勢！用點腦子！那是妳屁股上方三英呎處的腫塊！」當她淚流滿面時，杜根說出了他的著名台詞：「在棒球字典裡，沒有哭泣兩個字！」杜根試圖抹消痛苦感受的這顯然荒唐的舉動，讓我得以指出，在處理特定痛苦情緒方面，某些個案也有類似的困難，並且反倒宣稱這些情緒難以容忍。接著，如同我在第九章中討論過的，我與這些個案一起進行有關投射性認同的治療工作，幫助他們包容自身的痛苦感受。

194

也就是說，治療師應記住，對一個不斷抱怨、老調重彈的人保持同理，會相當有挑戰性（「我的老闆太刻薄了！」「我媽媽總是要求我做很多事！」「我討厭我的工作！」）。在這種情況下，我們應該同理並支持聆聽方，他們想要說服發言方改變造成長期壓力的行為，這點是可以理解的。

聆聽批評

批評有可能公允，也可能不公允。如果發言方的批評合理，理想的聆聽者能夠接受個人的責任，而不會被內疚或羞愧感給壓垮。**困難的對話之所以困難，是因為它不僅迫使我們面對他人，還強迫我們面對自己**——「或許我是太過自私了」，或者「我哥哥說的對：從來沒有女人愛過我」。因為這樣的對話，強迫我們認清自己，所以很多個案不是想要別過頭去，就是冷落迫使他們認清自己的配偶。然而，他們必須學會，「在困難的對話中隱藏自己的負面資訊，就像想要游泳卻不弄濕一樣，絕不可能！」（Stone et al., 2010, p. 112）。無論得遭遇什麼，我們都必須面對。

在面對不公允批評的情況下，理想的聆聽方能夠意識到，這些批評是為了掩飾其他的問題，進而能處理遭受不公平指責的情緒。然後，聆聽方可以嘗試找出讓發言方感到不安的實際原因。

除了幫助聆聽方處理自己的情緒（如同在精神動力學的章節所討論的，例如揭露個案對於被發號施令的敏感性），治療師還可以提供一些教育性的建議。其一，是建議個案想像在自己和批評者之間設置一道實體的邊界——比如一道柵欄（Fishbane, 2010）或一面擋風玻璃（Re al, 2007）。或者我們可以教個案將強烈的人身攻擊，想成對問題的攻擊。這裡的假設是，發言方的猛烈砲火反映出一種錯誤的想法，即聆聽方在頑固地反對一些合理的解決方案。相反地，聆聽方可以透過將攻擊去人格化（depersonalizing）並澄清關於雙方該如何往下走的實際爭論，予以回應。

最普遍而言，幫助聆聽方迎接聆聽所帶來的挑戰可以讓他們明白，他們能夠「為對方著想，但不會無意識地害怕失去自我」

（Ringstrom, 2014, p. 203）。

發言方應該說多久，聆聽方應該聽多久？

治療師應當建議發言方不要說太久。這會讓聆聽者更容易重述、跟上對話，並等待輪到自己發言。然而，許多發言方很難限制自己在幾句話、甚至幾段話內講完。尤其是當他們有壓抑的、具強烈情緒的事想說時。如果我們放寬限制，不再要求發言方應該總是簡短發言，聆聽方也不需要經常改述，那麼伴侶雙方可能會覺得比較容易在治療以外的時間遵守我們的對話規則。發言方和聆聽方交替進行的討論通常會令人感到更安全，但他們也可能會感覺綁手綁腳而且乏味無趣，進而感覺他們從未能發洩情緒或說出心聲。

修改一個相關規則，可以讓聆聽方明斷地插話，以說出他們聆聽太久的苦惱。如同懷爾（Wile, 2013b）適切指出的：

> 但你越是強迫自己靜靜地坐在那裡，而你的伴侶卻扭曲你、教訓你或提出不公允的指控，你就越會感到生氣、沮喪，而且越無法聆聽。等到你有機會說話時，你可能已經累積了很多怨恨，以至於你突然爆發怒火。或者你可能已經太灰心喪氣，一點話也不想說。那麼問題來了：如果你打斷你的伴侶，他或她可能會成為一個憤怒或沮喪的人，無法聆聽他人說話；如果你不打斷你的伴侶，你可能會成為一個憤怒或沮喪的人，無法聆聽他人。（para. 13-14）

在理想世界中，伴侶會調整他們對話往返的頻率，以處理這些複雜的問題；但在現實生活中，我們可以預料會發生一些不完美的情況。

開啟困難對話的規則

根據高特曼和列文森（Gottman and Levenson, 1999）的研究，96% 的爭論可以透過觀察前三分鐘來預測其結果，所以開場很關鍵。

1. **做好事前準備（如前所述）**。
2. **取得發言的同意，並選擇好的時機開口**。伴侶不應該選在任何一方太累、喝了酒，或有孩子在身旁時開啟對話。電子郵件和傳訊息並非可接受的變通方式。
3. **如果你希望有較長的對話時間，請設定一個時間為上限**。了解到設定時間上限，會讓伴侶比較容易同意進行並參與具有挑戰性的對話，比如「我想利用我們都有空的一個小時，談談馬修的學校作業。」
4. **告訴伴侶，你們兩人的關係對你來說很重要**。比如說，你們的關係遠比誰要洗碗或遛狗來得重要。
5. **對你提出的要求負責，而不是以道德或邏輯的訴求掩飾**。所謂的「我一發言」（I-statements）如果使用得當，可以提醒發言者不要躲在規則、美德或絕對真理的背後，並鼓勵他們承認自己所表達的，就是自己的感受，例如「當你忘記我的生日時，我感到很受傷。」不了解這一點的人，會濫用它們，例如：「我覺得你是個渾蛋！」
6. **批評配偶的行為，而非他或她的性格**。「對事要硬，對人要

196

軟」（Be hard on the problem, soft on the person）（Fisher et al., 1981）。改變「你處理髒衣服的方式」比改變「你有多麼粗心大意」來的容易。

7. **要求對方做出改變時，明確說出當這種情況再次發生時，你希望對方做什麼**。如果你提供解決方案，對方會比較容易接受批評；「我想要」會比「我不喜歡」更容易讓人聽得進去。
8. 在提供回饋意見時，強調你願意接受勸告（「如果我說錯了，請糾正我……」），以及你願意為過去事情的個人觀點負責（「在我看來是這樣的……」）。
9. **要求對方改變可以使用「批評三明治」（criticism sandwich）這個簡單的方式。從讚美開始，接著說出你希望對方改變的事項，並以正面的語氣作結**。我太太正是箇中高手。即便我可以預料到接下來會發生什麼，她甜蜜的話術還是可以幫我吞下這苦口良藥，像是：「阿特，你真是個好爸爸，會幫辛蒂做幾何作業。但我真的認為，她不需要在這週內學完整個課程，我相信你明白，她也需要時間做其他作業。謝謝你，親愛的。」
10. **對於較為詳細但仍相對簡短的抱怨，請使用瑞亞爾（Real, 2007）的「回饋輪」（feedback wheel）：**
    a. 描述你所看到或聽到的，就像用攝影機記錄下來的一樣。
    b. 描述你對此「編造」了什麼，你如何詮釋你的觀察。
    c. 根據你的觀察和解讀，描述你的感受。
    d. 描述你接下來期望的結果，你的伴侶可以在之後做出什麼改變。

舉例而言：「（a）剛剛當我等著和你一起看影片時，你和貝琪通了十分鐘的電話，（b）我『編造』了我對你不太重要的事實。（c）這讓我對你很生氣，也對我們的關係有點焦慮。（d）下一次我希望你能更快結束通話，或者如果有緊急的事，請你告訴我之後再繼續。」第一步謹慎地報導客觀事實，希望這些事實沒有爭議。接下來的兩個步驟，即「你做了什麼」和你的感受是無法爭論的，因為只有發言方清楚他或她的想法和感受。「未來應該怎麼做」可以有討論空間，而這項討論已經由發言方提供的解決方式展開了。瑞亞爾的格式可能有點僵硬，但按照這個模式很安全，也因此更容易取得成效。

197

11. **對於大多數困難的對話，特別是那些牽涉範圍更廣泛、對情緒有所考驗的問題，請以「第三個故事」的說法（Stone et al., 2010, pp. 147-162）開始**。「第一方故事」是你的故事，「第二方」是你伴侶的故事，而「第三方」則是你想像一個中立的調解人所看到的情況。從對話一開始，你就像個調解人一樣說話，其目的是為了描述你們兩人和你們不同故事之間的鴻溝。舉例而言，「珍，你和我似乎對儲蓄的觀念不一樣。」當你這麼做的時候，不需要在講述你的故事時，對自己的感受過於輕描淡寫；但你必須清楚知道，對方和你對事情的看法有很大的差異，而且你希望獲得更多有關這些差異的訊息。保持開放的態度，提醒自己，即便第三方故事也是你的版本。儘管我們可能會說，我們相信每個故事都有兩面性，但當我們情緒不佳時，大多數人在內心深處都會自以為是，而我們的伴侶則是自私、天真、控制慾強或不理性的。正如史東等人（Stone et al.,）所指出的，這通常是因為我們認為自己的說法都有道理，然而普遍來說，我們都還沒聽過伴侶的故事版本[8]。

12. **強調你的首要目標是進行一段「學習性對話」（Stone et al., 2010）**。這是開門見山地讓伴侶知道，你想聽聽他或她的想法。由於聆聽遠比說話更能讓人卸下心防，一開場白就提到你的目的是聆聽，會讓你更容易成功。
13. **強調你的下一個目標是解決問題，而且你需要伴侶幫助你達成目標**。這說明任何一方都不是問題所在，但雙方都參與這項計畫來共同解決問題。你要向前看而不是向後看。這表示你要抗拒衝動，不去採取敵對的手段。在商業活動中，每一方都清楚並致力於自己的利益。為了達成一個大家都能接受的交易，每一方都必須了解什麼對另一方來說很重要。我們也可以將這個模型應用到婚姻中的爭執上。
14. **如果你關於你伴侶的「故事」非常負面，請伴侶幫助你以更正面的方式來理解他或她**。史東等人（Stone et al.）在一個例子裡提到：「關於發生的事，我在腦海裡所想的是你不體貼。在某種程度上，我知道這麼想對你不公平，我需要你幫

8　原註：詳盡闡述「第三方故事」的方法，受到了廣泛推薦。整合行為療法治療師認為，這是因為這種方式能夠幫助個案採取「一致的超然淡漠」的立場（Baucom et al., 2008）。精神分析學家潔西卡・班傑明（Jessica Benjamin, 2004）說明了如何透過包含雙方觀點所共同構建的「第三方」，努力修復已經陷入「行為人和被行為人」互動的治療僵局。芬克爾及其同事（Finkel and collegues, 2013）的一項實驗支持了這個觀點，其中一百二十對非臨床伴侶被隨機分配到接受或不接受指示，「從希望所有相關人等都如願以償之中立第三方的角度」來檢視伴侶爭論，藉此反思到底是什麼原因，讓他們難以辦到這點，並在未來更努力辦到。兩年後，曾接受過介入措施的伴侶，表現出他們明顯從中獲益。

我把事情看得更清楚」（2010, p.156）。一旦對話開始，遵守「進行困難對話的規則」（如下）會有所幫助。

198

開啟困難對話的情緒考驗：自信的態度

在困難的對話開始時，許多個案會避免直接表達他們的期望。相反地，他們可能會引用其他同意他們的人的說詞（「我姊姊也認為，你沒去看我的母親，應該感到丟臉！」），尤其是專家的看法（「專家博士說丈夫應該……」）。她們可能會訴諸公平（「想想我為你做過什麼，這樣的要求真的不過分」）或愛（「如果你真的愛我，你會……」），或者他們會結合侮辱與訴諸真理（「任何正常人都會這麼看」）。個案有時候會誇大憤怒的情緒或假裝悲傷／同情——格林伯格和戈德曼（Greenberg and Goldman, 2008）稱之為「工具性情緒」——或誇大精神症狀或身體殘疾來操縱伴侶（Haley, 1976）。**大部分這種訴諸朋友、親戚、權威、道德倫理和憐憫的說詞，都是為了掩飾請求的行為、就請求上的相對主義（the relativism of the request），以及被拒絕的恐懼。**

相較之下，當伴侶們相信他們有權被聆聽，他們就更能清楚傳達他們的訊息，他們的伴侶也更不需要猜測他們想表達什麼。健康的利己心態也能讓伴侶們在沮喪轉為憤怒前，更早尋求改變。矛盾的是，強烈的憤怒與對其破壞性的恐懼，可能會抑制自信的態度。

建立在這種對自信的理解之上，治療師可以協助那些畏避直接提出要求的個案。也許他們覺得沒有權利要求他們想要的東西。通常我們會在這種個案身上，發現內在衝突和負面期望。有些人可能畏懼自己憤怒的力量。另外一些則是預料（通常是正確的），他們的伴侶不會立刻遷就他們，因而恐懼隨之而來的痛苦。尤其如果伴侶不把另一半的需求視為合理且重要的，會令許多人恐懼這種自戀性傷害（narcissistic injury）所造成的痛苦。

一般而言，我們可以透過揭露具體的恐懼和期望，並教導個案以和平方式達成目標，來幫助他們獲得想要的成果，而不只是鼓勵他們勇於爭取治療師、朋友及相關人等認為他們應得的權力。在我治療過的一對缺乏自信的伴侶中，丈夫和妻子都害怕直接說出自己的需求，進而導致誤解、憤怒和失望。我們了解到丈夫害怕給妻子帶來創傷，因為他和其他家人都曾因為他霸道且自戀的父親而受傷。妻子害怕變得像她母親一樣，因為她把自己特殊的宗教信仰偏好強加在她的家人身上。揭露這些恐懼，而不只是教導個案如何直接表達需求，有助於使這對伴侶擺脫恐懼，並邁向更幸福的婚姻關係。

究竟什麼可以幫助人們克服自信表達的障礙，有著許多不同的方式。對某些人來說，簡單的肯認和鼓勵便可以使他們朝正確方向前進。對於那些經常受到朋友的告誡，要他們別忍受生活中許多不公的人，簡單的鼓勵和技巧訓練是不夠的，研究顯示精神分析導向的個人治療可能會有幫助（See Summers, 1999, pp. 215-250）。

199

自認有權主張自己期望與感受，有助於個案開啟困難對話，並堅持下去。這有時可能包括指責對方的不良行為：「請不要再這樣跟我說話了。我真的很努力傾聽你並嘗試了解為什麼你不高興。」

了解並遵循溝通規則會進一步增強伴侶說出心聲的信心，因為治療師提供的規則賦予他們自我主張（self-assertion）的合理性，也是因為這些規則，才使得成功的自我主張更可能實現。

延續困難對話的規則

1. **不要只是檢視「事實」，因為伴侶雙方很可能對這些事持不同意見，而是要嘗試找出造成你們有不同說法的原因**。保持好奇心。「幫我了解你是如何看事情的。」、「在這次討論中，什麼對你來說最重要？」、「有什麼我可以幫你，讓你更願意改變？」（Questions from Fisher & Shapiro, 2005）。伴侶必須學習抵抗自己的質疑，並將「他怎麼能這樣想」轉化成「我想知道他有什麼我所不知道的情報。」
2. **不要猜測對方的想法**。大多數人不喜歡別人猜測他們的感受、想法或行為。當伴侶為了對方是否真的在生氣、傷心或焦慮而陷入爭執時，最好的做法是單純分享自己的觀察：「你今晚似乎不想和我說話，我想知道你是否還在為昨天發生的事生氣。」、「你的聲音在顫抖，我想知道你現在感覺如何。」如同懷爾（Wile, 2012）所指出的，猜測對方想法，有時確實是關於發言方試圖向自己和他人隱藏的感受。

> 猜測對方的想法，經常是以斷言他人感受的方式，來表達自己感受。它將恐懼或憂慮，當成一種事實表達出來。「你覺得無聊死了」可能意味著「我擔心我讓你感到無聊」。「為什麼你對我這麼生氣？」可能意味著「我擔心你對我生氣。我知道我最近很疏離，你如果也像我那樣突然消失，我也會很生氣。」（para. 23）

3. **對你自己的說法保持懷疑和好奇的態度**。不要假定它和你最初所想的那樣明顯易懂和公正不倚。

4. **承擔你對問題應負的責任——越早越好。**
5. **不要把你的推論當成事實。**對於個人推論的爭執既常見又無意義，比如「伴侶治療不會有幫助！」與「肯定會有幫助！」這樣的爭論無法達成任何進展，部分是因為如果不處理推導出相反結論的資料和觀點，任何一方都提不出有力的論點。 200
6. **透過報導而非發洩，來分享導致你得出這樣結論的感受。**你的伴侶並不清楚你大部分的故事，包括你的感受。如果避免提及你受傷的感受，以免破壞你們的關係，可能會讓你的伴侶不知道真正困擾你的原因是什麼。但不要假設你的感受是不可改變的；當你發展出較為複雜的故事時，它們可能會改變。
7. **停止指責：相反地，釐清責任歸屬。**當我們把指責對方當成目標時，往往會犧牲理解。指責會引發以下問題：誰要承擔責任、我們應該如何評判這個人的行為（例如：它們是否反映出能力、同情心或道德觀的缺乏？），以及他或她應當受到怎樣的懲罰（Stone et al., 2010）。指責妨礙了我們理解實情，因為這會刺激被指控的一方為自己辯護，而無助於解決問題。與其相互指責，伴侶應該轉而找出「責任歸屬」（contributions）這個較溫和的計畫。找尋責任歸屬的目的，是讓伴侶雙方有效地思考他們接下來可以做什麼，以及如何防止情況再次發生。
8. **避免使用某些語詞：**
   - **不要使用誇飾法：「你總是⋯⋯」或「你從來沒有⋯⋯」**

這種說法很少是真的，而且可以被一個反例給輕易反駁。「你經常……」的說法比較不具煽動性。

- **不要使用遺漏明顯事實的單方面論證。**
- **不要口出惡言或攻擊對方的人格。**
- **不要爭辯說別人同意你的看法**。有些人並不同意，但無論如何這無關緊要。
- **不要爭辯說別人也這樣做**。同樣的，有些人不會這麼做，而且這無關緊要。
- **不要爭辯說你應該被原諒，或因為伴侶也犯了類似或同樣糟糕的錯誤，就應該中止這個話題**：積非不能成是。
- **不要爭論「看看我為你做過什麼，你也該為我這麼做」**。這可能不是協商的一部分。
- **不要爭論「我為你這麼做，你應該也為我這麼做」**。你們的情況可能不同。
- **不要爭論「如果你真的愛我，你會……」，這很容易被「如果你真的愛我，你就不會要求我……」來反駁。**
- **不要從絕對真理或「應該」的角度做爭論**。世上總有個不同道理可以反駁。

9. **表達尊重和讚賞；肯認你伴侶的地位、專長和正面貢獻。**
10. **不要離題**。不相關和偏離主題的抱怨會轉移核心問題的焦點。這並不排除提及與主題相關的事件，但發言方應該清楚表達：「我之所以提出十年前發生的事，是因為我認為它確實說明了我現在的煩惱。」
11. **務必簡明扼要**。你不需要一次把事情全說完。讓你的伴侶處理，並一件件回應你所說的話。

201

12. **忽略伴侶（令人分心的）煽動性的言論**。不要把這些字面上的話當真。而是要注意這些言論背後的強烈情緒。
13. **請伴侶重述你剛說過的話，以至於你們雙方都清楚你是否有得到理解**。這項規則要求對方擔任積極聆聽者的角色。即使你的伴侶對你的理解有偏差，這個要求也會促使他們更仔細聆聽。
14. **尋求伴侶的幫助**：「我們似乎遇到瓶頸。你認為我們該怎麼做？」
15. **觀察你的肢體語言、語氣以及伴侶互動過程，並考量是否加以討論**。你是否在談話時有眼神接觸、表現出興趣、表示同意、給予鼓勵；或者反過來說，你是否心不在焉、拉高音量，或表現得不耐煩或不尊重？這並不表示你該偽裝你的行為或感覺，但你應該對它們有所覺察，因為這些加上所有你試圖傳達的內容你的伴侶都感受得到。如果進展得不順利，請停下腳步，重新專注於互動過程與潛藏的傷害感受上。與其持續就真相進行爭論，不如說：「我對我們談話的方式感到不快。這是什麼原因呢？我們能就這點做些什麼呢？」然後問問自己到底是什麼讓你感到不快，以至於談話變得如此困難，並且嘗試將想法與你的伴侶討論。在此，我鼓勵個案按照我建議伴侶治療師在過程出現問題時的處理方式：從專注於解決具體問題上，轉而專注於過程和潛藏的問題上。
16. **如果你認為你激發了伴侶的核心負面形象，請努力消除他或她的恐懼**。「你可能會擔心，我會像你父親一樣，會說『不聽話就滾蛋』這樣的話，但我真的願意聽聽你的想法。」但要小心，不要以憤怒的方式來說，例如「我不是你的母親！」

17. **使用幽默或其他修復的技巧來軟化過程，但不要把它用來為自己辯護，或表達隱藏的敵意。**
18. **如果對話進行得不順利，請回到基本的守則，並按順序嘗試以下選項：**
    （a）**更加努力同理對方；單方面扮演同理聆聽者的角色，並且遵循讓人成為理想聆聽者的建議。**
    （b）**更加努力了解什麼是最讓你感到不快的，並與伴侶分享你的想法。**
    （c）**回顧理想的修復性對話策略並單方面切換成修復模式。**
    （d）**努力舒緩自己的情緒。如果失敗了，建議暫停一下。**
19. **如果談話沒有得到滿意的解決辦法，就休息一下，下次再試試。**困難對話很少是一次性事件。最好將它們想成持續的對話。

202

對發言方的深入情緒考驗

整體而言，發言方所面臨的情緒考驗是要清晰簡潔地傳達需求、抱怨或傷害，而不採取簡單、片面、自以為是、充滿責備的敘述。我們在前面關於自信的討論中，提到了這種做法的一些挑戰。一般來說，難以對別人提出要求的人，如果遇到阻力，就很難「態度良好的要求對方」並堅持下去。

在自信方面較沒有困難的發言方，必須控制他們想滔滔不絕地說下去、新增一個接一個的抱怨、（似乎）用越來越多的證據來強化立場的傾向。許多個案必須避免誇大其辭或遺漏平衡報導所需的細節。當情緒激動時，發言方必須克制憤怒攻擊或一氣之下中斷討論的衝動。大多數的伴侶治療不是要教導個案健全的說話規則，而是幫助他們遵循我們建議的規則。

規則太多？

在幾乎讀完這個章節後，你可能會想：「我怎麼可能把所有規則教給我的個案呢？連我都記不住了！」當然，對治療師或個案而言，一堂課要教完這些規則實在太多了。然而，考慮到人類行為的複雜性，在困難對話中可能出錯的方式多到嚇人，因此有效解決這些錯誤的方法也幾乎同樣的多。所以，不要絕望！沒有任何治療師需要把所有規則都教給每位個案。在教授完一些基本知識後，你應該只教導個案適用於他們具體過失的規則。

為了幫助個案學習和記住這些規則，我會給他們發放講義，說明這些規則及其背後的原因。（請隨意複製本章的材料。）儘管在進行困難的對話時，記住所有的規則是不可能的，而且會有反效果，但隨著時間與練習，許多個案會逐漸發覺這些規則的意義，並自動將規則內化。

教導說話和聆聽規則的影響

203

當伴侶雙方遵守這些規定性的溝通規則時，他們通常會對接下來的變化感到驚訝，而這使他們確信這些規則的價值。簡單地說，當他們堅持遵循這些表面上看似限制的形式時，幾乎總是能達到更深層的情感表達、理解與情感連結。情緒取向治療與精神動力的伴侶治療師應該會注意到，當伴侶在困難的對話中堅守正向的規則時，這些更深層、轉化性的狀態經常會出現。由於共同的心防被瓦解，而同理的聆聽受到鼓勵，配偶們感到安全，進而可以卸下他們最深的擔憂、傷害和疑慮。教授伴侶說話與聆聽的規則幾乎是普遍通用的，因為它快速打斷了我們的自然傾向，也就是設法反駁，而非仔細聆聽伴侶所說的話。很多時候，個案體驗到比他們過去長期以來更強烈的親密感，有時候甚至是他們在一起從未體驗過的感受。

當伴侶們奮力遵守這些規則時，他們會發現在以同理心重述時，不要試圖加入自己想說的話有多困難，以及他們必須多專注於聆聽，才能總結對方所說的話。

對於那些已經放棄和憤怒或哭哭啼啼的伴侶互動的個案，教授具體的規則特別有用。這樣的個案已經確信他們無論做什麼都無濟於事。因此，他們保持被動狀態，而這刺激他們的伴侶加大呼聲求救。教授溝通規則是我發現的最快方法之一，能夠挑戰這種移情上的無助。

傳授技巧也有助於讓表現被動者的伴侶明白，他們的另一半之所以被動，是因為他們認為做什麼都沒有用，而不是因為他們不愛他們或不在乎婚姻。當人們看見這些規則幫助其被動的伴侶投入對話時，這樣的經驗經常會抵銷索求方伴侶的負向移情期望。

最普遍的是，教授溝通規則可以增進讓病人的負向移情失驗的行為。如同瓦赫特爾（Wachtel, 2014）在他的「循環精神動力學」（cyclical psychodynamics）理論中指出的：改變可以從改變行為或改變觀念開始，其中一項改變會導致另一項的改變。在此，溝通行為改善之後，便可以增進伴侶的合作模式。

塔斯寧和阿尼爾：教導溝通規則

塔斯寧是一位身材嬌小、舉止得體、說話溫和的小學老師，當她在聽她專橫的心臟外科醫生丈夫阿尼爾說話時，總是顯得無所適從。儘管阿尼爾先前的精神動力取向心理治療對他很有幫助，但他仍然有一些敏感的地方，當塔斯寧觸及這些地方時，他會有很強烈的反應。在大多數的伴侶會談中，阿尼爾會圍繞著塔斯寧說個不停，對她的遲鈍和愚蠢大發雷霆。他幾乎總是批評她為他做的不夠，她不感激他為她所做的一切。最糟糕的時候，他甚至會暗示他要離開她，去找一個能夠滿足他需求的女人。 204

塔斯寧回應這些長篇指責的方法，是等到阿尼爾給她機會發言。然後，她會針對他的批評所依據的一些挑選過的事實，平靜而道貌岸然地進行反駁。

在我指導她積極聆聽之後，她變得更能處理阿尼爾的批評性攻擊，用真誠的努力去理解它們，而不是否定和反駁。這對阿尼爾有很大的幫助，因為他體驗到，她是真的在傾聽——不像他的父母，而是像他欣賞的治療師那樣。塔斯寧新發現的能力同時幫助她意識到，自己不需要成為被動的辱罵對象，就像她小時候被她敬畏的父親訓斥時那樣。教導塔斯寧開啟困難對話的方式，特別是使用「第三方故事」也給了她行動的勇氣，而不是在她期望婚姻有所改變時，只是被動地等待。

關於教導溝通技巧的最後想法

對於像阿尼爾和塔斯寧這樣的個案，父母的失敗，不僅導致他們對成功解決人際關係難題的可能性感到悲觀，同時他們也未能提供模型來應對這種挑戰。如果父母不知道如何處理人與人之間的感情困擾，孩子就不會從父母那裡學到這些技巧，也可能永遠不會在其他地方學到這些技能。某些個案在認同他們的父母時，會學到適得其反的行為。其他某些個案的父母可以妥善地處理衝突，但他們（適當地）避免孩子聽見他們發生衝突，而這些孩子也可能沒有學會如何處理衝突。因此，在學習能力不足或適應不良的情況下，我現在認為有其必要明確地教導有建設性的行為。

伴侶們在治療現場學會了溝通技巧後，是否真的會使用呢？我有些個案有意識地在治療以外的時間使用了這些技巧，也有些個案沒有。即使他們沒有正式或準確地使用這些規則，大多數人都內化了必要的、基本的原則：他們意識到應該放慢腳步，當面臨抉擇時必須謹慎小心，他們的行為可能有助或有害伴侶關係。他們知道必須輪流以同理心聆聽，並以尊重的態度說話。許多個案也努力保持平靜、好奇與關懷的態度。雖然不完美，但這已經是很大的進步。在接下來的兩章中，我們補充一些額外的教育性治療措施，以幫助個案處理困難的討論。

第十二章

教導情緒調節技巧

在上一章中，我舉出保持冷靜是困難對話中會出現的情緒考驗 206
之一。這一點很難辦到，這也是為什麼我們需要伴侶治療師這門職業的原因。在本章中，我將討論一些教育性的介入措施，這些措施可以幫助個案在失去控制的當下，控制他們的情緒。這些技巧對所有負面情緒都有效，包括焦慮、絕望和（最重要的）下意識的憤怒（reactive anger）。它們有助於降低排山倒海而來的情緒反應，進而使個人能夠獲得更具適應性的想法和行動。

聚焦於難以控制情緒的伴侶

在此，我所介紹的自我控制和自我安撫的技巧，是針對那些心煩意亂、情緒失控或拒絕溝通，並傾向將導致婚姻衝突的責任歸咎於自己的人。難以控制情緒的個案通常會描述自己是被排山倒海而來的情緒所「淹沒」，或說他們的憤怒「爆發」了，並指責伴侶是煽動這些情緒的禍首。我們需要幫助他們為自己的情緒負責，也要檢視他們內心用來正當化失控行為的想法或感受為何（Goldner, 2004）。

布倫特·阿特金森（Brent Atkinson, 2005）是教授情緒調節技巧的主要倡導者之一，他說明了這種方法的價值：

> 通常情況下，治療師透過與伴侶雙方來回進行治療以推動進展，即先軟化一方的態度一點，接著軟化另一方，然後再回到第一方身上，如此反覆進行。當伴侶各自感受到另一方更願意付出時，他們也會變得更願意付出，這時事情就會逐漸好轉……。即使在伴侶任何一方感覺被誤解或錯待時，在沒有培養出更妥善的處理能力的情況下，婚姻治療還是有可能「成功」……那些認為狀況改善是因為治療師改變了他們伴侶的個案，往往在結束伴侶治療時，對他們的進展感到不安。他們感到放心，因為他們的伴侶終於有了頭緒，但同時也覺得自己缺乏影響關係狀態的能力，就像進行治療前那樣。他們都被一個未說出口的問題給困擾，也就是「我要怎樣才能讓我的伴侶不再虧待我？」[1]（pp. 5-6）

207

史蒂芬．斯托斯尼（Steven Stosny, 2005, 2006）在他的職涯中成功治療了許多暴力男性，他認為所謂成功的治療，在於幫助施暴者接受他們調節自身情緒的責任。他認為，強調「教導受害者要更堅守自己的界線」的說法是錯誤的，並稱這「相當於法官駁回你對於毀損犯的控訴，只因為你沒有掛上『請勿毀損』的標示」（2006, p.58）他同樣也對教導受害者減少挑釁行為的方法不以為然，並指出許多肇事者會因為把這種小心翼翼的行為本身看成一種

1　原註：雖然阿特金森在這裡提出了一個很好的觀點，但他太過小看使伴侶態度逐漸軟化的好處。軟化伴侶的態度可以使伴侶雙方以新的、轉變性的方式互動，並形成對彼此更為複雜、更富同情心的看法。如果沒有真正「了解 」困擾伴侶的事情，就很難做出同理的回應——阿特金森也認為這對負責任、有技巧的溝通極為重要。

本質上的羞辱，而做出（矛盾的）負面反應。斯托斯尼還指出對施暴者使用「洞察力導向」（insight-oriented）的治療方式的錯誤，因為他們可能會嘗試將更多的施虐行為歸咎於他們痛苦或匱乏的童年：「我知道我對你很壞，但因為我過去的經歷，所以你不應該對我這麼嚴格。」從根本上說，斯托斯尼不認為伴侶虐待是系統性或關係性的問題，而是因為虐待者的內心缺陷，他們無法涵容羞愧、內疚或不足的感覺。

戈德納、阿特金森和斯托斯尼在這個領域都有相當豐富的經驗和成功的案例——斯托斯尼處理的可能是最困難的對象——他們的治療成果建議我們將情緒調節作為一種伴侶治療的升級模型。

情緒調節在心理治療中的歷史

大多數精神分析學家認為，在情緒激動時讓自己平靜下來的能力——就像獨處的能力一樣——是廣泛治療經驗下一個重要的成果（Gehrie, 2011; Wachtel & Wachtel, 1986）。其他心理學家也對教授自我控制的**具體技巧**感到興趣。其他包括運動心理學家，他們致力於幫助運動員在比賽中穩定心情（Gallwey, 1974; Rotella, 1995）。在伴侶治療的領域，專家們之所以會指導人們控管他們當下的情緒，其吸引力有一部分來自高特曼、科恩、卡雷拉與史旺森（Gottman, Coan, Carrera, and Swanson, 1998）的研究發現，其指出許多人在困難對話中會逐漸被情緒「淹沒」而無法思考。儘管這是一種常見的經驗，因此並不是什麼新發現，但高特曼的學術重心使它脫離了常識的背景，而踏上了科學研究的前方舞台。

神經影像學的進步讓我們得以研究人處於強烈情緒時的大腦狀態，這也激發了科學家們對於無時不刻都能控制住情緒風暴 208

（emotional storms）的能力感到興趣。我們現在知道，情緒調節的發生不僅是無意識的，而且獨立於大腦皮質對事件的處理，通常也比大腦皮質處理的速度快（LeDoux, 1996; Atkinson, 2005 中回顧的研究），它透過勒杜克斯（LeDoux）[2] 稱之為「低路」（low road）的途徑，對比於通往大腦皮層較慢的「高路」（high road）。因此我們深層的大腦、戰鬥或逃跑的本能反應、強烈的情緒反應在還沒啟動思考前，就取得了先機。我們也知道大腦額葉的皮質中心控制了我們較下方的邊緣情緒結構（limbic emotional structures）。丹尼爾．席格（Dan Siegel, 2010）[3] 是研究該領域的先驅，對此他提出了一個有力的視覺意象：把你的手想像成你的大腦，拇指是杏仁核，其餘的手指是額葉皮質。當手指蓋住拇指時，你難以駕馭的情緒會得到控制；如果手指張開，你便會「勃然大怒」，而拇指／杏仁核便不受控制。

雖然了解神經生理學的具體知識，還不是伴侶治療的必要條件，但這種「神經教育」（Fishbane, 2013）可以幫助個案減少批判且更加積極主動。他們現在可以換個思考方式，即「我的杏仁核反應過度，但我知道如何讓他平靜下來」，而不是「我是個惡劣的、憤怒的人」。如同阿特金森（Atkinson, 2010）所指出的，

---

2 編註：約瑟夫．勒杜克斯（Joseph E. LeDoux, 1949-）是美國知名神經科學家，其研究主要集中於生存迴路，包括對諸如恐懼和焦慮之類的情緒的影響。

3 編註：丹尼爾．席格（Daniel Siegel, 1957-）是洛杉磯加州大學醫學院的精神醫學臨床教授。創辦洛杉磯加州大學「正念覺察研究中心」、「文化大腦發展研究中心」，亦曾是洛杉磯加州大學的國家心理健康研究所研究員，研究家庭互動，特別著重在依附經驗如何影響情緒、行為調節。著有《喜悅的腦：大腦神經學與冥想的整合運用》（*The Mindful Brain: reflection and attunement in the cultivation of well-being*，心靈工坊出版）。

這種想像「可以軟化指責，因為個案開始理解大腦在其自然、失序的狀態下，會做出一些它的『主人』可能不是真的認可的事」（p.182）。

丹尼爾·席格（D. Siegel, 2010）、索羅門與塔特金（Solomon and Tatkin, 2011）以及其它對情緒控制的生理學感興趣的研究者，也會關注依附理論（因為兒童一開始是透過和照護者的親密關係來調節自己的情緒）。將安全依附被破壞視為伴侶核心問題的治療師，可以將治療重點放在未能提供足夠依附支持的伴侶身上（如蘇珊·強森在 1996 年的著作所強調的），或者如本章的主題所述，幫助極其不安與難以控制情緒的伴侶。

另外有些研究者則從佛教的教諭中得到啟發，即強調透過千錘百鍊的心靈修行來應對生活中的逆境。大量的文章將「正念」應用於幫助人們在激烈對話中控管煩亂的情緒，尤其是在一般的生活中（Atkinson, 2013; Davison, 2013; Hanson & Mendius, 2009; D. Siegel, 2010; Tolle, 1999）。**正念**可以被定義為專注於自我調節與當下的意識，即它欣然接受所有的經驗，沒有先入為主的想法或判斷，同時以好奇和慈悲的態度接納一切。研究發現，像這種專注於當下的能力可以減少焦慮以及其它對過去事件、當下壓力與未來煩惱的痛苦反應（Crapuchettes & Beauvoir, 2011）。正念策略幫助人們在當下感覺更自在，它的效果一部分是透過專注於即時的身體感覺，一部分是透過釐清經驗本身和自我兩者之間的區別。

其它對情緒調節的重要成果，來自瑪莎·萊恩漢和她的同事（Linehan, 1993; Fruzetti）的貢獻，他們發展出目前被稱為辯證行為治療（Dialectical Behavioral Therapy, DBT）的心理治療學派。辯證行為治療源自於一套幫助邊緣型人格疾患的患者管理他們情感的

209

方法。由於個案在激烈的困難對話中，往往表現得像是難以控制情緒的邊緣型人格患者，因此原本為了某種族群而開發的技巧，可以被用來幫助其他種族群，這並不令人意外。當伴侶的其中一方符合邊緣型人格疾患的診斷標準或只是很難控制情緒，在伴侶治療的早期教授自我安撫的技巧特別有幫助（Goldman & Greenberg, 2013）。

萊恩漢（Linehan, 1993）指出，當治療師幫助情緒不穩的個案努力控制其情緒時，會出現一個特殊的移情障礙。

> 許多邊緣型人格疾患的患者所處的環境中，其他人都能近乎完美且有意識地控制他們的情緒。此外，這些人也對不具有類似控制能力的人，展現出無法容忍與強烈不認同的態度。通常情況下，邊緣型人格疾患的個案不會想嘗試控制他們的情緒，因為這種控制暗示著其他人是對的，而他們的感受錯了。因此，只有在情緒獲得自我認可的情況下，我們才能教授情緒調節的技巧。（p. 84）

根據萊恩漢的指引，如果我們要成功教導情緒不穩的個案學會調節情緒的技巧，首先必須認可他們強烈的情緒。

當研究這個歷史悠久又迅速崛起的龐大領域時，我們發現了許多方法和策略。所有的方法都是為了幫助人們對自己的情緒反應和行為承擔更多的責任——當期望未能實現或擔心的情況即將發生時，人們感受到的失望、羞愧、內疚、焦慮、悲傷和孤獨的感覺。研究者提出許多方法來幫助民眾平靜下來或安撫自己的情緒；以下是我個人在進行伴侶治療時，所發現最有效的方法。

情緒調節／自我安撫的方法

1. **覺察（注意）你的感受，指出它們為何，並不帶評判的思考它們產生的原因。**精神分析學家、正念教學者、辯證行為治療師、受神經科學影響的治療師和運動心理學家都會教導個案放慢速度，並不加評判地專注於單純描述事件的發生，在被強大的情緒壓垮時，透過這種方式和它們保持一些距離。在精神分析中，這種非評判性的狀態是自由聯想的核心，而達成這種能力，是精神分析過渡期的一個重要目標。正如佛洛伊德的做法，受辯證行為治療啟發的伴侶治療師艾倫・弗魯澤蒂（Alan Fruzzetti, 2006）建議個案「描述而非評判」（describing rather than judging）。這種不評判的態度也是「痛苦容忍度」（distress tolerance）的核心，萊恩漢（1993）將其定義為能夠「感知周遭環境，而不要求它有所變化，經驗你當下的情緒狀態而不試圖改變它，觀察自己的想法和行動模式而不試圖中止或控制他們」（p. 96）。丹尼爾・席格（2010）鼓勵人們保持一種他稱之為「心智省察力」（mindsight）的心態，這是一種平靜的內省，使人們能夠更客觀的感知自己與伴侶。無論我們怎麼稱呼它，這種保持不評判的自我觀察能力，在進行困難對話時是有幫助的。大多數情況下，要達到這種狀態，需要在進行這種對話前和之外的時間做許多努力，無論是從事精神分析的心理治療或正念冥想。[4]

210

4　原註：康菲爾德（Kornfield, 2008）的《給初學者的冥想》（*Meditation for Beginners*）

透過有意識地將注意力從強烈情緒引發的反射性、災難性評價，轉移到超然的、不帶評判的觀察，正念便可以達到自我安撫的效果[5]。在與情緒保持一段距離後，個案更能好好檢視它們。**個案接下來應該指出他們的情緒，如同席格（2010）的格言所說：「指出它以馴服它（Name it to tame it）」**。這可以使他們對自己情緒的來源恰當地保持好奇的態度。

受到神經科學影響的治療師，像是阿特金森，鼓勵個案對待情緒狀態就像它們有自己的思想。其目的是為了教導個案注意情緒並保持距離觀察它，這可以讓他們將它試圖傳達的訊息化為意象，同時質疑其極端性、急迫性的意義何在。

這種策略也反轉了某些個案完全逃避他們的感受，或告訴自己不要去感受自我情緒的傾向。相反地，透過注意自我的感覺，他們可以從一種充滿情緒的思維（辯證行為治療稱之為「情緒腦」〔emotion mind〕），轉向一種可以對這些情緒進行思考的思維（「智慧腦」〔wise mind〕）。

一般而言，某些反射性的、令人煩亂不安的評判可以暫時擱置，比如「這不公平！為什麼會發生在我身上？」然而，治療師需要向某些患者確保，這種不加評判的態度並不代表肯

是一篇很棒且簡潔的正念冥想的導論。該書附有一張 CD，可以引導聽眾進行不同形式的冥想。

5 原註：這種讓自己平靜下來的方式和認知行為療法（CBT）的模式類似，即幫助個案不要以災難性的方式來看待事物，然後壓制下使他們生活受限的不切實際的恐懼。不同的是，我們現在討論的技巧只要求個案保持一種非評判的心態；因此，它先於隨後得出的任何結論。儘管如此，認知行為療法可以與正念練習相輔相成（Davison, 2013）。

認其情緒。暫停評判和「純粹觀察」情緒，可以使他們得以想像其他的觀點和推論，而不是遵循老套且相同的負面觀點／推論，例如「我曾經以為他不在乎，但現在我明白，儘管他看起來很累，他其實還是試著在幫我」。

2. **做些深呼吸並放鬆肌肉**。佛教徒提倡深呼吸已經有好幾個世紀，而近年來又由運動心理學家所提倡。迷走神經（vagus nerve）的活動，會透過深呼吸逐漸達到平靜；有意識的放鬆肌肉可以增強這種效果，因為肌肉在準備戰鬥或逃跑時，幾乎總是會變得緊張。 211

3. **將注意力從讓你心煩意亂的事情上移開，讓自己平靜下來**。不同於對痛苦的感受進行正念、非批判性觀察的策略，這個方法相當於片刻的暫停。**把你的注意力轉移到周圍環境中一些中性、或讓你感覺正向的物品上，比如顏色、聲音或特定的物品**。例如，愛好高爾夫的人可以將注意力轉移到球場的自然美景上。**短暫地切換主題**。這是人們經常自動且不自覺採取的作法，我們可以有意識地運用它，來讓自己恢復鎮定。**短暫的休息一下**。技巧純熟的談判專家們建議我們，在情緒失控時上廁所休息一下。運動心理學家建議我們，重新綁鞋帶或從鞋裡拿出一個想像的小石子。籃球教練則會叫球隊暫停一下。

4. **安撫對方；切換成同理聆聽模式，或者更有效的，是切換成同情的關切（「關懷」）**。這是轉換注意力的一個特別有效的方式。這種作法除了可以將你的焦點從個人傷害上轉移開來，還能透過安撫伴侶幫助你平靜下來，而你的伴侶通常會因此而減少挑釁行為。同樣重要的是，如果你能夠用伴侶的角度看待事情，他或她將不會顯得那麼惡毒，進而可以減少你的焦慮不安。[6]

5. **想想某些個人的「熱鍵」（核心負面形象、移情過敏）是否被觸發了**。找出其中一個「熱鍵」，可能會減少你與伴侶之間的痛苦。
6. **重新專注於你的目標，並記得你的核心價值**。在第十一章中關於作出重大決定的討論，和這點有著相關性。研究困難對話的學生們，一致建議將注意力轉移到更有計畫性的心智狀態，這有助於避免威脅性情緒對我們造成傷害。
7. **不要因為你持續的強烈情緒過度分心**。就像你可以在焦慮時繼續演講，或在你想放棄時繼續跑步一樣，你也可以在心煩意亂的情況下，堅持進行困難的討論，同時了解，痛苦是一種正常的生理狀態。為了幫助運動員在壓力下發揮表現，運動心理學家既會幫助他們以正常角度看待情緒（觀眾令人分心的叫囂以及患得患失的思考漩渦），還會建議他們專注於眼前的目標（罰球命中或推桿進洞）。治療師可以幫助個案增進他們的「情感容忍度」（affect tolerance），以便他們在情緒激動時，還能維持正常的生活運作。告訴個案無論採取哪一種「自我安撫」的方式，其實都很少能讓人完全回到情緒中立的狀態。接受事實，並在痛苦的餘波中保持堅定不移，是自我安撫的一個重要部分。

6　原註：與此建議一致地，史蒂芬．斯托斯尼（Steven Stosny, 2005）認為有暴力傾向的丈夫的根本問題，是他感覺不受到尊重，基於這個想法，他要他們在情緒失控時設法提高自尊心，即幫助他們的伴侶感覺好受一點，就像當伴侶遭到（其他人）抨擊或發生事故時，他們會採取的作法一樣。

8. **告訴自己：「我以前也遇過這種情況，我可以處理它」**。這點就像是明白自己在心煩意亂或焦慮時，仍然可以保持正常處事。認識到自己已經度過之前的風風雨雨，或回顧過去的成功經驗，可以增進你的信心去面對當前挑戰。體育心理學家提倡在想像的壓力下進行練習，比如想像必須罰球命中才能贏得聯盟冠軍，當真實情況發生，且比賽岌岌可危時，運動員便可以回想他們在壓力下仍然可以表現出色的經驗。運動心理學的這項建議，提醒我們演練困難對話的好處，因為演練會讓我們留下正面的記憶，即面對事先預料到的反對與痛苦的情緒時，仍可以堅持自己的想法。 212
9. **想像你和伴侶之間存在著一道實體的邊界，讓你可以接受或拒絕伴侶傷人的話語**。具體的意象可能是一塊壓克力板（Hanson & Mendius, 2009）、一片擋風玻璃（Fisher & Shapiro, 2005; Real, 2007）或一道柵欄（Fishbane, 2010）。或者它可能是一棵樹，當你伴侶的憤怒的風吹過它的葉子時，它會彎曲但不會折斷（Hanson & Mendius, 2009）。這些意象將一條心理學上的真理具象化，即我們的感受不是他人描述的必然結果，同時也取決於我們的自我評估。
10. **提醒自己，你的伴侶希望事情符合他或她的期望，是正常的**。這並非犯罪。

情緒的相互調節

當伴侶之舞急遽失控時，伴侶雙方也可以幫助彼此控制情緒，這是以下建議的根據。

11. **當你自我安撫的作法不足以讓你平靜下來時，就向你的伴侶**

求助。我們知道同理心可能會有幫助，所以請你的伴侶嘗試理解引起你痛苦的原因。治療師一旦教導了個案溝通規則，難以控制情緒的伴侶可以請求另一方更小心遵守這些規則。

12. **監控伴侶的情緒狀態。**當你觀察到他或她的情緒過於激動時，回想之前有什麼方法有幫助，並嘗試看看。如上所述，這可能會有加倍效果，因為它有助於安撫伴侶雙方的情緒。**大部分的伴侶治療可以說是提供伴侶們有關他們另一半的使用手冊，手冊中描述了可能可以幫助伴侶減少憤怒與提升雙方關係滿意度的方式。**治療師可以明確指出減少伴侶痛苦的做法：「當你的妻子開始一遍又一遍重複相同的抱怨時，當下打斷她並告訴她，你了解她所說的話與她的感受。」
13. **當這些都沒有效果時，建議暫停一下。**

213 暫停

如果伴侶陷入僵局或衝突持續升溫，先暫停一下可能有幫助。我花了一段時間才認識到暫停的重要性。我在一個避免衝突的家庭中長大，後來我在精神分析中找到救贖，因為它主張揭露導致問題的隱藏感受和動機。這激勵我成為一名治療師，並且對我的日常生活有所幫助。儘管探究隱藏的問題對我個人而言很有用處，但我最後了解到，當伴侶在治療以外的期間被情緒所壓垮時，他們通常更想暫停一下，而不是繼續堅持下去使事情變得更糟。鼓勵伴侶暫停並教導他們怎麼繼續，一直以來是我治療工作的重要助力。在授權和倡導使用暫停時，我們應該根據不同的聽眾來設定討論的規則：疏遠方需要明白他們必須在不久後再回來討論；索求者需要明白對話會重新開啟，且不會被遺忘。在此，我將提供一些關於暫停的實用規則。

暫停的規則

1. **儘管你努力進行學習性對話以控管情緒，但當事情仍然沒有進展，而且你的情緒失控時，請據實以告並要求暫停，以便你可以恢復清晰思考和有效合作的能力。**
2. **考慮在以下的情況下暫停：當對話持續超過一個小時而沒有進展、當時間太晚、當隔天有重要的事情待辦、或者當其中一人喝了很多酒。**大多數人都了解，在這些情況下不太可能進行有效的對話，但我發現，允許個案根據這項認知來採取行動，是很有幫助的。
3. **承擔要求暫停的個人責任，並以尊重的態度說話。不要說「你需要暫停！」而是說「我認為暫停可能可以幫助我們重新整理想法。」**
4. **訂下重回談話的具體時間。**「我想我們約莫一小時後可以再繼續」或者「我想我們應該結束今晚的討論，明天晚餐後〔或下禮拜二在我們的伴侶治療會談時〕再繼續，那時我們的思考會更有效率。」這對消除索求方伴侶的恐懼極為重要，因為他們會擔心要求暫停，是為了永遠不再討論所設想出的詭計。
5. **在中場休息時，讓自己平靜下來並回顧之前的情況。**聆聽音樂、洗澡、看書、散步、冥想，或和你信任的朋友談話（你知道他能安定你的情緒，並回饋你明智的意見）。一旦你的情緒充分穩定下來，想想討論重啟後要說些什麼。寫信給你的伴侶，可能會幫助你集中思緒，同時也是一個發洩憤怒與釋放一些情緒的機會，但記得不要把信寄出去。提醒自己什麼是你的建設性目標，反思可能的隱藏問題，且堅決不重蹈覆轍。

6. **在徹底回到需要喊停的對話前，可以考慮是否進行正式的修復性對話。**

要求暫停的情緒考驗

許多人覺得他們很難放下、很難不作結論，或者很難在還沒說服伴侶相信他們的邏輯或立意良善的情況下，就結束對話。有些人認為，如果他們退出爭吵或沒有異議地擱置伴侶的指責，就是弱者。也有許多人認為，如果他們能讓其配偶承認錯誤，那麼問題就會得到解決，且情緒會恢復平衡。其他有些人則是會變得非常憤怒，以至於他們無法停止攻擊。這些都是相當大的挑戰，尤其當敵對型伴侶雙方都不想退讓的時候。對於這些伴侶而言，暫停可能是唯一有益的方法，包括當他們負向循環升溫時，暫停可以用來防止肢體暴力。對所有伴侶來說，若治療師能花些時間討論使用暫停的特定情緒障礙，他們就會更常與更成功地使用暫停。

查爾斯和茱莉：教導情緒調節

結婚二十五年的查爾斯和茱莉都是受過高等教育、有責任心的專業人士，他們在一次嚴重的肢體暴力事件發生後來尋求我的幫助，查爾斯在一次家中的爭吵打了茱莉。他們在不久前分居且瀕臨離婚的邊緣。衝突的來源是查爾斯與他的商業夥伴莎曼珊的關係，茱莉懷疑他與莎曼珊有婚外情。基於各種原因，我相信查爾斯和莎曼珊並沒有發生性關係，但他們的關係在功能上是相似的，因為它佔據了查爾斯的時間，進而減少了他與妻子相處的時間。

茱莉帶著一份詳細的書面紀錄來參加我們首次的治療會談，在她看來，過去幾年所發生的諸多事件，都指向丈夫查爾斯外遇的事實。茱莉很戲劇性與情緒化，她經常在責難丈夫的誠信時哭了起來。她察覺到丈夫的疏遠，而這加劇了她的不安全感，並刺激她不斷的質問丈夫。但她能怎麼辦呢？她不斷發現他在說謊！在丈夫第二次家暴她之後，她告訴他，他必須搬出去，然後找離婚律師諮詢。

查爾斯是一個深思熟慮、安靜、受過挫折且有輕微憂鬱的嚴重衝突迴避者。他承認自己在這些事件的處理上感到強烈的焦慮和羞愧，並表示了自己對茱莉深深的愛和感激。當查爾斯在我治療室面對茱莉的猛烈抨擊時，他時而恭敬地聆聽，時而逐一反駁茱莉的質疑。他承認自己向她隱瞞了一些重要的事情，不僅包括她與莎曼珊的關係（他描述為痛苦的糾纏，而非性關係），還包括他進展不順利的財務問題。他知道他的欺瞞讓事情惡化，也讓茱莉更無法相信他。他為茱莉與她頻繁的來電感到困擾，這些電話打斷了他的工作，也不斷提醒他曾犯下的錯誤。他不太明白自己為什麼要打她，但除了離開現場以外（他曾多次這麼做），他認為這似乎是阻止她言語攻擊的唯一辦法。

215

接著，我確認了他們索求者－疏遠者的互動循環是怎麼發生的：查爾斯經常不在身邊、加上隱瞞了難以啟齒的事，激發了茱莉的不安全感，而這些不安全感進一步導致她對查爾斯的窮追不捨。然後他又更加疏遠，如此反覆不斷。在這種持續惡化的情緒狀態下，查爾斯採取了肢體暴力以阻擋茱莉的言語攻擊。他們兩人都迅速同意這種說法。我指出了，所謂敵人是個系統性的問題，並表達對他們的伴侶關係充滿希望，這可以幫助他們平靜下來，以便我們繼續進行治療。

為了說明某些以情緒調節為目的的教育性介入措施，我會聚焦在前四個月的治療，從確認互動循環到情緒調節、再到探索隱藏的問題（尤其是他對於羞愧以及她對於被拋棄的敏感性）。在這個初始階段過後，治療又持續了一年，他們對問題有了更深刻的認識、逐漸恢復對彼此的信任，並對如何處理財務與關於莎曼珊的問題上，進行了許多實際的規劃。

在確認造成他們互動循環的因果次序後，我把治療焦點放在當茱莉責難查爾斯或哭泣時，他難以控制自己的羞愧和內疚上。我們都同意，他用事實反駁來反擊茱莉對他誠信的抨擊，這種出於本能反應的策略是無效的。我同意查爾斯的個人推斷：茱莉在人際關係上容易有不安全感，因此我建議幫助茱莉在當下感受到與他的親密，或許是更好的辦法，而查爾斯可以在茱莉開始批評他時，試著保持「冷靜、好奇與關懷」來達成這項目標。

我擔心可能會發生更多的暴力事件或衝動的離婚，並且根據斯托斯尼（Stosny, 2005）的研究，有一種能夠幫助施暴男人的方法，是把妻子想像成需要保護的受害者，因此我幫助查爾斯克服他在妻子不快時，他因為無力協助而感到的羞愧感。我的想法是，如果我能讓查爾斯幫助茱莉控管她的情緒，他就更能處理自己的羞愧感，同時也能緩和茱莉對於依附的不安全感。我知道查爾斯在戰時曾擔任過軍醫，因此我請他在妻子哭泣時，更妥善地發揮這項才能。我告訴他，當茱莉變得情緒化而且放聲大哭時，他應該試著保持冷靜與關懷，就像他過去對待受傷的士兵那樣。正如同他沒有因為看到受傷士兵的血就落荒而逃一樣，他也不該逃避他受傷妻子的眼淚。

我承認在他心煩意亂與受到言語責難時，保持鎮定是件困難的事；但我告訴他，即便在這種情況下，他還是有可能辦得到，就像他受過敵人的砲火洗禮一樣。

由於茱莉的哭點很低，我有充足的機會為查爾斯示範如何保持冷靜，因為我說服了茱莉，要她嘗試理解她淚水所代表的涵義，以及它們所傳達的絕望。在請查爾斯試著堅持下去並讓他知道這是可以做到的之後，我開始教導他具體的技巧，尤其是同理的聆聽，我認為這有助於他安撫雙方的情緒。當查爾斯不再為自己辯護、不再以簡單的方式解決問題時，茱莉終於感到自己受到了理解。 216

透過學習更妥善地管理情緒，查爾斯因而能創造出一些空間，可以讓他對茱莉說出更多富有同情心的話語。他告訴茱莉，他可以想像當他工作到很晚的時候，特別是和莎曼珊在一起時，她有多麼寂寞；以及儘管他告訴她不要擔心，在這種情況下，她還是有權利這麼想。由於丈夫以真摯的感情向茱莉伸出援手，這使得她再度淚流滿面，但這是幸福和寬慰的淚水。茱莉和查爾斯都理解到，這正是她一直以來渴望從查爾斯身上得到的東西：他保證自己愛她且關心她。我告訴他們，在處理對外遇過度焦慮的情況時，真正有用的，是伴侶之間的真誠連結，亦即他們現在感受到的那種連結。而最能說服他們的，不是我的看法，而是他們的實際體驗。

這並不是個一次性的事件；當我向查爾斯示範如何克服安撫哭泣妻子的困難時，我一次又一次重複了這個步驟。在治療的過程中，我們看見他們對於表達情感的極端文化差異，甚至可能是生理差異：茱莉來自一個無論男女都經常哭泣的家庭；而查爾斯的家庭，即便在他親愛的父親過世時，沒有人——甚至是他的姊妹——在喪禮上哭泣。

除了幫助查爾斯在茱莉責難他、或開始哭泣時管理他的情緒外，我還努力增加他的自信。為了讓查爾斯真的可以提供茱莉所需的支持，他必須與莎曼珊這個花費他過多時間與金錢的人劃清界線。我花了很多時間與努力才改善查爾斯對自我的感覺，當他憤怒的情緒出現時，他更能察覺到，並且不那麼害怕表達不滿會傷害他人。我努力幫助他感受到，他有權更有自主性地挑選他想投注心力的人。由於他更有自主性，他找到了足夠的感情能量，在茱莉需要時回應她，而不是透過埋首工作或上健身房把自己隔絕起來。最後，儘管在事業上造成一些負面的結果，查爾斯還是永遠結束了與莎曼珊的關係。

當我和查爾斯進行治療時，我也注意到茱莉對於他們之間伴侶關係之舞的責任。我嘗試讓她在沒有查爾斯的幫助下，更有效地管理她的情緒風暴。在首次治療結束時，我要他們在治療以外的期間減少接觸與衝突，這是治療師開出的暫停處方，但茱莉沒有遵守這 217 道指示。她打給查爾斯的次數比我們約定好的還多，當他逃避且沒有在約定的時間打給她時，她會給他下最後的通牒：「今晚和我一起出去，不然我們的婚姻就完蛋了！」當查爾斯對她的通牒回應很慢時，她會打電話給我，留言說她堅持要離婚。

在之後的會談中，我複述了我對他們負面互動循環的觀察，並引導他們討論茱莉的最後通牒和查爾斯的回應該如何才能符合這樣的模型。我指出，當茱莉和查爾斯分開，且查爾斯沒按照承諾聯繫茱蒂時，她很難涵容自己不被愛的感覺。在同理茱莉的同時，我也請她思考一下，為什麼她給予丈夫這麼大的權力來決定她是否討人喜愛。茱莉回答，她和她的個人治療師也在思考這個問題，並提到雖然她理解婦女解放運動的那句俏皮話：「女人需要男人，就像魚需要自行車一樣」，但她對於採取相應的行動感到無助。透過鼓勵她繼續思索這個問題，實際上可以給予她更多「關係的力量」（Fishbane, 2010），我深信查爾斯並不是唯一要為茱莉在依附上的痛苦負責的人，他們雙方在理智上明白這一點，但情感上卻不真的這麼認為。

我對茱莉提出一項功課，要她即便在感到焦慮或傷心時（如上所述），還是要和查爾斯與我談話，並對她潛在的恐懼與假設保持好奇。就像我對查爾斯所說的一樣，我嘗試讓她知道，當她心煩意亂時可以再忍耐一下，而且這麼做可以幫助她獲得自尊心。除此之外，我還想教導茱莉，更精確地來說，是教她如何增進她情緒調節的能力。我建議她，當她感到不快時，應該試著「**覺察（注意）自己的感受、為它們命名，並不評判地思考它們從何而來**」。我特別強調採取非評判立場的重要性，以及單純地觀察她的感受。我還建議她深呼吸並試著放鬆她的肌肉。每當她感到痛苦時，我都會讓她進一步練習如何不帶評判地探究其內心的感受。上述這些介入措施都是有幫助的，並且可以讓我們做到**我稱之為雙人組合下的個別精神動力治療**（**an individual psychodynamic therapy in a dyad**）**或受到見證的個別治療**（**a witnessed individual therapy**）。經過這些治療，我們終於可以談論她先前痛苦地獨自面對自己的感受，和她被別人拒絕的經驗，以及當她與查爾斯分開時，這些經歷如何觸發她痛苦的敏感點。這個案例不僅生動地刻劃了教導情緒調節技巧的一些建議和益處，也同時說明教導關係技巧為何總是被置於針對伴侶、也包括他們的人際互動過程和精神動力因素的整體治療方法中的原因。

協助情緒調節的藥物治療

在許多情況下，精神藥物可以協助個案更有效地控制他們的218 情緒，無論是在一般情況下還是受到伴侶攻擊時。雖然這不是本書的重點，但許多有重度焦慮、憂鬱或易怒的病患可以從醫學／精神醫學的介入措施中得到幫助，包括抗焦慮和抗憂鬱的藥物。我們接著要轉向探討如何教導伴侶以更妥善的方式找到問題的具體解決辦法。對於查爾斯和茱莉而言，這包括制定計畫來管理財務、處理莎曼珊的問題，以及決定該花多少時間在兩人的相處上。

第十三章
教導問題解決與談判技巧

無論你喜不喜歡，你都是個談判者。

——《哈佛這樣教談判力》（*Patton, Getting To Yes*），

羅傑・費雪、威廉・尤瑞、布魯斯・派頓

（Fisher, Ury, & Patton）著

219

背景

凱利、芬查姆與比奇（Kelly, Fincham, and Beach, 2003）所統整的研究，證實了心理治療上的實務經驗，即與幸福的伴侶相比，深陷痛苦的伴侶較少建設性地解決問題。因此，我將預防與關係促進方案（PREP）中問題解決的範本納入《婚姻 101》的課程當中。我也開始用它教導我的個案並嘗試應用在我自己的婚姻中。我對它的成效感到驚艷，因而開始更廣泛地閱讀有關這個主題的資訊。預防與關係促進方案列出了以下順序：

- 使用發言方—聆聽方的技巧進行初步的問題討論。
- 設定討論事項：縮小討論範圍。
- 集思廣益：開放討論所有可能的解決辦法。
- 制定規範：努力達成協議與折衷方案。
- 追蹤：評估結果並修改解決辦法。

這些步驟至今仍然是我重要的支持性架構（scaffolding），根據這個架構，我又添加了其他專家與我自己的經驗。儘管這種結構化的問題解決方式，並非我在精神醫學住院醫師的訓練或精神分析訓練中所學到的方法，但事實證明，它對我幫助伴侶想出可接受的折衷方案，以及針對複雜生活問題的實用解方很有助益。在我們探究了伴侶的互動過程與潛在的問題後，它要處理的是：「在我們清楚我們對這個問題的看法後，接下來該怎麼辦？」

220

不要急著解決問題！

關於問題的解決，首先要知道並教導伴侶的（這是發言方—聆聽方的技巧中的一項規則）是不要太快就嘗試解決問題。其中一個重要的原因是，在許多情況下，**若讓個案優先聆聽，按捺住想早點解決問題的衝動，接下來他們就不需花費多餘力氣去妥協或想解決方案**。我自己的日常觀察和其他人的正式研究（Markman et al., 2001）結果都顯示出，當人們一旦感覺被理解時，許多激烈的爭論都能圓滿地畫下句點。

在更複雜的情況下，在伴侶治療能成功解決問題之前，仍然應該先進行同理的聆聽以及本書先前所談到的幾個主題：探索潛在的希望、恐懼與防衛，以及它們是如何導致負向的互動循環。

在所有情況下，為了能讓談判成功，伴侶首先應該更清楚了解問題所在，包括討論的主題可能在他們內部引發的衝突。事實上，如何在談判中「達成共識」（getting to yes）的著名建議（Fisher et al., 2011），其最重要的部分是，要求雙方詳細陳述對他們而言潛在利益為何，如同以下這則兩位男生在圖書館爭吵的故事所描述的：

> 一個人希望打開窗戶，另一個人想關窗戶。他們來回爭論窗戶要開到什麼程度：一條縫、一半、四分之三的距離。沒有任何解決方案能讓兩個人滿意。這時圖書館員來了。她問想開窗的人為什麼要把窗戶打開：「為了呼吸新鮮空氣」。她接著問另一個人為什麼想關窗：「為了避免風吹進來」。館員思考了一分鐘後，她打開隔壁房間的窗戶，讓新鮮空氣吹進來，而不會吹起風。（p. 42）

我治療過的一對伴侶也可以用來說明這點：他們在討論是否購買夏季別墅的問題時，當我們了解到丈夫擔心，妻子想買別墅的原因是為了遠離他；而妻子認為，丈夫薪水較高，似乎讓他更有權決定是否購買別墅，這點讓她感到不滿；了解這些緣由，使得這個問題變得更容易處理。就像這對伴侶一樣，**許多伴侶似乎會為了看似膚淺或容易決定的事情爭得頭破血流，直到他們意識到這話題的象徵性意義背後，有更深層問題。**

這種沒有真正了解爭論焦點所在的問題，也是懷爾（Wile, 1981）針對膚淺行為中「不確定合同」（contingency contracting）（交易）主要批判的根據。他引用了行為學文獻中的一個例子：一個妻子同意在丈夫回家時給他一杯啤酒，以換取他花十分鐘和孩子們一起玩。從表面上看，這個交易乍聽合理，但正如懷爾所指出的，這對伴侶和他們的治療師沒有想過，為什麼妻子一開始不想給丈夫啤酒，為什麼丈夫無法從和孩子一起玩耍中得到滿足。**一般來說，當某人無法自動自發地做某件事時，在嘗試解決問題前，重要的是找出是什麼讓這件事令人反感。** 221

最後，在許多情況下，伴侶必須先提出和回應可能建議，然後才能有成效地討論解決問題。例如，有位丈夫擔心妻子會鄙視地拒絕他針對討論中的主題所提出的任何不完美的建議。這是一個強大的、負向的父系移情期望，不幸的是，他和妻子之間許多令人痛苦的互動，證實了這一點，而我在治療中馬上就觀察到了。我們揭露了他對於人際關係的恐懼（transactional fear），而他本身的防禦性完美主義減少，之後他開始能夠以一種較友好的語氣提出建議。因此他的妻子開始可以接納他的建議，我們也能繼續以有建設性的方式解決問題。

需要問題解決技巧的伴侶

即便在聽取雙方的意見後，許多衝突仍然持續存在，而這些衝突無論如何必須要做出決斷。許多伴侶在重大生活決定上意見分歧，並期望我們幫他們解決。常見的僵局發生在是否要生小孩（或多生孩子）、如何教養難管教的孩子、是否把年邁的父母接到家裡同住、是否要搬家，或者是否進行重大的採購。在這種情況下，我們會作為調解人，以解決人們因為價值觀、目標與想法相互衝突所產生的分歧。有時候伴侶雙方在聽取了彼此內心關切最深的事物後，他們就不需要靠形式上的技巧訓練以找出解決辦法，正如強森和格林伯格（Johnson and Greenberg, 1985）所記述的，他們稱之為情緒取向治療的「鞏固階段」（consolidation phase）。其他某些伴侶可能需要更具體的指引。與處理「困難對話」的其他面向相同的是，有些策略——其中許多經過了時間驗證與正式研究——有助於找出更妥善的解決辦法。治療師和個案都可以學習這些策略。

具體解決方案的好處

當人們終於決定好要如何處理一個長期問題時，治療師有時候會忽略它在情感上產生的許多重要益處。大家通常會喜歡宣洩性的、情緒強烈的療程，個案可以在其中發現深植於童年的恐懼；相較於讓人找到可行折衷辦法的療程，大家更喜歡這種。具體的解決方案可能不那麼戲劇化，但它們給個案帶來希望、顯示出治療具有其實際效果，並建立治療同盟（Pinsof, 1995）。此外，它們終止了糾結與猶豫不決的狀態，這些狀態使人們疲憊不堪，並妨礙他們的生活。

解決實際的問題，也可以減少伴侶對彼此持續的負面想法（移情）。我見過許多伴侶在建立起夜間的例行活動後，相處得更融洽了，這些例行活動（像是誰來陪伴孩子做功課、孩子什麼時候該上床睡覺）讓他們有更多時間相處。這不僅讓他們的夜晚更加愉快，也不再認為對方不合作、自私或對沒興趣花時間相處。 222

儘管最後的決定，通常都需要雙方做出妥協，也儘管這對處理孩子、姻親或財務問題上的作用有限；但伴侶雙方通常會因為他們進行了這項討論而感到更快樂。如果我們可以讓他們脫離負面之舞的唇槍舌劍，我們就能提供一種正面的合作經驗，進而建立信任感、親密感和共同的身分認同。

停滯不前

如同我先前所指出的，無止盡的爭論誰該為糟糕的情況負責，可能是一種防禦機制，以抗拒「努力堅持去實行解決辦法」的這項艱辛任務。面對重要而具體的挑戰，卻沒有明顯、完美解方的時候，伴侶雙方可能會停滯不前，不自覺退回到熟悉卻充滿破壞性的指責習慣。當這種情況發生時，治療師應該打斷伴侶的防禦性指責遊戲，並引導他們完成更艱難的任務，也就是針對困難的問題想出可接受的解決辦法。

避免走捷徑

要是我們由慣性、傳統、性別、權力或殘疾來「下決定」，藉此逃避困難的協商，可能很誘人，但我們不應該經常透過這種方式訂定解決方案。讓比較講究清潔的人一直洗碗是行不通的，讓不常想做愛的人來控制性生活頻率，也是如此。伴侶雙方必須各自投入精力，制定出滿足雙方需求的解決方案。

談判和問題解決的情緒考驗

除了不知道該做什麼的焦慮，可能會導致伴侶治療停滯不前以外，對於試圖尋找問題的解方的伴侶而言，**主要的情感挑戰是解決他們之間的利益衝突，同時保持雙方合作**。隨著談判的進行，伴侶會面臨內在道德上的兩難，也就是當他們的需求和偏好的解方可能和伴侶有所牴觸時，應該在多大程度上堅持己見：「沒有同理心的主張可能導致衝突升溫，而沒有主張的同理心，則有可能危及自己合理重視的事物」（Mnookin et al., 2000, p. 4）。伴侶們須在接受影響與屈服間取得平衡。

223 汲取社會科學的知識：公平

伴侶治療領域可以學習來自經濟學、政治學和社會科學中有關談判的廣泛文獻，包括橫跨這些領域的「賽局理論」（game

theory）。這些學科的學者研究了迫使個人在自我利益最大化和集體利益最大化之間做出選擇的「社會困境」（social dilemmas）或「混和動機的互動」（mixed-motive interactions）。就我們的目的而言，其中一項重要的（儘管不是非常令人意外的）發現是，當群體無法就公平的定義達成一致時，他們會陷入僵局（komorita & Parks, 1995）。如同我們或許可以預見的，當成員們更加互相依賴（如同伴侶一樣），以及當決策涉及更多新奇的事物或風險時，團體會更難避免僵局的產生（Rusbult & Van Lange, 2003）。了解到我們需要找到最理想的公平性與公平競爭的辦法——同時避免基於傳統或性別不公的捷徑——並不能讓我們明白該聽從誰的願望與想法。然而，這種意識可以幫助我們將這些目標牢記於心，並提醒伴侶雙方在談判時，永遠不能隨意忽略公平的問題。事實上，這種意識是為什麼我們應該建議伴侶從「第三方故事」開啟困難對話的原因之一，它明確認可了伴侶雙方觀點不同，他們必須達成一個雙方都能接受的解決辦法。

有原則的談判：伴侶間達成協議

我們在第三章討論過權力分享的一些細節，包括在兩人的政治系統中，打破連結的挑戰（「雙頭馬車的問題」）。費雪、尤瑞與派頓（Fisher, Ury & Patton, 2011）是《哈佛這樣教談判力》（*Getting To Yes*）的作者，此書可能是關於談判最知名的書籍，他們首先批評了「立場性協商」（positional bargaining）（例如，當買方與賣方就房子的價格討價還價時，每一方都只關注價格），並指出這明顯不如「原則性談判」（principled negotiation）或「根據利益的談判」（negotiation on the merits）。

立場性協商會造成許多與負面互動循環相同的不幸後果。在這兩種情況下，「立場」往往會變得僵固與極端化。此外，為了維護自尊與挽回面子，新的「利益」會出現或增加，而這有礙於談判的進展。最後則是，潛藏的重要利害關係（隱藏的問題）仍然被表面衝突所掩蓋。立場性協商有礙於找出如何達成妥協、交易和其他有益的可能性。與立場性協商的零和遊戲不同，原則性談判有時可以達成雙贏的解決辦法，如同兩個人爭論是否要開窗的例子所述。當談判者將玩法改為原則性談判時，談判過程通常會得到改善。當伴侶雙方不再固著於他們任性且敵對的立場時，他們就能更能繼續完成任務。

在原則性談判中，雙方嘗試著（a）將人與問題分開（對事要硬、對人要軟）；（b）專注於利益而非立場；（c）規劃多種選項；以及（d）同意結果是根據客觀的標準或原則。

224

最後一點，也是此方法的名稱由來，這與我們如何達成公平的解決辦法的問題尤其相關。在原則性談判中，對於該採用哪些原則，談判者要保持好奇而非篤定的態度。他們會問：「你能不能告訴我，你所計畫採取的行動，背後的原則是什麼，或者你期望達成什麼結果嗎？」並主張：「我們希望依據獨立的標準，而不是誰能對誰做什麼來解決這個『衝突』」（Fisher et al., 2011, p.122）。

爭辯中的伴侶最好商定一些外部方法來做決定，比如，透過諮詢該領域的專家（「讓我們同意接受我們財務顧問的建議最妥善地為大學費用儲蓄」）、外部評估者（「下個月我們會嘗試你提出的計畫，看看莎莉的老師是否認為她的功課進步了」），或者雙方同意輪流決定（「今晚讓我選餐廳；下週換你選」）。

決定誰有資格作為外部仲裁者，並非那麼簡單。伴侶雙方經常引用其他人（朋友、家人、治療師）的意見，以強化他們的立場。因為這些局外人通常有偏見（或被認為是如此），這種作法可能是火上澆油。訴諸局外人的這種方式往往適得其反，而且通常是為了掩飾「開口請求」的困難，所以我經常勸誡大家不要這麼做。儘管如此，只要伴侶雙方察覺到這些複雜性，他們仍然可以嘗試找到一位知情的外部仲裁者和標準。

耐心和接受架構

要在談判中取得成功，各方必須有耐心。看似容易的決定往往需要耗費時間，伴侶們必須接受，這是他們之間關係所需花費的成本。伴侶若遵循以下我所建議的具體步驟，也必須接受他們會感覺到的不自然。就像雅各柏森與克里斯滕森（Jacobson and Christensen's, 1998）指出的：「解決問題是一項專門的活動……它不像日常溝通那樣自發、自然、輕鬆或愉悅」（p. 181）。與處理困難對話的其他規則一樣，有一些明確制定的規則，是為了控制情況，因此伴侶有時候會感到束縛，並注意到他們談話方式變得異常正式。如果伴侶們並不樂在其中，這其實在預料當中。當伴侶最終的結果，比起先前缺乏架構的大亂鬥形式所得到的結果來得更理想時，他們會較能接受這樣的做法。

在注意到問題定義、公平、原則、耐心與架構的重要性後，接下來我將提供逐步的建議，以幫助伴侶達成公平、有效和持久的問題解決方案。這些建議摘錄自過去文獻，並在我的治療室中實際測試過。它們是從個案的角度編寫的，因此可以作為講義使用。

225

針對伴侶談判與問題解決的實際建議

步驟 1：在解決問題之前

1. 直到潛藏的問題變得清晰與（希望）較不那麼強烈之前，不要急著解決問題。
2. 當你們都有足夠的情緒能量時，選擇一段不被打擾的時間。雙方都不應該在對話一開始帶著不愉快的情緒。將每次討論的時間限制在 60 分鐘以內。
3. 限制自己只能討論一個問題，如果問題太大與複雜，試著將它分成幾部分。考量劃分出問題的一部分，看看你是否能在這方面有所進展。
4. 承諾遵守困難對話的規則，並努力保持冷靜、好奇與關懷。

步驟 2a：解決簡單問題的公式

5. 如果問題不大，請使用以下的簡短公式：
   a. 用溫和的態度開啟對話——讚美或承認對方的觀點。
   b. 說明你的問題／要求。
   c. 詢問對方：「針對這個問題，我們可以怎麼做？」
   d. 如果你不喜歡伴侶提出的解決辦法，不要只是批評；反而要感謝他的建議，說明你不同意的理由，並要求他提出另一個建議。
   e. 重複進行直到你滿意為止。

例如：「我知道你喜歡聽音樂，但當你把音樂放得那麼大聲，會讓我閱讀有困難。我們可以怎麼改善？」

這個公式與「批評三明治」類似，對聆聽方來說相對容易聽得進去，發言方也比較容易記住。它以合作的語氣開啟對話，並邀請對方一同集思廣益，同時致力於改進現狀。對於更複雜的問題，我會在下一個步驟介紹一個更全面的方法。

步驟 2b：針對較困難問題的問題定義

6. 努力將問題定義清楚。在陷入對可能解方的利弊爭論前，先說明你的目標。對於大多數伴侶的情況，這一步會遵循並融入「困難對話」的規則，理想情況下，雙方所關心的事在此已得到充分的表達與認可。

226

正式定義問題的階段，對於伴侶特別有幫助的原因之一是，大多數伴侶在接受治療時都會半意識地只是將「問題」視為「我的伴侶應該要改變」或「我的伴侶應該停止要求我改變」。這相當於一種導致雙方僵持不下的立場性爭論。

避免太快討論解決辦法的另一個原因是，在伴侶雙方都還不太清楚問題的情況下，他們會持續討論一些似是而非的問題。由此產生的討論會亂成一團而且令人挫折。同樣地，如果問題沒有被清楚定義，所提出的解決方案就不可能真的「搔到癢處」。於是我們會看到有關解決辦法的討論逐漸離題，因為它們會慢慢回到對問題的定義上。儘管如此，雖然在找出解決方案前，清楚定義問題是可取的辦法，但有時伴侶只有在討論具體的解決方案時，才會充分意識到什麼問題才重要。

7. 清楚表達問題在何時、何地以及什麼情況下發生，最好用行為術語說明你的抱怨。這是行為取向治療對於伴侶治療的一項重要貢獻，因為他們強調，當改變的要求是針對行為而非性格時通常會更為有效。
8. 清楚表達為什麼這對你很重要，而不只是說明行為基礎。
9. 清楚表達它對你有多重要或多不重要；可以考慮使用 1 到 10 的分級為標準來衡量。這樣做可以讓你指名的某個問題具有無比的重要性，而無需提高音量或使用其他激烈手段，或者你可以提醒伴侶，這對你來說不是什麼大問題。
10. 在定義問題的階段達成結論後，把問題寫下來。

步驟 3：集思廣益

11. 定義問題後，共同集思廣益以想出可能的解決辦法。請記住，這是「發想」而不是「決定」。讓自己發揮創造力和趣味性。努力創造一種氣氛，在這種氣氛下，即使是不可能或荒謬的「解決辦法」也能發生。所提出的想法不應該有「所有權」（ownership），比如「約翰，我很驚訝你會提出這種〔愚蠢的〕想法！」試著想出一些符合伴侶與你自己需求的解決辦法。
12. 寫下所有可能的解決辦法。這一點出乎意料的有幫助，也經常被急於陳述自己觀點的參與者忽略。它不僅可以減少重複的可能性，而且增加了一種計畫性形式的元素。它有助於接下來關於利弊的討論，因為每一項被記

227

錄下的建議，都會獲得充分討論。無論伴侶雙方是在家裡或治療室集思廣益，都該有人來記錄這些選項。

13. 等到你列出所有你設想得到的解決辦法後，再討論其中任何一個辦法相對的優點。過早否決可能的選項可能會阻礙創意發想的過程，並抹煞它們可能有的某些貢獻，例如，如果伴侶以幽默的口吻談到一個重要的需求。
14. 不要把自己限制在你當下的思考範圍內。考慮諮詢外部專家、自助書籍、朋友或面臨過類似問題的家人，或者其它相關的數據來源。例如，為了孩子上哪一所學校而爭論的父母，應該在認定自己的選擇前，做好事前調查。

步驟 4a：評估選項並努力達成協議

15. 回顧所有選項，並討論每個選項的利弊。包括回顧你先前實行各種選項的經驗，以及其它面臨類似問題的人的經驗。結果可能是在某些行動方案上，你們各自都曾有過未曾吐露的負面經驗。例如，在控制慾極強的父親身邊長大，可能會讓你對給孩子嚴格管教感到疑慮；而童年時父母的教養過於寬鬆，可能會讓你擔心身為家長時管教太少。
16. 尋找建立在你們之間差異上的機會。這項建議出現在伴侶治療的文獻上，似乎有點令人意外，因為伴侶的問題幾乎原則上就是源於他們之間的差異。然而，事實證明成功的談判經常獲益於雙方的差異。如同姆努金等人（Mnookin et al., 200）指出的，正是差異使交易得以實現：一個有隻雞的素食者和一個有片大菜園的肉食者，會認為交易是有益的。一方對問題的某些方面較不在意，而另一方非常在意，了解這一點可以促進妥協和交易（「我並不在乎你提議我們去看哪部電影，但我真的想在看完電影後去這家餐廳」）。

17. 請你的伴侶說服你，為什麼他或她的解決方案比較好，並保留不被說服的權利。解釋為什麼你對這個方案有所保留，並說明可以說服你的要素。「我明白你認真覺得我們應該讓莎莉在周末禁足，但我還不太能贊成。讓我告訴你，我不太理解你在哪些地方的說明⋯⋯」。
18. 詢問伴侶有什麼條件、狀況⋯⋯（如果有的話）可以說服他接受你的解決辦法。
19. 詢問伴侶哪些標準與「原則性解決方案」有關。可以考慮找一個外部的裁判或專家來解決你們的爭議。或者你可以在你的社區找尋「可比較標準」（comparables）。在房地產中，你可能會說：「我知道你想讓我用高一點的價格買下這棟房子，但同型房子不是這個價位」。因此，在家庭的情況下，你可能會說：「我知道你認為這樣是對麥克適當的懲罰，但讓我們看看同年級的其它家長認為怎麼做才公平而且恰當」。當伴侶發現他們有不同的、不自覺且既定的標準（例如，關於慶祝孩子生日的「正確」方式）時，尋找標準和原則也會有所幫助。找出這些原則與標準，可能可以讓雙方更了解他們所陷入的僵局。在許多情況下，問題在於沒有單一標準存在。就像基本法中的爭議經常有彼此衝突的標準。例如，在第四章湯姆和珍妮佛的案例中，他們關於是否離開芝加哥的爭論涉及到對家庭的忠誠（留在原地）與工作機會（搬到其他地方）這兩項互相衝突的標準。

20. 如果所有共同的解決辦法，對你們來說都缺乏吸引力，建議找出妥協方式。當你這麼做時，要小心過度讓步（「軟談判」）或要求過多，因為這兩種作法都缺乏公平性，可能會造成不滿或不服從。
21. 如果你們很難達成妥協，就指出不妥協的代價。例如：「如果我們不能就如何處理吉姆的用藥問題達成共識，我們將永遠無法改變現況。」
22. 如果沒有妥協的可能，同意在某個時間內採用其中一人的解方。多年前開始家族治療師便注意到，當父母其中一方「旁觀地抱怨」某個問題時，讓這個人全權負起解決問題的責任，是有幫助的。如果沒有意外的話，這位自認什麼都懂的家長就會明白，解決問題有多困難。如果提出的辦法可以順利解決問題，那就太好了！如果無法，伴侶可以帶著更多資訊重新討論。
23. 不要接受一個你覺得極不可能成功或持久的解方。實驗一段時間，有時候可以證明你的觀點，但有時候這麼做的代價太高。
24. 不要接受一個會讓你或你的伴侶太過憤怒或怨恨的解方。大多數解方都會讓某一方或雙方有點失望。然而，如果其中一方持續認為談判達成的協議不公平，或只是

229

勉強接受，那麼這種表面上的解決是不可能持久的，而且會傷害和諧的婚姻關係。

25. 不要接受一個你不打算執行的解方。
26. 建立評估解決辦法是否成功的標準，並在最後確定你的計畫前討論這些標準。雖然評估解決辦法是否成功的標準，會因情況而異，但伴侶必須記住成功的協議應該（a）滿足各方的合理利益；（b）公平解決利益衝突；（c）改善或至少不損害關係；（d）考慮到伴侶以外其它人的利益；（e）證明其成果能夠持久（criteria modified from Fisher et al, 2011）。
27. 設定重新開會並評估結果的時間。
28. 清楚表達你們雙方都了解談判後的解方並寫下來。在某些情況下，必須簽署一份正式的協議。
29. 回顧問題解決的療程。有技巧的談判者建議在每次這樣的會議過後，每一方都要回顧WW和DD：什麼有用（what worked）以及什麼下次可以改進（what they would do differently）（Fisher & Shapiro, 2005）。

步驟 4b：如果仍然無法達成協議，該怎麼做？

30. 如果你們不能達成協議，可以考慮你們雙方的替代方案，即你們的談判後協議的最佳替代方案（BATNAs, best alternatives to a negotiated agreement）。這可能意味著繼續維持現狀，這麼做的好處是，明白你們已經徹底探索了所有的替代方案，也了解到現狀不見得不好。如果你決定在沒有達成協議的狀況下離開，你應該說明這麼做的原因，並願意接受後果。

31. 當你已經達到極限時，與其說「夠了！」（這可能會讓事情更糟），不如總結你所看到的情況，包括在無法達成協議的情況下，你會採取什麼行動，以及欠缺解決辦法可能造成的後果。可以這麼說：「這是我看到的情況。這是它對我的影響。這是它對我們的影響。你可能不同意我的看法，或覺得你的行為是合理的。我們目前的互動方式對我而言行不通。我要求你改變這種行為。如果這樣的行為持續下去，接下來我會這麼做」（modified from Fisher & Shapiro, 2005）。

230

步驟 5：試驗期和後續評估

儘管進行後續評估似乎是一個顯而易見的步驟，但它經常被忽略。仔細的回顧不僅可以讓伴侶們從經驗中學習，而且可以增進團隊合作，共同對付外來敵人，即便伴侶們沒辦法第一次聯手就解決它。

32. 獎勵和鼓勵對方執行計畫。計畫是否能被充分執行，可能取決於此。
33. 評估成果。使用經過協議的評判標準來評估結果。如果你們之前沒有討論過正式的標準，可以根據你們的經驗來制定。不要對自己太嚴苛。許多計畫在最初幾次嘗試時都會失敗。與其一開始就期望完美，不如允許自己犯錯並在過程中改進解決辦法。請記住：如果這個問題很容易解決，你們一開始就不會參與這段按部就班的過程。

34. 在宣布計畫失敗前，讓自己多嘗試幾次。與其改變整個計畫，不如考慮如何改進實行辦法。
35. 根據你所學到的東西修改計畫。在持續進行的治療中，治療師可以在這個評估階段提供協助，幫助伴侶雙方增進他們對問題的理解，同時努力尋找解決方案、達成妥協並接受。

231

弗雷德和貝絲：問題解決

隨著人際互動過程的改善，貝絲終於能夠以弗雷德聽得進去的方式，表達她希望弗雷德能多協助孩子的事務。當弗雷德以有益的方式回應她的請求時，她感到很開心。我能夠以此為基礎，教給他們一些剛才描述的問題正式解決步驟，尤其包括定義問題與集思廣益。有了這些技巧的輔助，他們成功解決了困擾他們多年的育兒問題。他們在治療中與治療外正式合作，制定了一套對於家庭作業、留宿和家務的明確期望，且他們都同意監督和執行。

與其它伴侶一樣，集思廣益的階段特別有用。當他們列出他們想得到的所有選項時，弗雷德被迫理解到自己以往考慮不周，造成了想法上的侷限。他們也在其中獲得一些樂趣，關係也越來越親密——因為他們一起想像著狠狠懲罰家中不守規矩、正值青少年的孩子們。

由於問題成功解決，讓我可以繼續挑戰弗雷德潛在的（移情）確信，也就是他所做的一切都不會對貝絲的情緒產生影響。他不得不承認，她顯然更快樂了。在降低他的負向期望後，我們看到了內在心理上的改變和行為改變之間重要的相互依存關係——在此，以行為改變作為開端，隨後便可成功以結構化的步驟解決問題。

第十四章
鼓勵正向經驗

232

> 伴侶治療中一直以來存在有個隱藏的假設：如果我們充分處理好伴侶間的衝突，就會產生某種真空狀態，而所有的正向情感都會急速湧入填補這個空缺。我們認為這個假設是錯誤的。正向的情感系統需要在治療中單獨建立。——高特曼（J. M. Gottman & J. S. Gottman〔2010, p. 149〕）

在努力讓婚姻復元時，我們需要做的通常不僅是幫助伴侶公平地爭吵。要是這方面能順利進行，或許可以讓伴侶雙方成關係友好的室友，但對於曾經是戀人的他們來說，這樣的結果是不夠的。考慮到這兩者間的區別，對「正向心理學」感興趣的研究者區分了「生氣蓬勃的」婚姻與失去活力或其他不幸的婚姻（Fincham & Rogge, 2010; Fowers & Owenz, 2010; Gottman, 2011; Pines, 1996; Wallerstein & Blakeslee, 1995）。生氣蓬勃的婚姻的特點是，有許多愉快的相處時間（包括令人滿意的性愛和娛樂活動）、共同目標以及「我們」（We-ness）的一體感。從這些研究和各種治療師的經驗來看（Atkinson, 2005, 2010; Dimidjian, Martell, & Christensen, 2008; Greenberg & Goldman, 2008; Leone, 2008; Pines, 1996），很顯然地，治療師應該督促苦惱的伴侶們盡快恢復他們關係中的友誼、樂趣與共享的快樂。由於伴侶們通常過於警戒，以至於無法自發性地朝這個方向前進，所以大部分的工作需要由治療師發起與引導，這也是為什麼行為／教育的升級是必須的。

更多基於研究的理據

伴侶兩人結婚不是為了在處理衝突上變得更拿手，而是為了品嘗他們在戀愛過程中體驗到的快樂——這種快樂是他們希望能一直延續下去的。當然，還有其他目的，諸如經濟穩定、生育、社會認同，但總體而言，伴侶只有在持續享受對方的陪伴時，才能保持快樂。失去相處時的快樂感受不僅讓人不愉快，且實際上很危險，為高特曼和列文森（Gottman and Levenson, 1999）發現「漸行漸遠」是比激烈爭吵更常見的離婚原因。[1]雖然許多「失去活力」或「精疲力竭」的伴侶們沒有離婚，但他們的婚姻仍然不幸福，過著孤獨的平行生活；當他們的孩子長大離家後，他們可能會有離婚的風險。

233

約翰・高特曼經常引用他的研究發現（Gottman & Levenson, 1999）並指出，**在衝突的討論中**，健全的伴侶們正面與負面互動比率是五比一，而不快樂或離婚的伴侶的比率只有一比一。不久之前，他和他的妻子／合作者強調了婚姻中正能量的重要性——在衝突以及非衝突的互動中——以確保伴侶治療帶來的效益可以延續。除了陪伴與親密關係外，他們還指出「建立並細細品嚐正面情感系

1　原註：與這種關於婚姻不幸福的雙變量（bivariate）觀點一致地，保羅・阿馬托（Paul Amato, 2010）的聚類分析（cluster analysis）發現兩種導致離婚的途徑：（1）高度的衝突與不快樂，以及（2）低度的承諾。低承諾組可能包括已經喪失相處上滿足感的伴侶。

統（如遊戲、樂趣、幽默、探索、冒險、浪漫、激情、美好的性愛）」的重要性（Gottman & Gottman, 2010, p.140）。

在芭芭拉·弗雷德里克森（Barbara Fredrikson）的研究中發現，「最生氣蓬勃的個人、婚姻與工作團體……都顯示了『正面與負面情緒』的比率大於三比一」（cited by Lyubomirsky, 2013, p. 56）。這種正面互動的比率有時會被描述為「愛情銀行的儲蓄」，這有助於緩解不可避免的負面事件所帶來的影響（Keyes & Haidt, 2003; Pines, 1996）。它們可能必然大於一比一，因為我們對於負面事件的印象，往往比正面事件來得深刻，而且我逐漸習慣持續來自伴侶身上的利益。

234

然而，正面的情緒與互動不僅可以抵銷負面的情緒和互動，還有更多功效。阿特金森（Atkinson, 2005）和潘克謝普（Panksepp, 1998）指出令人愉悅的神經迴路和令人厭惡的神經迴路之間的差異；研究正面心理學的學生則區別了獎勵（正面與期望得到的）與懲罰（負面和不想要的）這兩種不同經驗。他們明智地拒絕這樣的觀點：「滿意而有益的關係歷程只是痛苦而有害的關係歷程的相反，或僅僅只是反映出沒有這樣痛苦的歷程」（Reis & Gable, 2003, p.131）。透過運用不斷增加當中的、有關快樂幸福的研究文獻，以下我要討論促進正向伴侶關係體驗的介入措施。

增進愉悅感的第一步：友誼和親密關係

馬克曼等人（Markman et al., 2001）在總結他們對婚姻的大規模研究時指出，「來自各行各業、各個年齡層的人，無論男女都說他們婚姻最重要的目標，是有位朋友作為另一半同時成為另一半的朋友」（p. 217），並補充說「在我們與伴侶們的治療工作中，最重要的變化之一……是把友誼放在首位」（p. 227）。在 2002 年的智能婚姻研討會（SmartMarriages Conference）上聽到霍華德・馬克曼（Howard Markman）與史考特・史丹利（Scott Stanley）提出這個觀點後，相較於我先前的作法，我開始在伴侶治療上更為直接且更早地促進伴侶間的「友誼」與婚姻的其它正面面向。

在某種程度上，我一直在努力幫助伴侶們成為更親密的朋友，透過增進伴侶間誠實與脆弱的自我表露，使得形同陌路、疏遠的伴侶們在他們了解對方的內心世界、並給予更正面的回應時，得以靠近彼此。而我新增的作法是，幫助伴侶在治療室之外也能有愉快的、沒有衝突的關係體驗，就像他們之前在戀愛時曾有過的一樣。

成為交際舞老師

儘管伴侶們常說他們想一同玩樂，但他們很少有人會自動自發地這樣做。在沒有我的引導、鼓勵與安排下，大多數的伴侶們都很謹慎行事、保持距離，他們都不想冒著被拒絕和失望的風險表達正向的期望。這種隱忍最常見於在接受治療前已經長年沒有性生活的伴侶們。這些伴侶們在表面的衝突減少與友好的感覺回復後，性方面的接觸就是無法自動恢復。雖然個案開始相信，他們的伴侶會以公平的方式爭吵，但他們仍然不願相信他們還有著濃烈的愛和感情、赤裸裸的慾望。為了使這些伴侶回到明顯的正面情緒狀態，我發現，我必須成為讓中學生害怕的交際舞老師，作為老師，我宣布現在是時候挑個舞伴來克服共舞的焦慮了。首先，我會引導伴侶們，讓雙方注意到他們缺乏共同享受的活動。即便他們沒有公開抱怨缺乏性生活，我也會在一開始就詢問這方面的狀況。總之，我現在把愉悅感的復元當成一個明確目標，其重要性僅次於改善負面互動循環。[2]

時機

一旦有了這個目標，時機就成為關鍵。太早開始安排這些活動，伴侶們只會經歷更多的爭吵和失望。要是等待時間太長，治療就會延遲，且伴侶雙方就無法從從事共同的娛樂中受益。因此，在治療開始後不久，以及當我成功建立適當的治療同盟後，我會開始評估伴侶在有計畫的正向關係體驗中取得療效的可能性。我的做法是，透過觀察和聆聽來追蹤他們整體的情緒基調，以了解他們的關係是否足夠友好，可以進行正向的活動。當我覺得他們準備好了，235 我會鼓勵並幫助他們集思廣益。適合培養**友誼**的活動非常簡單：出去吃飯、看電影、晚上散步。目的是為了讓伴侶有更多的獨處時間，從工作、家庭和照顧孩子的生活中解放出來。

討論限制因素

正如在治療中討論如何增進親密度，我們必定會談到有何限制因素，討論如何在治療時間以外規畫友好相處的活動也是如此。限制因素有些是外在的（尋找保姆），有些是內在的（相信其他人可以安全看顧孩子）。如今最普遍的外在限制，是時間上的要求（Doherty, 2003）。正如辛格與史凱瑞特（Singer and Skerett, 2014）指出的：

2　原註：瓦赫特爾（Wachtel, 2014, p.47）已經呼籲大家注意治療師可能會有「以療程為中心」的傾向，他們優先考量在治療室觀察到的互動模式，而日常生活的其它模式卻沒有得到充分的關注。生活中若有維持較為平和的領域，不管是什麼，這些情況比治療中頻繁發生的衝突討論，可能對伴侶關係的影響更正面。

> 對伴侶雙方而言，有一點很難理解，就是埋藏在他們日常慣例中的，是一連串看似不可避免的選擇，而這些選擇傳達出他們對其關係有多少關注與承諾。他們如何安排自己的時間，反映出他們把什麼需求擺在首位，包括其伴侶的需求或雇主、孩子、公婆的需求等。（p. 73）

由於大部分花費在工作、孩子和大家庭上的時間都是必要的，所以伴侶很容易利用這些責任來合理化逃避花時間彼此相處。許多伴侶讓他們對大家庭、工作或社區的職責介入兩人之間。有些人則是讓孩子介入他們之間，就如字面上說的，他們讓孩子睡在父母的床上，因而妨礙了夫妻間的性生活。還有一些人需要幫助以減少外部活動，這些活動提供了他們無法從婚姻中獲得的滿足感。

阻礙友好相處最重大的內在限制因素，是害怕痛苦情緒的出現，尤其是在公共場合。我們都曾在餐廳看過這樣的伴侶，他們不是憤怒地爭吵，就是持續著令人痛苦的防禦性沉默。如果伴侶提到對這種沉默的恐懼，我們可以把它標籤為對冒險的恐懼，透過沉默來保護脆弱的自己，免於受到他人反對或冷漠回應的風險。更大致上來說，我們應該嘗試找出與討論令人恐懼的情況。

禁止爭論或討論實際問題

為了讓這階段成功，我告訴伴侶雙方，他們在約會時不能討論任何有爭議的問題。如果出現爭論，伴侶應該改變話題，並且等到下一次療程時才討論。如果我們想創造美好相處時光的機會，同時在治療中努力解決困擾的問題，那麼這條規則就很重要。在這階段的治療，大多數的伴侶已經努力在治療時間以外避免衝突，但他們

236 同時也在避免親密關係。當我們鼓勵他們利用鬆散的時間相處時，他們必然會害怕衝突會像治療中那樣爆發。禁止衝突會帶給個案希望，讓他們可以先將雙方的分歧擱置一旁，取而代之地，他們可以專注於享受一些沒有衝突的美好時光。

同樣重要的是，伴侶雙方不能利用這段時間來討論實際問題（何時改建廚房、女兒的最佳學前教育）。即使這樣的討論或許不會導致爭吵，但這也不是伴侶們度過珍貴獨處時光的方式。

安排時間進行困難的對話

相對於禁止在約會之夜解決問題的另一面，就是與伴侶一起安排討論問題的時間。許多伴侶缺乏這方面的運作機制，只有在他們無法再逃避時，才會討論重要的問題，而時間上通常不恰當。同樣地，比起我在伴侶治療 1.0 時採取的自由作風，現在我會要求伴侶們描述他們討論重要議題的例行方式，然後我們再努力改善它們。我建議他們預留特定的時間進行衝突討論：每天不超過 30 分鐘，當然也不要在睡前。若要溝通直接的實際性事務（「我安排了本周五的七點，和多伊爾斯夫婦共進晚餐」或「你的醫生打電話來說……」），我建議使用書面便條、簡訊或電子郵件，這樣可以節省時間，而且可以更可靠地傳達訊息。

安排行程會提前帶來的好處

有嚴重婚姻問題的伴侶通常不會安排共同的娛樂時間，包括性生活的時間。一旦他們重新安排美好的相處時光（「周六晚上我們一起去吃飯和看電影」或「週三孩子們上床後，我們來做愛」），他們不僅會從安排的活動中得到樂趣，而且還會從期待活動的到來中獲得快樂（Lyubomirsky, 2013）。這會有助於緩解活動前幾天發生的糾紛，並減少伴侶們對於不確定自己的需求是否能得到滿足而發出的嘮叨。那些仍然認為自發性是浪漫的必要條件的個案，會需要我們幫助他們放下這個不切實際的想法，以便他們可以從事先安排所中獲益。

像朋友一樣交談

除了禁止在安排好的愉快活動中爭吵和解決問題外，我還鼓勵伴侶雙方「像朋友一樣交談」。為了製造安全感、樂趣和回憶，我建議他們把自己想像成親密的兒時玩伴，在露營或睡衣派對上仰躺看著星星或天花板，分享彼此的想法並一路聊到深夜。我鼓勵他們分享他們日常生活中的平凡事物：好消息、有趣的故事、一天下來的觀察。隨著治療的進展，我還鼓勵他們分享對未來的夢想，以及前一天晚上實際做的夢。對於在親密關係上特別有困難的個案，可以教導他們怎麼發問，並給予伴侶情緒上的支持。這麼做的目的，是為了幫他們騰出一些空間，以便他們重新發現彼此正面的特質，並恢復婚姻的連結。

237

每日回顧和「轉向」彼此

我的工作不僅是幫助伴侶雙方安排愉快的、特別的獨處時間，還要規畫例行的日常對話，以便繁忙的生活又快將他們彼此疏遠時，兩人仍然能保持彼此的連結。理想情況下，他們會設定一個大致上規律的時間來相處。有道有用的公式，是讓伴侶報告他們一天中最開心和最低潮的經驗。這可以確保談話不會只停留在日常的責任上，比如誰該打給水電工，或誰該回覆史密斯夫婦的晚餐邀約。那些「轉向」彼此（Gottman, 2011）並對彼此的「生命計畫」（Kernberg, 2011）表示興趣的伴侶們，關係會更加友好（Driver, 2007），因為他們之間的談話，就像你期望好朋友之間會有的談話一樣。[3]

伴侶雙方在這樣的日常回顧中，經常會犯與在更困難的對話中同樣的錯誤：聆聽方過於被動、太早給建議或給對方不想要的建議；而發言方沒有考慮聆聽方的需求。發言方與聆聽方都害怕完全坦白。在這種情況下，治療師可以透過前述的方式幫助伴侶們改進，這樣他們就可以從已改善的長期友誼中獲益。

樂趣、新奇與遊戲

如同溫加登（Weingarten, 1991）強調的，「親密性」不應該被狹隘地定義為深度對話中的自我揭露，而是可以產生各種「共同創造意義」的共享活動。馬克曼等人（Markman et al., 2001）在對已婚伴侶的全國性電話調查中（不令人意外地）發現，「伴侶們在一起有多少樂趣」可以被視為預測他們整體婚姻幸福程度的一項關鍵因素（p. 256）。

「樂趣」的定義往往涉及新奇性（novelty），正如自然與科學研究所顯示的，這些研究發現新奇性總是能激發正向的情緒（Aron, Norman, Aron, McKenna, & Heyman, 2000; Bradbury &

3　原註：崔佛（Driver, 2007）分析了共計六百個小時的伴侶的十分鐘晚餐對話，並記錄了他們對於「情感連結的邀請」的回應，也就是「用語言和非語言的方式，試圖引起伴侶的注意、談話、興趣、熱情、幽默、感情、樂趣、情感支持等」。她發現「六年後仍在一起的伴侶，最初（在結婚的第一年）有 86% 的時間回應對方的情感連結邀請，而後來離婚的伴侶，只有 33% 的時間回應其伴侶的邀請。」

Karney, 2010; Lyubomirsky, 2013; Pines, 1996）。這是某些研究觀察的反面，也就是伴侶們努力在這段關係中維護情感上的安全，往往會讓人感到死氣沉沉的無聊與孤獨，結果不幸地導致婚外情經常發生（Mitchell, 2002; Perel, 2006）。因此，當我要求伴侶雙方發想可以一起從事的有趣活動時，我嘗試讓他們走出例行公事與常規，進而為他們注入新奇的樂趣。

與新奇的概念密切相關的是「遊戲」的概念。當大腦的「遊戲迴路」活躍時，內部的類鴉片物質會在整個大腦中釋放，這些物質和愉悅感以及和伴侶持續接觸的渴望相關（Panksepp, 1998）。當我和伴侶雙方一起集思廣益時，我會特別要求他們回想過去做了什麼好玩的事：當他們還小時、在他們遇見對方之前、在他們談戀愛的過程中，以及在他們有孩子之前。我也會讓他們想想看，當他們瀏覽報紙上即將舉辦的活動時，會被什麼樣的活動吸引。 238

他們想出的活動所需的金錢、努力、勇氣與時間都有所不同，但無論他們選擇什麼，都應該要有助兩人重新體驗一起從事活動的快樂。正如我們就實際問題集思廣益一樣，我鼓勵他們打造一種充滿創意的氛圍，並且在討論各選項的利弊之前，對所有建議保持開放的態度。理想上來說，討論過程會充滿樂趣。由於有些伴侶會從其他人的娛樂活動中獲益，因此我在表 14.1 中列出了一些建議。

在伴侶雙方想出一些值得期待的想法後，治療師必須經常幫助他們討論實行這些想法的障礙。如上所述，有些障礙是實際的，有一些則是為了維持安全距離的合理化說詞。雖然伴侶雙方要是能夠迅速同意，而且不要臨陣變卦，那就太好了，但我的經驗是，在他們願意冒險前，需要我相當的堅持並給予他們鼓勵，這可以使他們重新將玩心與樂趣帶回關係中。 239

表 14.1 共享的愉快活動

- 散步或慢跑。
- 一起下廚。
- 一起從事園藝活動。
- 一起打牌或玩桌遊。
- 朗讀一則小故事或書並一起討論。兩人交替進行。
- 騎自行車、打保齡球、划獨木舟、滑冰或越野滑雪。
- 跳舞。
- 參加公開講座。
- 參加演唱會、觀賞戲劇表演或電影。
- 像遊客一樣探索你們的城市，看看你們從來沒有花時間探索過的景點和博物館。
- 露營和／或健行。
- 學習或從事一項運動。
- 參加一項課程：烹飪、舞蹈、「繼續教育」，什麼都可以。
- 加入或發起一個圖書或電影討論小組。
- 加入社區劇團。
- 參與社區服務，如國際仁人家園（Habit for Humanity）。
- 參加你的宗教社群所發起的計畫或團體。
- 參加政治宣傳或其它相關活動。
- 學習新的語言。
- 旅行，最好是去新的地方；如果可能的話，去一個可以使用你新學的語言的國家。

諮詢室裡的樂趣、遊戲和感情

鼓勵伴侶在治療以外的時間從事娛樂活動的同時，我也會在療程中尋找增進雙方樂趣、遊戲與感情的機會。有時候，當我們一起大笑、簡短地討論新聞或他們生活中的正面發展時，就會出現這種暢快的感覺——這是伴侶治療這種困難的情感工作中，令人愉快的喘息機會。在適當時機，我會講一些笑話或用我自己生活中的幽默例子進行說明，以顯現我也是一個在生活的挑戰中奮鬥掙扎的人，同時也能用幽默的方式面對自己的錯誤。害怕治療會以嚴肅與痛苦的方式持續進行下去的伴侶，會喜歡這種較輕鬆的氛圍，這有助於他們吐露自己的缺點和弱點，並能更敞開心胸地享受樂趣和情感。

我看過許多伴侶已經對觸摸產生戒心。還有一些則是一直在逃避，因為他們的家人很少擁抱或觸摸彼此。當我覺得時機成熟時，我可能會建議個案在會談時牽手或擁抱對方，然後要求他們對這個經驗進行反思。這通常會帶給他們一些啟發。大多數情況下，這麼做是有益的，而且可能相當感人。若伴侶表現出不安或尷尬時，討論這點會很有效果。

牽手、擁抱與性愛

對許多伴侶而言，身體接觸恢復的速度很慢，但一旦恢復就會非常有幫助。在治療室裡鼓勵伴侶雙方牽手或擁抱可以是第一步，有時他們也會在家裡繼續。更多時候，我需要更努力說服伴侶牽手的好處，所以我會引用核磁共振的研究說明它的正面價值（Coan, Schaefer, & Davidson, 2006）。這些研究測量了當已婚婦女在收到警報提醒即將受電擊時，所產生的功能性核磁共振成像。當她們握住丈夫的手時，與握住男性陌生人的手相比，她們主觀上和大腦的恐懼及痛苦反應都明顯減少。

顯然地，有鑑於與陌生人牽手的無效性，牽手不僅是身體上的，也是象徵性的，它傳遞了支持與連結。因此，更有趣的是，牽手的好處會隨著婚姻品質的改變而有所變化；婚姻品質越好，恐懼反應的衰減越大。此外，成功的伴侶治療可能會產生這種有益的效果（Greenman & Johnson, 2013）。對於這項研究發現，我想補充一下我的經驗，即一旦伴侶關係變得「足夠正面」，再加上牽手，會進一步增進伴侶關係中的依附與正能量。

240

在成功鼓勵其它形式的身體接觸、尤其是擁抱和性愛之後，我也發現了類似的好處。我使用斯托斯尼（Stosny, 2006）的「六乘六」公式，來開立擁抱的處方：即每天擁抱六次，每次至少六秒鐘。我建議伴侶雙方在見面或分開時都這麼做，並且根據大衛・施納奇（David Schnarch, 1997）[4]的建議，我要他們「擁抱彼此直到平靜下來」。或者他們可以遵循彼得・法蘭克爾（Peter Fraenkel, 2011）的建議，透過擁抱、親吻、背部按摩、電話或訊息等任何能在一天中建立頻繁的正向連結的方法，以每次六十秒、一天六次的頻率與對方保持接觸。

與其它家庭作業一樣，令人驚訝的是，伴侶雙方往往沒有遵循這個建議，與他們討論為什麼不這麼做，極其重要。在討論實行的障礙時，治療師可以指出每天 36 秒是一個微不足道的時間需求，然後再探討造成阻礙的情感需求為何。當伴侶雙方成功實行「六

4　編註：大衛・莫里斯・施納奇（David Morris Schnarch, 1946-2020）是知名美國伴侶、性愛與創傷治療師，臨床心理學家和泌尿科醫生。

乘六」的公式，或只是在問候、離別和感覺有必要時就來個簡單的擁抱（「我需要一個擁抱」），他們幾乎都能普遍感受到更多的連結、溫暖與支持。

在經歷了牽手和擁抱所帶來的愉悅與安全感之後，伴侶雙方可以繼續進一步（就像我們大多數人在青春期所做的那樣）進行更多性方面的身體接觸。與牽手或擁抱不同的是，性愛可能會帶來對於吸引力或表現能力方面身體缺陷上的恐懼。

即使是那些一開始沒有抱怨過性生活不滿足的伴侶們，性接觸通常也恢復得很慢，所以治療師需要積極主動地協助，使他們的性愉悅能再度復甦。當我們成功達成目標時，會產生許多舒暢的感受，對未來關係的希望也會急遽增加。令人滿意的性愛除了帶給伴侶雙方愉悅感，也會使他們感到自己被接納、而且有能力給予和接受快樂，因此覺得安心。它會減少他們將對方視為（真實或想像的）敵人的恐懼，也會增強他們作為男人和女人的身分認同。根據我們對大腦生物化學的了解，我們可以告訴他們，性接觸後導致催產素增加，這會強化他們之間的連結並減少攻擊性（Panksepp, 1998）。然而，即使我們說服他們恢復性接觸的重要性，我們可能需要把焦點放在他們之間持續的性抑制作用（sexual inhibition）[5]。

讚美和其它貼心舉動

「想愛得豐盛，就每天想得細心」（Stosny, 2006, p. 287）不同於我們先前在本章討論過的計畫性、昂貴的活動（約會之夜、度 241

5　原註：這些問題在下列研究中有更詳細的討論：Leiblum (2007); Levine (1999); Levine, Risen, and Althof (2010); Margolies (2001); B. McCarthy and E. McCarthy (2003); B.W. McCarthy and Thestrup (2008); Perel (2006); and Risen (2010)

假、性行為），伴侶雙方需要每天在細瑣小事上為彼此付出。斯托斯尼想到的是，當行為治療師要求伴侶們在「行為交換」上或在「愛情日」（love days）更注意彼此的需求時，他們所發現的貼心小舉動，比如修理房子裡壞掉的東西或晚餐時煮另一半喜歡的菜（see Jacobson & Christensen, 1998, pp. 151-169）。

一直以來，行為伴侶治療師便強調，認識那些令伴侶感到快樂的特定行為、並且加以表現的重要性。為了加強這方面，我要求伴侶雙方在我的初談問卷中，說明什麼會讓他們「有被愛的感覺」，以及他們認為什麼可以讓他們的伴侶「有被愛的感覺」。大多數個案會用相對具體的行為來回答第一個問題，例如「多和我說話」、「更多的性生活」、「告訴我我很有吸引力」、「多幫忙我照顧小孩」，但他們並不總是知道哪些具體行為，可以讓他們的伴侶特別感覺被愛。將目標放在找出這些行為並探索達成目標的方式，有助於創造伴侶間正向的感受。當伴侶們表現某些日常例行工作，當他們明白這些行為背後更重要的象徵意義，也有助於他們更認真與確實地表現這些行為。

在婚姻中，許多對伴侶雙方有益的例行工作（鋪床、取回乾洗的衣物、繳帳單）逐漸變得不重要，它們幾乎不被注意，變得理所當然。正如我們的人類幸福專家柳博米爾斯基（Lyubomirsky, 2013）[6] 指出的：「我們很容易把發生在我們身上幾乎所有好事，都視為理所當然」（p. 18）。而當我們對伴侶生氣時，我們更不可能讚美他們，或對他們的付出表達感謝。因此，我的工作不僅是減

---

6 編註：松雅・柳博米爾斯基（Sonja Lyubomirsky），是美國加州大學河濱分校心理學的教授與暢銷作家。

少負面情緒，並找出正面的理想行為，還有幫助伴侶雙方更頻繁地表達他們對於日常小事的感謝。我鼓勵伴侶直接表達愛意和獨特感（「當你告訴我，我看起來很棒時，我好開心！」），以及明確讚美對方為伴侶兩人而投入的日常工作（「非常謝謝你今天做的美味晚餐」）。我會示範這種行為（「那是種很深刻的連結」）、稱讚另一半，並指出他們多麼享受這種肯定。對於認為沒有人該因為做了「分內工作」被讚美的伴侶（較常是男性），我也會挑戰他們的觀念；他們根據無意識的原則行事，像是「我已經告訴過你我愛你。如果我不愛了，我會告訴你！」這樣的人更需要表達他們的感謝，且更不吝於給予言語上的支持。

當我很肯定這種情況為真時，我有時會鼓勵個案告訴他們的伴侶，他們是「世界上最重要的人」。我會強迫他們這麼做，並要求每個人直視對方的雙眼。就像指示伴侶雙方牽手一樣，這個指令幾乎可以普遍讓人們克服他們恐懼的關係障礙，並使他們更深刻地體會到，自己對於對方有著不可或缺的價值。

增進正向的伴侶認同（我們的一體感）

242

如同辛格與史凱瑞特（Singer and Skerett, 2014）所指出的，「當前社會和臨床心理學的研究顯示，對於婚姻的穩定性和幸福最有力的預測要素之一，是伴侶雙方建立和維持一體感的能力」（p. 2）。這超越了共同的正向體驗；共同的伴侶身分認同有助於產生為彼此犧牲的意願，並保持對彼此的承諾——無論疾病還是健康，無論貧窮還是富有——而這又與關係的穩定性相關（Stanley & Markman, 1992; Stanley, Rhodes, & Whitton, 2010）。此外，高特曼的早期研究（Buehlman, Gottman, & Katz,

1992）顯示，一體感不僅可以有力地預測婚姻能否成功，而且那些「美化他們在生活中吃的苦」的伴侶們，也會更加順利圓滿。在發展共同的伴侶身分認同的同時，雙方也參與了「共同的意義創造」（Weingarten, 1991），透過他們的婚姻建立積極的社會認同——在這點難以實現的這個時代，這是項珍貴的資產。[7]

許多共同活動都可以實現這個目標，其範圍涵蓋了平凡的日常，到更具存在意義的活動。儘管有些活動平淡無奇，像是養育子女和創建家庭，但他們提供了一個重要的背景結構。其它活動，包括共度重要的節日（宗教的、世俗的和伴侶間獨有的）、習俗（生日、基督教洗禮和堅信禮、成年禮、畢業典禮、婚禮、葬禮、家庭聚會），以及傳統（節日聚會、遊戲、一起烹飪、每年在同一時間欣賞最愛的影片）。所有這些活動都使伴侶雙方和家庭成員在他們共同生活的結構中聯繫在一起。它們也可能成為爭吵和衝突的來源，當這些重要的共同活動受到威脅時，可能會導致伴侶雙方尋求治療。

當有關人生規畫（是否再生個孩子、是否搬到郊區）或傳統（用哪一種宗教信仰教養孩子、感恩節應該到哪一方的父母家過）的爭論，迫使伴侶尋求治療時，我們必須明白它們的重要性已經超越眼前的特定問題，而是延伸到了伴侶雙方終身的夢想和期望（recall Dick and Tina's struggle over celebrating Christmas in Chapter 6）。

7　原註：許多同性伴侶得知法律允許他們結婚時情緒十分激動，有個重要的原因不在於他們獲得法律上的權利（如在醫院的探視權），而是因為法律允許他們進入婚姻這個社會認同的身分。

鼓勵與他人建立友誼

多年來，我了解到朋友對於伴侶關係的重要性，無論是好或壞。大多數帶著嚴重和長期婚姻問題前來治療的伴侶們，會一直逃避和朋友們接觸。個案多半不想在公眾面前讓家醜外揚，也不覺得他們可以靠偽裝過關。工作和家庭責任有時候會使得健全的社會連結減少。社交孤立不僅使伴侶雙方失去與朋友相處的**愉悅感**（愉悅感是本章的主題），而且會阻礙我們面對生活挑戰時，所需的緩衝與社群支持。就像婚姻中的許多常見情況，當伴侶一方抱怨需要更多言語上的親密時，這種情況往往會因為社交孤立而加劇（另一方面，有些認為個案應該結束婚姻的朋友，會對伴侶關係產生不安定的影響，治療師應該對這種可能性有所警覺）。因此，幫助伴侶雙方重新建立並活絡其社群網絡，對伴侶們來說是有益的。 243

治療師的追蹤和回顧

治療師應確實追蹤並詢問伴侶所安排的正向活動（對話、約會之夜、擁抱、讚美、與朋友共進晚餐）實際進展的狀況。伴侶雙方經常不僅在啟動正向活動方面進展緩慢，也經常不回報他們的努力是成功或失敗。如果成功了，他們往往會認為這不值得「治療上的」討論；然而若是失敗了，他們會因為感到羞恥而逃避討論。我們必定要詢問事情的進展，並幫助伴侶從他們的經驗中學習。

弗雷德和貝絲：培養共同的娛樂活動和友誼

在我與弗雷德和貝絲的第五次伴侶會談中，我提出一起從事娛樂活動的話題。我知道他們很喜歡一起外出吃晚餐，但由於婚姻關係緊張，這些活動已經逐漸減少。與朋友間的社交活動也變得很少。弗雷德說，貝絲的閨密最近搬到了遠方的城市，這令她格外傷心，我才意識到，這是導致他們婚姻關係惡化的原因。當我們集思廣益時，發現他們都暗自渴望回到他們以前，尤其是在孩子出生之前，所喜愛的更冒險、更多樣的社交與休閒生活。

我們接著討論如何重建他們的社交生活，以及如何騰出時間進行約會之夜和周末露營。在實行這個計畫時，我們遇到一些阻礙（弗雷德擔心她與貝絲的某些朋友「沒有共同語言」，貝絲則擔心弗雷德覺得她很無聊）。我們談到回復以前其它形式的共同娛樂，比如和他們的孩子一起遊戲、修繕他們的家以及一起去跳舞。在這對伴侶恢復這些活動的幾個月裡，他們所體驗到的樂趣和愉悅顯而易見，先前他們擔心婚姻已經完全變質了，再也不可能相處愉快，而這份恐懼已經被消滅了。

與其它伴侶一樣，弗雷德與貝絲的性生活並不頻繁。然而，在他們的性生活能夠恢復之前，他們必須建立更多信心，相信自己能夠取悅對方，以及可以安心表現出脆弱的一面。當造成他們尋求治療的外在失和解決，但個案之間的性生活仍然很少時，我會鼓勵他們在治療現場牽手，然後擁抱，隨後進行感覺集中的練習（Masters & Johnson, 1970; McCarthy & McCarthy, 2003），以便他們逐漸建立與身體重新連結的信心。在治療的第二年，當這對伴侶恢復了滿意的性生活，他們的幸福感又提升了許多。此後不久我們便結束治療。如同其他的例子一樣，我感覺滿意的性生活是最後一道防線，實現它可以保證關係的整體基調保持正向。

244

循環性、協同性和順序性

正如顧爾曼（Gurman, 2013）在討論伴侶治療中的整合時所指出的，儘管情緒取向伴侶治療認為依附關係的改善，可以提升婚姻的滿意度，但滿意度的提升也會改善依附關係。更多的樂趣、擁抱、讚美、性愛和各種親密的活動，可以會帶來預期的有益變化，這不僅會影響伴侶雙方的依附關係，也會使他們更能夠公平地爭吵、更深入了解自己，以及接納與原諒彼此，這些都是本書先前探討的治療措施所欲達成的目標。事實上，伴侶生活中任何方面的改善，往往會導致其它方面的改善。於是實際的問題就變成如何安排可用的介入措施順序，以及如何客製化這些治療措施，以適用於特定的伴侶。雖然條條大路通羅馬，但有些路到得更快！在本書的最後一節，我將討論一些進行治療與為先前提過的介入措施安排順序的一般性準則。

第五部

發言順序與結束語

第十五章
一般性準則與對介入措施的排序

創建一個該怎麼做的通用模型，比起說明這些活動的順序流程要容易得多。 247

——傑・雷博（Jay Lebow, 1997, p. 10）

伴侶治療讓我們進入一連串環環相扣的活動中複雜、週而復始的過程：資料收集、假設、規畫、與個案分享想法，以及處理他們的意見回饋。這些活動幾乎是同時進行，使我們能持續完善工作模式，了解問題之所在，以及我們能做什麼來幫助個案。這種複雜性既具有刺激性又令人難以承受。雖然我現在在伴侶治療中所做的許多事，已經成為自動反應，但即便過了這麼多年，有些態度和行為仍需要持續注意。在本章中，我為進行治療提供了一些整體上的建議，然後再詳細討論如何安排治療措施的順序。

合作與治療師的心態

許多研究都顯示出正向的治療協作關係在伴侶治療中的重要性（Lebow, 2014; Sparks, 2015; Sprenkle, Davis, & Lebow, 2009），而歷程研究表明，當治療師根據不同的個案調整其介入措施以優化治療同盟時，他們會表現得更好（Norcross & Beutler, 2015）。[1] 因此，

1　原註：與根據個案偏好的個別化治療（individualizing therapy）不同，諾克羅斯和貝特

在進行伴侶治療時，最重要的問題是保持與強化我們和個案之間的合作關係。這常常會影響我們對介入措施的選擇。

我認為治療同盟是連結我和個案之間的橋樑，我會不斷評估 248 它的強度，看它能承受多少重量。當我碰到個案不願妥協（抵抗）時，我知道我必須放慢腳步並檢視問題。在大多數情況下，個案是在保護自己免受一些預料中的危險。其它某些情況下，我則會偏離軌道。處理這種僵局需要的是機智和謙卑，而且往往會產生意想不到的結果，包括當個案得知我可以接受他們的批評時，就是如此。就像一位優秀的私人教練或運動教練一樣，我經常敦促個案走出舒適圈，但也不要太過，以免造成傷害，而且我始終關注我們的治療同盟。面對阻力時，我會提醒自己，做出重大的生活改變對我來說是多麼困難，我可能會與個案分享一些我自己的困難經驗——時而以幽默、時而帶著悲傷。為了營造團隊合作的氣氛，當我們陷入僵局時，我經常徵求個案的幫助以找到出路，來平衡我作為專家的角色以及讓他們自己進行治療的必要性。這種平衡的拿捏有時候相當不容易。

由於治療同盟也取決於我的心態，因此我會監測我自己合作的意向。我會注意自己想和個案吵架或逃離現場的時刻（Wile, 2002），我給自己的建議和給個案的建議一樣：盡量保持冷靜、好奇與關懷。好奇心可以幫助我保持冷靜和關懷，一開始我會同理地站在個案的角度思考，包括注意他們經常在我身上喚起的痛苦感受。如果我覺得自己對於情況太過篤定，好奇心就會受到影響；所

勒（Norcross and Beutler）在回顧中發現，當治療師關注文化問題、應對問題的方式和個案想改變的動機時，會得出更完善的結果。

以我努力保持我的思想開放、有能力構思新的假設，並根據隨後的證據對其進行驗證。當過去曾奏效、甚至對許多伴侶都曾多次奏效的方法，對我今天治療的伴侶卻起不了作用時，以上的做法特別有幫助。

至於「關懷」，我努力對個案保持一種溫暖、仁慈的態度，並傳達一種願意幫助他們理解並減少其痛苦的明確願望——相同地，治療師的態度（不意外地）與個案的滿意度和改善相關（e.g., Bowman & Fine, 2000）。然而，當個案的伴侶給他們或我帶來難題，或當我感到困惑或苦惱時，可能會減損溫暖的態度。當我反覆對個案感到厭煩時，我會努力理解這種感覺的成因，以便涵容並有效地利用它們。

多年以來，我已經調整自己對於治療能造成個案多大改變的想法。因此，我現在專注於我認為可以改善的地方，並教導個案嘗試接受無法改善的地方。這種在專業上的謙卑，讓我可以在個案抱怨結果不如預期時，不會那麼有防禦性。

最後，當治療停滯不前時，我會回到基礎。我試著找出我可能遺漏的地方、可能使情況變得更糟的作法，以及我還有什麼其它的選擇。我回顧我的筆記，特別是那些早期與高強度療程的紀錄。我系統性地檢視我可能忽略或低估的生理心理及社會的變量。我評估伴侶的互動過程、精神動力與技能。我也會與同事討論並了解其它可能有幫助的方法。

介入措施的類別

249

表 15.1 列出了我在前幾章所說明的伴侶介入措施的主要類別。這些介入措施，就像棋盤上的棋子或工具箱中的工具，各有其

長處、功能與限制。我們面臨的挑戰在於如何整合它們以及如何安排它們的進行順序。

表 15.1　伴侶介入措施的類別

- 允許伴侶雙方在治療師最低限度的幫助下進行談話，討論他們關心的問題（伴侶治療 1.0）。
- 聚焦在他們的人際互動過程，尤其是他們的負向互動循環。
- 聚焦在他們的精神動力：潛在問題（希望和恐懼）、個人意義、移情和防禦，以及透過投射性認同來應對問題的方式。
- 聚焦於接受和寬恕。
- 教導溝通技巧。
- 教導情緒調節技巧。
- 教導問題解決與談判技巧。
- 針對特定問題教導和制定適應性的、特殊領域的解決方案。
- 討論並鼓勵從事正向的活動。

排序的概述

介入措施的順序取決於當前問題的細節與治療的階段。有些舉措可以讓我們有一個好的開始，有些則需要等待。雖然伴侶治療總是無法預測的、非線性的活動，不像建造橋樑一樣可以提前列出工程的步驟；但經驗和研究顯示，儘管不同的治療學派建議的次序有所不同，如果治療師注意介入措施實行的先後順序，治療會進展得更順利。

如同舍因克曼（Scheinkman, 2008）所指出的，順序圖對於初學者和有經驗的治療師都很有用。對於經常因為太多選項而感到不知所措的初學者來說，它提供了指引。對於有經驗的治療師來說，由於他們有根深柢固的個人偏好，因此它提供了其他排列組合的選項。

理想的順序圖應該要相對全面性，它允許治療師在特殊情況下即興地使用不同的介入措施，但又不會過於複雜、或像百科全書般難記。理想的圖示還應該優先列出最可行和最迅速奏效的介入措施（Pinsof, 1995）。與一些治療師想法不同的是，我認為最快奏效的治療，不一定要從注意行為、表面問題或藥物使用開始，因為有時候這些只是延遲觸及問題的核心。在下列圖示中，我描述了我的排序偏好及其理由，包含（a）首先需要嘗試哪個方法，（b）如果結果顯示不足以解決問題，接下來應該嘗試哪一個方法，以及（c）當我們成功為後續的治療工作建立基礎後，接下來應該要做什麼。圖 15.1 提供了一個關於選項順序的圖像式摘要，請從最上方開始按箭頭所示移動。 250

伴侶治療 1.0 的治療措施 251

我以治療師和伴侶會面的聯合形式，開始討論伴侶的表徵問題。這會成為所有後續治療工作的基礎，並在專業與助人關係的脈絡下提供一定程度的結構、安全與希望。

1. **從伴侶選擇討論的問題開始**。治療的起點以及大部分後續的會談，最好的作法通常是以個案選擇提出的問題開始。至於該不該提出個案持續逃避、或看起來可行的主題，我會保留

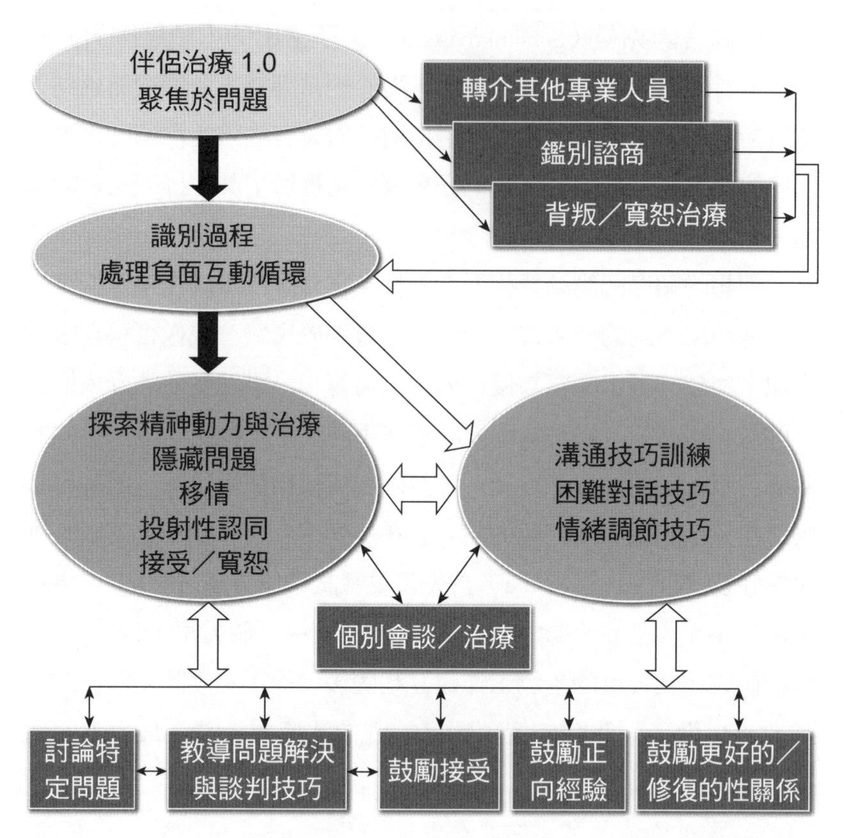

圖 15.1　伴侶介入措施的順序。一般而言，介入措施的流程從上到下、然後再往水平方向移動，如圖所示，橢圓形代表較早期和更重要的選項。最上方的長方形代表聯合形式的快速變化。底部的長方形則代表早期的介入措施可能產生的治療焦點。例外的是，個人治療或與伴侶治療師個別療程的長方形，這可能是支持整個治療計畫必要或並行的步驟。

為選項，有時我會盡早引導伴侶討論比較容易處理的主題，等到他們彼此之間和治療的關係更牢固時，再去討論較困難的問題。

2. **允許伴侶在沒有協助的情況下開始對話**。在打開話題後，鼓勵伴侶雙方談論該話題。[2]如果他們進行順利，就只需使用治療環境提供的象徵性支持，以及你在場所提供的最低程度的結構性，讓對話得以發展下去，並欣賞伴侶在最低限度的協助下，進入下一步的問題解決過程。如果事情進展不順利，就繼續進行下一步的選擇。這說明了一個重要的一般性原則：如果他們自己可以做得很好，就不要插手。正如平索夫（Pinsof, 1995）所指出的，「治療師的能力過強，會導致患者系統功能不足和表現不佳」，這樣的系統是過於依賴治療師的。（p. 104）。
3. **嘗試協助伴侶解決問題**。有些伴侶在一開始談論某個限定的主題（養育難管教的青少年、照顧年邁的親屬）時進行得相當好，但隨後會由於他們掌握的資訊太少或解決問題的能力不足而陷入困境。在這種情況下，我會提供伴侶可能需要的實際協助，同時幫助他們更全面地了解彼此的感受和立場。如果他們可以在最低限度的實際調解和引導下，就進展順利，可能就不需要全面的治療。這項檢驗的標準，在於伴侶

2　原註：巴特勒、哈珀與米切爾（Butler, Harper and Mitchell, 2011）的一項研究支持優先協助伴侶彼此對話（他們稱之為「扮演」〔enactments〕）並根據個案需求提供意見，而不是從一開始就使用較具控制性的、由治療師主導的形式。研究人員隨機分配伴侶們進行扮演，接下來才由治療師主導治療工作，或是相反的順序進行。研究結果強烈支持前者的進行方式。

們是確實達成了妥協或解決方案。

基於表徵問題的輔助性或修正過的治療形式

在某些情況下，必須立即修改典型的聯合治療形式。

4. **如果個案看來即將離婚，是因為伴侶其中一方對婚姻的責任感很薄弱，建議進行「鑑別諮商」（discernment counseling）**。當伴侶一方（「外傾的」）〔leaning out〕伴侶強烈希望離婚，但另一方（「內傾的」）〔leaning In〕伴侶希望婚姻能繼續時，多赫提（Doherty, 2011）為處於離婚邊緣的「混合意願的伴侶」（mixed-agenda couples）開發了一個不同的治療計畫。如果經過幾次伴侶聯合治療後，伴侶的不同意願逐漸變得明顯，治療師應該開始對雙方同時進行個別的治療工作。目標是讓伴侶雙方（a）發展出他們自己對於婚姻問題中的責任的說法，以及（b）認清是否要繼續婚姻關係，並持續進行以改善婚姻關係為目標的聯合治療。如果伴侶雙方決定不繼續婚姻，我們的焦點就會轉向對婚姻的哀悼與處理離婚事宜。

252

多赫提指出，這樣的案例很常見，並提供他的方法來克服一般在聯合伴侶治療模式下、阻礙治療成功的結構性弱點。外傾的伴侶因為害怕坦承只會增加另一半的傷害或憤怒，因此不願意進一步討論他們的矛盾心態。他們對治療可能會敷衍了事，然後用治療失敗進一步證明離開的合理性。內傾的伴侶則害怕坦承會使他們的伴侶更堅決想離開，因此也會有所保留。急於要求成效的治療師會犯三個常見的錯誤：太過緊追著外傾的伴侶不放、同意婚姻無法復元，或者在沒有明顯合意的情況下嘗試進行伴侶治療。在犯過以上所有錯誤後，我現在採用多赫提的模式，達到了更好的效果。

鑑別諮商形式的缺點是，由於個案對相關資訊保密而治療師不確定哪一方的利益最重要，因此可能會讓情況越來越複雜。儘管如此，比起伴侶各自接受個人治療這種挑戰性較低的選擇，藉由直接從人與人間的互動溝通所得到的訊息，伴侶治療師與伴侶雙方分別進行治療具有較多的優勢。我發現進行數個月的鑑別諮商，比其他選項來得更好。欲了解更多的資訊，請參見**明尼蘇達瀕臨危機伴侶計畫**（**Minnesota Couples on the Brink Project**）的網站：www.cehd.umn.edu/fsos/projects/mcb/couples.asp。

5. **如果個案有嚴重的精神疾病、藥物濫用或大量親密伴侶間的暴力，請轉介合適的專門治療；有時候這可以和伴侶治療同時進行。**
6. **如果個案背叛對方的信任，一開始就是核心問題，那麼就從為寬恕所規畫的聯合治療開始。**

識別負向的互動過程

在大多數情況下，只進行步驟 1 到 3（伴侶治療 1.0）仍然不夠，治療師需要提供更多的協助，如下所述：

7. **聚焦於伴侶的人際互動歷程**。當最低限度的結構性討論與實際的引導失敗後，我會將重點放在病理性的團體歷程，並確認造成伴侶負向互動循環的因果次序。大多數時候，我在首

253

次的診斷療程上就會開始這麼做。當代所有的伴侶治療師，幾乎都是從這一步開始進行。聚焦於此可以讓我們將這系統性的互動過程標記為敵人，並暫停處理其他的表徵問題，直到伴侶雙方改善他們的連結方式。

面臨抉擇

在確定造成伴侶負向互動循環的因果次序（例如，索求方—疏遠方的循環）之後，不同學派的治療師會採取不同的治療途徑。行為取向的治療師會選擇標記溝通上的特定問題，並教導個案更好的改善策略。精神分析取向的治療師、情緒取向的伴侶治療師，以及其他偏好經驗療法的治療師會聚焦在精神動力方面的問題上，這些問題大多隱藏在「溝通問題」的表面下。

無論我們採取哪種方法，如果任何一方經歷太多痛苦，就不會產生新的學習或有用的對話。我們的工作是幫助伴侶雙方平靜下來，以便他們能安全地對話——有時候是透過揭露與肯認他們情感上更深層的憂慮、有時候是透過教授規則，引導對話進入較不易失控的軌道上。伴侶雙方必須是相當平靜並且樂於接受的，這會有利他們解決問題或是規畫正向的活動。

斯普倫克爾、戴維斯與雷博（Sprenkle, Davis and Lebow, 2009）在回顧了許多關於抉擇點的研究後得出結論：「對於那些較為自我反思、內省與內向的個案，治療師提供以洞察力為導向的流程會比較適合。相反地，針對那些較衝動與具攻擊性的個案，治療師應該提供建立技巧與聚焦於症狀上的治療方式」（p. 52）。

與他們的建議一致地，我會根據每位個案的個性類型和對治療的接受度，採取務實的方法。由於稍後會提到的原因，我通常會從精神動力學、揭露的方法開始。如果結果無效，我便會迅速切換到教授安全對話規則與情緒調節的技巧。特別是針對缺乏心理正念（psychological-mindedness）的高強度伴侶們，揭開他們更深層的焦慮（關於承諾或尊重的焦慮）可能會火上加油。教會這樣的伴侶如何安全地進行對話，通常可以使他們在治療的後期中觸及更深層的問題。也就是說，某些不穩定的伴侶們不會因為這種實際的指導就冷靜下來，因此你可能需要做一些具有同理心的解釋，為關係教育作鋪陳。

精神動力的介入措施

8. **聚焦於潛在問題、個人意義、移情與抗拒**。在教導個案公平爭論的技巧前，必須先聚焦於此的主要原因是，當人們不願 254 意、也不明白為什麼要這麼做時，就要求他們注意其言行舉止，會讓他們感覺不可信，以及受到強迫，而且可能無法促成情感上真正的療癒。考慮到可信賴度的問題，在我標記負向互動循環的組成因子，並且注意到它的循環特質之後，我偏好的做法，是嘗試找出是什麼更深層的隱藏問題在維持這種循環的運作。

   雖然幾乎所有的伴侶們都能以最理想的方式運用治療師教導他們的規則來處理「困難對話」，但許多伴侶們在治療師幫助他們解決潛在的問題後，很快就能以合作的方式對話。我治療過的一對伴侶一直在爭論丈夫是否應該更努力拚事業。在我幫助他們看見，妥協之路被與他們的爭執內容及與過程相關的情感問題所阻擾時，這種表面上的分歧很快就變得可以討論了，所謂的分歧也就是：丈夫感到羞愧和被控制，妻子感到無力去避免再次經歷她小時候經濟困難的生活。在這種情況下，揭露式治療（uncovering therapy）可以迅速推動治療的進展，而教導同理聆聽等技巧，可能會讓人感覺停滯不前，如果伴侶雙方覺得，他們的抱怨仍然痛苦無解，實際上只會增加他們的焦慮。事實上，有暗示性的證據顯示（儘管來自於這種治療策略的支持者所做的研究），在面臨抉擇時，選擇這種經驗療法，會比選擇行為或問題解決的介入措施成效更為顯著（Johnson & Greenberg, 1985）。

精神動力學方法的最初目標，是在我們探索個人意義和由表面衝突引起的過敏性反應時，透過「重新架構」與「短話長說」來降低防禦與指責。治療師之所以會探討移情的希望與恐懼，以及特殊的敏感性，目的是為了闡明負向互動循環中，強烈的適得其反的行為。一旦這樣的問題在伴侶一方身上被揭露並重構，另一方通常會變得更加理解。當以上情況沒有發生時，治療師可以努力幫助他或她同情地回應對方，進而促發真正的對話與深層的親密感。在所有情況下，治療師都可以指出，人們在面對自己的核心負面形象，或認為他們的主要需求沒有得到滿足時，通常會產生不好的行為表現。向個案解釋我們在這種情況下普遍觀察到的退化行為，可以讓個案重燃希望，並且促進更深入的探索。

在初步探索潛藏的問題之後，下一步該怎麼走，取決於伴侶的精神動力與被揭露的內容：在一個越來越安全的環境下，隨著潛藏問題被發掘出來，有關投射性認同、接受、寬恕，以及原生家庭的治療工作通常會以有機方式發展下去。

255 一般情況下，當我揭開精神動力的問題（意義、希望、恐懼、防禦）時，我偏好的做法是在探索問題過去的根源前，先處理當下發生的問題，改善伴侶的互動過程。舉例來說，針對似乎過度害怕向伴侶表達想法的個案，在我要他們思考這些恐懼是如何形成之前，我會先鼓勵他們檢驗一下這些恐懼的真實性。我這麼做，是因為是這更能促使矯正性經驗的產生，同時也使伴侶不太可能繼續說出「我一直都知道，你回應我的方式，就像你對你母親那樣！」之類的話。

9. **處理投射性認同**。針對無法接納的感受進行探索，從中自然而然地透過投射性認同的視角，來看待伴侶問題。這樣的治療工作對實現持久的改變而言，帶來無比的希望。由於投射性認同中，包含了與伴侶保持距離的動機，在這方面的治療工作如果能成功，也會改善溝通與親密關係。許多伴侶的兩極化，來自於伴侶的互動過程本身：具體而言，當雙方的論點都有道理，但他們卻不承認對方的優點時，雙方都會變得更加極端，並且堅持自己的立場。這種類型的誘導過程，通常可以相對容易地使用「你們雙方都對」的介入措施來打斷。然而，當個案的投射性認同來自於更多性格上根深柢固的防禦模式時，治療的焦點必須被導向更深層的問題，因為當個案的目的在於否認痛苦的狀態時，他們不會那麼容易承認「雙方都對」。

10. **探索每位個案的原生家庭和過去的歷史**。當個案嘗試理解具體的潛在問題、希望與恐懼時，他們往往會自然而然地回憶起過去相關的資訊。在回顧過去的事件時，我的重點會放在過去的事件是如何表現在目前的關係中，以及它們如何形塑現在的個案（Breunlin, Pinsof, Russell, & Lebow, 2011; Cooper,

1987）。詳細回顧形塑人格的創傷性生活事件，通常能使人更容易理解個案當前的敏感性，這也使會每個人更具同情心。當我相當肯定目前個案的生活模式已經持續了好一段時間，我便會直接詢問個案過往的經驗起源：「這對你來說一直是個敏感的地方嗎？這是從什麼時候開始的？」或者在我們揭露一個特殊的過去事件後，我可能會問：「你認為這對你和你的人際關係造成哪些影響？」

11. **幫助個案寬恕與接受**。對於某些伴侶，比如那些由於最近外遇被發現、開始進行治療的個案，有必要一開始就著手寬恕方面的治療工作，且治療需始於危機處理。這是為什麼我把圖 15.1 中的「背叛／寬恕治療」作為一種從伴侶治療 1.0 的限制中快速進化而來的獨立治療形式。當主訴內容涉及背叛時，我們需要更快地結束對伴侶互動過程的討論，並遵循第十章中所描述的治療指引。一旦情況安定下來，治療工作就可以用平常的方式進行，將重點放在負向互動循環、精神動力與技巧不足上，並逐步討論是哪些特定問題導致雙方之間的信任受到破壞。對於其他的伴侶而言，當雙方可以安全地或連帶地談論起過去曾發生的背叛事件時，在治療的後期，便會進行專門的寬恕治療工作。

    對於大多數的伴侶們而言，幫助他們接納的治療工作通常會在嘗試問題解決與妥協、但效果都有限後，較晚再來進行。在某種程度上，接納是所有介入措施的背景主題，因為我們的工作，是幫助個案學會與他們不完美的伴侶和不完美的自己相處。學習自我接納對於減少投射性認同也是重要的，因為可以接納自己負面特質的伴侶，不再需要將這些特質移置

256

於另一半身上。

行為／教育的介入措施

12. **教導溝通和情緒調節技巧**。在治療早期，我會提供個案關於技巧性溝通的講義和閱讀材料。這些閱讀材料有助我們形成一套處理困難對話用的共同詞彙表，比起在治療過程中學習，講義更具系統性且更深入地呈現了這些資訊。它們還為治療提供了科學根據，而且將我定位成一個值得信賴的職業，也就是科學，的從業人員。

    我大部分的溝通技巧教學，都是在伴侶相互討論的背景下以有機方式展開，這與大多數運動、舞蹈或音樂課程不一樣，在這些課程中，個別的課程會重視特定的優點與弱點。我會在適當的時機提供個人化的關係訓練：當我們面臨反覆且適應不良的說話及聆聽方式時，我會教導溝通技巧；當情緒容忍的限度一再被超過時，我會教導情緒調節技巧；以及當我們討論特定的具體主題（性、金錢、教養）時，我會教導問題解決與談判的技巧。如圖 15.1 中的水平箭頭所示，我們所關注的重點，經常會在精神動力和技巧教育之間來回，其中包括了探索精神動力上的障礙、以至於遵循專家建議的溝通規則。

    如前所述，教授技巧的時機非常關鍵。如果太早進行，治療師可能無法體會伴侶的痛苦。如果太晚，伴侶雙方可能無法運用有力的工具來打斷他們反覆的負向互動循環。

    我在兩種情況下（有時是重疊的）會更全面與系統性地教授溝通技巧：針對缺乏心理覺察能力的具體思考人士

（concrete thinkers），以及情緒不穩定的伴侶。對於個案中 257 那些不太喜歡或沒有能力進行內省的非抽象思考人士，我會在治療的早期正式地教授溝通技巧。對於在治療初期就轉向關係教育地這種做法，這些伴侶中的大多數人都很樂於接受，這為他們提供了明確的規則，有助他們更加進步。這類似於向那些很難解釋內心重要想法或感受的人教導有用的禮儀規則。這也會讓這些伴侶感覺到，他們從我這裡得到實質的幫助，符合了他們相對具體、非心理的關係連結方式。

我也會針對高度不穩定的伴侶更快地進行系統的講授式教學，包括教授情緒調節技巧以及暫停的具體做法。為了分散聯合療程的強度，我有時候也會透過增加個別療程，為這些情緒上動盪不安的伴侶們作補充性的治療。

問題解決的具體介入措施

13. **努力解決具體的實際問題**。一旦我們有了個更運作得當的人際互動過程，就可以開始處理伴侶具體發生衝突的地方。當然，在治療的過程中，伴侶雙方會持續討論一些會引起衝突和負面情緒的特定話題，即使我試圖把兩人的注意力集中在他們適應不良的互動過程、潛在的精神動力與溝通技能的不足，但只有在我們清除了一些對有效解決問題的結構性限制後，伴侶雙方才會在更棘手的長期爭論上取得進展。研究已經顯示，以新的、符合需求的方式討論表徵問題是伴侶治療的「關鍵時刻」（pivotal moments）中一項常見特徵（Helmeke & Sprenkle, 2000）。

在這一點上，我們應該回顧一下研究發現，在大多數自然發生的伴侶爭吵中，根本不需要實際的問題解決。這是因為大多數這類爭吵是由於伴侶們無意間觸及了彼此的心理熱鍵。如果這是伴侶婚姻關係惡化的主因，治療的工作便是教導他們增進對彼此敏感性的認識（透過精神動力的探索），以及重新與對方連結（透過同理的道歉，這是第十章介紹的修復對話的核心重點）。

儘管如此，治療師在許多情況下仍然需要關注實質的問題和衝突。然而在改善了他們人際互動過程和合作能力後，伴侶們比起剛開始進行治療時更有可能做出可行的決定。在持續注意伴侶互動過程的前提下，治療師現在可以把焦點轉移到伴侶正在爭論的細節。這表示治療師需要回到步驟 1 至 3，並讓伴侶再次進行問題解決，並偶爾給予他們特定面向的建議。在這一階段的治療中，伴侶雙方也可以從與他們討論的主題相關（繼親教養、財務規劃、照顧年邁的父母）的自助書籍中得到幫助。

258

14. **教導問題解決和談判的技巧**。一旦我們有了個運作較為得當的人際互動過程，並且已經開始討論伴侶的具體衝突為何，我們就可以再次觀察伴侶如何處理他們的問題。有時，除了安全交談的規則之外，教導問題解決和談判技巧也會有幫助，但我只有在確定它會增加治療的效果後，才會開始教導。在治療過程中至少教導一次的好處，在於個案會在治療結束後具有這些技巧可以運用。

並行的介入措施

15. **在治療過程中，鼓勵正向的互動**。一旦我認為有相當大的成功機會時，我會同時鼓勵伴侶安排晚上出去約會，以及共度其他愉快時光，並明確規定，這些時間必須避免衝突和壓力。如同我在第十四章中所討論的，我幫助伴侶們集思廣益，並與他們一起找出可能的障礙。在過程中，對於那些給伴侶們帶來壓力、干擾他們美好相處時光的其他社會義務，我們需要提出不同想法。

16. **在治療過程中，努力修復性方面的親密關係**。對許多伴侶們來說，身體接觸和性接觸可能是需要我們幫助的最後一道前線。即使伴侶雙方沒有明確抱怨性方面的問題，治療師也應該評估其性滿意度，這既是我們衡量他們相處情況的標準，也是提供協助的重要目標。
17. **在治療過程中，要考慮推薦個案進行個人心理治療**。對許多個案來說，伴侶治療是一種可以開始重新處理終身的敏感性問題與人格缺陷、而最不會受到汙名化的方式，經過一段療程的伴侶治療後，許多個案會停止指責他們的伴侶、為他們婚姻的問題承擔更多的責任、並承認這些問題源自於他們本身持續存在的情緒問題。在這種情況下，即使不是什麼值得慶祝的理由，個案通常也會樂於接受治療師轉介他們進行個人治療或精神分析。在伴侶治療成功結束後，個案要求轉介個人治療的情形相當普遍。

伴侶治療持續進行的**期間**，治療師是否要推薦個案進行個人治療，這點則較值得商榷。我偏好的做法是，盡量不讓事情複雜化，好好等待，直到伴侶的問題得到相當程度的改善。有個重要的例外情況是，當嚴重的精神或人格疾患似乎沒有改善，或者嚴重干擾伴侶治療。在這種情況下，為了使伴侶治療順利進行，分別的個人治療可能有其必要的關鍵（Graller, Nielsen, Garber, et al., 2001）。

重複和非線性的治療進程

儘管我呈現的決策樹的治療進程看起來相當線性，但實際的治療會更為循環、混亂和重複。重要的改變需要時間和實踐，才能逐漸被察覺。個案們很少能理解這一點：他們期望自己的伴侶在被告知作法之後，就會馬上改變，而他們很驚訝，治療居然需要花上這麼多的時間與耐心。因此，我們必須幫助個案用「好吧，事情正逐漸有起色。我學到了什麼可以對我們雙方更有幫助？」，用這種更有希望的態度，來取代「又來了」的挫敗感。當伴侶周而復始地犯同樣的錯誤和遵循同樣的模式時，治療師也不需要過於氣餒。改變往往是緩慢和困難的。

結合精神動力學與關係／教育的治療措施

雖然介入措施通常會按照我描述的順序一個接一個地進行，但有技巧的治療方式有時會交互使用不同的介入類型，例如，在精神動力的探索和教育性講授模式之間來回切換（Wachtel, 2014）。利昂（Leone, 2008）提供了一個很好的例子，她描述自己是如何指導並質問一位丈夫，讓他有更多言語上的表達，然後引起他的反應：

> 我們談到我對麥克的指導和鼓勵。安說，這是我在十八個月的治療中，所做的第一件有幫助的事（終於！）。麥克承認，如果我太頻繁地這樣指導他，他可能會開始感到被我控制和支配，就像他從安身上感覺到的

> 那樣。然而他說，在這種情況下，他很感激我的指導，尤其是因為這是個建議，而不是命令。他還描述了一種混合的情緒經驗，也就是他既感到尷尬，因為我不得不告訴他一些他「早就應該知道」的事，但同時也感到高興或受寵若驚，因為我認為他有能力做到這一點。他曾想像我可能會認為，「這點很重要，我最好妥善處理，麥克一定會搞砸！」我們廣泛地探討了麥克對自己「不擅長這些事情」的感覺，並且把這種感覺與不曾有人安慰過他、或幫助他學習如何安慰別人聯繫起來。（p. 95）

260

這個例子也說明了獲得個案意見反饋的好處。有些個案會熱切地尋求和學習技巧訓練，另外有些個案則會抗拒，並認為這膚淺或具控制性。一旦我們開始探索與整合過去的創傷性事件，某些個案就會進展快速；某些個案則會抗拒，而且似乎永遠無法理解這與治療的相關性。像利昂那樣，詢問個案對於介入措施有何感受，可以幫助我們根據個案的接受度來調整介入措施。

關係教育和精神動力學也彼此密不可分，在教授一種技能後，比如說話者－聆聽者技巧，我們可能會發現個案無法運用。在此，我們必須對造成阻礙的潛在動力感到好奇。**與大多數關係教育或行為伴侶治療相比，這份指南更強調處理心理問題（精神動力學），這些問題讓個案難以遵循適應性規則來進行溝通或解決問題**。這麼一來，這套方式就成為一種帶有「精神分析特點」的整合性療法（Wachtel, 2014, p. 110）。

在其他情況下，當個案成功遵循我們的指示，運用更妥善的溝通方式之後，伴侶的精神動力會變得更加清晰。例如，一位膽小的丈夫常年以來害怕讓他的妻子不高興，當他看到堅持扮演積極聆聽方的角色，幾乎可以確保他和妻子溝通順暢時，他高興極了。他實際上辦到了這點，比起我先前的詮釋更有力地，證明了他那對失敗的抑制性恐懼（inhibiting fears），有多不切實際。在他的妻子遵循發言方的規則，將談話內容保持在可控制的最低限度內，之後伴侶雙方也都體驗到矯正性經驗。這使她恐懼的丈夫覺得她不那麼令人喘不過氣，並讓妻子感受到他更善於回應（與她的負面期望相反，這種期望為她令人反感的索求行為提供了動力）。與大多數純粹的精神動力學方法相比，這份指南採用了安全溝通的教學和鼓勵規則，以使個案的態度「軟化」、減少防禦並獲得矯正性經驗，這正是情緒取向治療方式、以及其他基於依附理論或精神動力學的治療方式，所期望達成的結果。

最後，如同法蘭克爾（Fraenkel, 2009）指出的，我們許多最好的介入措施，同時具備了關係／教育的性質與精神動力學，其中有些措施幾乎可以達成所有伴侶治療學派的目標：

> 教導（或至少鼓勵）伴侶時，使用更公平、非攻擊性的溝通方式，同時採用以下治療方法為輔助：促進技巧學習的認知行為理論；為伴侶間促進平等並減少恐嚇的女性主義伴侶治療；增進伴侶間親密感的結構性伴侶治療；重視讓伴侶表達深藏的、脆弱的情感的情緒取向伴侶治療；著重在提高伴侶雙方反映對方心理的能力、以精神動力為基礎的伴侶治療；尋求改善由神經生理所左右的情緒調節、以依附為基礎的治療（Atkinson, 2005）；尋求打斷從原生家庭所繼承的疏遠互動模式、以探索原生家庭為基

261 礎的治療方式；以及重視伴侶雙方分享各自觀點的機會，以獲得他們更「偏好的故事版本」的敘事伴侶治療。（p. 238）

指導與不指導

除了個案的回饋意見和我所描繪的決策樹之外，我們應該根據可行的介入措施的直接結構利弊，來選擇順序，包括給予指導，以及為個案保留一個安全、非指導的空間，讓他們可以自己主導這兩者間的權衡。正如熟習精神動力學的治療師多年來所強調的，如果給出直接的建議，我們可能無法找出和討論阻礙個案採取實際行動的矛盾心理和焦慮。無論個案是否聽從我們過早提出的建議，或是反抗都無所謂，因為根據他人喜好所下的重大生活決擇，不太可能持續下去或令人滿意。相反地，如果我們不能及時提供有用的建議，有可能剝奪個案做出明智選擇所需的資訊。

不管指導或多或少，都會影響個案，而且追求不同類型的指導方式，還會形塑我們自己的心理狀態。當我處於教學模式時，我會嘗試讓自己保持系統性和說服力。當我允許伴侶們有隨興發揮的空間時，我體驗到更多自由奔放的好奇心與開放性，這是聆聽型精神分析學家的特點。這兩種都很有效果，但這兩者在某種程度上是對立的心理狀態。為了達到平衡，我盡量不讓自己沉迷於其中一種，而忽略了另一種。

更一般而言，這裡出現的重大分歧，在於我們該為預料之中的狀況制定計劃，或是順其自然這兩條路。缺乏規畫的治療師會迷失方向，可能會認不出他們曾經走過的地標，而有太多規畫的治療師，則會錯過即興發揮的機會，而這些是在雙方交涉妥協的瞬間所浮現的。

就像生活上的許多面向一樣，要達到最佳的功能運作，關鍵就在於平衡。

第十六章

結語

262 我在本書的開頭描述了一套我稱之為伴侶治療 1.0 的簡易模型。在這套模型中，治療師幫助伴侶在當下針對困難與未解決的問題「彼此對談」。這是我四十年前開始使用的方法，而這套方法仍然是從它日後演變出的更為複雜的模式的基礎。

由於這個如基本骨架般的模型無法讓我用來幫助為數眾多的伴侶們，所以我從自己和該領域其他專家的工作成果中，加入一些修改過與升級的治療方式。最重要的升級是，及早明確地聚焦於伴侶的人際互動過程上，也就是負向的互動循環。在大多數情況下，伴侶一切都做錯了，而且情況逐漸加劇，進而導致他們的痛苦與無力，這種適應不良之舞必須在解決具體問題（財務、孩子或性愛）之前得到處理。其他重要的升級包括：透過聚焦於伴侶的精神動力，來卸下病理性的互動之舞；幫助伴侶學會接納與寬恕；教導溝通、情緒調節與問題解決的技巧；增進正向的伴侶關係體驗。

以升級作為比喻的好處是，這些治療選項的定義、使用和研究可以獨立於他們的創始者、以及提倡這種治療的保守學派之外。儘管事實上 X 療法可能真的優於 Y 療法——雖然這種情況在心理治療的研究成果文獻中很少發現——但更有可能的是，X 和 Y 都有其治療上的價值，我們該問的是，在什麼時候要使用哪種療法，以及要如何整合兩者。

在本書的導言中，我探討了整合方法的理論優點。在隨後的章節中，我介紹了我認為的每種方法的最佳實行方式，以及我對於如何排序與整合它們的想法。我所希望與相信的是，伴侶治療領域會逐漸超越狹隘的各種「一體適用」模型（這些模型由形形色色、充滿創意的個人所創作開發出來的），並找到方法來商定一種可以讓我們從這種多樣性中獲益的、更全面性的模型。理想情況下，伴侶治療將看起來更像現代醫學——在外科、內科和兒科的教材上，沒有首字母縮寫（acronyms）、學派名稱（brands）或提倡者的名字。（執著這些的人可能會提到《哈氏醫學教科書》（*Harrison's Textbook of Medicine*）、《尼氏兒科教科書》（*Nelson's Textbook of Pediatrics*）和《布氏神經系統疾病線上版》（*Brain's* 〔*sic*〕 *Diseases of the Nervous System Online*），這些人的名字繼續保留在後來的版本中；但他們也會知道，這些大師們現在都已經去世了，掛上他們名字的書都是多人合著的。）這並不表示從業人員們會在方法論上完全想法一致，也不表示我們應該停止研究。粹煉我們的技術將是段持續的過程，但我們最好了解我們治療工具箱中，哪些治療措施在哪些情況下使用最有效，並停止提供更多基於治療師編狹訓練的治療，而非基於伴侶個別需求的治療。

263

治療師的成熟度和身心健康

伴侶治療的成功，不僅只取決於治療師對如何運用和調度各種技術的知識。對伴侶治療成果的研究一致發現，治療師的個人因素極其重要，且通常明顯地比所運用的治療措施來的重要（Sprenkle, Davis, & Lebow, 2009）。精神分析訓練有個基本原則是，個人的心理健康對治療師的表現來說是不可或缺的，而進行個人治療，是達到該目標重要的、或可能是必要的途徑。隨著治療過程的展開，治療師的成熟度和身心健康可能是決定性因素，尤其是當治療師被要求成為個案困難情緒的容器時，以及當他或她受到好批判、灰心喪氣的個案所責難時。對不同文化的價值觀和差異的敏感度也十分重要。因此對於我的讀者，我最後的建議是在自己身上下功夫：閱讀偉大的文學作品、留意自身的痛苦、努力了解你的原生家庭、了解你自己以外的文化和價值觀、努力經營你的人際關係與找尋其他滿足感的來源、留意對你有益的人事物、並在你看到改變自己與你愛的人是多麼困難的一件事時，學習謙卑。

關係教育和個案的意見回饋：額外工具

在結束之前，我想補充兩個大有可為的升級方式，以增進我們對伴侶的治療能力。第一個是在人們因人際關係問題求助於我們之前，我們仍然沒有充分利用機會對他們伸出援手與合。研究已經顯示，關係教育方案可以改善溝通和衝突管理技巧、增進對婚姻關係的承諾和正面感受，並減少離婚的機會（Carroll & Doherty, 2003; Stanley, 2001; Stanley, Amato, Johnson, & Markman, 2006）。在我的理想世界裡，我們可以在預定的人生階段中，從小學到大學，在婚禮和生育前，以及在已婚伴侶需要時，提供去汙名化的、普遍通行的關係教育——就像我們提供性教育和生育準備課程一樣。目前的典範是：分別為即將結婚或即將生育的伴侶所設計的《第一支舞方案》（*The First Dance Program, www.thefirstdance.com*）以及《帶嬰兒回家方案》（the Bringing Baby Home program, Shapiro & Gottman, 2005; Gottman & Gottman, 2007）；以及為尋求婚前或婚後的婚姻教育的人所規畫的《預防與關係促進方案》（*PREP*, Markman,

264

Stanley, & Blumberg, 2001; www.prepinc.com）、《親密關係技巧的實際應用方案》（*PAIRS*, Gordon, 1993; www.pairs.com）、《婚前準備／婚後成長方案》（*Prepare-Enrich*, www.prepare-enrich.com），以及《關係促進方案》（*Relationship Enhancement*, Guerney, 1977; www.nire.org）。雖然在婚姻關係中接受婚姻教育，已經過證明是有益的，但在這更早之前進行，也有其優點，尤其可用於勸阻不適合的伴侶結婚。目前，許多高中和一些小學有提供關係教育方案，其中一些運用了前面提到的成人方案的部分內容。我們自己的《婚姻 101 課程》為大學生提供此類教育（Nielsen, Pinsof, Rampage et al., 2004），並為持續增長、但仍未被充分利用的青年婚姻教育做出貢獻（Lowe, 2003; Lowe, Scott Lowe, & Markman, 2003; Stanley, 2001）。

最後我想指出「使用持續性（電腦化的）個案意見回饋，以增進伴侶治療的效果」這項前景大有可為的發展成果。斯帕克斯（Sparks, 2015）探討了這項主題，以及在挪威的一項大規模隨機臨床試驗所得出的極正面結果。我在西北大學家庭研究中心（The Family Institute at Northwestern University）的同事也在從事一項前景看好的類似研究（Pinsof, Breunlin, Russell, & Lebow, 2011）。當個案閉口不談對於治療或治療師的不滿時，常態性的個案回饋可能特別有幫助，更一般來說，這可能可以促進所有的個案積極地參與治療。

本書的第二集

本書涵蓋了可供伴侶治療師運用的基本介入措施的類別，包括了關於如何排序與選擇運用的建議。然而伴侶治療仍有許多有待探討之處，特別是關於進行治療的要點與細節。在第二集中——我厚顏地在此介紹，暫定名為《全面的伴侶治療實務》——我將討論（a）如何處理伴侶面臨的常見問題（包括金錢、孩子、性和婚外情），（b）精神病理學的併發症（包括患有憂鬱症或嚴重人格疾患的個案），以及（c）進行伴侶治療的其他實務（進行診斷性訪談、與其他治療師合作以及其他具體問題）。

265

結語

治療伴侶是一種冒險。人們與我們分享他們最深的傷害和恐懼，以便我們幫助他們因應生命中痛苦與困惑的問題。在此同時，他們也給予我們一份豐富生命的禮物。伴侶治療幾乎總是令人著迷並充滿挑戰。有時它也令人感到極度悲傷或全然沮喪，但即便如此，我們也能近距離觀察到許多生活中不同的隱藏劇情。當我們與伴侶接觸時，我們獲得了寶貴的智慧和對生命的看法。當我們改變個案的生活時，我們會感受到為他人服務所帶來的深刻滿足感，以及明白「我們之所以來到世上，有其道理」的欣慰。

伴侶治療永遠是一種臨床上的藝術形式，它仰賴於我們將自身的知識庫存與經驗、直覺和智慧相結合的能力。我希望我在本書中所介紹的模型已經大大豐富了你個人的知識庫，並在你從事這項引人入勝、充滿挑戰且最值得投入的事業時，會發揮其用處。

附錄一

參考文獻

Akhtar, S. (2002). Forgiveness: Origins, dynamics, psychopathology and technical relevance. *Psychoanalytic Quarterly, 71*, 178–212.

Alarcón, R. D., & Frank, J. B. (2011). *The psychotherapy of hope: The legacy of persuasion and healing*. Baltimore, MD: Johns Hopkins University Press.

Amato, P. R. (2010). Research on divorce: Continuing trends and developments. *Journal of Marriage and Family, 72,* 650–666.

Aron, A., Norman, C. C., Aron, E. N., McKenna, C., & Heyman, R. (2000). Couples' shared participation in novel and arousing activities and experienced relationship quality. *Journal of Personality and Social Psychology, 78,* 273–283.

Atkinson, B. (2005). *Emotional intelligence in couples therapy: Advances from neurobiology and the science of intimate relationships*. New York: W. W. Norton.

Atkinson, B. (2010). Rewiring emotional habits: The pragmatic/experiential approach. In A. S. Gurman (Ed.), *Clinical casebook for couple therapy* (4th ed., pp. 181–207). New York: Guilford Press.

Atkinson, B. (2013). Mindfulness training and the cultivation of secure, satisfying couple relationships. *Couple and Family Psychology: Research and Practice, 2,* 73–94.

Basch, M. (1988). *Understanding psychotherapy: The science behind the art*. New York: Basic Books.

Bateson, G. (1972). *Steps to an ecology of mind*. New York: Ballantine Books.

Baucom, D. H., Epstein, N. B., Taillade, J. J., & Kirby, J. S. (2008). Cognitive-behavioral couple therapy. In A. S. Gurman (Ed.), *Clinical handbook of couple therapy* (4th ed., pp. 31–72). New York: Guilford Press.

Baucom, D. H., Hahlweg, K., & Kuschel, A. (2003). Are waiting-list control groups needed in future marital therapy outcome research? *Behavior Therapy, 34,* 179–188.

Baucom, D. H., Snyder, D. K., & Gordon, K. C. (2009). *Helping couples get past the affair: A clinician's guide*. New York: Guilford Press.

Baumeister, R. F., Exline, J. J., & Sommer, K. L. (1998). The victim role, grudge theory, and two dimensions of forgiveness. In E. L. Worthington, Jr. (Ed.), *Dimensions of forgiveness: Psychological research and theological perspectives* (pp. 79–104). Philadelphia: John Templeton Press.

Baumeister, R. F., Bratslavsky, E., Finkenauer, C., & Vohs, K. D. (2001). Bad is stronger than good. *Review of General Psychology, 5,* 323–370.

Benjamin, J. (1995). *Like subjects, love objects*. New Haven: Yale University Press.

Benjamin, J. (2004). Beyond doer and done to: An intersubjective view of thirdness. *Psychoanalytic Quarterly, 73,* 5–46.

Bergler, E. (1949). *Conflict in marriage: The unhappy undivorced*. Madison, CT: International

Universities Press.

Berkowitz, D. A. (1999). Reversing the negative cycle: Interpreting the mutual influence of adaptive, self-protective measures in the couple. *Psychoanalytic Quarterly, 68,* 559–583.

Betchen, S. J. (2005). *Intrusive partners/elusive mates: The pursuer–distancer dynamic in couples.* New York: Routledge.

Bion, W. (1961). *Experiences in groups.* New York: Basic Books.

Bion, W. (1962). *Learning from experience.* London: Tavistock Publications.

Bowman, L., & Fine, M. (2000). Client perceptions of couples therapy: Helpful and unhelpful aspects. *American Journal of Family Therapy, 28,* 295–310.

Bradbury, T. N., Fincham, F. D., & Beach, S. R. H. (2000). Research on the nature and determinants of marital satisfaction: A decade in review. *Journal of Marriage and the Family, 62,* 964–980.

Bradbury, T. N., & Karney, B. R. (2010). *Intimate relationships.* New York: W. W. Norton.

Breunlin, D. C., Pinsof, W., Russell, W. P., & Lebow, J. (2011). Integrative problem-centered metaframeworks therapy I: Core concepts and hypothesizing. *Family Process, 50,* 293–313.

Booth, A., & Amato, R. (2001). Parental predivorce relations and offspring post-divorce well-being. *Journal of Marriage and Family, 63,* 197–212.

Buehlman, K. T., Gottman, J. M., & Katz, L. F. (1992). How a couple views their past predicts their future: Predicting divorce from an oral history interview. *Journal of Family Psychology, 5,* 295–318.

Butler, M. H., Harper, J. M., & Mitchell, C. B. (2011). A comparison of attachment outcomes in enactment-based versus therapist-centered therapy process modalities in couple therapy. *Family Process, 50,* 203–220.

Carlson, R. G., Guttierrez, D., Daire, A. P., & Hall, K. (2014). Does the frequency of speaker–listener technique use influence relationship satisfaction? *Journal of Psychotherapy Integration, 24,* 25–29.

Carroll, J., & Doherty, W. (2003). Evaluating the effectiveness of premarital prevention programs: A meta-analytic review of outcome research. *Family Relations, 52,* 105–118.

Catherall, D. (1992). Working with projective identification in couples. *Family Process, 31,* 355–367.

Cherlin, A. J. (2004). The deinstitutionalization of American marriage. *Journal of Marriage and Family, 66,* 848–861.

Christensen, A. (2010). A unified protocol for couple therapy. In K. Hahlweg, M. Grawe-Gerber, & D. H. Baucom (Eds.), *Enhancing couples: The shape of couple therapy to come* (pp. 33–46). Gottingen, Germany: Hogrefe.

Christensen, A., & Jacobson, N. (2000). *Reconcilable differences.* New York: Guilford Press.

Coan, J. A., Schaefer, H. S., & Davidson, R. J. (2006). Lending a hand: Social regulation of the neural response to threat. *Psychological Science, 12,* 1032–1039.

Cohen, S., Schulz, M., Liu, S., Halassa, M., & Waldinger, R. J. (2015). Empathic accuracy and aggression in couples: Individual and dyadic links. *Journal of Marriage and Family, 77,* 697–711.

Cohn, D. A., Silver, D. H., Cowan, C. P., Cowan, P. A., & Pearson, J. (1992). Working models of childhood attachment and couple relationships. *Journal of Family Issues, 13,* 432–449.

Colman, A. D., & Bexton, W. H. (Eds.). (1975). *Group relations reader.* Sausalito, CA: GREX.

Coontz, S. (2005). *Marriage, a history: How love conquered marriage.* New York: Penguin Books.

Cooper, A. (1987). Changes in psychoanalytic ideas: Transference interpretation. *Journal of the American Psychoanalytic Association, 35,* 77–98.

Copen, C. E., Daniels, K., Vespa, J., & Mosher, W. D. (2012). First marriages in the United States: Data from the 2006–2010 National Survey of Family Growth. *National Health Statistics Reports, No. 49,* March 22, 2012.

Cordova, J. V., Jacobson, N. S., & Christensen, A. (1998). Acceptance vs. change in behavioral couples therapy: Impact on client communication processes in the therapy session. *Journal of Marital and Family Therapy, 24,* 437–455.

Cornelius, T. I., & Alessi, G. (2007). Behavioral and physiological components of communication training: Does the topic affect outcome? *Journal of Marriage and Family, 69,* 608–620.

Crapuchettes, B., & Beauvoir, F. C. (2011). Relational meditation. *Psychotherapy Networker,* September–October issue, www.psychotherapynetworker.org/magazine/recentissues/2011-septoct/item/1367-relational-meditation, retrieved 11/15/2011.

Cummings, E., & Davies, P. (1994). *Children and marital conflict: The impact of family dispute and resolution.* New York: Guilford Press.

Curran, M., Ogolsky, B., Hazen, N., & Bosch, L. (2011). Understanding marital conflict 7 years later from prenatal representations of marriage. *Family Process,* 50, 221–234.

Davison, T. (2013). *Mindfulness based cognitive-behavioral psychotherapy.* Unpublished booklet available from the author.

Dicks, H. (1967). *Marital tensions.* New York: Basic Books.

Dimen, M. (2003). *Sexuality, intimacy, power.* New York: The Analytic Press.

Dimidjian, S., Martell, C. R., & Christensen, A. (2008). Integrative behavioral couple therapy. In A. S. Gurman (Ed.), *Clinical handbook of couple therapy* (4th ed., pp. 73–103). New York: Guilford Press.

Doherty, W. J. (2003). *Take back your marriage: Sticking together in a world that pulls us apart.* New York: Guilford Press.

Doherty, W. J. (2011). In or out: Treating the mixed-agenda couple. *Psychotherapy Networker, 35,* 45–50, 58–60.

Doherty, W. J., Galston, W. A., Glenn, N. D., Gottman, J., Markey, B., Markman, H. J. . . . & Wallerstein, J. (2002). *Why marriage matters: Twenty-one conclusions from the social sciences. A report from family scholars.* New York: Institute for American Values.

Donovan, J. M. (2003). *Short-term object relations couples therapy.* New York: Brunner-Routledge.

Driver, J. L. (2007). Observations of newlywed interaction in conflict and in everyday life. *Dissertation Abstracts International: Section B: The Sciences and Engineering, 67 (9-B)*, 5441.

Durtschi, J. A., Fincham, F. D., Cui, M., Lorenz, F. O., & Conger, R. D. (2011). Dyadic processes in early marriage: Attributions, behavior, and marital quality. *Family Relations, 60,* 421–434.

Edelson, M. (1983). Is testing psychoanalytic hypotheses in the psychoanalytic situation really impossible? *Psychoanalytic Study of the Child, 38,* 61–109.

Eggerichs, E. (2004). *Love and respect: The love she most desires; the respect he desperately needs.* Nashville, TN: Thomas Nelson.

Engel, G. L. (1980). The clinical application of the biopsychosocial model. *American Journal of Psychiatry, 137,* 535–544.

Enright, R. D., & Fitzgibbons, R. P. (2000). *Helping clients to forgive: An empirical guide for resolving anger and restoring hope.* Washington, DC: American Psychological Association.

Fehr, R., Gelfand, M. J., & Nag, M. (2010). The road to forgiveness: A meta-analytic synthesis of its situational and dispositional correlates. *Psychological Bulletin, 136,* 894–914.

Feldman, L. B. (1979). Marital conflict and marital intimacy: An integrative psychodynamic-behavioral-systemic model. *Family Process, 18,* 69–78.

Felmlee, D. H. (1998). "Be careful what you wish for . . .": A quantitative and qualitative investigation of "fatal attractions." *Personal Relationships, 5,* 235–253.

Fincham, F. D., & Beach, S. R. H. (1999). Conflict in marriage: Implications for working with couples. *Annual Review of Psychology, 50,* 47–77.

Fincham, F. D., & Rogge, R. (2010). Understanding relationship quality: Theoretical challenges and new tools for assessment. *Journal of Family Theory and Review, 2,* 227–242.

Finkel, E. J., Slotter, E. B., Luchies, L. B., Walton, G. M., & Gross, J. J. (2013). A brief intervention to promote conflict reappraisal preserves marital quality over time. *Psychological Science, 24,* 1595–1601.

Fishbane, M. D. (2010). Relational empowerment in couple therapy: An integrative approach. In A. S. Gurman (Ed.), *Clinical casebook of couple therapy* (4th ed., pp. 208–231). New York: Guilford Press.

Fishbane, M. D. (2013). *Loving with the brain in mind: Neurobiology and couple therapy.* New York: W.W. Norton.

Fisher, H. (2004). *Why we love: The nature and chemistry of romantic love.* New York: Henry Holt.

Fisher, R., & Shapiro, D. (2005). *Beyond reason: Using emotions as you negotiate.* New York: Penguin Books.

Fisher, R., Ury, W., & Patton, B. (2011). *Getting to yes: Negotiating agreement without giving in* (3rd ed.). New York: Penguin Books.

Fonagy, P. (2000). Attachment and borderline personality disorder. *Journal of the American Psychoanalytic Association, 48,* 1129–1146.

Fosco, G. M., Lippold, M., & Feinberg, M. E. (2014). Interparental boundary problems, parent–adolescent hostility, and adolescent–parent hostility: A family process model of adolescent aggression problems. *Couple and Family Psychology: Research and Practice, 3,* 141–155.

Fowers, B. J., & Owenz, M. B. (2010). A eudaimonic theory of marital quality. *Journal of Family Theory & Review, 2,* 334–352.

Framo, J. L. (1976). Family of origin as a therapeutic resource for adults in marital and family therapy: You can and should go home again. *Family Process, 15,* 193–210.

Frank, J. (1961). *Persuasion and healing.* Baltimore: Johns Hopkins University Press.

Fraenkel, P. (2009). The therapeutic palette: A guide to choice points in integrative couple therapy. *Clinical Social Work Journal, 37,* 234–247.

Fraenkel, P. (2011). *Synch your relationships, save your marriage.* New York: Palgrave MacMillan.

Freud, S. (1920). *Beyond the pleasure principle. Standard Edition (SE), Vol. 18,* 7–64.

Freud, S. (1926). *Inhibitions, symptoms and anxiety. SE, Vol. 20,* 87–174.

Frommer, M. S. (2005). Thinking relationally about forgiveness: Commentary on paper by Stephen Wangh. *Psychoanalytic Dialogues, 15,* 33–45.

Fruzzetti, A. E. (2006). *The high-conflict couple: A dialectical behavior therapy guide to finding peace, intimacy and validation.* Oakland, CA: New Harbinger Publications.

Gallwey, W. T. (1974). *The inner game of tennis: The classic guide to the mental side of peak performance.* New York: Random House.

Gehrie, M. J. (2011). From archaic narcissism to empathy for the self: The evolution of new capacities in psychoanalysis. *Journal of the American Psychoanalytic Association, 59,* 313–333.

Gerson, M-J. (2010). *The embedded self: An integrative psychodynamic and systemic perspective on couples and family therapy* (2nd ed.). New York: Routledge.

Gill, M. M. (1982). *Analysis of transference.* New York: International Universities Press.

Gladwell, M. (2008). *Outliers: The story of success.* New York: Little, Brown.

Gobodo-Madikizela, P. (2008). Trauma, forgiveness and the witnessing dance: Making public spaces intimate. *Journal of Analytical Psychology, 53,* 169–188.

Goldbart, S., & Wallin, D. (1994). *Mapping the terrain of the heart: Passion, tenderness and the capacity to love.* Northvale, NJ: Jason Aronson.

Goldberg, A. (1999). *Being of two minds: The vertical split in psychoanalysis and psychotherapy.* Hillsdale, N.J.: The Analytic Press.

Goldklank, S. (2009). "The Shoop Shoop Song": A guide to psychoanalytic-systemic couple therapy. *Contemporary Psychoanalysis, 45,* 3–25.

Goldman, R. N., & Greenberg, L. S. (2013). Working with identity and self-soothing in Emotion-Focused Therapy for Couples. *Family Process, 52,* 62–82.

Goldner, V. (2004). When love hurts: Treating abusive relationships. *Psychoanalytic Inquiry, 24,* 346–372.

Goldner, V. (2013). Plenary Discussant of "Advances in Couples Therapy and Research," American Family Therapy Academy annual meeting, Chicago, IL, June 2013.

Gordon, L. (1993). *Passage to intimacy.* New York: Fireside/Simon & Schuster.

Gottman, J. M. (2011). *The science of trust: Emotional attunement for couples*. New York: W. W. Norton.

Gottman, J., Coan, J., Carrera, S., & Swanson, C. (1998). Predicting marital happiness and stability from newlywed interactions. *Journal of Marriage and the Family, 60,* 5–22.

Gottman, J. M., & Gottman, J. S. (2007). *And baby makes three*. New York: Three Rivers Press.

Gottman, J. M., & Gottman, J. S. (2010). Gottman method couple therapy. In A. S. Gurman (Ed.), *Clinical handbook of couple therapy* (4th ed., pp. 138–164). New York: Guilford Press.

Gottman, J. M., Katz, L., & Hooven, C. (1996). *Meta-emotion: How families communicate emotionally*. Hillsdale, NJ: Lawrence Erlbaum Associates.

Gottman, J. M., & Levenson, R. W. (1999). What predicts change in marital interaction over time: A study of alternative models. *Family Process, 38,* 143–158.

Gottman, J. M., & Silver, N. (1999). *The seven principles for making marriage work*. New York: Crown.

Graller, J., Nielsen, A. C., Garber, B., Davison, L. G., Gable, L., & Seidenberg, H. (2001). Concurrent therapies: A model for collaboration between psychoanalysts and other therapists. *Journal of the American Psychoanalytic Association, 49,* 587–606.

Gray, J. (1992). *Men are from Mars, women are from Venus: The classic guide to understanding the opposite sex*. New York: HarperCollins.

Gray, P. (1994). *The ego and analysis of defense*. Northvale, NJ: Jason Aronson.

Greenberg, L. S., & Goldman, R. N. (2008). *Emotion-focused couples therapy: The dynamics of emotion, love, and power*. Washington, DC: American Psychological Association.

Greenberg, L. S. & Johnson, S. M. (1988). *Emotionally focused therapy for couples*. New York: Guilford Press.

Greenberg, L. S., Warwar, S. H., & Malcolm, W. M. (2008). Differential effects of Emotion-Focused Therapy and psychoeducation in facilitating forgiveness and letting go of emotional injuries. *Journal of Counseling Psychology, 55,* 185–196.

Greenberg, L. S., Warwar, S. H., & Malcolm, W. M. (2010). Emotion-Focused Couples Therapy and the facilitation of forgiveness. *Journal of Marital and Family Therapy, 36,* 28–42.

Greenman, P. S., & Johnson, S. M. (2013). Process research on emotionally focused therapy (EFT) for couples: Linking theory to practice. *Family Process, 52,* 46–61.

Greenson, R. R. (1967). *The technique and practice of psychoanalysis*. New York: International Universities Press.

Guerney, B. G. (1977). *Relationship enhancement: Skill training programs for therapy, problem prevention, and enrichment*. San Francisco, CA: Jossey-Bass, Inc.

Gurman, A. S. (Ed.). (2008a). *Clinical handbook of couple therapy* (4th ed.). New York: Guilford Press.

Gurman, A. S. (2008b). Integrative couple therapy: A depth psychological approach. In A. S. Gurman (Ed.), *Clinical handbook of couple therapy* (4th ed., pp. 383–423). New York: Guilford Press.

Gurman, A. S. (Ed.). (2010). *Clinical casebook of couple therapy* (4th ed.). New York: Guilford Press.

Gurman, A. S. (2011). Couple therapy research and the practice of couple therapy: Can we talk? *Family Process, 50,* 280–292.

Gurman, A. S. (2013). Behavioral couple therapy: Building a secure base for therapeutic integration. *Family Process, 52,* 115–138.

Gurman, A. S., & Burton, M. (2014). Individual therapy for couple problems: Perspectives and pitfalls. *Journal of Marital and Family Therapy, 40,* 470–483.

Haley, J. (1976). *Problem-solving therapy.* San Francisco: Jossey-Bass.

Hamburg, S. M. (2000). *Will our love last?: A couple's road map.* New York: Scribner.

Hanson, R., & Mendius, R. (2009). *Buddha's brain: Happiness, love, & wisdom.* Oakland, CA: New Harbinger Publications.

Hawkins, D. N., & Booth, A. (2005). Unhappily ever after: Effects of long-term, low-quality marriages on well-being. *Social Forces, 84,* 445–465.

Hazlett, P. S. (2010). Attunement, disruption, and repair: The dance of self and other in emotionally focused couple therapy. In A. S. Gurman (Ed.), *Clinical casebook for couple therapy* (4th ed., pp. 21–43). New York: Guilford Press.

Helmeke, K. B., & Sprenkle, D. H. (2000). Clients' perception of pivotal moments in couples therapy: A qualitative study of change in therapy. *Journal of Marital and Family Therapy, 26,* 469–483.

Hendrix, H. (1988). *Getting the love you want: A guide for couples.* New York: Henry Holt.

Hetherington, E. (2003). Intimate pathways: Changing patterns in close personal relationships across time. *Family Relations, 52,* 318–331.

Horowitz, M. J. (1979). *States of mind: Analysis of change in psychotherapy.* New York: Plenum Medical Book Company.

Jacobson, N. S., & Addis, M. (1993). Research on couples and couples therapy: What do we know? Where are we going? *Journal of Consulting and Clinical Psychology,* 61, 85–93.

Jacobson, N. S., & Christensen, A. (1998). *Acceptance and change in couple therapy: A therapist's guide to transforming relationships.* New York: W.W. Norton.

Johnson, A. M. (1949). Sanctions for superego lacunae of adolescents. In K. R. Eissler (Ed.), *Searchlights on delinquency: New psychoanalytic studies.* Oxford, England: International Universities Press.

Johnson, M. D., & Bradbury, T. N. (2015). Contributions of social learning theory to the promotion of healthy relationships: Asset or liability? *Journal of Family Theory & Review,* 7, 13–27.

Johnson, S. M. (1996). *The practice of emotionally focused marital therapy.* Florence, KY: Brunner/Mazel.

Johnson, S. M. (2008). Emotionally focused couple therapy, Chapter 4 in A. S. Gurman (Ed.), *Clinical handbook of couple therapy* (4th ed., pp. 107–137). New York: Guilford Press.

Johnson, S. M., & Greenberg, L. S. (1985). The differential effects of experiential and problem solving interventions in resolving marital conflict. *The Journal of Consulting & Clinical Psychology, 53,* 175–184.

Johnson, S. M., Makinen, J. A., & Millikin, J. W. (2001). Attachment injuries in couple relationships: A new perspective on impasses in couples therapy. *Journal of Marital and Family Therapy, 27,* 145–155.

Jones, D. (2014). *Love illuminated: Exploring life's most mystifying subject (with the help of 50,000 strangers).* New York: HarperCollins.

Karney, B. R., & Bradbury, T. N. (1995). The longitudinal course of marital quality and stability: A review of theory, method, and research. *Psychological Bulletin, 118,* 3–34.

Kelly, A. B., Fincham, F. D., & Beach, S. R. H. (2003). Communication skills in couples: A review and discussion of emerging perspectives. In J. O. Greene & B. R. Burleson (Eds.), *Handbook of communication and social interaction skills* (pp. 723–751). Mahwah, NJ: Lawrence Erlbaum Associates.

Kernberg, O. (2011). Limitations to the capacity to love. *International Journal of Psychoanalysis, 92,* 1501–1515.

Keyes, C. L. M., & Haidt, J. (Eds.). (2003). *Flourishing: Positive psychology and the life well-lived.* Washington, DC: American Psychological Association.

Kim, H. K., Capaldi, D. M., & Crosby, L. (2007). Generalizability of Gottman and colleagues' affective process models of couples' relationship outcomes. *Journal of Marriage and Family,* 69, 55–72.

Kimmes, J. G., Durtschi, J. A., Clifford, C. E., Knapp, D. J., & Fincham, F. D. (2015). The role of pessimistic attributions in the association between anxious attachment and relationship satisfaction. *Family Relations, 64,* 547–562.

Knudson-Martin, C. (2013). Why power matters: Creating a foundation of mutual support in couple relationships. *Family Process, 52,* 5–18.

Kohut, H. (1971). *The analysis of the self.* New York: International Universities Press.

Kohut, H. (1977). *The restoration of the self.* New York: International Universities Press.

Kohut, H. (1984). *How does analysis cure?* Chicago: University of Chicago Press.

Komorita, S. S., & Parks, C. D. (1995). Interpersonal relations: Mixed-motive interaction. *Annual Review of Psychology, 46,* 183–207.

Kornfield, J. (2008). *Meditation for beginners.* Boulder, CO: Sounds True, Inc.

Kurdek, L.A. (2004). Do gay and lesbian couples really differ from heterosexual married couples? *Journal of Marriage and the Family, 66,* 880–900.

Lansky, M. R. (2007). Unbearable shame, splitting, and forgiveness in the resolution of vengefulness. *Journal of the American Psychoanalytic Association, 55,* 571–593.

Lavner, J. A., & Bradbury, T. N. (2010). Patterns of change in marital satisfaction over the newlywed years. *Journal of Marriage and Family, 72,* 1171–1187.

Lawrence, E., & Brock, R. L. (2010). The North-Going Zax and the South-Going Zax: From impasse to empathic acceptance, in Integrative Behavioral Couple Therapy. In A. S. Gurman (Ed.), *Clinical casebook for couple therapy* (4th ed., pp. 67–89). New York: Guilford Press.

Lebow, J. L. (1997). The integrative revolution in couple and family therapy. *Family Process, 36,* 1–17.

Lebow, J. L. (2014). *Couple and family therapy: An integrative map of the territory.* Washington, DC: American Psychological Association.

Lebow, J. L., Chambers, A. L., Christensen, A., & Johnson, S. M. (2012). Research on the treatment of couple distress. *Journal of Marital and Family Therapy, 38*, 145–168.

LeDoux, J. (1996). *The emotional brain*. New York: Simon & Schuster.

Lee, G. R., Seccombe, K., & Sheehan, C. L. (1991). Marital status and personal happiness: An analysis of trend data. *Journal of Marriage and the Family, 53,* 839–844.

Leiblum, S. R. (Ed.). (2007). *Principles and practice of sex therapy* (4th ed.). New York: Guilford Press.

Leone, C. (2008). Couple therapy from the perspective of self psychology and intersubjectivity theory. *Psychoanalytic Psychology, 25,* 79–98.

Levine, S. B. (1999). *Sexuality in mid-life*. New York: Plenum Press.

Levine, S. B., Risen, C. B., & Althof, S. E. (Eds.). (2010). *Handbook of Clinical Sexuality for Mental Health Professionals* (2nd ed.). New York: Routledge.

Lewis, J. M. (1997). *Marriage as a search for healing: Theory, assessment, and therapy*. New York: Bruner/Mazel.

Lewis, J. T., Parra, G. R., & Cohen, R. (2015). Apologies in close relationships: A review of theory and research. *Journal of Family Theory & Review, 7,* 47–61.

Lichtenberg, J. D., Lachmann, F. M., & Fosshage, J. L. (2011). *Psychoanalysis and motivational systems: A new look*. New York: Routledge.

Linehan, M. M. (1993). *Skills training manual for treating borderline personality disorders*. New York: Guilford Press.

Livingston, M. S. (1995). A self psychologist in Couplesland: Multisubjective approach to transference and countertransference-like phenomena in marital relationships. *Family Process, 34,* 427–439.

Lowe, D. (2003). *Junior college, college, and university based marriage education programs*. Unpublished research, June, 2003, available from the author.

Lowe, D., Scott-Lowe, E., & Markman, H. (2003). *Teaching PREP in a university setting: Using* Fighting For Your Marriage *in a college course*. Denver, CO: PREP Educational Products.

Luborsky, L. (1990). *Understanding transference*. New York: Basic Books.

Luskin, F. (2002). *Forgive for good*. New York: HarperCollins.

Lyons-Ruth, K. (1999). The two-person unconscious: Intersubjective dialogue, enactive relational representation, and the emergence of new forms of relational organization. *Psychoanalytic Inquiry*, 19, 576–617.

Lyubomirsky, S. (2013). *The myths of happiness: What should make you happy, but doesn't; what shouldn't make you happy, but does*. London: Penguin Books.

Malan, D. H. (1979). *Individual psychotherapy and the science of psychodynamics*. London: Butterworths.

Margolies, E. (2001). *Men with sexual problems and what women can do to help them*. Northvale, NJ: Jason Aronson.

Markman, H., Stanley, S., & Blumberg, S. (2001). *Fighting for your marriage* (2nd ed.). San Francisco: Jossey-Bass.

Masters, W. H., & Johnson, V. E. (1970). *Human sexual inadequacy*. Boston: Little, Brown.

McCarthy, B., & McCarthy, E. (2003). Rekindling desire: A step-by-step program to help low-sex and no-sex marriages. New York: Brunner-Routledge.

McCarthy, B. W., & Thestrup, M. (2008). Couple therapy and the treatment of sexual dysfunction. In A. S. Gurman (Ed.), *Clinical handbook of couple therapy* (4th ed., pp. 591–617). New York: Guilford Press.

McCullough, M. E., Pargament, K. I., & Thorsen, C. E. (Eds.). (2000). *Forgiveness: Theory, research, and practice.* New York: Guilford Press.

McGoldrick, M., & Gerson, R. (1985). *Genograms in family assessment.* New York: W.W. Norton.

Middleberg, C. V. (2001). Projective identification in common couple dances. *Journal of Marital and Family Therapy, 27,* 341–352.

Mikulincer, M., Florian, V., Cowan, P. A., & Cowan, C. P. (2002). Attachment security in couple relationships: A systemic model and its implications for family dynamics. *Family Process, 41,* 405–434.

Minuchin, S. (1974). *Families and family therapy.* Cambridge, MA: Harvard University Press.

Minuchin, S., & Fishman, H. C. (1981). *Family therapy techniques.* Cambridge, MA: Harvard University Press.

Mitchell, S. A. (2002). *Can love last? The fate of romance over time.* New York: W.W. Norton.

Mnookin, R. H., Pettet, S. R., & Tulumello, A. S. (2000). *Beyond winning: Negotiating to create value in deals and disputes.* Cambridge, MA: Harvard University Press.

Neff, L. A., & Karney, B. R. (2004). How does context affect intimate relationships? Linking external stress and cognitive processes within marriage. *Personality and Social Psychology Bulletin, 30,* 134–148.

Newman, K. (1996). Winnicott goes to the movies: The false self in *Ordinary People. Psychoanalytic Quar*terly, *65,* 787–807.

Niehuis, S., Lee, K-H, Reifman, A., Swenson, A., & Hunsaker, S. (2011). Idealization and disillusionment in intimate relationships: A review of theory, method, and research. *Journal of Family Theory & Review, 3,* 273–302.

Nielsen, A.C. (1980). Gestalt and psychoanalytic therapies: Structural analysis and rapprochement. *American Journal of Psychotherapy, 19,* 534–544.

Nielsen, A. C. (2003). Family systems and the psychoanalyst. *The American Psychoanalyst 37*, 10, 12.

Nielsen, A. C. (2005). Couples therapy and the psychoanalyst. *The Analytic Observer. Spring, 2005*, 3–5.

Nielsen, A. C., Pinsof, W., Rampage, C., Solomon, A., & Goldstein, S. (2004). Marriage 101: An integrated academic and experiential undergraduate marriage education course. *Family Relations, 53,* 485–494.

Norcross, J. C., & Beutler, L. E. (2015). A new psychotherapy for each patient: Where practice and research converge. Address at the annual meeting of The Society for the Exploration of Psychotherapy Integration, Baltimore, MD, 6/21/15.

Ogden, T. (1982). *Projective identification and therapeutic technique.* New York: Jason Aronson.

Olson, D. H., & Olson, A. K. (2000). *Empowering couples: Building on your strengths* (2nd ed.). Minneapolis, MN: Life Innovations, Inc.

Orlinsky, D. E., & Ronnestad, M. H. (2005). *How psychotherapists develop: A study of therapeutic work and professional growth.* Washington, DC: American Psychological Association.

Paley, B., Cox, M., Burchinal, M., & Payne, C. (1999). Attachment and marital functioning: Comparison of spouses with continuous-secure, earned-secure, dismissing, and preoccupied stances. *Journal of Family Psychology, 13,* 580–597.

Panksepp, J. (1998). *Affective neuroscience.* New York: Oxford University Press.

Park, S. W., & Auchincloss, E. L. (2006). Psychoanalysis in textbooks of introductory psychology: A review. *Journal of the American Psychoanalytic Association, 54,* 1361–1380.

Perel, E. (2006). *Mating in captivity: Reconciling the erotic with the domestic.* New York: HarperCollins Books.

Perry, J. C., & Bond, M. (2012). Change in defense mechanisms during long-term dynamic psychotherapy and five-year outcomes. *American Journal of Psychiatry, 169,* 916–925.

Pines, A. (1996). *Couple burnout: Causes and cures.* New York: Routledge.

Pines, A. (2005). *Falling in love: Why we choose the lovers we choose* (2nd ed.). New York: Routledge.

Pinsof, W. (1995). *Integrative problem-centered therapy: A synthesis of family, individual, and biological therapies.* New York: Basic Books.

Pinsof, W., Breunlin, D. C., Russell, W. P., & Lebow, J. (2011). Integrative problem-centered metaframeworks therapy II: Planning, conversing and reading feedback. *Family Process, 50,* 314–336.

Pizer, B., & Pizer, S.A. (2006). "The gift of an apple or the twist of an arm": Negotiation in couples and couple therapy. *Psychoanalytic Dialogues, 16,* 71–92.

Proulx, C. M., Helms, H. M., & Buehler, C. (2007). Marital quality and personal well-being: A meta-analysis. *Journal of Marriage and Family, 69,* 576–593.

Racker, H. (1968). *Transference and countertransference.* New York: International Universities Press.

Rampage, C. (2002). Working with gender in couple therapy. In A. S. Gurman & N. Jacobson (Eds.), *Clinical handbook of couple therapy* (3rd ed., pp. 533–545). New York: Guilford Press.

Rauer, A., & Volling, B. (2013). More than one way to be happy: A typology of marital happiness. *Family Process, 52,* 519–534.

Real, T. (2007). *The new rules of marriage.* New York: Ballantine Books.

Reis, H. T., & Gable, S. L. (2003). Toward a positive psychology of relationships. In C. L. M. Keyes & J. Haidt (Eds.), *Flourishing: Positive psychology and the life well-lived* (pp. 129–159). Washington, DC: American Psychological Association.

Ringstrom, P. A. (1994). An intersubjective approach to conjoint therapy. In A. Goldberg (Ed.), *Progress in self psychology* (Vol. 10, pp. 159–182). Hillsdale, NJ: The Analytic Press.

Ringstrom, P. A. (2014). *A relational psychoanalytic approach to couples psychotherapy.* New York: Routledge.

Risen, C. B. (2010). Listening to sexual stories. In S. B. Levine, C. B. Risen, & S. E. Althof (Eds.), *Handbook of clinical sexuality for mental health professionals* (2nd ed., pp. 3–20). New York: Routledge.

Rogge, R. D., Cobb, R. J., Lawrence, E., Johnson, M. D., & Bradbury, T. N. (2013). Is skills training necessary for the primary prevention of marital distress and dissolution? A 3-year experimental study of three interventions. *Journal of Consulting and Clinical Psychology, 81,* 949–961.

Rohrbaugh, M. J. (2014). Old wine in new bottles: Decanting systemic family process research in the era of evidence-based practice. *Family Process, 53,* 434–444.

Rosen, I. C. (2007). Revenge—the hate that dare not speak its name: A psychoanalytic perspective. *Journal of the American Psychoanalytic Association, 55,* 595–620.

Ross, L. (1977). The intuitive psychologist and his shortcomings: Distortions in the attribution process, in L. Berkowitz (Ed.), *Advances in experimental social psychology* (Vol. 10, pp. 174–317). New York: Academic Press.

Rotella, B. (1995). *Golf is not a game of perfect.* New York: Simon & Schuster.

Rusbult, C. E., & Van Lange, P. A. M. (2003). Interdependence, interaction, and relationships. *Annual Review of Psychology, 54,* 351–375.

Sager, C. J. (1994). *Marriage contracts and couple therapy: Hidden forces in intimate relationships.* Northvale, NJ: Jason Aronson.

Sandler, J. (1987). *Projection, identification, projective identification.* Madison, CT: International Universities Press.

Satir, V. (1967). *Conjoint family therapy: A guide to theory and technique.* Palo Alto, CA: Science and Behavior Books.

Scarf, M. (1987). *Intimate partners: Patterns in love and marriage.* New York: Random House.

Scharff, J. S., & Scharff, D. E. (2008). Object relations couple therapy. In A. S. Gurman (Ed.), *Clinical handbook of couple therapy* (4th ed., pp. 167–195). New York: Guilford Press.

Scheinkman, M. (2008). The multi-level approach: A road map for couples therapy. *Family Process, 47,* 197–213.

Scheinkman, M., & Fishbane, M. (2004). The vulnerability cycle: Working with impasses in couple therapy. *Family Process, 43,* 279–299.

Schlessinger, H. J. (1995). The process of interpretation and the moment of change. *Journal of the American Psychoanalytic Association, 43,* 663–688.

Schlessinger, N., & Robbins, F. P. (1983). *A developmental view of the analytic process.* New York: The Analytic Press.

Schnarch, D. (1997). *Passionate marriage: Keeping love and intimacy alive in committed relationships.* New York: Henry Holt.

Schnarch, D. (2011). Removing the masks. *Psychotherapy Networker, 35,* 30–35, 54–55.

Schrodt, P., Witt, P. L., & Shimkowski, J. R. (2013). A meta-analytical review of the demand/withdraw pattern of interaction and its associations with individual, relational, and communicative outcomes. *Communication Monographs, 81,* 28–58.

Seedall R. B., & Wampler, K. S. (2013). An attachment primer for couple therapists: Research and clinical implications. *Journal of Marital and Family Therapy, 39,* 427–440.

Shaddock, D. (1998). *From impasse to intimacy: How understanding unconscious needs can transform relationships.* Northvale, NJ: Jason Aronson.

Shaddock, D. (2000). *Contexts and connections: An intersubjective systems approach to couples therapy*. New York: Basic Books.

Shapiro, A. F., & Gottman, J. (2005). Effects on marriage of a psycho-communicative-education intervention with couples undergoing the transition to parenthood, evaluation at 1-year post intervention. *Journal of Family Communication, 5,* 1–24.

Shapiro, D. (1965). *Neurotic styles*. New York: Basic Books.

Siegel, D. J. (2010). *Mindsight: The new science of personal transformation*. New York: Bantam Books.

Siegel, D. J., & Bryson, T. P. (2015). *No-drama discipline: The whole-brain way to calm the chaos and nurture your child's developing mind*. London: Scribe Publications.

Siegel, J. P. (1992). *Repairing intimacy: An object relations approach to couples therapy*. New York: Jason Aronson.

Siegel, J. P. (2010). A good-enough therapy: An object relations approach. In A. S. Gurman (Ed.), *Clinical casebook for couple therapy* (4th ed., pp. 134–152). New York: Guilford Press.

Singer, J. A., & Skerrett, K. (2014). *Positive couple therapy: Using we-stories to enhance resilience*. New York: Routledge.

Slipp, S. (1988). *The technique and practice of object relations family therapy*. Northvale, NJ: Jason Aronson.

Solomon, M., & Tatkin, S. (2011). *Love and war in intimate relationships: Connection, disconnection, and mutual regulation in couple therapy*. New York: W.W. Norton.

Sparks, J. (2015). The Norway Couple Project: Lessons learned. *Journal of Marital and Family Therapy, 41,* 481–494.

Sprenkle, D. H., Davis, S. D., & Lebow, J. L. (2009). *Common factors in couple & family therapy: The overlooked foundation for effective practice*. New York: Guilford Press.

Spring, J. A. (2004). *How can I forgive you?* New York: HarperCollins.

Stanley, S. (2001). Making a case for premarital education. *Family Relations, 50,* 272–280.

Stanley, S. M., Amato, P. R., Johnson, C. A., & Markman, H. J. (2006). Premarital education, marital quality, and marital stability: Findings from a large, random household survey. *Journal of Family Psychology, 20,* 117–126.

Stanley, S. M., Bradbury, T. N., & Markman, H. J. (2000). Structural flaws in the bridge from basic research on marriage to interventions for couples. *Journal of Marriage and the Family, 62,* 256–264.

Stanley, S. M., & Markman, H. H. J. (1992). Assessing commitment in personal relationships. *Journal of Marriage and the Family, 54,* 595–608.

Stanley, S. M., Markman, H. J., & Whitton, S. (2003). Communication, conflict, and commitment: Insights on the foundations of relationship success from a national survey. *Family Process, 41,* 659–675.

Stanley, S. M., Rhodes, G. K., & Whitton, S. W. (2010). Commitment: Functions, formation, and the securing of romantic attachment. *Journal of Family Theory & Review, 2,* 243–257.

Stern, D. (1985). *The interpersonal world of the infant*. New York: Basic Books.

Stern, D. B. (2006). Opening what has been closed, relaxing what has been clenched: Dissociation and enactment over time in committed relationships. *Psychoanalytic Dialogues, 16,* 747–761.

Stern, S. (1994). Needed relationships and repeated relationships: An integrated relational perspective. *Psychoanalytic Dialogues, 4,* 317–346.

Stolorow, R., Brandshaft, B., & Atwood, G. (1987). *Psychoanalytic treatment: An intersubjective approach.* Hillsdale, NJ: The Analytic Press.

Stone, D., Patton, B., & Heen, S. (2010). *Difficult conversations: How to discuss what matters most* (2nd ed.). New York: Penguin Books.

Stosny, S. (2005). *Treating attachment abuse: A compassionate approach.* New York: Springer Publishing.

Stosny, S. (2006). *You don't have to take it anymore: Turn your resentful, angry, or emotionally abusive relationship into a compassionate, loving* one. New York: Free Press.

Strachey, J. (1934). The nature of the therapeutic action of psycho-analysis. *International Journal of Psycho-Analysis, 15,* 127–159.

Summers, F. L. (1999). *Transcending the self: An object relations model of psychoanalytic therapy.* Hillsdale, NJ: The Analytic Press.

Swindel, R., Heller, K., Pescosolido, B., & Kikuzawa, S. (2000). Responses to nervous breakdowns in America over a 40-year period: Mental health policy implications. *American Psychologist, 55,* 740–749.

Tansey, M. J., & Burke, W. F. (1989). *Understanding countertransference: From projective identification to empathy.* Hillsdale, NJ: The Analytic Press.

Tolle, E. (1999). *The power of now: A guide to spiritual enlightenment.* Novato, CA: New World Library.

Vaillant, G. E. (1993). *The wisdom of the ego.* Cambridge, MA: Harvard University Press.

Wachtel, E. F., & Wachtel, P. L. (1986). *Family dynamics in individual psychotherapy: A guide to clinical strategies.* New York: Guilford Press.

Wachtel, P. L. (2014). *Cyclical psychodynamics and the contextual self: The inner world, the intimate world, and the world of culture and society.* New York: Routledge.

Waite, L., & Gallagher, M. (2000). *The case for marriage: Why married people are happier, healthier, and better off financially.* New York: Doubleday.

Waldinger, R. J., Schulz, M. S., Hauser, S. T., Allen, J. P., & Crowell, J. A. (2004). Reading others' emotions: The role of intuitive judgments in predicting marital satisfaction, quality, and stability. *Journal of Family Psychology, 18,* 58–71.

Wallerstein, J., Lewis, J., & Blakeslee, S. (2000). *The unexpected legacy of divorce: A 25 year landmark study.* New York: Hyperion.

Wallerstein, J., & Blakeslee, S. (1995). *The good marriage.* New York: Warner Books.

Watzlawick, P., Beavin, J. H., & Jackson, D. (1967). *The pragmatics of human communication: A study of interactional patterns, pathologies, and paradoxes.* New York: W.W. Norton.

Weeks, G. R., Odell, M., & Methven, S. (2005). *If only I had known . . . Avoiding common mistakes in couples therapy.* New York: W. W. Norton.

Weiner-Davis, M. (2002). *The divorce remedy.* New York: Simon & Schuster.

Weingarten, K. (1991). The discourses of intimacy: Adding a social constructionist and feminist view. *Family Process, 30,* 285–305.

Weiss, J., & Sampson, H. (1986). *The psychoanalytic process: Theory, clinical observation, and empirical research.* New York: Guilford Press.

Westen, D. (1999). The scientific status of unconscious processes: Is Freud really dead? *Journal of the American Psychoanalytic Association, 47,* 1061–1106.

Whisman, M. A., & Uebelacker, L. A. (2006). Impairment and distress associated with relationship discord in a national sample of married or cohabiting adults. *Journal of Family Psychology, 20,* 369–377.

White, M. (2007). *Maps of narrative practice.* New York: W. W. Norton.

White, M. (2009). Narrative practice and conflict dissolution in couples therapy. *Clinical Social Work Journal, 37,* 200–213.

White, R. (1959). Motivation reconsidered: The concept of competence. *Psychological Review, 6,* 297–333.

Whitehead, B., & Popenoe, D. (2002). *The state of our unions: The social health of marriage in America.* Piscataway, NJ: The National Marriage Project, Rutgers University.

Wile, D. B. (1981). *Couples therapy: A nontraditional approach.* New York: John Wiley & Sons.

Wile, D. B. (1993). *After the fight: Using your disagreements to build a stronger relationship.* New York: Guilford Press.

Wile, D. B. (2002). Collaborative couple therapy. In A. S. Gurman & N.S. Jacobson (Eds.), *Clinical handbook of couple therapy* (3rd ed., pp. 281–307). New York: Guilford Press.

Wile, D.B. (2012). Creating an intimate exchange. Retrieved from *Collaborative Couple Therapy Newsletter,* http://danwile.com/2012/07/creating-an-intimate-exchange/. Retrieved 11/20/12.

Wile, D. B. (2013a). Opening the circle of pursuit and distance. *Family Process, 52,* 19–32.

Wile, D. (2013b). Why the rules of good communication are so difficult to follow. Retrieved from *Collaborative Couple Therapy Newsletter,* http://danwile.com/2013/03/why-the-rules-of-good-communication-are-so-difficult-to-follow/. Retrieved 4/20/13.

Willi, J. (1984). The concept of collusion: A theoretical framework for martial therapy. *Family Process, 23,* 177–186.

Winnicott, D. W. (1960). Ego distortion in terms of true and false self. In *The maturational processes and the facilitating environment: Studies in the theory of emotional development* (pp. 140–152). New York: International Universities Press.

Worthington, E. L., Jr., Sandage, S. J., & Berry, J. W. (2000). Group interventions to promote forgiveness: What researchers and clinicians ought to know. In M. E. McCullough, K. I. Pargament, & C. E. Thoresen (Eds.), *Forgiveness: Theory, research, and practice* (pp. 228–253). New York: Guilford Press.

Worthington, E. L., Jr., & Wade, N. G. (1999). The psychology of unforgiveness and forgiveness and implications for clinical practice. *Journal of Social and Clinical Psychology, 18,* 385–418.

Zeitner, R. M. (2012). *Self within marriage: The foundation for lasting relationships.*

New York: Routledge.

Zinner, J. (1989). The implications of projective identification for marital interaction. In J. Scharff (Ed.), *Foundations of Object Relations Family Therapy* (pp. 155–174). Northvale, NJ: Jason Aronson.

Zuccarini, D., Johnson, S. M., Dalgleish, T. L., & Makinen, J. A. (2013). Forgiveness and reconciliation in Emotionally Focused Therapy for Couples: The client change process and therapist interventions. *Journal of Marital and Family Therapy, 39,* 148–162.

附錄二
索引

本索引之頁碼為原文頁碼，
請參見內文左右之數字。

A

B

C

D

E

G

H

I

J

K

L

M

N

P

S

T

U

V

W

Psychotherapy 075

伴侶治療指南：整合系統、精神動力、行為療法的治療地圖

A Roadmap for Couple Therapy: Integrating Systemic, Psychodynamic, and Behavioral Approaches

亞瑟・尼爾森 Arthur C. Nielsen——著　王譓茹、陳彥婷——譯

出版者—心靈工坊文化事業股份有限公司
發行人—王浩威　總編輯—徐嘉俊
責任編輯—黃心宜
內頁排版—龍虎電腦排版股份有限公司
通訊地址—10684 台北市大安區信義路四段 53 巷 8 號 2 樓
郵政劃撥—19546215　戶名—心靈工坊文化事業股份有限公司
電話—02）2702-9186　傳真—02）2702-9286
Email—service@psygarden.com.tw　網址—www.psygarden.com.tw

製版・印刷—中茂製版印刷股份有限公司
總經銷—大和書報圖書股份有限公司
電話—02）8990-2588　傳真—02）2290-1658
通訊地址—248 新北市五股工業區五工五路二號
初版一刷—2024 年 6 月　ISBN—978-986-357-385-2　定價—940 元

A Roadmap for Couple Therapy: Integrating Systemic, Psychodynamic, and Behavioral Approaches / by Arthur C. Nielsen / ISBN: 9780415818087

國家圖書館出版品預行編目資料

伴侶治療指南：整合系統、精神動力、行為療法的治療地圖 / 亞瑟・尼爾森 (Arthur C. Nielsen) 著；王譓茹，陳彥婷譯．-- 初版．-- 臺北市：心靈工坊文化事業股份有限公司，2024.06

面；　公分

譯自：A roadmap for couple therapy : integrating systemic, psychodynamic, and behavioral approaches.

ISBN 978-986-357-385-2(平裝)

1.CST: 婚姻治療法　2.CST: 婚姻輔導　3.CST: 兩性關係　4.CST: 心理治療

178.8　　113008140

心靈工坊 PsyGarden 書香家族 讀友卡

感謝您購買心靈工坊的叢書，爲了加強對您的服務，請您詳塡本卡，
直接投入郵筒（免貼郵票）或傳眞，我們會珍視您的意見，
並提供您最新的活動訊息，共同以書會友，追求身心靈的創意與成長。

書系編號—PT 075　書名—伴侶治療指南：整合系統、精神動力、行為療法的治療地圖

姓名　　　　是否已加入書香家族？□是 □現在加入

電話 (O)　　(H)　　手機

E-mail　　生日　　年　　月　　日

地址 □□□

服務機構　　職稱

您的性別—□1.女 □2.男 □3.其他

婚姻狀況—□1.未婚 □2.已婚 □3.離婚 □4.不婚 □5.同志 □6.喪偶 □7.分居

請問您如何得知這本書？
□1.書店 □2.報章雜誌 □3.廣播電視 □4.親友推介 □5.心靈工坊書訊
□6.廣告DM □7.心靈工坊網站 □8.其他網路媒體 □9.其他

您購買本書的方式？
□1.書店 □2.劃撥郵購 □3.團體訂購 □4.網路訂購 □5.其他

您對本書的意見？
□ 封面設計　1.須再改進 2.尚可 3.滿意 4.非常滿意
□ 版面編排　1.須再改進 2.尚可 3.滿意 4.非常滿意
□ 內容　1.須再改進 2.尚可 3.滿意 4.非常滿意
□ 文筆／翻譯　1.須再改進 2.尚可 3.滿意 4.非常滿意
□ 價格　1.須再改進 2.尚可 3.滿意 4.非常滿意

您對我們有何建議？

□本人同意＿＿＿＿＿＿（請簽名）提供（真實姓名/E-mail/地址/電話/年齡/等資料），以作為心靈工坊（聯絡/寄貨/加入會員/行銷/會員折扣/等之用，詳細內容請參閱http://shop.psygarden.com.tw/member_register.asp。

廣　告　回　信
台北郵政登記證
台北廣字第1143號
免　貼　郵　票

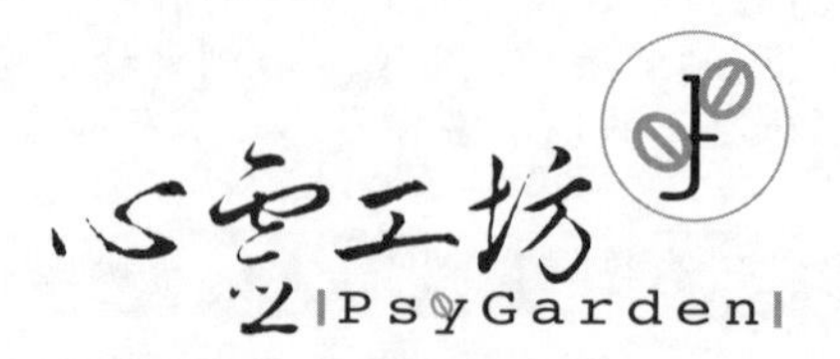

10684台北市信義路四段53巷8號2樓

讀者服務組　收

免　貼　郵　票

（對折線）

加入心靈工坊書香家族會員
共享知識的盛宴，成長的喜悅

請寄回這張回函卡（免貼郵票），
您就成爲心靈工坊的書香家族會員，您將可以——

⊙隨時收到新書出版和活動訊息

⊙獲得各項回饋和優惠方案